Wolf-Rüdiger Wagner
Die Entstehung der Mediengesellschaft

Für meine Enkeltöchter Maja und Paula, die in die heutige Mediengesellschaft hineinwachsen.

Wolf-Rüdiger Wagner (Dr. phil.), geb. 1943, arbeitete als Medienpädagoge in der Lehrerfortbildung und in Modellversuchen zur Einführung der Neuen Technologien in Schulen. Er war langjähriger Mitherausgeber der Zeitschrift *Computer und Unterricht* und publiziert mit dem Schwerpunkt Medien in ihrer Bedeutung für kulturelle und gesellschaftliche Entwicklungen.

Wolf-Rüdiger Wagner

Die Entstehung der Mediengesellschaft

100 Mediengeschichten aus dem 19. Jahrhundert

[transcript]

Dank an Anja Wagner und Peter Lindner für ihre Ermutigung, weiterführenden Kommentare und unermüdliche Unterstützung.

Bibliografische Information der Deutschen Nationalbibliothek
Die Deutsche Nationalbibliothek verzeichnet diese Publikation in der Deutschen Nationalbibliografie; detaillierte bibliografische Daten sind im Internet über http://dnb.d-nb.de abrufbar.

© 2022 transcript Verlag, Bielefeld

Umschlaggestaltung: Maria Arndt, Bielefeld
Umschlagabbildung: Besuch des Herzogs von d'Aumale in einer Seidenweberei (Seidenbild) – Wikimedia Commons. File: Visite de Mgr le duc d'Aumale à la Croix-Rousse dans l'atelier de M. Carquillat.jpg
Druck: Majuskel Medienproduktion GmbH, Wetzlar
Print-ISBN 978-3-8376-6022-7
PDF-ISBN 978-3-8394-6022-1
https://doi.org/10.14361/9783839460221
Buchreihen-ISSN: 2569-2240
Buchreihen-eISSN: 2702-8984

Gedruckt auf alterungsbeständigem Papier mit chlorfrei gebleichtem Zellstoff.
Besuchen Sie uns im Internet: *https://www.transcript-verlag.de*
Unsere aktuelle Vorschau finden Sie unter *www.transcript-verlag.de/vorschau-download*

Inhaltsübersicht

Wie sich Ansichten von Welt verändern

»Ohne Zeitungen, wie ohne geographische Kenntnisse, würde der Mensch ein Maulwurf seyn, der dumpf in seinen Erdschollen wühlt«, schreibt 1795 der Historiker und Jurist Joachim von Schwarzkopf.[1] Alexander von Humboldt als Forschungsreisender und Naturwissenschaftler betont die Bedeutung der »materiellen Erfindungen, welche uns gleichsam neue Organe schaffen, die Schärfe der Sinne erhöhen, ja den Menschen in einen näheren Verkehr mit den irdischen Kräften wie mit den fernen Welträumen setzen«.[2]

Im 19. Jahrhundert haben sich der Zugang zu Informationen und ihre Verbreitung durch die Erfindung der Schnellpresse und der elektromagnetischen Telegrafie ebenso wie durch Fotografie und Film, um nur einige herausragende Innovationen zu nennen, grundlegend verändert. Die Fortschritte in Naturwissenschaften, Medizin und Technik konnten nur durch die gezielte Nutzung und Weiterentwicklung von Medien erreicht werden. Mikroskop und Teleskop eröffneten den Blick in die Mikrowelten der Infusorien und Bakterien sowie in die Makrowelten des Weltalls. Wichtig wurde vor allem die Entwicklung automatischer Mess- und Registrierverfahren, mit denen nicht Objekte abgebildet, sondern Prozesse und Ereignisse über die Aufzeichnung von Daten sichtbar und berechenbar wurden. Zu diesen Mess- und Registrierverfahren zählt nicht zuletzt die Fotografie.

Die Mediengesellschaft im 19. Jahrhundert beginnen zu lassen, hat dabei primär nichts mit der Entwicklung oder Weiterentwicklung von Apparaten und Instrumenten zu tun, sondern mit dem sich verändernden Blick auf die Welt.

Bei Schwarzkopf wie bei Humboldt geht es um die Rolle, welche die Medien für unsere Ansichten von Welt spielen, denn jenseits unseres unmittelbaren Erfahrungs- und Kommunikationshorizonts sind wir für die Erschließung von Welt auf Medien angewiesen. In der Entwicklung der Medien, die unsere Zugänge zur Welt erweitern und verändern, materialisieren sich Programme zur Aneignung von »Wirklichkeit«. Dies zeigt sich an dem engen Zusammenhang, der im 19. Jahrhundert zwischen der Entwicklung der Medien im Bereich der Kommunikation und der Entwicklung der Medien in den Bereichen von Naturwissenschaft, Medizin und Technik besteht.

So geht der Astronom, Physiker und Politiker François Arago, ein Freund Alexander von Humboldts, als er 1839 vor der Akademie der Wissenschaft in Paris das

---

1   Schwarzkopf 1795, S. 68
2   Humboldt 1847, S. 144

fotografische Verfahren der Daguerreotypie vorstellte, ausführlich auf den zu erwartenden Nutzen für die Astronomie, Meteorologie, Physiologie und Medizin ein.[3]

Um die Bedeutung der Fotografie für die Wissenschaft hervorzuheben, ist in der Folgezeit häufig von der »photographischen Platte« als der »wahren Netzhaut des Gelehrten« die Rede, oder man spricht davon, dass der »fehleranfällige Beobachter überflüssig« und »sein Auge und Gehirn« durch eine lichtempfindliche Platte ersetzt werden. Im Bereich der Astronomie beginnt mit der Entwicklung der fotografischen Trockenplatte eine »wahrhafte Astronomie des Unsichtbaren«, denn die »photographische Platte« zeichnet mit Hilfe langer Belichtungszeiten noch Objekte auf, die man selbst »mit den kraftvollsten Ferngläsern« nicht mehr sieht.[4]

Und es ist ein französischer Physiologe, Étienne-Jules Marey, der zu einem Pionier der Filmtechnik wird, weil er die Fotografie zu einem wissenschaftlich nützlichen Werkzeug für seine Bewegungsanalysen weiterentwickelt. So gesehen, liegt eine Einordnung von Fotografie und Film in ein Spektrum kultureller Praktiken nahe, in deren Zentrum die Naturwissenschaften, Technik und Medizin stehen. Die Entwicklung der Fotografie und ihre Weiterentwicklung zum Film wurden aus einem gesellschaftlichen Interesse an Techniken der »Selbstabbildung« vorangetrieben.

Dies trifft ebenso auf die Entwicklung der Tonaufzeichnung und -wiedergabe zu, die in den Kontext der wissenschaftlichen Weltaneignung des 19. Jahrhunderts einzuordnen ist, in der sich alle Anstrengungen darauf richteten, Verfahren zu entwickeln, um die Natur für sich selbst sprechen zu lassen. So wurde auch erst mit der Aufzeichnung und Sichtbarmachung der flüchtigen sprachlichen Phänomene eine experimentelle Basis für die Linguistik geschaffen.

Hundert Mediengeschichten – jeweils eine Geschichte für die Jahre 1801 bis 1900 – sollen Informationen über die Mediengeschichte des 19. Jahrhunderts vermitteln und Aufschluss über den kulturellen Kontext liefern, in dem unsere heutige Mediengesellschaft ihren Anfang nahm.

Einblicke in eine den »gewöhnlichen Sinnen des Menschen« nicht zugängliche Welt

Einen ersten Zugang zur Veränderung von Weltaneignung und Welterschließung liefert ein Vorgriff auf die für das Jahr 1820 ausgewählte Mediengeschichte. In dieser Mediengeschichte geht es um die Erforschung der Infusorien, einer den »gewöhnlichen Sinnen des Menschen« nicht zugänglichen Welt. Das Mikroskop, seit dem 17. Jahrhundert bekannt, hatte den Blick auf diese Welt eröffnet, doch war die Welt der Infusorien »seit ihrer Entdeckung unter der Feder leicht bewegter und phantastischer Schriftsteller oft als eine monströse Geisterwelt, voll mit den offen sichtbaren unvergleichlicher, theils grauenhafter, theils wunderlich verzerrter, nicht recht lebender und nicht recht lebloser Formen geschildert worden«. So äußert sich Christian Gottfried Ehrenberg, der in der ersten Hälfte des 19. Jahrhunderts mit Hilfe des Mikroskops den Nachweis erbringt, dass es sich bei Infusionsthierchen um »vollkommene Organismen« handelt.[5] Neu ist auch Ehrenbergs durch »scharfsinnige microscopische

---

3   Arago 1839, S. 41 ff.
4   Klein 1886, S. 129
5   Ehrenberg 1838, Vorrede S. V

Untersuchungen«[6] erbrachte Erkenntnis, dass im Laufe der Erdgeschichte aus den Kieselschalen dieser Infusorien »unzerstörbare Erden, Steine und Felsmassen« gebildet wurden.[7] Bei diesen Erkenntnissen handelt es sich, wie Ehrenberg hervorhebt, nicht um »das zufällige Ergebniss eines glücklichen Augenblicks, sondern die allmälige Frucht beharrlicher, durch lange Zeiträume und durch verschiedene Welttheile verfolgter, Bemühungen«.[8]

Ehrenberg wurde bei seinen Untersuchungen von einem neuen Verständnis von naturwissenschaftlicher Forschung geleitet, für das der Name Alexander von Humboldts steht. An die Stelle spekulativer Annahmen über die Natur und über die in ihr vorkommenden Phänomene treten systematisch durchgeführte Beobachtungen, präzise Beschreibungen und genaue Datenerhebungen. Wissenschaftler, die diesem Ideal folgen, sind, ob sie sich so wie Ehrenberg direkt auf Alexander von Humboldt beziehen oder nicht, dabei auf die Arbeit mit Medien angewiesen. In den Äußerungen dieser Wissenschaftler stößt man immer wieder auf Aussagen, wonach es darauf ankomme, »die wahre Aufklärung zu fördern«, indem man mit mysteriösen Vorstellungen durch das Aufdecken der in der Natur herrschenden Gesetzmäßigkeiten aufräume.

Mikroskop und Teleskop führen zu Ansichten von bis dahin unseren Sinnen nicht zugänglichen Bereichen der Welt. Der Mathematiker Joseph Petzval stellt 1843 in seinem *Bericht über die* Ergebnisse *einiger dioptrischer Untersuchungen* fest: »Um die Wunder des Himmels und die der Infusorienwelt zu umfassen, müßte der Mensch mit mehreren Sorten von Augen begabt sein, mit großen astronomischen Refraktor-Augen, und mit kleinen mikroskopischen.«[9]

Bei diesen Erweiterungen der Wahrnehmungsmöglichkeiten in die Bereiche der Mikro- und Makrowelten handelt es sich um Veränderung der Ansichten von Welt, wie sie in verschiedenen Mediengeschichten thematisiert werden. Ansichten von Welt verändern sich durch Medien jedoch in vielfacher Hinsicht.

Nicht immer werden die den Medien zugeschriebenen Veränderungen der Ansichten von Welt ungeteilt positiv bewertet. So wird die Lektüre von Romanen im 19. Jahrhundert zum Gegenstand der Kritik, weil sich »junge Mädchen« dadurch »ein eignes Lebensbild [schaffen], ganz unähnlich dem, worin sie Geburt, Vermögen und Talent, also ihr weltbürgerliches Verhältnis gesetzt hat.«[10]

Wir sehen Bilder, aber keine Abbilder der Realität

In den Mediengeschichten, die sich mit dem Thaumatrop und dem Stereoskop beschäftigen, geht es um einen anderen Aspekt der veränderten Ansicht von Welt. Wenn man sich an der öffentlichen Resonanz auf diese Erfindungen orientiert, handelte es sich bei diesen Apparaten um optische Spielereien.

Den Wissenschaftlern, die diese Apparate entwickelten, ging es aber darum, auf experimentellem Weg physiologische Erklärungen für optische Täuschungen und Fragen des räumlichen Sehens zu finden. Diese »optischen Spielereien« trugen nicht nur

---

6   Humboldt 1845, S. 481
7   Ehrenberg 1838, Vorrede S. X
8   Ebd. Vorrede S. XIII
9   Petzval 1843, S. 134
10   Berliner Politisches Wochenblatt vom 07.07.1832, S. 176

zum besseren Verständnis der visuellen Wahrnehmung bei, sondern führten nach einer Formulierung von Hermann Helmholtz, einem der einflussreichsten Wissenschaftler seiner Zeit, zur Erkenntnis, dass »die Art unserer Wahrnehmungen ebenso sehr durch die Natur unserer Sinne, wie durch die äusseren Objecte bedingt wird«.«[11] Dies bedeutete einen Bruch mit der bis dahin weitgehend geltenden Annahme, dass es sich bei unserer Wahrnehmung um Abbilder der Realität handele.

Gerade das Stereoskop liefert ein Beispiel dafür, in welchem engen Zusammenhang die Entwicklung optischer Medien mit der Forschung im Bereich der Physiologie zu sehen ist. Das Stereoskop als Apparat für physiologische Experimente zum räumlichen Sehen gedacht, wurde durch die Verfügbarkeit stereoskopischer Fotografien zu einem Massenmedium. Dies zeigt sich an der Werbung für Stereoskope als »Festtagsgeschenke« und die Hinweise auf zahlreiche Stereoskopenausstellungen, auf die man in den Zeitungen und Zeitschriften in der zweiten Hälfte des 19. Jahrhunderts stößt. Zu erwähnen ist hier die Weiterentwicklung der Stereoskopie zum »Kaiserpanorama«, einem am Ende des Jahrhunderts populären Massenmedium, bei dem mehrere Personen gleichzeitig stereoskopische Bilderserien betrachten konnten.

Medien erweitern unsere Wahrnehmungs- und Kommunikationsmöglichkeiten

Die Mediengeschichten in diesem Buch beschäftigen sich nicht nur mit dem Mikroskop, der Fotografie, der Telegrafie und dem Teleskop, sondern u.a. mit der Spektralanalyse, mit Sternenkarten, technischen Zeichnungen, Familienzeitschriften, Nachrichtenagenturen oder mit der Postreform und mechanischen Musikinstrumenten sowie Messgeräten wie dem Heliotrop. Doch worin liegen die Gemeinsamkeiten, die es erlauben, diese sowie eine Reihe weiterer Phänomene ein und demselben Begriff »Medium« zuzuordnen?

Was hat die für das Jahr 1807 ausgewählte Mediengeschichte über die Vorführung eines »Lichtleiters« durch den Frankfurter Arzt Dr. Bozzini mit der Eröffnung eines »Dioramas« im Jahre 1822 durch den Berliner Theaterinspektor Gropius zu tun? Bei Bozzinis »Lichtleiter« handelte es sich um ein starres Endoskop »zur Erleuchtung innerer Höhlen und Zwischenräume des lebenden animalischen Körpers«. Das Diorama, eine perspektivische Darstellung von Landschaften oder Ereignissen, war maßgeblich von dem französischen Maler Louis Daguerre, der zumeist nur mit der Erfindung der Daguerreotypie in Verbindung gebracht wird, in Paris entwickelt worden. Karl Gropius hatte diese neue Art der »Schaustellung« während eines Aufenthaltes in Paris kennengelernt.

Philipp Bozzini habe mit seinem »Lichtleiter«, so einige seiner Zeitgenossen, »kein geringes Scherflein in den Gotteskasten des menschlichen Wissens eingelegt« und »einen unsterblichen Beytrag zu den Vervollkommnungen der menschlichen Dinge geliefert«.[12]

In den Dioramen, die Karl Gropius für das Berliner Publikum als Unterhaltungsangebote organisierte, sah kein Geringerer als Alexander von Humboldt ein »Anregungsmittel zum Naturstudium«. Der Besuch dieser realistischen Schaustellungen

---

11 Helmholtz 1855, S. 19
12 Medizinisch-chirurgische Zeitung vom 01.09.1806, S. 319

könne »die Wanderung durch verschiedenartige Klimate fast ersetzen«.[13] Lichtleiter und Diorama vermitteln also jeweils auf ihre Art Wissen über ansonsten der unmittelbaren Anschauung nicht oder nur schwer zugängliche Bereiche der Wirklichkeit.

In allen Mediengeschichten geht es um Techniken zur Generierung, Dokumentierung, Bearbeitung, Distribution und Kommunikation von Wissen, also im weitesten Sinne um die Erweiterung der Wahrnehmungs- und Erfahrungsmöglichkeiten.

Nach dieser Definition von Medien spielen diese nicht nur bei der Herstellung von Öffentlichkeit eine Rolle, sondern die Generierung, Vermittlung und Aneignung von Wissen ist in allen gesellschaftlichen und kulturellen Bereichen, vor allem in Naturwissenschaft, Medizin und Technik an Medien gebunden.

Das trifft auf die Technik des Holzstichs zu, durch den auflagenstarke Zeitschriften in der zweiten Hälfte des Jahrhunderts für sich in Anspruch nehmen konnten, Illustrationen als »Hebel der Volksbildung« einzusetzen, um »die Cultur in weitere Kreise zu tragen«[14], und ebenso auf den Versuch, beim Venusdurchgang von 1874 mit Hilfe eines »Photographie-Revolvers« den Abstand zwischen Erde und Sonne als »Grundmaß der kosmischen Entfernungen« genau zu berechnen.[15] Ein weiteres Beispiel für diese Bedeutung der Medien liefert am Ende des Jahrhunderts die von Zeitgenossen als »grosse Sensation«[16] bewertete Entdeckung der Röntgenstrahlen mit Hilfe der Fotografie und die dadurch ermöglichten neuen Einsichten und Anwendungen in Wissenschaft und Technik.

Bei dem hier zugrunde gelegten Medienbegriff handelt es sich um Funktionen, die Techniken im Prozess der Wissensproduktion übernehmen. Der Begriff Technik muss dabei sowohl im Sinne »physikalischer Artefakte«, d.h. von Geräten und apparativen Systemen, wie auch als Technik im Sinne planvoller und zielgerichteter Verfahrensweisen verstanden werden. Nicht nur in den Verfahrensweisen realisieren sich kulturelle Programme, Normierungen, Werte und Ideen, sondern Programme der Wirklichkeitsaneignung materialisieren sich auch in der apparativen Technik.

Mit diesem heute in den Kulturwissenschaften und der Wissenschaftsgeschichte gängigen Verständnis von Medien greift man auf Einsichten zurück, die sich – zumindest sinngemäß – bei Wissenschaftlern des 19. Jahrhunderts finden. So ist für Ehrenberg die genaue Erforschung der Infusorien nur mit »künstlich verstärkten Sinnen«, also durch das Mikroskop, und durch »glücklich unterstützende Methoden« möglich geworden.[17] Zu seinen »glänzenden Entdeckungen« über die Infusorien gelangte er, wie Alexander von Humboldt hervorhob, nicht durch fantasievolle Spekulationen über eine »monströse Geisterwelt«, sondern »auf dem Wege genauer Beobachtung«.

In den von Gauß und Weber herausgegebenen Resultaten aus den Beobachtungen des magnetischen Vereins findet sich ein vergleichbarer Hinweis auf das erforderliche Zusammenspiel von apparativer Technik und Technik im Sinne planvoller und zielgerichteter Verfahrensweisen.[18] Dort heißt es, »alles, was wir mit Bestimmtheit von den Naturerscheinungen wissen, [ist] nur aus Zahlen gefolgert«. Um diese Zahlen aus der

13 Humboldt 1847, S. 93

14 Illustrirte Zeitung Nr. 1279 vom 06.1868, S. 6

15 Flammarion 1874, S. 156

16 Die Presse vom 05.01.1896, S. 1

17 Ehrenberg 1838, Vorrede S. X

18 Allgemeine Zeitung vom 07.02.1839, S. 285 f.

»Natur entnehmen zu können«, sei »eine eigene Kunst, die Beobachtungskunst, und ein eigener Schlüssel, das Meßinstrument, erforderlich«.

Das Messen und Sammeln von Zahlen allein sind im 19. Jahrhundert nicht von vornherein ein Nachweis für eine vorurteilsfreie Erklärung der Welt. Vor einem solchen Trugschluss sollten die Vorstellungen des Goetheverehrers Carl Gustav Carus warnen, der meinte, mit Schädelmessungen sei der wissenschaftliche Nachweis über »die ungleiche Befähigung der verschiedenen Menschenstämme für höhere geistige Entwicklung« zu führen.[19] Ebenso spielt die als »wahre Netzhaut des Gelehrten« gerühmte Fotografie in der Psychiatrie, Anthropologie und Kriminologie eine eher zweifelhafte Rolle bei der Festlegung des Andersartigen, Fremden und des von der Norm Abweichenden, bei der Klassifizierung von Unterschieden.

Wie aus Erfindungen Medien werden

»Der Mensch pflegt nicht eher auf eine Erfindung zu verfallen, bevor nicht ein Bedürfnis dazu da ist«, schreibt der Botaniker Karl Müller 1890 in einem Beitrag im Feuilleton der in Linz erscheinenden Tages-Post zur »300jährigen Wiederkehr der Erfindung des Mikroskops«.[20] Wie unscharf dabei der Begriff »Erfindung« ist, wird deutlich, wenn Müller sich näher mit dem »Schicksal« des Mikroskops auseinandersetzt. So müsse man es überraschend finden, »das Mikroskop erst im Ausgang des 16. Jahrhunderts anzutreffen«, da man bereits in der Antike Glas herstellen und Linsen schleifen konnte. Erst das 19. Jahrhundert habe dann »aus dem Instrument das gemacht, was es sein soll und sein kann«. Damit hatte nach Müller das Mikroskop »ein völlig anderes Schicksal« als das ungefähr zur gleichen Zeit erfundene Fernrohr. Das Fernrohr erwies sich sofort »als ein höchst brauchbares Instrument, da man mit ihm sich alles näher bringen konnte«. Bis zu Ehrenbergs Untersuchungen über die Infusorien schien das Mikroskop dagegen nicht viel mehr »als eine Art Spielzeug« zu sein.[21] Seit Ehrenberg habe sich dann »das Mikroskop zu einer Art von Weltinstrument erhoben, das nicht nur in den Händen des Botanikers, Zoologen, des Chemikers, des Industriellen Wirkungen übt, ohne welche wir heute kaum noch denkbar sind. [...] Kurz und gut: dieses Instrument bildet heutzutage einen wesentlichen Bestandtheil unserer Cultur«.

Müller spricht von dem »Schicksal«, welches das Mikroskop im Laufe seiner Geschichte durchlaufen habe. Ein anonymer Verfasser kommt 1838 in »historischen Notizen« zu Steinheils elektromagnetischem Telegraphen zu dem Schluss, eigentlich sei »jede bestehende Erfindung eine Reihe von Erfindungen«: »Es scheint bei allen Erfindungen, die in das Leben eingreifen, ein großer Zeitraum nöthig, um von der ersten Idee bis zum factischen Bestande der Sache zu gelangen. An den ursprünglichen Gedanken müssen sich spätere Erfindungen und Erfahrungen reihen. Es müssen sich vielseitig die Kräfte der Intelligenz versuchen, das Wesentliche vom Zufälligen zu trennen, [...].«[22]

---

19 Carus 1849, S. 18
20 Müller 1890, S. 1
21 Ebd. S. 1
22 Polytechnisches Journal 1838/Band 67, S. 389

Mediengeschichte(n) statt Mediengeschichte

Wer Mediengeschichte erzählen will, landet fast zwangsläufig in einer nicht mehr überschaubaren Auflistung von Namen und Daten sowie der Aufzählung von Erfindungen und technischen Weiterentwicklungen. Es werden Ahnenreihen von der Höhlenmalerei über die Comics bis zum Film konstruiert, bei denen der kulturelle und gesellschaftliche Kontext jedoch weitgehend ausgeblendet bleibt.

Wenn sich Medien über ihre Funktion im Prozess der Wissensproduktion definieren, können sie nicht aus dem Netzwerk von sozialen, ökonomischen, politischen und wissenschaftlichen Faktoren, in das sie eingebunden sind, herausgelöst werden. Dies wird an den hier ausgewählten Mediengeschichten deutlich – auch wenn die jeweiligen Netzwerke immer nur in einzelnen Facetten angesprochen und nicht in ihrer Komplexität dargestellt werden können.

Aus dem bisher Gesagten ergibt sich: Es sind nicht die Apparate, Geräte oder technischen Systeme, die zum Gegenstand der Mediengeschichten werden, sondern Themen der Mediengeschichten sind die Handlungen und Praktiken, in deren Kontext die Medien zu Werkzeugen der Weltaneignung werden. Wenn dabei von Generierung, Dokumentierung, Bearbeitung, Distribution und Kommunikation von Wissen die Rede ist, handelt es sich nur auf den ersten Blick um eine Aneinanderreihung disparater Begriffe. An konkreten Beispielen zeigt sich sofort, dass die Prozesse, in denen Wissen generiert, distribuiert und kommuniziert wird, nicht auf einzelne Verfahren zu reduzieren sind, sondern dass es immer um eine Vernetzung verschiedener Techniken, also von Apparaten und Verfahren geht.

Selbst Ehrenbergs Forschungen seit den 1820er Jahren erforderten mehr als den geschulten Blick durch das Mikroskop. Die Befunde mussten festgehalten und so gespeichert werden, dass sie ausgewertet, kommuniziert und in der Wissenschaft diskutiert werden konnten. So legte Ehrenberg großen Wert darauf, dass er die mikroskopischen Zeichnungen für seine Veröffentlichungen selbst angefertigt habe, weil diese Zeichnungen »die Basis der wörtlichen Beschreibung« bildeten. Verständlich daher, dass Ehrenberg im Vorwort zu seinem Buch über Infusorien besonders hervorhebt, der Verleger habe »ohne Rücksicht auf Ersparniss« Wert auf die »Darstellungen im Kupferstich« gelegt.[23]

Ein Beispiel für die Komplexität wissenschaftlicher Netzwerke bietet der von Gauß und Weber in Göttingen gegründete *Magnetische Verein*. Die wissenschaftliche Erforschung des Erdmagnetismus konnte nur funktionieren, weil es über vielfältige persönliche Kontakte gelang, Menschen und Institutionen in die Arbeit einzubinden. Die Erforschung des Erdmagnetismus erforderte sowohl den Aufbau eines weltweiten Beobachtungsnetzes als auch die Verständigung über den Einsatz standardisierter Messgeräte und Messverfahren sowie Absprachen über die genau einzuhaltenden Termine für die »correspondirenden Beobachtungen«.

Daran wird deutlich, dass bei der Beschäftigung mit Medien an die Stelle des isolierten Blicks auf technische Geräte und Verfahren das Interesse an den »Netzwerken« und Praktiken treten muss, in deren Rahmen diese Geräte und Verfahren ihr Potenzial zur Entfaltung bringen. Über das Erzählen von Geschichten sollen diese Netzwerke

---

23 Ehrenberg 1838, S. XIV

nachgezeichnet und so ein Zugang zur Mediengeschichte des 19. Jahrhunderts und damit zur Entstehung der Mediengesellschaft geschaffen werden.

Zur Auswahl der Mediengeschichten

Die Auswahl der Mediengeschichten folgte keinem vorgefassten Plan, sondern ergab sich bei der Durchsicht von Zeitungen und Zeitschriften. Für die ersten beiden Jahrzehnte des 19. Jahrhunderts vermittelten u.a. die *Annalen der Physik* und das *Magazin aller neuen Erfindungen, Entdeckungen und Verbesserungen, für Fabrikanten, Manufakturisten, Künstler, Handwerker und Oekonomen* einen Überblick über die in Frage kommenden Erfindungen und Entwicklungen. Für die folgenden Jahrzehnte bot sich das 1820 von dem Augsburger Fabrikanten und Chemiker Johann Gottfried Dingler begründete *Polytechnische Journal* für Recherchen an. Die Entscheidung für einzelne Mediengeschichten und ihre Zuordnung zu bestimmten Jahren ist nicht immer zwingend – in vielen Fällen gäbe es Alternativen.

Mit der vorrangigen Berücksichtigung von Mediengeschichten aus dem Gebiet des Deutschen Bundes bzw. für die Zeit nach 1871 aus dem Deutschen Reich und Österreich-Ungarn soll nicht die Erzählung vom besonderen Beitrag »deutscher Erfindungen« zum Fortschritt der Kultur fortgeführt werden. Der vom Nationalstolz getragener Anspruch auf eine kulturelle Führungsrolle – zumeist mit Hinweisen auf die Erfindung von Buchdruck, Lithographie und Schnellpresse sowie ergänzt durch die Erwähnung von Soemmerrings Versuchen mit der elektrischen Telegrafie und dem Telefon von Philipp Reis – wurde nicht selten in Veröffentlichungen gegen Ende des 19. Jahrhunderts erhoben.[24] Dieser Anspruch war jedoch nicht typisch deutsch, sondern wurde von anderen Nationen vergleichsweise gepflegt.

Die vorrangige Berücksichtigung von Erfindungen aus dem Gebiet des Deutschen Reiches und Österreich-Ungarns entspricht dem Ansatz, Medien und ihre Entwicklung aus ihrem jeweiligen gesellschaftlichen und kulturellen Kontext heraus zu begreifen. Aussagen im Sinne einer allgemeinen Mediengeschichte laufen Gefahr, dieses Verständnis zu behindern.

Zeitungen und das Telefon sind zwei Beispiele, an denen dies deutlich wird. In England und Frankreich wurden Zeitungen vorwiegend im Straßenverkauf vertrieben, während in Deutschland der Einzelkauf die Ausnahme und das Abonnement die Regel war.[25] Ein Unterschied, der beim Blick auf die Zeitungslandschaft in diesen Ländern nicht ausgeblendet werden sollte. Wenn es um die Einführung des Telefons geht, darf wiederum nicht übersehen werden, dass im Gegensatz zu anderen Ländern das Telefon in Deutschland genauso wie die Telegrafie von Anfang an als staatliche Aufgabe verstanden wurde und damit die Einführung des Telefons völlig anders verlief als z.B. in den Vereinigten Staaten von Amerika, wo der Ausbau des Telefonnetzes von privaten Gesellschaften betrieben wurde. Ein weiteres Beispiel wäre die Organisation des Buchhandels in Deutschland mit der seit dem 19. Jahrhundert verteidigten Buchpreisbindung, da man nach Auffassung der deutschen Verleger das Buch mit seiner »Kulturmission« nicht dem Marktgeschehen überlassen könne.

---

24 Vgl. z.B. Österreichisch-Ungarische Buchdrucker-Zeitung Nr. 24/1900, S. 294 ff. oder Schwartze 1883, S. 34

25 Kronsbein, Wilhelm 1901, S. 16

Andererseits ist selbst eine »nationale Mediengeschichte« längst nicht so national, wie es auf den ersten Blick erscheinen mag.[26] Hierzu nur einige Hinweise. Joseph Fraunhofer, später für seine optischen Geräte berühmt, trat 1809 in das »mathematisch-mechanische Institut Reichenbach, Utzschneider und Liebherr« ein, dessen Gründung auf eine Anforderung der französischen Regierung zurückging, die 1801 »eine militärisch-topographische Karte von Bayern verlangte«.[27] Als die Arbeit an dieser Karte beginnen sollte, »fehlte es allenthalben an guten Meß-Instrumenten«. Daraufhin gründete der Ingenieur Georg Friedrich Reichenbach zusammen mit dem Unternehmer Joseph Utzschneider und dem Uhrmacher Joseph Liebherr das »mathematisch-mechanische Institut zur Herstellung von Meß-Instrumenten«. Die neuesten Kenntnisse auf diesem Gebiet hatte sich der Ingenieur Reichenbach während eines vom bayerischen Landesherrn finanzierten Aufenthaltes in England angeeignet.

Der Erfinder der Schnellpresse Johann Friedrich Gottlob Koenig musste wiederum am Anfang des Jahrhunderts nach England gehen, da in Bayern nicht die industriellen Voraussetzungen gegeben waren, um seine Pläne für eine dampfbetriebene Druckmaschine zu realisieren. Andererseits bestand für die von dem deutschen Auswanderer Ottmar Mergenthaler in den Vereinigten Staaten entwickelte Linotype-Setzmaschine in Deutschland erst einmal keine sofortige Nachfrage, weil es in Deutschland im Unterschied zu den Vereinigten Staaten ausreichend gut ausgebildete Facharbeiter gab.

Eine »nationale Mediengeschichte« würde darüber hinaus im Widerspruch zu den vielen internationalen Kontakten zwischen den Wissenschaftlern stehen. Man muss dabei nur an die im Jahr 1822 in Berlin gegründete Gesellschaft deutscher Naturforscher und Ärzte denken, die 1828 eine der ersten wissenschaftlichen Konferenzen modernen Stils mit über 450 Teilnehmern abhielt.[28] Alexander von Humboldt war zu dieser Zeit einer der Geschäftsführer dieser Gesellschaft. An der Konferenz nahm u.a. der »Computerpionier« Charles Babbage teil, der während seines Aufenthaltes in Berlin nicht nur Alexander von Humboldt kennenlernte, sondern ebenfalls mit Carl Friedrich Gauß zusammentraf. Babbage zählte dann zu den Gründungsmitgliedern der 1831 nach dem Vorbild der Gesellschaft deutscher Naturforscher und Ärzte gerüdeten British Association for the Advancement of Science.[29]

Die nächste Versammlung deutscher Naturforscher und Ärzte fand im Jahr darauf in Heidelberg statt. Wie im Grußwort zur Eröffnung der Versammlung hervorgehoben wurde, erlangte die Versammlung durch die Teilnahme von Gelehrten aus den meisten Ländern Europas »wahrhaft den Namen einer europäischen«.[30] Im *Amtlichen Bericht* wird der belgische Astronom und Mathematiker Quetelet, der in der Mediengeschichte für das Jahr 1835 als Begründer der »Socialphysik« zu Wort kommt, in seiner Funktion als Direktor der Sternwarte in Brüssel in der Abteilung Astronomie und Physik als

---

26 Hierbei bleibt noch ausgeblendet der »Migrationshintergrund« eines Alexander von Humboldts oder Emil Heinrich du Bois-Reymond sowie des Arztes Philipp Bozzini oder die »Zuwanderung« von Wissenschafftlern wie dem in Prag geborenen Johann Nepomuk Czermak.

27 Vgl. Utzschneider 1826, S. 161 ff.

28 Humboldt, A. v.; Lichtenstein, H. 1829, S.17

29 Zu dieser Gründung kam es, weil die bestehende The Royal Society of London for Improving Natural Knowledge von einer Reihe von Wissenschaftlern als zu elitär und konservativ eingeschätzt wurde.

30 Tiedemann, F.; Gmelin, L. 1829, S. 13

Teilnehmer geführt.[31] Zuvor hatte sich Quetelet nach einer Reise durch Norddeutsch-
land, auf der er mit verschiedenen namhaften Wissenschaftlern zusammentraf, einige
Zeit in Berlin aufgehalten. Alexander von Humboldt, mit dem er seit einem gemeinsamen Aufenthalt in Paris eng befreundet war, traf er dort nicht an, da sich dieser auf
einer Forschungsreise durch Russland befand. Er konnte jedoch das von Humboldt
eingerichtete magnetische Kabinett für eigene Beobachtungen nutzen. Von Berlin aus
begab sich Quetelet nach Weimar. Dort war der 33-jährige belgische Wissenschaftler
Gast bei den Feierlichkeiten zu Goethes 80. Geburtstag und führte auf Wunsch Goethes Experimente zum Erdmagnetismus vor. Seine Weiterreise zur Versammlung der
Naturforscher in Heidelberg unterbrach Quetelet in Göttingen, um dort mit Gauß zu-
sammenzutreffen.[32] Dies verweist ebenso wie die durch einen Besuch Adolphe Quetelets in England angeregte Gründung einer Statistical Section im Rahmen der British
Association for the Advancement of Science durch Charles Babbage auf die vielseitigen Kontakte innerhalb der europaweiten und darüber hinaus die Vereinigten Staaten
von Amerika umfassenden Wissenschaftsgemeinschaft.[33]

Die »Volta'sche Säule« und das »Zeitalter der Elektrizität«

Die Zusammenstellung der Mediengeschichten ergab sich, wie bereits angesprochen,
bei der Durchsicht von Zeitschriften und Zeitungen aus dem ausgewählten Zeitraum
und den dabei gefundenen Nachrichten und Berichten aus der Wissenschaft. Obwohl
die Auswahl also keinem vorgefassten Plan folgte, ergaben sich vielfältige Hinweise,
Rückschlüsse und Verbindungen über die einzelnen Mediengeschichten hinweg mit
Blick auf die Entwicklung der Medien- und Kommunikationskultur im 19. Jahrhundert.

Ein Beispiel hierfür bietet die für das Jahr 1801 ausgewählte Mediengeschichte. In
diesem Jahr stellte Alessandro Volta auf Einladung von Napoleon Bonaparte in Paris
die »Volta'sche Säule«, also die von ihm entwickelte elektrische Batterie, vor. Mit
Voltas elektrischer Batterie kündigte sich bereits am Anfang des 19. Jahrhunderts der
Übergang vom »Jahrhundert des Dampfes« zum »Zeitalter der Elektrizität« an.[34] Die
ersten praktischen Anwendungen der Elektrizität betreffen dabei unmittelbar die Entwicklung der Medien- und Kommunikationskultur. Hierbei handelte es sich zum einen
um die Herstellung von Galvanoplastiken und zum anderen um die elektromagnetische
Telegrafie.

Mit Hilfe des Galvanismus konnten Schriftsätze sowie Kupfer- und Holzstiche vervielfältigt werden. Dies war eine Voraussetzung für den Druck großer Auflagen und
insbesondere für die massenhafte Verbreitung von Bildern. Das von Emile Berliner
gegen Ende des Jahrhunderts entwickelten Verfahren, Schallaufnahmen zu kopieren,
ist ein weiteres Beispiel für die Bedeutung des Galvanismus für die Entwicklung der
Medienkultur.

Neben den galvanoplastischen Vervielfältigungsverfahren handelte es sich bei der
zeitgleichen Einführung der elektromagnetischen Telegraphie um die zweite prakti-

---

31 Ebd. S. 4
32 Vgl. hierzu John 1898, S. 315-320
33 Vgl. Babbage 1864, S. 434 ff.
34 Wilke 1893, S. 1 f.

sche Anwendung der Elektrizität. Die elektromagnetische Telegrafie hob zum ersten Mal in der Kommunikationsgeschichte die Bindung zwischen Verkehrsmitteln und Nachrichtentransport auf. Die Nachrichtenvermittlung wurde schneller als der Verkehr mit Pferden, Schiffen und Eisenbahnen. In den zeitgenössischen Quellen wird die elektromagnetische Telegrafie dadurch zu einem »unerschöpflichen Thema für eine Lobrede auf die Fortschritte unserer Zeit«.

Auf zukünftige Entwicklungen über das 20. Jahrhundert hinaus verweisen die Mediengeschichten, in denen die Speicherung von Informationen und Steuerung von Prozessen durch Lochkarten bzw. durch Stiftwalzen im Mittelpunkt stehen. Die hochgespannten Erwartungen des 18. Jahrhunderts, durch perfekte Automaten könne der Mensch als Maschine nachgebaut werden, wurden im 19. Jahrhundert pragmatisch, aber erfolgreich auf die Übernahme menschlicher Leistungen durch Maschinen reduziert. Das zeigen die Mediengeschichten, in denen es um die Entwicklung des automatischen Webstuhls, die Konstruktion von Musikautomaten, das Konzept von Charles Babbage für einen Computer oder Holleriths »elektrische Zählmaschine« für Volkszählungen geht.[35] Sofern es sich anbot, finden sich in den entsprechenden Mediengeschichten Hinweise auf Verbindungen zu anderen Geschichten mit der Abkürzung MG und der entsprechenden Jahreszahl.

Zur Konzentration auf zeitgenössische Quellen

Die oben genannten Zeitschriften, die einen Überblick über die für Mediengeschichten in Frage kommenden Entwicklungen und Anwendungen vermitteln, sind digitalisiert und im Internet abrufbar, ebenso wie eine Vielzahl von Zeitungen, Zeitschriften und Büchern aus dem 19. Jahrhundert, in denen man diesen Hinweisen – häufig über Volltextsuche – nachgehen kann.

Nicht übersehen werden darf, dass damit in den Mediengeschichten bestimmte Aspekte gar nicht auftauchen, weil sie in den herangezogenen Zeitungen und Zeitschriften ebenso wie in den fachlichen Veröffentlichungen nicht angesprochen werden. Zum einen ergeben sich durch die Konzentration auf diese Quellen auf die »herausragenden« Wissenschaftler bezogene Erzählungen, in der die Beiträge von Mit- und Zuarbeitern nicht angemessen berücksichtigt werden. Zum anderen tauchen Frauen in diesen Mediengeschichten überhaupt nicht auf, was sicherlich nicht ausschließlich damit zu erklären ist, dass Frauen erst gegen Ende des 19. Jahrhunderts Zugang zum Universitätsstudium erhielten.

Mit der Konzentration auf Zeitungen und Zeitschriften erfasst man nicht den »Zeitgeist an sich«, wohl aber Stimmungslagen des Lesepublikums, da davon auszugehen ist, dass man zur Sicherung der Auflage auf eine grundsätzliche Zustimmung des Publikums angewiesen war. Dabei ist es aufschlussreich, dass in den Zeitungen und Zeitschriften im 19. Jahrhundert über Neuigkeiten aus Naturwissenschaft und Technik

---

35 Der französische Arzt und Philosoph La Mettrie vertrat in der ersten Hälfte des 18. Jahrhunderts die Auffassung, »ein neuer Prometheus« wie der Ingenieur Vaucanson sollte in der Lage sein, einen künstlichen Menschen zu konstruieren. (L'Homme-Machine. Leyden 1748, S. 93). Vaucanson hatte einen mechanischen Flötenspieler und eine mechanische Ente sowie einen mechanischen Webstuhl konstruiert. Dieser Webstuhl diente Jacquard als Modell für den Bau seines mechanischen Webstuhls.

häufig berichtet wurde, nicht selten in längeren Beiträgen im Feuilleton. Dabei meldeten sich immer wieder Wissenschaftler selbst zu Wort.

Damit bietet sich die Chance, die Entstehung der Mediengesellschaft über zeitgenössische Quellen zu rekonstruieren, denn für den Zugang zur Medien- und Kommunikationskultur des 19. Jahrhunderts ist es aufschlussreich, aus welcher Perspektive und mit welcher Tonlage in den zeitgenössischen Quellen Themen und Entwicklungen aufgegriffen, eingeordnet und bewertet wurden. Dies gilt hier insbesondere für die durch Medien ermöglichten Erfahrung von Welt.

Ein Beispiel hierfür wäre die Bewertung des um 1857 von Hermann Helmholtz entwickelten Tele-Stereoskops. Beim Blick in die Ferne ist der Augenabstand zu gering, um eine Landschaft räumlich wahrzunehmen. Beim Blick durch das von Helmholtz entwickelte Tele-Stereoskop wird durch ein Spiegelsystem »die Distanz der beiden Augen gewissermaßen um das Zwanzigfache vergrößert«, so dass Landschaften mit Tiefenwirkungen wahrgenommen werden. Von diesem Apparat, »zunächst der wissenschaftlichen Optik bestimmt«, schreiben Zeitungen und Zeitschriften, er »eignet sich ganz besonders dazu, auf Balkonen aufgestellt zu werden, wobei es eine außerordentlich schöne Ansicht der Landschaft gewährt, eine bei weitem schönere als diejenige, welche der gewöhnliche Anblick derselben Landschaft mit unbewaffneten Augen darbietet; […]«.[36]

Dies ist nicht der einzige derartige Vorschlag für die Verwendung des Tele-Stereoskops, der sich in Zeitungsberichten und Feuilletons findet. Denkt man an die heutige Diskussion über Landschaftserleben und Medien, ist dies eine ebenso überraschende Empfehlung wie die Einschätzung, dass stereoskopische Landschaftsbilder »eine vollständigere Ansicht der Landschaft« geben, »als es die wirkliche Anschauung der wirklichen Landschaft thut.«[37]

Helmholtz selbst äußerste sich ausgesprochen positiv über die Eindrücke, die über stereoskopische Bilder vermittelt würden. »Gebäude, Städte, Landschaften«, die er aus stereoskopischen Aufnahmen kannte, hätten »nicht mehr den Eindruck des Neuen« gemacht, wenn er ihnen »zum ersten Male wirklich gegenüberstand«. Eine Erfahrung, die er bei gewöhnlichen Abbildungen und Gemälden nie gemacht habe.[38]

Ähnlich positive Bewertungen der durch Medien ermöglichten Erfahrungen finden sich in anderen Zusammenhängen. Bei dieser Beurteilung von Medien steht im 19. Jahrhundert offensichtlich im Vordergrund, dass sie Erfahrungsbereiche erschließen, die ansonsten gar nicht oder nur schwer zugänglich wären. Eine Einstellung, die nicht zuletzt von den Naturwissenschaftlern und Medizinern mit Blick auf die von ihnen entwickelten neuen Instrumente vertreten wird.

In diesem Kontext wird die »grafische Methode« nicht nur zu einem der wichtigen Merkmale der Medien- und Kommunikationskultur des 19. Jahrhunderts, sondern verweist darüber hinaus auf Entwicklungen, die heute unsere Zugänge zur Welt dominieren.

Im 19. Jahrhundert sammelte man Daten mit Hilfe »selbstschreibender Apparate«, z.B. auf Metallzylindern, die mit berußtem Papier bespannt waren. Die bevorzugten Formate zur Sammlung, Auswertung und Vermittlung der Daten wurden Kurven und

---

36 Pick 1862, S. 93
37 Polytechnisches Centralblatt Lieferung 21/1857, Sp. 1449
38 Helmholtz 1896, S. 341

andere Diagramme. Die heutigen Möglichkeiten, Daten über Sensoren digital zu sammeln und auszuwerten, sind technisch damit nicht mehr zu vergleichen. Methodisch
ist aber die Nähe zu den im 19. Jahrhundert entwickelten Ansätzen, Natur und Gesellschaft in Zahlen zu erfassen, nicht zu übersehen.

Die grafische Methode als Merkmal der Medien- und Kommunikationskultur

An die Stelle von »metaphysischen Spekulationen und [...] der Aufstellung von Spitz-
findigkeiten über das Entstehen des Weltalls und das Wesen der Materie«[39] treten mit
dem 19. Jahrhundert in den Naturwissenschaften systematisch durchgeführte Beobachtungen, präzise Beschreibungen und genaue Datenerhebungen.

Diese wissenschaftliche Praxis ist untrennbar mit dem Einsatz von Instrumenten
verbunden. Auf den ersten Seiten des Berichtes von Alexander von Humboldt über
seine Forschungsreise in Südamerika finden sich eine Liste und eine Beschreibung der
rund 50 physikalischen und astronomischen Instrumente, die er mit an Bord nahm. Für
Alexander von Humboldt war die Entwicklung »neuer Organe«, also neuer Messin-
strumente, für das neuzeitliche Denken grundlegend.[40]

Wer Messungen durchführt, muss Daten nicht nur erfassen und speichern, sondern
die Daten müssen klassifiziert, analysiert und verglichen, sie müssen visualisiert und
kommuniziert werden. Hierbei kommen unterschiedliche Medien und Medienformate
ins Spiel. Die Erfassung von Daten in Tabellen, Kurven oder anderen Darstellungsformen erlaubt nicht nur einen besseren Überblick, sondern erleichtert Zusammenhänge
und Regelmäßigkeiten aufzudecken, Entwicklungen zu beschreiben und Vergleiche
anzustellen. Über Klimaphänomene oder das Bruttosozialprodukt lassen sich ohne Statistiken keine Erkenntnisse gewinnen oder begründete Aussagen treffen. Statistiken
bzw. statistische Darstellungsformen zählen so zu den Kulturtechniken, die uns einen
Zugang zu Dimensionen der Wirklichkeit eröffnen, die über sinnliche Wahrnehmung
nicht zu erfassen sind.

Mit der 1817 veröffentlichten »Isothermen-Karte« habe Humboldt, so wird in einem in der Wiener Zeitung 1860 abgedruckten Vortrag erläutert, »für alle Zukunft
gezeigt [...], wie durch graphische Darstellung Übersichtlichkeit in die scheinbar verwickeltsten Phänomene gebracht werden kann«. Auf Humboldts »Karte der Jahres-
Isothermen« waren alle Punkte der Erdoberfläche mit einer gleichen, mittleren Jahrestemperatur verbunden, so dass »mit einem Blicke die Vertheilung der Wärmezustände auf der Erde« zu überschauen war.[41]

Nach der Veröffentlichung von Humboldts »Isothermen-Karte« finden in allen Bereichen der Naturkunde zunehmend grafische Darstellungen zur Gewinnung und Vermittlung von Erkenntnissen ihre Verwendung, um die stetig anwachsende Datenmenge
»zu ordnen und zu überblicken, und das Einzelne in seinem innigen Zusammenhange
mit dem Ganzen zu erkennen«.[42] Zu denken ist dabei auch an die Meteorologie, in der
die weltweite Sammlung von Daten und ihre Zusammenstellung in synoptischen

---

39 Tiedemann, F.; Gmelin, L. 1829, S. 16
40 Vgl. Humboldt 1829, S. 319
41 Pick 1860, S. 1102
42 G. 1839, 4363

Wetterkarten, also der Erfassung aller Wetterdaten zu einem bestimmten Zeitpunkt, ein entscheidendes Mittel war, um Erklärungen für Witterungsphänomene zu finden.

In den 1860er Jahren entstanden mit der visuellen Aufbereitung statistischer Informationen durch den französischen Ingenieur Charles-Joseph Minard grafische Darstellungen, die noch heute als Musterbeispiele für »Infografiken« gelten. Bei der »großen Ausweitung der statistischen Forschung«, schreibt Minard, »verspürt man die Notwendigkeit, die Ergebnisse in weniger trockenen, nützlicheren und schneller zugänglicheren Formen als in Zahlen wiederzugeben«.[43]

In einem in der *Deutschen Rundschau* veröffentlichten Rückblick auf die Pariser Weltausstellung des Jahres 1878 wird hervorgehoben, »dass die graphischen Tableaux eine viel hervorragendere Rolle gespielt, als je zuvor: die mannigfachsten Thatsachen wurden auf diese Weise der Anschauung und dem Verständnis näher gerückt«.[44]

Die grafische Methode spielte ebenfalls eine entscheidende Rolle in den experimentellen Wissenschaften, in denen die Daten über Aufzeichnungsgeräte auf mechanischem Weg erfasst und dargestellt wurden.

Welche Bedeutung der grafischen Methode über die Präsentionsformen der Weltausstellung hinaus zugemessen wird, geht aus einem Nachruf auf Karl Ludwig, der zu den Begründern der modernen Physiologie zählt, aus dem Jahr 1895 hervor: »So wenig zu Ende dieses Jahrhunderts ein Culturstaat möglich ist ohne Eisenbahn, Telegraph und Telephon, so wenig ist heutzutage physiologische, pharmakologische, pathologische Forschung denkbar ohne graphische Methode.«

Karl Ludwig hatte um 1846 mit dem Kymographion (Wellenschreiber) den ersten »selbstschreibenden Apparat« zur Untersuchung des Blutkreislaufes entwickelt. Als einer der Mitbegründer der »chemisch-physikalischen Physiologie« wollte Carl Ludwig die Physiologie in Abgrenzung von Vorstellungen einer nicht näher beschreibbaren »Lebenskraft« auf eine naturwissenschaftliche Basis stellen. Daher sein Interesse an der exakten Protokollierung von Experimenten, wie er sie zum Blutkreislauf durchführte. Nur so ließ sich mit quantifizierenden Verfahren der Nachweis führen, dass alle Lebensvorgänge auf physikochemische Prozesse zurückzuführen sind.[45] Sein Kymographion wurde zum Modell einer Registrierapparatur, wie sie in den Naturwissenschaften für quantitative Messungen weit über das 19. Jahrhundert hinaus benutzt wurde.[46]

Der bereits als »Filmpionier« erwähnte Physiologe Étienne-Jules Marey war maßgeblich an der Weiterentwicklung der grafischen Methode beteiligt. Aus seinem wissenschaftlichen Interesse heraus, die Grenzen der »mangelhaften Sinneswahrnehmungen« zu überschreiten, entwickelte er verschiedene Mess- und Registrierverfahren, u.a. Puls- und Herzschreiber, die mit einem Schreibstift und gleichmäßig bewegter Papierwalze arbeiteten. In diesen Maschinen zum Sammeln wissenschaftlicher Daten sah Marey neue Sinnesorgane.

Diese Apparate sind nicht allein dazu bestimmt, den Beobachter manchmal zu ersetzen und ihre Aufgaben in diesen Fällen mit unbestreitbarer Überlegenheit zu erfüllen; sie haben

---

43 Minard 1862, S. 1
44 Neumann-Spallart 1878, S. 261 f.
45 Ludwig 1856, S. IV
46 Beer 1895, S. 354 f.

darüber hinaus auch ihre ganz eigene Domäne, wo niemand sie ersetzen kann. Wenn das Auge aufhört zu sehen, das Ohr zu hören und der Tastsinn zu fühlen oder wenn unsere Sinne uns trügerische Eindrücke vermitteln, dann sind diese Apparate wie neue Sinne von erstaunlicher Präzision.[47]

Diese »neuen Organe« werden, wie es Alexander von Humboldt 1829 in der bereits eingangs zitierten Vorlesung vor der Königlichen Akademie der Wissenschaften in Berlin formulierte, zu »Mitteln den Menschen (beschauend und wissend) in einen innigeren Contact mit der Außenwelt zu setzen«.[48] Um nachvollziehbar zu machen, wie sich durch die Entwicklung der Mediengesellschaft die Ansichten von Welt verändern, wird hier die Mediengeschichte des 19. Jahrhunderts in hundert Mediengeschichten vom Jahr 1801 bis zum Jahr 1900 rekonstruiert.

---

47 Originaltext »Non seulement ces appareils sont destinés à remplacer parfois l'oberservateur, et dans ces circonstances s'acquittent de leur rôle avec une supériorité incontestable; mais ils sont aussi leur domaine propre où rien ne peut les remplacer. Quand l'œil cesse de voir, l'oreille d'entendre, et le tact de sentir, ou bien quand nos sens nous donnent de trompeuses apparances, ces appareils sont de sens nouveaux d'une étonnante précision. (Marey 1878, S. 108 – Übersetzung von W.-R. Wagner)

48 Humboldt 1829, S.319

Mediengeschichten 1801-1810

1801 – DIE VOLTA'SCHE SÄULE, »DAS WUNDERBARSTE INSTRUMENT, WELCHES VON MENSCHEN JEMALS ERFUNDEN WURDE«

> Gut! Ich zögere nicht, es zu sagen, diese scheinbar träge Masse, dieser bizarre Aufbau, dieser Stapel von mehreren Paaren verschiedener Metalle, die durch ein wenig Flüssigkeit voneinander getrennt sind, ist hinsichtlich der Originalität, auch wenn man an das Teleskop und die Dampfmaschine denkt, das wunderbarste Instrument, welches von Menschen jemals erfunden wurde.
>
> *François Arago 1831*[1]

Das »wunderbarste Instrument«, von dem der französische Physiker und Politiker François Arago hier spricht, ist die Volta'sche Säule. In einer 1854 erschienenen *Illustrirten Volks- und Familien-Bibliothek zur Verbreitung nützlicher Kenntnisse* wird die Funktion der Volta'schen Säule folgendermaßen erklärt:

Durch die Berührung zweier Metalle entsteht in dem einen ein schwacher Strom von + Elektricität, in dem andern ein eben solcher von - Elektricität, und Volta fand, daß man diesen Strom bedeutend verstärken könne, indem man die Metalle mit einem gut leitenden Medium in Berührung brachte. Er legte nämlich Platten von Silber und Zink oder von Kupfer und Zink auf einander und legte allemal zwischen zwei Plattenpaare ein Stückchen Tuch oder Pappe in Salzwasser getränkt. Die erste Silber- oder Kupferplatte und die letzte Zinkplatte bilden dann erstere den negativen, letztere den positiven Pol dieser galvanischen Kette, oder voltaischen Säule. Zum Aufbauen dient ein Gestell von gläsernen oder hölzernen Stäben, durch welches die Säule zusammengehalten wird. Verbindet man nun beide Pole durch eine Drahtleitung, so

---

1 Originaltext: »Eh bien ! je n'hésite pas à le dire, cette masse en apparence inerte, cet assemblage bizarre, cette pile de tant de couples de métaux dissemblables séparés par un peu de liquide, est, quant à la singularité, des effets, le plus merveilleux instrument que les hommes aient jamais inventé, sans en excepter le télescope et la machine à vapeur.« – (Arago 1854, S.219 f. – Übersetzung W.-R. Wagner)

entsteht ein elektrischer Strom, unterbricht man aber die Kette ein wenig, so bildet sich zwischen den beiden Drahtenden ein elektrischer Funke.[2]

Auf Einladung von Napoleon Bonaparte referierte Alessandro Volta am 7. November 1801 in Paris über die Theorie des Galvanismus und führte Experimente mit der von ihm entwickelten elektrischen Batterie vor. In der *Wiener Zeitung* vom 2. Dezember 1801 findet sich dazu folgende Meldung.

In der Sitzung des National-Instituts vom 7. Nov. hat der berühmte Physiker Volta das Resultat seiner Experimente über den Galvanismus, welche beweisen, daß dieses Fluidum von der nehmlichen Art, wie das der Elektrizität sey, vorgelesen. Diese Abhandlung wurde mit dem größten Interesse angehört. Nach geendigter Vorlesung schlug der Oberconsul, der sich in der Sitzung befand, vor, diesem Gelehrten eine goldene Münze zuzuerkennen, welche zum Andenken dieser wichtigen Entdeckung geschlagen werden soll; ferner schlug er vor, eine Commission von Mitgliedern des Instituts zu ernennen, um die Voltaischen Experimente im Grossen zu wiederholen.[3]

Vorführung der Volta'schen Säule 1801 in Paris

---

2   Spamer 1854, S. 62
3   Wiener Zeitung vom 02.12.1801, S. 4299

Das Interesse Napoleons am Thema »Elektrizität« wird daran deutlich, dass er 1802 einen mit 3000 Francs dotierten Wissenschaftspreis, den *Prix de Galvanismus*, stiftete. Mit dem Galvanismus, d.h. dem von Volta entdeckten Prinzip, dass Elektrizität »durch die bloße Berührung ungleichartiger Leiter, namentlich ungleichartiger Metalle entsteht«,[4] wurde die Elektrizität wissenschaftlich über die Physik hinaus für Medizin und Chemie von Interesse. Die ersten praktischen Anwendungen der Elektrizität waren jedoch von nicht zu unterschätzender Bedeutung für die Entwicklung der Mediengesellschaft im 19. Jahrhundert. Hierbei handelte es sich zum einen um die Herstellung von Galvanoplastiken und zum anderen um die elektromagnetische Telegrafie.

Volta'sche Säule

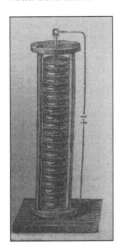

Mit Hilfe des Galvanismus konnten Schriftsätze sowie Kupfer- und Holzstiche vervielfältigt werden. Dies war eine Voraussetzung für den Druck großer Auflagen und insbesondere für die massenhafte Verbreitung von Bildern. (MG 1837, MG 1843) Ebenso beruht das von Emile Berliner gegen Ende des Jahrhunderts entwickelte Verfahren, Schallaufnahmen zu kopieren, auf der Anwendung des Galvanismus. (MG 1890)

Zeitgleich mit der Erfindung der Galvanoplastik wurde die elektromagnetische Telegrafie in den zeitgenösssischen Quellen zu einem »unerschöpflichen Thema für eine Lobrede auf die Fortschritte unserer Zeit«. (MG 1844, MG 1853, MG 1857) In einer Rede auf der Internationalen Elektrotechnischen Ausstellung 1891 in Frankfurt findet der Reichspostminister von Stephan für diesen Fortschrittsoptimismus eine klare Formulierung.

Der Funke, den Volta's erfinderischer Geist dem Metall entriss, hat sich in einen Lichtbogen verwandelt, der nicht nur in das Dunkel der Vergangenheit aufhellend zurückstrahlt, sondern auch in das uferlose Meer der Zukunft – eine Leuchte der Wissenschaft – die Pfade weist.[5]

---

4   Lemma Galvanismus 1852, S. 493
5   Stephan 1891, S. 507

1802 – »FELLOPLASTIK ODER DIE KUNST ANTIKE GEBÄUDE IN KORK DARZUSTELLEN«[6]

Des Hofkonditors May in Erfurt kunstreiche Arbeiten in Kork, wodurch völlig im Geiste der bekannten römischen Arbeiten dieser Art Ruinen und allerley Denkmäler der Baukunst in verkleinertem Maaßstabe getreu und zierlich nachgebildet werden, und die man daher mit dem aus dem Griechischen entlehnten Worte Werke der Phelloplastik genannt hat, finden noch immer vielen Beyfall. Jeder kunstliebende Reisende wird, wenn er sich auch nur einige Stunden in Erfurt aufhält, es nicht bereuen, diese Sammlung unter Anführung des Künstlers selbst, der den Unterrichteten sehr gern alles öffnet und zeigt, in Augenschein genommen zu haben.

Journal des Luxus und der Moden, März 1802[7]

Laut *Meyers Konversationslexikon* ist die »Korkbildnerei« die Kunst, »Baudenkmäler aus geschnittenem Kork in verjüngtem Maßstab darzustellen.«[8] Bei dem hierzu verwendeten Kork handelt es sich um die Rinde der Korkeiche. »Der Baum wird in Italien, im südlichen Frankreich, in Spanien und Portugal gefunden.«[9]

Die Korkeiche

---

6   Arnold 1804

7   Journal des Luxus und der Moden März 1802, S. 159 f.

8   Lemma Phelloplastik 1877, S. 864

9   Polytechnisches Journal vom 26.05.1838, S. 80

Die »Phelloplastik« war gegen Ende in Italien entwickelt worden. Als erster deutscher »Phelloplastiker« gilt der Hofkonditor Carl May, der in Diensten des Kurfürsten und Erzbischofs von Mainz, dem Reichsfreiherrn von und zu Dalberg, stand.[10] Wie aus einem im März 1802 im *Journal des Luxus und der Moden* erschienenen Beitrag hervorgeht, beschäftigte sich Carl May »nicht blos mit Nachbildungen römischer Arbeiten«, sondern machte »auch interessante vaterländische Gegenstände zum Vorwurf seiner Kunstbestrebungen«.

> Neuerlich hat er mit 2 Gehülfen 2 Tage lang die Ruinen der alten Abtey Paulinzell, 3 Meilen von Erfurt, vielleicht die erhaltensten und imposantesten in ganz Obersachsen auf sorgfältigste aufgenommen, und ist nun seit 2 Monaten mit ihrer Nachbildung in Kork unablässig beschäftigt.[11]

In dem 1804 erschienenen Buch *Felloplastik oder die Kunst Modelle von antiken Gebäuden in Kork darzustellen* bezeichnet der Verfasser Ignaz Ferdinand Arnold das Korkmodell von den Ruinen der »Cistercienserabtei Paulinzelle« als das am »besten gelungene Stück«.

> Sie sind so treu nachgearbeitet, daß jeder, welcher die Ruinen im Original bereiste, zu ehrwürdigem Staunen hingerissen wurde. Dieses Modell hat den Vorzug, daß es [...] vom Originale selbst kopirt ist. Wer die vortreflichen Ruinen von Paulinzelle – die einzigen italienischen in dieser Gegend – kennt, wird die Bemühung des Künstlers zu schätzen wissen.[12]

Für die Nachbildung berühmter Bauten in Korkmodellen sprach für die zeitgenössischen Kritiker, dass die Nachbildung in Kork gegenüber deren »Abbildungen in Thon, Holz oder Stein« weniger schwierig sei und »der Kork die Farbe der von der Zeit gebräunten Baudenkmale hat, die andern Stoffen erst durch Kunst gegeben werden muß«.[13] Weil eine Originalbegegnung für die meisten Zeitgenossen nicht realisierbar war, spricht man diesen Modellen einen besonderen Wert für die Vermittlung von »Kunstsinn« zu. Es handelt sich bei den Korkmodellen also nicht nur um »Reiseandenken«, wie sie bereits Goethe aus seinem Vaterhaus in Frankfurt kannte,[14] sondern

---

10 Die Schreibweise des Familiennamens wechselt zwischen »Mey« und »May«. Häufig ist im Zusammenhang mit der Phelloplastik von Carl Mays Sohn, dem Baurat Georg May, die Rede, der die Werkstatt seines Vaters in Aschaffenburg weiterführte. Im Münchener Tagblatt vom 21.04.1853 findet sich folgender Nachruf auf Georg May: »In Speyer ist am 15. ds. Nachts der als Phelloplastiker allgemein bekannte kgl. Kreisbaurath May gestorben. Derselbe hat mehrere phelloplastische Baudenkmale im Auftrage S. Maj. des Königs Ludwig gefertigt, welche in der ethnographischen Sammlung über den Arkaden des Hofgartens zu München aufgestellt sind.« (S. 1)

11 Journal des Luxus und der Moden März 1802, S. 160

12 Arnold 1804, S. 18

13 Das Pfennig-Magazin Nr. 158/1836, S. 120

14 »Alle Träume meiner Jugend seh' ich nun lebendig; die ersten Kupferbilder, deren ich mich erinnere (mein Vater hatte die Prospekte von Rom auf einem Vorsaale aufgehängt), seh' ich nun in Wahrheit, und alles, was ich in Gemälden und Zeichnungen, Kupfern und Holzschnitten, in Gips und Kork schon lange gekannt, steht nun beisammen vor mir; wohin ich gehe,

um einen Ersatz für Originalbegegnung, dem ein eigener Bildungswert zuerkannt wurde.

> Wenn Modelle von Holz schwerer zu transportiren und zu bearbeiten sind, so muß man hier bei der Bearbeitung von Kork über die hohe Wirksamkeit und himmlische Magie der Kunst erstaunen, die alle Monumente des Alterthums, ohne dem Orte seine Zierde zu rauben, transportabel gemacht, und die Mittel der Möglichkeit, an ihre Bewunderung Theil zu nehmen, den Kunstsinn durch Anschauen und Vergleichung zu schärfen, wahren Kunstgeschmack zu verbreiten, und den Begriffen von architektonischen Kunstwerken mehr Klarheit, Deutlichkeit und Bestimmtheit zu geben, unter dem kunstliebenden Publikum verbreitete.[15]

Korkmodell des konstantinischen Bogens in Rom
aus der Werkstatt von Carl May und Sohn

---

finde ich eine Bekanntschaft in einer neuen Welt; es ist alles, wie ich mir's dachte, und alles neu.« (Goethe 1998b, S. 126)

15 Arnold 1804, S. IX

1803 – »NACHRICHT VON EINER ERFINDUNG DES HRN. WEDGWOOD, GEMÄLDE AUF GLAS ZU KOPIREN, UND SCHATTENRISSE MITTELST DER EINWIRKUNG DES LICHTS AUF SALPETERSAURES SILBER ZU VERFERTIGEN«[16]

Die schon von den Alchimisten entdeckte Verbindung des Silbers mit der Salzsäure, daß sogenannte Hornsilber, jetzt Chlorsilber genannt, ein weißes Salz, besitzt die auffallende Eigenschaft, sich am Sonnenlicht schnell schwarz zu färben, und zwar im Verhältnis der Lichtstärke. Erst zu Anfang dieses Jahrhunderts kam man auf den Gedanken, die Eigenschaften dieses Salzes zu Fixirung der Bilder der Camera obscura zu nutzen. Besonders waren es die Engländer Wedgwood und Humphry Davy, welche Versuche damit anstellten, [...].

Morgenblatt für gebildete Stände 1839[17]

Der englische Chemiker Humphry Davy berichtete 1803 in den *Annalen der Physik* ausführlich über Wedgwoods Erfindung.[18] Mit den durch das Sonnenlicht bewirkten Farbveränderungen in bestimmten Stoffen sowie der chemischen Wirkungen des Lichts beschäftigte sich schon länger eine Reihe von Naturwissenschaftlern. So veröffentlichte der Experimentalphysiker und Erfinder Graf Rumford 1798 in der Londoner Royal Society die Ergebnisse seiner Untersuchungen über die chemischen Wirkungen des Lichts auf Papier, Leinen- und Baumwollstoffen, die u.a. mit Silbernitratlösungen getränkt waren.[19] Thomas Wedgwood experimentierte ebenfalls mit Silbernitratlösungen, verfolgte jedoch ein praktisches Anliegen und wurde so zu einem Pionier der Fototechnik. Ihm ging es darum, die von einer Camera obscura projizierten Bilder mit Hilfe des Lichts zu kopieren.

Weißes Papier oder weißes Leder mit einer Auflösung von salpetersaurem Silber angefeuchtet, leidet an einem dunklen Orte keine Veränderung; aber dem Tageslichte ausgesetzt, ändert es schnell die Farbe, und geht durch mehrere Schattirungen von grau und braun, bis es endlich beinahe schwarz wird.
Die Farbenveränderungen gehen nach Verhältniß der Intensität des Lichts schneller vor sich. In den Sonnenstrahlen selbst reichen zwei oder drei Minuten hin, um die ganze Wirkung hervorzubringen; [...].[20]

---

16 Intelligenz-Blatt des Teutschen Patrioten, September 1803, S. XXXVIII
17 Morgenblatt für gebildete Stände vom 20.07.1839, S. 692
18 Davy 1803, S. 113–119
19 Rumford 1798, S. 452
20 Davy 1803, S. 113

Wedgwoods Versuche, die Bilder der Camera obscura auf diesem Weg zu kopieren, blieben erfolglos, da die projizierten Bilder zu lichtschwach waren, um »in mäßiger Zeit auf das salpetersaure Silber« zu wirken.[21] Statt mit der Camera obscura Bilder zu kopieren, versuchte er im Folgenden »mittelst der Einwirkung des Lichts« die »Contouren und Schatten von Gemählden auf Glas« und »Profile von Figuren« zu kopieren.

Blätterdruck

Stellt man eine weiße Fläche, die mit Auflösung von salpetersaurem Silber überstrichen ist, hinter ein dem Sonnenlicht ausgesetztem Gemählde auf Glas, so bringen die Strahlen, welche durch die verschiedenfarbigen Stellen durchgehn, bestimmte Tinten von braun oder schwarz hervor, die in ihrer Intensität nach den Schatten des Gemähldes merklich verschieden sind. Wo weder Schatten noch Farbe auf Glasgemälde ist, wird die Farbe des salpetersauren Silbers am dunkelsten.Stellt man einen Schattenriß vor eine mit salpetersaurer Silberlösung überzogne Fläche. So bleibt der von der Figur beschattete Theil weiß, und die andern Theile werden schnell geschwärzt.«[22]

Die so erhaltenen Kopien eines »Gemähldes oder Schattenrisses« mussten jedoch sofort an einen dunklen Ort gebracht werden und konnten »nur im Schatten besehn werden«. Wie die *Annalen der Physik* berichten, sind alle Versuche, »die man gemacht hat, um zu verhindern, daß die ungefärbten Partien derselben vom Lichte nicht verändert würden, [...] noch vergebens gewesen. Man hat sie mit einer dünnen Decke eines feinen Firnisses überzogen; aber dies hinderte die Empfänglichkeit für das Gefärbtwerden nicht«.[23] Der Bericht über Wedgwoods Erfindung in den *Annalen der Physik* schließt mit der zuversichtlichen Feststellung,

es kömmt nur darauf an, ein Mittel zu finden, welches verhindert, daß der ungefärbte Theil der Zeichnung vom Tageslicht nicht allmählig gefärbt werde, um diese Copirmethode eben so nutzbar zu machen, als sie elegant ist.[24]

---

21 Ebd. S. 117
22 Ebd. S. 114 f. – Nachdem die »Fixirung« möglich geworden war, bildeten die »photographischen Blätterdrucke [...] ein ausgiebiges Feld der Unterhaltung und Belehrung«. (Stein 1885, S. 10)
23 Ebd. S. 116
24 Ebd. S. 119

1804 – »DES HERRN POLIZEYDIREKTORS BAUMGARTNERS POLIZEY-UHR«

Eine gut eingerichtete Polizey ist für jede große und volkreiche Stadt ein wünschenswerthes Gut; denn nur durch sie wird die öffentliche Sicherheit begründet und erhalten, die sonst das Spiel eines jeden Bösewichts werden würde. Alles also, was auf die Vervollkommnung dieses Gutes hinwirkt, muß mit dem größten Danke aufgenommen werden. Es ist sehr erfreulich für uns, daß wir diesen Dank hier öffentlich dem Herrn Polizeydirektor Baumgartner in München für die Erfindung einer Uhr sagen können, welche anzeigt, ob die Polizeydiener ihre Schuldigkeit gethan und die gehörigen Patrouillen verrichtet haben.
Magazin aller neuen Erfindungen, Entdeckungen und Verbesserungen 1807[25]

Die systematische Sammlung von Daten kann zum Verständnis von Wetterphänomenen oder gesellschaftlichen Veränderungen beitragen, aber neben vielem anderen auch zur Kontrolle von Personen und ihrem Verhalten dienen. Um eine solche Kontrolle von Personen ging es bei der Konstruktion der »Polizey-Uhr«, die der Münchner Polizeidirektor Baumgartner 1801 bei dem Uhrmacher Johann Michael Henggeller in Auftrag gab. Baumgartner griff damit eine Idee des bayerischen Kriegsministers Graf Rumford auf.

Der Graf Rumford ließ zu seiner Zeit eine große Pendeluhr machen, an welcher unten ein mit den Stunden correspondirendes, mit 48 kleinen Fächern versehenes, und durch ein Schloß versperrtes Rad angebracht war. In dieses mußten die Cancellisten ihre Zeichen durch eine kleine Oeffnung werfen, um zu beweisen, daß sie Canzleystunden gehalten hatten.[26]

Rumfords Pendeluhr diente der Anwesenheitskontrolle. Da er sich, bevor er nach Bayern kam, in England aufgehalten hatte, ist es gut möglich, dass er dort Vorrichtungen kennengelernt hatte, die dazu dienten, die nächtlichen Rundgänge von Wächtern zu kontrollieren. So wurden von der Firma Boulton & Watt – eher bekannt durch die Herstellung von Dampfmaschinen – Zeitmesser, zu genauer Bestimmung der Aufmerksamkeit der Wächter, »verfertigt«.[27] Polizeidirektor Baumgartner suchte nach einer Möglichkeit, sicherzustellen, dass die »Polizeydiener« ihrer Pflicht ordentlich nachkämen. Auf Kontrolleure konnte man sich dabei, nach seiner Auffassung, nicht verlassen. Die Kontrolleure könnten selbst wieder betrügen, »und man wäre am Ende nur desto sicherer hinter das Licht geführt«.

---

25 Magazin aller neuen Erfindungen 1807, S. 272

26 Ebd. S. 273

27 Almanach der Fortschritte 1806, S. 585 f.

Es war also darum zu thun, etwas zu erfinden, um diese Controlle zu ersetzen, und durch die Ungewißheit, welche man in das Publikum bringt, dasselbe glauben zu machen, daß zwei Mal mehr Polizeydiener in wirklicher Funktion begriffen sind, als wirklich existiren. Man überzeugt sich zu gleicher Zeit auch davon, ob die Polizeydiener auch wirklich an denjenigen Orten am Tage und zur Nacht gewesen sind, welche ihnen zu ihrer Patrouille durch eine geheime Bezeichnung angewiesen worden sind.[28]

Die Polizei-Uhr wurde verschlossen in der Polizeidirektion aufbewahrt.[29] Über den Schlüssel verfügte ausschließlich der Polizeidirektor. Das Ziffernblatt war von einem Rad mit zwei Reihen mit jeweils 48 Fächern umgeben. Jede halbe Stunde öffneten sich zwei dieser Fächer. Die äußerste Fächerreihe enthielt die Marken mit den Namen der Polizisten und der ihnen zugewiesenen Patrouille. Diese Marken gaben die Polizisten »an den Rendezvous-Plätzen ab, wohin sie beordert wurden«. Sie erhielten dort »Gegenmarken«, die in der Polizeidirektion nach ihrer Rückkehr »gerade in das Fach der halben Stunde, wo sie angekommen sind«, eingeworfen wurden. Da die Uhr weiter vorrückte, waren die jeweiligen Fächer nur für einen kurzen Moment offen. Die Uhr wurde um 7 Uhr zum Polizeidirektor gebracht, der die Marken mit den Aufträgen für den nächsten Tag einlegte, nachdem er kontrolliert hatte, ob die Marken in den Fächern mit den von ihm getroffenen Anweisungen übereinstimmten.

Baumgartners Polizei-Uhr

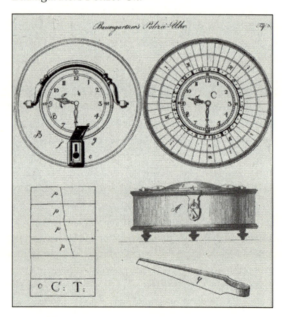

---

28 Magazin aller neuen Erfindungen 1807, S. 273

29 Das mit A gekennzeichnete Bild in der Abbildung zeigt die Seitenansicht der dosenförmigen Uhr. Mit einem C ist »die Ansicht der Uhr von oben nach abgehobenem Deckel« gekennzeichnet. Um das Ziffernblatt ist ein Rad mit zwei Reihen mit jeweils 48 Fächern angeordnet.

Die Polizeyuhr gewährt also folgende Vortheile:

a) die anbefohlenen Patrouillen müssen gemacht werden; denn wenn sie nicht gemacht werden, so findet der Polizeydirector in der Uhr, daß die Commandirzeichen nicht aus dem Fache abgehohlet worden sind;

b) die Patrouillen müssen an den bestimmten Platz gemacht werden; denn sonst fehlen in der Uhr die Contremarken;

c) die Polizeydiener wissen vor der Stunde, wo sie abgehen, nicht, wohin sie commandirt werden; sie können sich also mit Niemand im Voraus verabreden;

d) man kann zu jeder Zeit im Jahre wissen, welcher Polizeydiener, wenn und wohin er die Patrouille gemacht hat;

e) die tägliche Abwechslung der Patrouillen erhält die Menschen, welche kein gutes Gewissen haben, in einer beständigen Unsicherheit,

f) fällt an den Orten, wo die Polizey-Patrouillen hin bestimmt waren, etwas Bedenkliches vor, z.B. ein Feuer, ein Einbruch, ein auffallendes Unglück usw. ohne daß die Anzeige von dem Polizeydiener, welcher die Patrouillen gemacht hat, bei der Polizey geschehen ist, so findet man im Wachtbuche den Polizeydiener, welcher die Wache in dieser Gegend gehabt hat, und man kann ihn verantwortlich machen;

g) der Polizeycorporal, welcher die Polizeyzeichen herausnimmt, muß auch beständig wachsam seyn; denn übersieht er die zur Patrouille bestimmte halbe Stunde, so marschiert das Fach an der Oeffnung vorbei und der Corporal kann es nicht wieder zurück zaubern, Die Zeichen, welche hätten heraus kommen sollen, bleiben also in Fache stecken und verrathen ihn.[30]

Im *Noth- und Hülfs-Lexikon* des Jahres 1815 findet sich unter dem Buchstaben P eine ausführliche Beschreibung der Münchner Polizei-Uhr. Der Lexikoneintrag schließt mit einer Empfehlung.

Der Nutzen einer solchen Polizey- oder Sicherheitsuhr ist zu einleuchtend […], als daß man nicht wünschen sollte, jede Stadt möchte die Anschaffung derselben nicht aufschieben. Viel Unglück würde dadurch verhütet werden.[31]

---

30 Magazin aller neuen Erfindungen 1807, S. 275 f.
31 Poppe 1815, S. 109

1805 – DER RHEINFALL IN EINER CAMERA OBSCURA: »IN DEM SCHAUDUNKEL MAHLT EINEM DIE NATUR SELBST VOR, WIE MAN SIE ANSCHAUEN SOLLE«[32]

> Das Kunstwerk, wodurch diese große Naturscene, so weit es im Kleinen möglich war, bis zur Täuschung dem Gesichte und Gehöre dargestellt wird, ist eigen in seiner Art. Es läßt sich mit einem Panorama vergleichen, leistet aber in gewisser Beziehung mehr als ein solches. Es leistet mehr, weil man nicht gemahltes, sondern natürliches Wasser über natürliche Felsen herunterstürzen sieht, rauschen und murmeln hört.
>
> *Würzburger Intelligenzblatt 1805*[33]

Dieser Text stammt aus einer Anzeige, die 1805 in dem *Würzburger Intelligenzblatt* erschien, um auf eine »neuerfundene Art«, den Rheinfall von Schaffhausen mit Hilfe einer Camera obscura »darzustellen«, aufmerksam zu machen. »Schauplatz« der Darstellung, für die hier geworben wurde, war das Gasthaus zum Goldenen Hirschen. Es handelte sich um eine begehbare Camera obscura, also um ein abgedunkeltes Zimmer, in das durch ein kleines Loch mit einer Linse die Ansicht des Wasserfalls von außen auf die mit einem weißen Tuch bespannte Rückwand des Zimmers projiziert wurde. Aufgegeben wurde die Anzeige von »Bleuler & Comp.«.

Der Landschaftsmaler Johann Heinrich Bleuler nutzte die touristische Attraktivität des Rheinfalls für seinen Kunstverlag und die von ihm im Schloss Laufen betriebene Malerwerkstatt. Die Werbung für die Camera obscura verband der Unternehmer Bleuler dementsprechend mit dem Hinweis auf die »Darstellungen schweizerischer Gegenden und Naturscenen in gemahlt und colorirten Blättern, die er zu billigen Preisen verkäuflich bey sich führt«.[34] Der Besuch des Rheinfalls und der Besuch der dort im Laufe der Zeit an verschiedenen Standorten installierten Camera obscura gehörte zum touristischen Pflichtprogramm, wie u.a. eine Zeitungsmeldung über den Besuch des preußischen Kronprinzen aus dem Jahre 1819 zeigt.

> Der Kronprinz von Preußen, und mit ihm der Prinz Friedrich von Oranien ec., fuhren auf der Zürcher Seite, nach dem Wassersturz hin, und die Prinzen verweilten gegen drei Viertelstunden auf der Gallerie, von welcher dieses erhabene Schauspiel betrachtet zu werden pflegt; damit aber noch nicht befriedigt, fuhren Sie in 2 Kähnen über den Fluß hin, und auf dieser ganzen Strecke ward an jeder einzelnen Stelle, die eine malerische Ansicht des Wasserfalls darbot, Halt gemacht. Auch die im Flusse in einem eigens dazu eingerichteten Zimmer aufgestellte Camera obscura, welche das Bild des Wasserfalls concentrirt wiedergiebt, besuchte der Prinz und bezeugte großes Wohlgefallen.[35]

---

32 Hottinger u.a. 1815, S. 78

33 Würzbürger Intelligenzblatt vom 11.06.1805, S. 458

34 Das Bild stammt von Johann Ludwig Bleuler, genannt Louis Bleuler, dem zweiten Sohn von Johann Heinrich Bleuler. Er arbeitete ebenfalls als Landschaftsmaler und Verleger.

35 Berlinische Nachrichten von Staats- und gelehrten Sachen vom 31.07.1819, S. 1 f.

Bei der Camera obscura, in welcher der Kronprinz, wie aus einer Zeitungsmeldung zu entnehmen ist, den Rheinfall »mit großem Wohlgefallen« betrachtete, könnte es sich um die 1807 im »Schlößchen Im Wöhrd« auf einem Felsen im Fluss errichtete Camera obscura handeln. Als Standort ausgewählt hatte man dazu »ein oberes Zimmer, das die ungehemmte Aussicht auf den großen Gegenstand hat.«[36] Längst nicht alle Reisenden reagierten mit »Wohlgefallen« auf das Erlebnis in der Camera obscura. So konnte der romantische Mediziner und Naturphilosoph Johann Bernhard Wilbrand dem Besuch wenig abgewinnen.

Diese Spielerey ist aber vom Eigenthümer nur auf Geldgewinn berechnet; – er läßt sich für einige Minuten, während welcher man den Rheinfall im Bilde sieht, von jeder Person 24 kr. zahlen, wobei es ihm lieber ist, wenn zu derselben Zeit zwölf Personen zusehen, als wenn weniger da sind. Was soll aber das winzige Bild im Angesichte der Natur?[37]

Blick auf den Rheinfall und das Schloss Laufen (Louis Bleuler)

Ganz im Gegensatz dazu steht die Faszination durch »ein lebendiges Gemählde, das seines gleichen wohl wenig in der Welt hat«, die aus einem 1815 in den *Zürcherischen Beyträgen zur wissenschaftlichen und geselligen Unterhaltung* veröffentlichten Beitrag spricht.

So bald sich das Auge an die Dunkelheit des Zimmers gewöhnt hat, bilden sich vor ihm auf dem weissen Tuche Farben und bewegliche Massen, die nach und nach deutlich werden, und

---

36 Hottinger u.a. 1815, S. 75

37 Wilbrand 1828, S. 2 f.

sich in bestimmten Formen sondern; man sieht das Große, das man unten unter Geräusch und Störung angestaunt, hier oben in der Stille, geschieden von aller Zerstreuung, in harmonischem Farbenspiel und perspectiver Haltung. Das Rauschen des Stromes hört man hier nur gedämpft wie aus der Ferne, und wie absichtlich so geordnete Tonbegleitung der Wellenmasse, die zwischen den vier Felsen in immer ändernden Formen unaufhörlich herabstürzt. Man sieht den weissen Schaum bald hoch bald nieder an den Felsen sich aufthürmen; und bis an die Füße des Zuschauers bewegt sich das Wasser in dem weiten Becken des Flusses, wiederstrahlend die Bläue des Himmels und den Glanz der Sonne in tausend gemilderten Funken. Als Gegensatz der immer fortströmenden Bewegung thront oben auf dem grünen Felsenhügel das Schloß Laufen, durch scharfe Schatten getrennt von den blauen Lüften; links ist das Gemählde von bunter Landschaft begränzt, und über dem Ganzen ziehen die langsamen Wolken. – Will man das Gebilde noch staffiren (mit lebenden Gestalten bereichern), so kann man mit leichter Mühe einen Schiffer dingen, der auf dem unruhigen, jedoch für die des Platzes kundigen Leute ungefährlichen, Flußbeete herumschaukle, welches eine allerliebste Wirkung thut; denn außer dem ungewohnten mahlerischen Eindruck erregt es die Sorge für den Schiffer gerade in dem Maße, als nöthig ist, um den Genuß eines sichern, friedlichen Beschauens zu würzen.

Es ist etwas magisch-anziehendes in der stillen Lebendigkeit dieser wie von einer Geisterhand aus der Wirklichkeit nur herausgehoben und einsam im Kleinen dargestellten Naturscene. Das Gemüth verliert sich nicht, wie in der Nähe des Sturzes, in ungewohnten Empfindungen gigantischer Uebermacht; man wird ruhig, befriedigt, sanft erhoben; das Auge ist in vollstem Genusse, und das wartende Ohr horcht gleichsam auf Zaubertöne; wer je etwas von den Gesängen Ariels vernommen, glaubt sie hier hören zu müssen. Es thut einem ordentlich wehe, aus diesem geistigen Traume wieder aufzustehen, und das Tageslicht zu erblicken. Am ungernsten sieht man dann die in dem Zimmer herumhängenden verschiedenen Abbildungen vom Rheinfalle wieder, weil man die Unzulänglichkeit der Kunst bedauern muß; denn alles ist flach, steif und kalt gegen dem, was man gesehen hat, und was noch in unsrer Phantasie sich bewegt. Kömmt man aber wieder herab ins Freye, so sieht man den wirklichen Wasserfall mit geweihterem Auge an, denn in dem Schaudunkel mahlt einem die Natur selbstvor, wie man sie anschauen soll.[38]

---

38 Hottinger u.a. 1815, S. 76 ff.

1806 – GRAF VON STANHOPE ERFINDET EINEN NOTENSETZER

> Notensetzer, auch wohl Notenmaschine, ist ein Instrument, welches ein musikalisches Stück, das auf einem Claviere oder ähnlichen Instrumenten gespielt wird, sogleich von selbst in Noten setzt. [...] Sie kann Musikern, besonders beym Phantasiren, um die flüchtig hinwallenden Ideen festzuhalten, ungemein nützlich werden; denn die musikalischen Genies sind selten im Stande, das was ihnen das Feuer ihrer Phantasie eingab, noch einmahl eben so wieder hervor zu bringen, und wenn sie vollends erst die Feder nehmen, und ihre Idee niederschreiben, so werden sie ganz aus ihrer Begeisterung herabgestimmt.
>
> *Ökonomisch-technologische-Encyclopädie 1807*[39]

Mit der von Guido von Arezzo im 11. Jahrhundert verbesserten Notenschrift ließen sich Musikstücke dokumentieren und musikalische Ideen schriftlich festhalten. Das im 17. Jahrhunderte wieder erwachte Interesse an der Stenografie führte dann zu Bestrebungen, eine musikalische Stenografie zu entwickeln. Da Ansätzen in dieser Richtung keine praktikablen Ergebnisse erbrachten, versuchte man Apparaturen zum automatischen Aufzeichnen der Noten, die mit einem Musikinstrument produziert werden, zu konstruieren. So berichteten Anfang des 19. Jahrhunderts englische und französische Zeitungen über einen vom Grafen von Stanhope in London erfundenen »Notensetzer«, eine Maschine,

> vermittelst welcher ein Klavierspieler, wenn er sie mit seinem Instrumente in Verbindung bringt, seine Musik, wie er sie eben spielt, niedergeschrieben erhält. Die Bewegung, die er den Tasten giebt, theilt sich der Kopirmaschine mit, und mit dem letzten angegebenen Tone ist auch das ganze Stück vollkommen auf dem Papiere. Wir haben bisher noch keine nähere Nachricht darüber erhalten können, halten aber die Sache für so bedeutend, dass wir auch diese vorläufige mit unsern Lesern theilen wollen.[40]

In der Ausgabe des *Almanachs der Fortschritte* aus dem Jahre 1806 wird diese Meldung aus der *Allgemeinen musikalischen Zeitung* durch den Hinweis ergänzt, Stanhopes »Notensetzer« sei »indessen, wenigstens der Sache nach, nicht ganz neu«, sondern Vorläufer fänden sich schon im 18. Jahrhundert.

> Ein englischer Geistlicher, Namens Creed, zeigte zuerst die Möglichkeit eines Notensetzers; sein Aufsatz hierüber, nebst einigen dazu gehörigen Zeichnungen, befindet sich in den philosophischen Transactionen von 1747, Nr. 483. Ohne hiervon etwas zu wissen, gerieth auch der Hofrath Unger in Einbeck im Jahr 1745 auf den Gedanken, einen Notensetzer zu erfinden, der

---

39 Krünitz 1806, S. 692 f.
40 Allgemeine musikalische Zeitung vom 22.08.1804, Sp. 791

mit dem Claviere selbst nur ein Stück ausmachte, und legte 1752 der Akademie in Berlin seinen Plan vor, der 1774 auch im Druck erschien. Hohlfeld, der 1711 zu Hennersdorf in Sachsen geboren wurde und 1771 starb, erhielt durch Herrn Sulzer eine unvollständige Beschreibung von Unger's Erfindung, worauf er dann in wenig Wochen nach seinen eignen Ideen einen Notensetzer zu Stande brachte, der an jedes Clavier angebracht werden konnte. Hohlfeld war also der erste, der diese Erfindung wirklich ausführte. Neuerlich kündigte auch der Hoforgelbauer Pfeiffer in Stuttgard an, daß er an einer Maschine arbeite, vermittelst welcher, was man auf einem Clavier spiele, während des Spielens in Noten niedergeschrieben werde; ein Mathematiker, Namens Briegel, aus Biberach, habe ihm die Idee dazu gegeben.[41]

In der *Allgemeinen musikalischen Zeitung* kommt man einige Jahre später zu einem eher zurückhaltenden Urteil über die von Graf Stanhope entwickelte »Vorrichtung«.

Ueber diese Art der mechanischen Nachschreibekunst ist zu bemerken, dass, ob sie uns gleich in den Stand setzt, zu wissen, was Jemand extemporierte, doch zwischen dem Originalspielen und dem Nachspielen (selbst wenn derselbe Virtuos der Nachspieler seyn sollte) ein zu grosser Unterschied seyn und bleiben muss, als dass je ein allgemeiner Gebrauch davon gemacht werden könnte. Und diesen Grundsatz bestätigt ja schon die vieljährige Erfahrung.[42]

Notensetzer gebaut von Holfeld nach Plänen von Unger

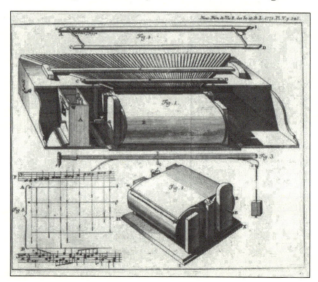

----

41 Busch u.a. 1806, S. 625 f. – »Die hohlfeldische Maschine enthält zwei Cylinder; um den einen dieser Cylinder ist das mit Notenlinien bezogne Papier gerollt, welcher sich während des Spielens durch ein Triebwerk von der Rolle löst, durch die angebrachten kleinen Bleistifte mit den Noten deren Töne das Fortepiano angibt, bezeichnet wird und sich so beschrieben mit Hülfe jenes Triebwerks auf den zweiten Cylinder aufrollt.« (Conversations-Lexicon 1815, S. 751) – In den Quellen findet sich sowohl die Schreibweise »Hohlfeld« als auch »Holfeld«.

42 Allgemeine musikalische Zeitung vom 22.12.1819, Sp. 865 f.

1807 – »DER LICHTLEITER ODER BESCHREIBUNG EINER EINFACHEN VORRICHTUNG UND IHRER ANWENDUNG ZUR ERLEUCHTUNG INNERER HÖHLEN UND ZWISCHENRÄUME DES LEBENDEN ANIMALISCHEN KÖRPERS«[43]

Wir verließen den Erfinder und scharfsinnigen Beobachter mit der dankbaren Aeußerung, daß er nach unserer Ueberzeugung zum neuen Triumph des menschlichen Geistes kein geringes Scherflein in den Gotteskasten des menschlichen Wissens eingelegt habe. Und in der That! Wer die Sache mit Augen sieht, wird sich mit uns einverstehn, daß Hr. Dr. Bozzini einen unsterblichen Beytrag zu den Vervollkommnungen der menschlichen Dinge geliefert hat.
Medizinisch-chirurgischen Zeitung[44]

Diese Einschätzung findet sich in einem Bericht in der *Medizinisch-chirurgischen Zeitung* über eine Vorführung des Lichtleiters durch seinen Erfinder, einem Frankfurter Arzt. Nach der Beschreibung in diesem Bericht besteht die »merkwürdige Erfindung des Hn. Dr. Bozzini«

in einer einfachen Maschine, Lichtleiter genannt, die die Strahlen des Lichts in die Höhlen lebender animalischer Körper bringt, und sie wieder auf das Auge zurückwirft. Das Ganze ist auf die einfachsten Regeln der Optik gegründet. Außerdem sind die Stäbchen oder gespaltenen Röhrchen, welche die Wände der Höhlen, da diese größten Theils zusammen fallen, z.B. bey der Vagina, dem Intestinum rectum, der Urethra, den Zwischenräumen zwischen den Eingeweiden unter sich selbst ec., etwas aus einander halten, nach der jedesmahligen individuellen Beschaffenheit der verschiedenen Höhlen und ihrer Oeffnungen modificirt. Die Anwendung ist bei bey allen Höhlen, die eine physiologische oder pathologische Oeffnung haben, ohne die geringste unangenehme Empfindung zu erregen, oder nachtheilig werden zu können, äußerst leicht.[45]

Die »gelehrte Welt« wurde durch Berichte in »verschiedenen Journalen« auf Bozzinis Erfindung aufmerksam gemacht. Aufmerksamkeit erregte der »Lichtleiter« auch in Wien, so dass die medizinische Fakultät und die Josephs-Akademie »von allerhöchsten Orten aus den Auftrag [erhielten], Dr. Bozzinis Erfindung zu würdigen und dann darüber Bericht zu erstatten«.

---

43 Bozzini 1807

44 Medizinisch-chirurgische Zeitung vom 01.09.1806, S. 319

45 »Der Bozzinische Lichtleiter besteht, nach des Verfasser eigenen Worten,

1) aus einem Gefäße, welches ein Licht enthält (dem Lichtbehälter);

2) aus Röhren, welche die Lichtstrahlen in die Höhlen oder Zwischenräume des lebenden thierischen Körpers führen (die Lichtleitungen);

3) aus Röhren, welche die eingeworfenen Strahlen wieder auf das Auge zurück leiten (die Reflexionsleitungen.)« (o. V. 1807, S. 264)

Bozzinis Lichtleiter

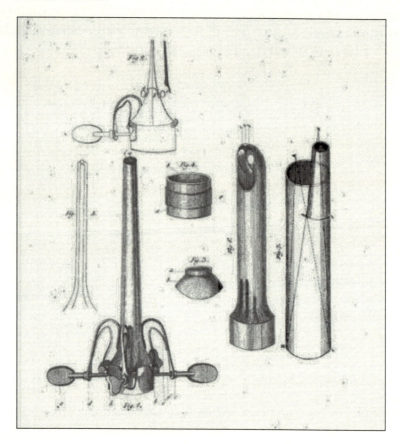

Die Versuche, welche an menschlichen Leichen damit vorgenommen wurden, fielen dießmahl eben so, wie das vorige mahl, da die Academie die ersten Versuche damit anstellte, ganz zur Ehre des Erfinders aus, indem sie die Brauchbarkeit dieser genialischen Kunsterfindung vollkommen bewährten und die Erwartungen sämmtlicher Experimentatoren bis zur angenehmsten Ueberraschung erfüllten. Es ist indessen kaum zu bezweifeln, daß nicht die Anwendung des Lichtleiters an lebenden Personen mit mancherley Schwierigkeiten verknüpft sein dürfte, die man erst in der Folge ganz kennen lernen wird, und deren Beseitigung eine Aufgabe für die heilkünstlerische Casuistik bleibt.[46]

In der Stellungnahme der Akademie ist dann des Weiteren von Verbesserungen an der »Geräthschaft« die Rede. Insbesondere zielten die Verbesserungen »auf das wesentlichste Stück derselben, auf die Wirksamkeit der Beleuchtung selbst« und könnten damit als »wirkliche Verbesserungen« betrachtet werden.[47] Trotz dieser Verbesserungen, findet sich wenige Ausgaben später im *Allgemeinen Anzeiger der Deutschen* die Einschätzung, Bozzinis Erfindung werde

---

46 Allgemeiner Anzeiger vom 17.02.1807, Sp. 475
47 Ebd. Sp. 475

immer ein bloßes Spielwerk bleiben, und nie das leisten, was man durch denselben zu leisten versprach, nämlich: die krankhafte Beschaffenheit innerer Höhlen des menschlichen Körpers dem Auge sichtbar darzustellen. Das Urtheil des rationellen Arztes und der Finger des Erfahrenen werden also auch in Zukunft, wie bisher, es seyn, von denen der Hülfsbedüftige, für welchen man den Lichtleiter bestimmte, einzig die Bestimmung der für ihn passenden Hülfe zu erwarten hat.[48]

Bozzini betont demgegenüber in seinen Veröffentlichungen die Funktion des Auges bzw. Gesichtssinns für den medizinischen Erkenntnisgewinn.

[Das Auge] leitet die übrige Sinne, und führt ihre Eindrücke zur Ueberzeugung. Selten bedarf das Auge ihrer Mitwirkung, selten können die anderen Sinne seiner Beihülfe entbehren. Sey es auch, daß das Gefühl schon hinlänglich unterrichtet, so wird es doch durch das Gesicht sicherer, und je mehrere Sinne auf einen Gegenstand vereinigt gerichtet sind, um so weniger vermag er uns zu täuschen. Wir haben bisher der Einwirkung des Gesichtes in innere Höhlen und Zwischenräume des lebenden animalischen Körpers völlig entbehrt; das anatomische Messer lehrt uns nur ihre Form, und Schlüsse ließen ihre Functionen nur ahnden.[49]

---

48 Allgemeiner Anzeiger vom 25.02.1807, Sp. 555
49 Bozzini 1806, S. 107 f.

1808 – »JACQUARD IST RECHT EIGENTHÜMLICH DER GUTENBERG DER SEIDENWEBEREI«[50]

> [Die Jacquardmaschine] vereinfacht die Einrichtung und den Gebrauch des Webstuhls, macht es möglich, die größten und künstlichsten Muster in gewebten Stoffen jeder Art durch einen Weber ohne alle Beihülfe auszuführen, den Mustern eine früher völlig unthunliche Ausdehnung zu geben, jeden Stuhl mit sehr geringem Zeitaufwand zu einem Muster vorzubereiten, mit dem Muster beliebig zu wechseln und ein bei Seite gelegtes Muster jeden Augenblick ohne neu zu treffende Vorrichtungen wieder zu weben. Sie ist nebst Erfindung des Schnellschützen das Wichtigste und Nützlichste, was die gesammte Webekunst von den ältesten Zeiten bis auf den heutigen Tag in ihrem Bereiche hat entstehen sehen.
>
> *Allgemeine deutsche Real-Encyclopädie 1853*[51]

Zum »Gutenberg der Seidenweberei« wurde Joseph Marie Jacquard durch die Entwicklung der Lochkartensteuerung für Webstühle. Die Lochkarten enthielten die Informationen über das zu webende Muster. Ein Loch bedeutete Fadenhebung, kein Loch Fadensenkung, so dass durch die Zuführung der für das jeweils gewebte Muster benötigten Fäden der Arbeitsprozess gesteuert wurde. Auf ein und derselben Maschine konnten durch das Austauschen der Lochkarten bzw. Lochstreifen wechselnde Muster hergestellt werden. Bis zur Entwicklung des automatischen Webstuhls durch Jacquard waren zu »allen großen und schönen Mustern [...] zwei Arbeiter erforderlich«.

Die Jacquard-Maschine macht es dem Weber möglich die kunstreichsten Bildgewebe ohne Mithülfe eines zweiten Arbeiters zu erzeugen; sie befördert wesentlich die Schnelligkeit der Arbeit; die Einrichtung des Stuhls wird dadurch vereinfacht und an Raum wird bedeutend gewonnen; die größten Muster können mit derselben Leichtigkeit wie die kleinsten ausgeführt werden; endlich nimmt die Vorrichtung des Stuhls für ein neues Muster sehr wenig Zeit in Anspruch, so daß nicht, wie früher, deshalb eine längere Unterbrechung der Arbeit Statt findet. Das sinnreiche Mittel, durch welches alle diese Resultate erreicht werden, besteht in der Anwendung von Pappblättern (sogenannten Karten), deren ein gewisse Zahl – nach Beschaffenheit des Musters bis zu mehreren Hunderten, ja öfters über tausend – in Form einer Kette an einander geheftet sind. Jede Karte ist auf eine andere, von der Musterzeichnung abhängige Weise mit kleinen runden Löchern versehen, und alle Karten kommen der Reihe nach zur Wirkung, welche darin besteht, daß die Pappe gegen die Enden einer großen Anzahl horizontaler Eisendrähte gepreßt wird, Je nachdem hierbei ein Loch der Pappe oder eine nicht durchlöcherte Stelle auf einen bestimmte Draht trifft, werden die mit diesem letzteren in Verbindung stehenden Fäden des Aufzuges in die Höhe gehoben oder unberührt gelassen; dadurch aber

---

50 Österreichisches Morgenblatt vom 12.05.1841, S. 238
51 Lemma Jacquard 1853, S. 390

bildet sich, wenn hierauf der Weber den Eintragsfaden einschießt, die eigenthümliche Verschlingung der Fäden, aus welcher das Muster in dem Stoffe hervorgeht.[52]

Geboren wurde Jacquard 1752 als Sohn eines Seidenwebers in Lyon.[53] Erst mit 20 Jahren, nach dem Tode seines Vaters richtet er sich »eine Werkstatt für gemusterte Webereistoffe« ein. Zuvor hatte er bei einem Verwandten, der eine Druckerei betrieb, das Buchbinderhandwerk erlernt. Ohne wirtschaftlichen Erfolg trat er in den Folgejahren »mit mehreren nützlichen Verbesserungen für verschiedene Industriezweige hervor«. Nach Ausbruch der Revolution musste er für einige Zeit seine Heimatstadt verlassen. »Nach seiner Rückkehr im Jahre 1796 suchte Jacquard seine Pläne zur Ausführung einer Hülfsmaschine für die Musterweberei, [...] weiter zu verfolgen.«

Auf der im September 1801 in Paris stattfindenden Industrieausstellung wurde ihm »die bronzene Medaille« für eine von ihm verbesserte »Webereimaschine« zuerkannt, die »vielseitige Einführung in den Lyoner Fabriken« fand. Dieser Erfolg verschaffte ihm die Anerkennung und damit die Mittel, um an der Verbesserung der Webereimaschinen weiterzuarbeiten. Bei dieser »Webereimaschine« handelt es sich jedoch noch nicht um den oben beschriebenen, später nach ihm benannten »Jacquard-Webstuhl«.

Schon der französische Ingenieur und Erfinder Jacques de Vaucanson, berühmt als Konstrukteur von Automaten,[54] konstruierte in seiner Funktion als Chefinspekteur der französischen Seidenmanufakturen 1745 einen automatisch gesteuerten Webstuhl. Jacquard lernte 1804 bei einer Ausstellung diese »von Vaucanson erfundene Maschine für Musterweberei nicht nur genau kennen, sondern er unternahm es auch, diese äusserst sinnreiche, aber in desolatem Zustande befindliche Maschine bis zur völligen Ingangsetzung wieder herzustellen.«[55]

Vaucanson hatte bei seinem Webstuhl die bei den Automaten eingesetzte Steuerung durch Stiftwalzen durch eine Lochwalze ersetzt. (MG 1813) Jacquard übernahm dieses Prinzip. Statt auf einer Walze wurden die Lochkartenstreifen jedoch über ein Prisma transportiert, das wie eine Trommel gedreht wurde. Dadurch wurde es möglich, endlose Muster von beliebiger Komplexität zu weben.

Jacquards Arbeit an der Verbesserung des von Vaucanson entwickelten, allerdings nie praktisch eingesetzten mechanischen Webstuhls passen in die Zeit, in der Napoleon auf die Förderung der heimischen Industrie setzte, um den Rückstand gegenüber der führenden englischen Industrie aufzuholen.[56] Diesem Ziel diente die 1801 in Paris nach dem Vorbild der British Royal Society of Arts gegründete Société d'encouragement

---

52 Karmarsch 1839, S. 30

53 Vgl. zum Folgenden Kohl 1873, S. 8 ff.

54 In der Allgemeinen musikalischen Zeitung vom 24. August 1808 wird Vaucanson als »der genievolle Verfertiger dreyer Selbstgetriebe, einer Ente, eines Trommelschlägers und eines Flötenspielers« bezeichnet. (Spalte 754)

55 Kohl 1873, S. 4

56 Auf dem 1844 von dem Lyoner Seidenweber Michel-Marie Carquillat hergestellten Seidenbild steht die Besuchergruppe vor einem Jacquard-Webstuhl und betrachtet das Seidenbild, auf welchem Joseph Marie Jacquard am Schreibtisch sitzend abgebildet ist. Derartige Seidenbilder dienten als Leistungsnachweis für die Qualität der Lyoner Seidenweberei.

pour l'industrie nationale.[57] Wie *Der Verkünder oder Zeitschrift für die Fortschritte* berichtet, wurde Herrn Jacquard aus Lyon 1808 auf einer »General-Sitzung« der Societé d'Encouragement

> für einen Webstuhl zur Verfertigung faconnirter und brochierter Zeuge von allen Sorten, der Preis von 3000 Franken zuerkannt. Diesem Künstler, der schon 51 Prämien erhalten hat, haben Se. Kaiserl. Majestät auch eine Prämie von 50 Franken für jeden Webstuhl dieser Art, welchen er an Fabriken liefern würde, bewilligt.[58]

Bei der Steuerung des Jacquard-Webstuhls durch Lochkarten handelt es sich um eine frühe Anwendung der Digitaltechnik im industriellen Bereich. Auf das von Jacquard entwickelte System der Lochkartensteuerung greift sowohl Charles Babbage für die Konzeption seiner mechanischen Rechenmaschine wie auch Hollerith für seine »elektrische Zählmaschine«, die er für die Erfassung und Auswertung der bei Volkszählungen erhobenen Daten entwickelte, zurück. (MG 1823/MG 1884)

Steuerung der »Jaquard-Maschine«
mit Lochkarten

Besuch des Herzogs von d'Aumale
in einer Seidenweberei (Seidenbild)

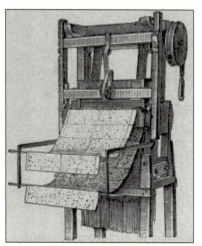

---

57 Kohl übersetzt diese Bezeichnung mit »Gesellschaft zur Aufmunterung der Nationalindustrie«. (Kohl 1873, S. 5)

58 Der Verkündiger oder Zeitschrift für die Fortschritte 1808, S. 299

1809 – EIN GALVANISCHER, AUF CONTACT-ELEKTRICITÄT BERUHENDER TELEGRAPH – »UNE IDÉE GERMANIQUE«

> Es scheint bei allen Erfindungen, die in das Leben eingreifen, ein großer Zeitraum nöthig, um von der ersten Idee bis zum factischen Bestande der Sache zu gelangen. An den ursprünglichen Gedanken müssen sich spätere Erfindungen und Erfahrungen reihen. Es müssen sich vielseitig die Kräfte der Intelligenz versuchen, das Wesentliche vom Zufälligen zu trennen, [...]. Aus diesem Gesichtspunkte ist eigentlich jede bestehende Erfindung eine Reihe von Erfindungen. Wir sehen dieß in der Geschichte aller großartigen Ideen, die unsere Zeit bewegen, bei den Dampfmaschinen, den Eisenbahnen und dem elektrischen Telegraphen; denn auch diesen dürfen wir dahin rechnen.
>
> *Polytechnisches Journal 1838*[59]

Am 28. August 1809 führt der Physiologe und Anatom Samuel Thomas Soemmerring in der Königlichen Akademie der Wissenschaften in München einen elektrischen Telegrafen vor.

Das Zeichen, das er wählte, war die Zersetzung des Wassers durch den galvanischen Strom, denn bekanntlich steigen Luftbläschen von den Schließungsdrähten einer galvanischen Batterie, wenn diese in Wasser eingetaucht werden. Er ordnete nun in einem gläsernen Behälter mit Wasser gefüllt so viele einzelne Gläschen an, als er Buchstaben oder Zeichen haben wollte, bezeichnete jedes derselben mit einem bestimmten Buchstaben und verband nun die gleichen Buchstaben auf beiden Stationen durch einen mit Seide isolirten Draht. Es waren klavierähnliche Tasten angebracht, die, mit denselben Buchstaben bezeichnet, beim Niederdrüken die Verbindung mit der galvanischen Batterie herstellten.[60]

Wie sein Sohn Wilhelm Soemmerring später berichtete, finden sich in den Tagebüchern seines Vaters seit 1801 »vielfältige Versuche mit der Voltaischen Säule beschrieben, welche den Physiologen durch ihre Wirkung auf das Nervensystem und eine auch von ihm schon damals geahnte, nun immer deutlicher hervortretende Analogie zwischen galvanischer Erregung und Nerventhätigkeit lebhaft interessiren mußte«.[61] Die Anregung, sich mit der Entwicklung eines elektrischen Telegrafen zu beschäftigen, ging von Graf Montgelas, dem bayerischen Außenminister aus. Wie den Tagebüchern Soemmerrings zu entnehmen ist, äußerte der Graf Montgelas während eines gemeinsamen Essens im Juli 1809 den Wunsch, »von der Akademie Vorschläge zu einem Telegraphen zu erhalten«.[62]

---

59 Polytechnisches Journal 1838/Band 67, S. 388
60 Ebd. S. 388
61 Soemmerring 1863, S. 6 f.
62 Ebd. S. 7

Dass sich Montgelas, als Minister des mit Napoleon verbündeten Rheinbundstaates Bayern, für die Telegrafie interessierte, lag nahe, waren doch Napoleons militärische Erfolge nicht zuletzt dem perfekt organisierten Nachrichtenwesen, zu dem das seit der Revolution 1789 ausgebaute System optischer Telegrafenlinien zählte, zu verdanken. So spielte die Telegrafenlinie zwischen Paris und Straßburg 1809 für die Vorbereitung der militärischen Operationen im Feldzug Napoleons gegen Österreich eine wichtige Rolle.

Soemmerring als Physiologe griff die Anregung, einen Telegrafen zu entwickeln, sofort auf, wurden doch die Leitungsdrähte seines galvanischen Telegrafen in zeitgenössischen Berichten als »nachgemachte Seh- oder Hörnerven« bezeichnet.[63]

Soemmerrings auf Contact-Elektricität beruhender Telegraph

Die Vorteile seines elektrischen Telegrafen im Vergleich zum optischen Telegrafen lagen für Soemmerring auf der Hand. Die Wirkung eines elektrischen Telegrafen stört »keine Dämmerung, keine trübe Witterung, kein wolkiger Himmel, kein Nebel, kein Regen, Schnee, Rauch, kein Staub oder Wind.«[64] Beim elektrischen Telegrafen gibt es keine Zwischenstationen, auf denen die Zeichen weitergegeben werden müssen. Außerdem werden die Buchstaben und Zahlen direkt, ohne Umsetzung in ein anderes Zeichensystem übermittelt, und der elektrische Telegraph bedarf »keiner eigenen, also

---

63 Morgenblatt für gebildete Stände vom 10.08.1810, S. 764
64 Soemmerring 1811, 412

hoch liegenden Gebäude, sondern kann in jedes Zimmer, in jedes Bureau geleitet seyn«.[65]

Dem französischen Kaiser wurde Soemmerrings Telegraf in Paris vorgeführt, doch Napoleon soll »wegen der ihm zu schwierig scheinenden Legung und Sicherung des Verbindungsseils darauf nicht eingegangen, sondern kurz geäußert haben: ›c'est une idée germanique‹.«[66] Diese aus Napoleons Mund wohl eher abwertende Bezeichnung für Soemmerrings Erfindung wird im weiteren Verlauf des 19. Jahrhunderts zum Nachweis dafür, dass

> die Ehre der ersten Idee, den Galvanismus für Telegraphie zu benutzen, um die sich noch in der neuesten Zeit Russen, Engländer und Amerikaner streiten, hoffentlich für immer einem Deutschen zuerkannt werden wird, wenn auch derselbe dieses Beweises nicht weiter bedarf, um seinen Namen in der Wissenschaft zu verewigen.[67]

Soemmerring selbst sprach davon, dass er wünschte, einen Bericht von seiner Erfindung »in den Acten unserer Akademie zur Aufbewahrung und Benutzung niederzulegen, andern es gern überlassend, meinen durch Elektricität vermittelten Telegraphen zum etwanigen Gebrauche des Staates anzuwenden«.[68]

---

65 Ebd. 413
66 Soemmerring 1863, S. 12
67 Ebd. S. 6
68 Soemmerring 1811, S. 402

1810 – NEURUPPINER BILDERBOGEN: »KNALLROT, BLITZBLAU, DONNERGRÜN – GEDRUCKT UND ZU HABEN BEI GUSTAV KÜHN«

Was ist der Ruhm der ›Times‹ gegen die zivilisatorische Aufgabe des Ruppiner Bilderbogens? Die ›Times‹, die sich mit Recht das ›Weltblatt‹ nennt, gleicht immer nur dem anglikanischen Geistlichen, dem hochkirchlichen Bischof, der, an schmalen Küstenstrichen entlang, in den großen, reichbevölkerten Städten der andern Hemisphäre seine Wohnung aufschlägt und seines Amtes waltet, der Gustav Kühnsche Bilderbogen aber ist der Herrnhutsche Missionar, der überallhin vordringt, dessen Eifer mit der Gefahr wächst und der die eine Hälfte seines Lebens in den Rauchhütten der Grönländer, die andre Hälfte in den Schlammhütten der Fellahs verbringt.

Theodor Fontane[69]

Einblattdrucke, die sich in Wort und Bild mit einer breiten Palette von Themen beschäftigen, spielten seit der Neuzeit in der Kommunikationskultur eine wichtige Rolle. Mit der Lithografie erlebte diese Kommunikationsform einen ungeahnten Aufschwung. Das von Alois Senefelder um 1800 entwickelte Steindruckverfahren ermöglichte die schnelle und aufgrund der geringen Abnutzung der Druckvorlagen günstige Herstellung derartiger Drucke in großer Auflage mit gleichbleibender Qualität und verdrängt den Holzschnitt in diesem Medienformat fast vollständig.

Mit der Einführung des modernen Steindrucks begann die eigentliche Blüte der Bilderbogenproduktion. Bei diesen Bilderbogen handelte es sich um die »Darstellungen ausgesuchter Gegenstände zur angenehmen Unterhaltung, nützlichen Beschäftigung und fruchtbaren Belehrung für die Jugend. Mit zweckmäßigen, gedrängten Beschreibungen«. So der Text einer Anzeige aus dem Jahr 1813 in der *Zeitung für die elegante Welt*. In anderen Anzeigen ist von »Bilderbogen für Jung und Alt« die Rede.

Ein Zentrum der europäischen Bilderbogenproduktion wurde Neuruppin in Brandenburg. Neben der von Fontane bereits erwähnten Kühnschen Druckerei gab es hier noch weitere lithografische Anstalten, in denen Bilderbogenmotive in großer Anzahl gedruckt und europaweit vertrieben wurden.

In der 1775 von Johann Bernhard Kühn gegründeten Druckerei wurden seit 1810 Bilderbogen gedruckt. Sein Sohn Gustav übernahm, nachdem er an der Berliner Kunstakademie Holz-, Stahl- und Kupferstich studiert hatte, ab 1822 die Führung des Familienunternehmens. 1825 schaffte er für die Produktion der Bilderbogen und Bilderbücher eine Lithografenpresse an. 1878, also einige Jahre nach dem hundertjährigen Betriebsjubiläum, arbeitete die Fabrik

---

69 Fontane 1994, S. 131

mit zwei Dampfmaschinen, 16 lithogr. Schnellpressen, 1 Colossalmaschine für Rotations-Farbendruck und ca. 300 Arbeitern. Außer Bilderbogen, welche in zwölf Sprachen geliefert werden, fertigt die Firma auch Oeldruckbilder und Chromo-Litografien, sowie alle Arten von Buchdruckersachen und Zinkografien.[70]

Auf diese massenhafte Produktion von Bilderbogen und ihre europaweite Verbreitung bezieht sich der in Neuruppin geborene Theodor Fontane, wenn er in seinen *Wanderungen durch die Mark Brandenburg* auf Gustav Kühn und seine Druckerei zu sprechen kommt.

Lange bevor die erste ‚Illustrierte Zeitung‹ in die Welt ging, illustrierte der Kühnsche Bilderbogen die Tagesgeschichte, und was die Hauptsache war, diese Illustration hinkte nicht langsam nach, sondern folgte den Ereignissen auf dem Fuße. Kaum daß die Tranchéen vor Antwerpen eröffnet waren, so flogen in den Druck- und Kolorierstuben zu Neuruppin die Bomben und Granaten durch die Luft; kaum war Paskewitsch in Warschau eingezogen, so breitete sich das Schlachtfeld von Ostrolenka mit grünen Uniformen und polnischen Pelzmützen vor dem erstaunten Blick der Menge aus, und tief sind meinem Gedächtnisse die Dänen eingeprägt, die in zinnoberroten Röcken vor dem Danewerk lagen, während die preußischen Garden in Blau auf Schleswig und Schloß Gottorp losrückten. Dinge, die keines Menschen Auge gesehen, die Zeichner und Koloristen zu Neuruppin haben Einblick in sie gehabt, und der ›Birkenhead‹, der in Flammen unterging, der ›Präsident‹, der zwischen Eisbergen zertrümmerte, das Auge der Ruppiner Kunst hat darüber gewacht.[71]

Aus Fontanes Äußerungen geht hervor, dass der Erfolg der Neuruppiner Bilderbogen nicht auf der »künstlerischen Leistung«, sondern darauf beruhte, in »jedem Augenblicke zu wissen, was obenauf schwimmt, was das eigentlichste Tagesinteresse bildet«.

Und diese Aufgabe ist glänzend gelöst worden, so glänzend, daß ich Personen mit sichtlichem Interesse vor diesen Bildern habe verweilen sehn, die vor der künstlerischen Leistung als solcher einen unaffektierten Schauder empfunden haben würden. Aber die Macht des Stoffs bewährte sich siegreich an ihnen, und sie zählten (wie ich selbst) mit leiser Befriedigung die Leichen der gefallenen Dänen, ohne sich in ihrem künstlerischen Gewissen irgendwie bedrückt zu fühlen.[72]

Die Nachfrage nach diesen Bilderbogen war während des Krieges in Schleswig »so groß, daß Filialen errichtet werden mußten, und in den benachbarten kleinen Städten (Alt Ruppin, Lindow, Wusterhausen) waren Hunderte von Händen mit Kolorieren beschäftigt«.[73] Nicht überall wurde die Begeisterung über die Bilderbogen zum deutsch-dänischen Krieg geteilt. Unter der Überschrift »Zugreifpoesie- und Kunst« beschäftigt sich der Berliner Korrespondent des in Süddeutschland erscheinenden *Morgenblatts für gebildete Stände* mit »der berühmten patriotischen Bilderbogenfabrik in Neuruppin (Preis 6 Pfennige) – für den Bogen – nicht für die Fabrik«. Von »Zugreifpoesie- und

---

70 Oesterreichische Gartenlaube Nr. 37/1878 Beilage, S. I

71 Fontane 1994, S. 132

72 Ebd. S. 133

73 Ebd. S. 655 (Anmerkung zu S. 131)

Kunst« spricht er, weil er die Bilderbogen aus Neuruppin zu den Produkten zählt, mit denen die Öffentlichkeit auf die Annexion Schleswig-Holsteins durch Preußen eingestimmt wurde. Auf einen möglichen Einwand, wie es zu erklären sei, dass der »Herr Correspondent« sich so lange mit »ein paar dummen Kinderbilderbogen« beschäftigt, lautet seine Antwort: »Diese zwei Bilderbogen sind ein Stück Zeitgeschichte.«[74] Mit dieser Einschätzung lag er richtig, denn in den Bilderbogen spiegelte sich nicht nur Zeitgeschichte, sondern sie prägten auch bei ihren Konsumenten das Bild vom zeitgeschichtlichen Geschehen. Die Popularität der Neuruppiner Bilderbogen zeigt sich selbst daran, dass sie oft als Vergleich herangezogen werden, wenn es gilt, ein abwertendes Urteil über ein Kunstwerk zuzuspitzen. So schreibt Fontane über eine in der Kunst-Ausstellung von 1860 gezeigte Gruppe von Bildern:

> Es sind Pinseleien, die auf den Modegeschmack spekuliren und im ›Räuspern und Spucken‹ die Bilder Menzels kopirend, an eigentlicher Kunstfertigkeit auf keiner höheren Stufe stehen, als die bekannten Bilderbogen, die mit der Unterschrift ›bei Gustav Kühn in Neu-Ruppin‹ ihren Weg über die Welt nehmen. Es ist genug, wenn ich dieser Bilder an dieser Stelle überhaupt erwähne.[75]

Als Johann Bernhard Kühn seine Druckerei 1775 gegründet, konnte er seine »fliegenden Blätter« nur durch Schablonen per Hand kolorieren, »für jede Farbe war eine besondere Schablone nötig – und mit einem kräftigen Pinsel [wurden] die wenigen grellen Farben in breiten Flächen ausgetragen«.[76] Fontanes Anmerkung »Hunderte von Händen« seien mit Kolorieren beschäftigt gewesen, um der Nachfrage nach Bilderbogen zum deutsch-dänischen Krieg nachzukommen, verweist darauf, dass Gustav Kühn, das Verfahren der »Schablonenkolorierung« beibehalten hatte, obwohl der lithographische Farbendruck seit 1830 möglich gewesen wäre.

Kolorirer bei der Arbeit

---

74 Morgenblatt für gebildete Stände vom 02.04.1865, S. 332

75 Fontane 1860, S. 1

Mediengeschichten 1811-1820

1811 – DIE WOLLASTONSCHE CAMERA LUCIDA, EIN »ZUM AUFNEHMEN VON GEGENDEN UND ZUM VERKLEINERNDEN ODER VERGRÖßERNDEN NACHZEICHNEN BESTIMMTES INSTRUMENT«[1]

In Goethes 1809 erschienenen Roman *Die Wahlver-wandtschaften* tritt im Verlauf der Handlung ein Eng-länder auf, der »sich die größte Zeit des Tags« damit beschäftigte, »die malerischen Aussichten des Parks in einer tragbaren dunklen Kammer aufzufangen und zu zeichnen, um dadurch sich und andern von seinen Rei-sen eine schöne Frucht zu gewinnen. Er hatte dieses schon seit mehreren Jahren in allen bedeutenden Ge-genden getan und sich dadurch die angenehmste und interessanteste Sammlung verschafft. Ein großes Portefeuille, das er mit sich führte, zeigte er den Da-men vor und unterhielt sie teils durch das Bild, teils durch die Auslegung. Sie freuten sich, hier in ihrer Ein-samkeit die Welt so bequem zu durchreisen, Ufer und Häfen, Berge, Seen und Flüsse, Städte, Kastelle und manches andre Lokal, das in der Geschichte einen Na-men hat, vor sich vorbeiziehen zu sehen.«
Johann Wolfgang von Goethe[2]

Neben der »tragbaren dunklen Kamera«, also der Camera obscura, gab es in der Zeit, in der Goethes Roman spielt, noch eine Reihe anderer optischer Zeichenhilfen, u.a. die schon länger bekannte Camera lucida. 1811 findet sich in dem von Heinrich Gustav Flörke herausgegebenen zweiten Band des *Repertoriums des Neuesten und Wissens-würdigsten aus der gesammten Naturkunde* eine »Beschreibung und Abbildung der Wollastonschen Camera lucida«.

---

1   Flörke 1811, S, 136
2   Goethe 1998a, Bd. VI, S. 430

Unter den in letzten Jahren erfundenen physikalischen Instrumenten hat man die Camera lucida des berühmten Doctor Wollaston's, Secretär der Londoner Societät, mit besonderem Beifall aufgenommen, weil dieses kleine Werkzeug bey seiner Einfachheit eine sehr nützliche und unterhaltende Anwendung gewährt.[3]

1806 hatte William Hyde Wollaston, ein englischer Arzt, Physiker und Chemiker, eine verbesserte Version der Camera lucida zum Patent angemeldet. Nach der Patentschrift handelte es sich dabei um ein »zum Aufnehmen von Gegenden und zum verkleinernden oder vergrößernden Nachzeichnen« bestimmtes Instrument.

Der Hauptbestandteil ist ein Prisma. Wenn der Beschauer sich diesem, nachdem es gehörig aufgestellt ist, mit dem Auge nähert, so erblickt er das Bild des davor befindlichen Gegenstandes in größter Klarheit und vollkommener Schärfe der Umrisse auf dem untergelegten Papierbogen, und kann denselben mit geringer Mühe darauf abzeichnen, [...].[4]

Vorteile der Camera lucida seien, dass sie im Vergleich zu Camera obscura die Gegenstände nicht verzerre, »einen größern Gesichtskreis« habe und dabei »kleiner und tragbarer« sei.[5] Diese Eigenschaften erklären eine Meldung, die sich in Zeitungen des Jahres 1820 findet, aus der hervorgeht, dass bei einer Besteigung des Montblanc neben »trefflichen Instrumenten« und allem »Bedarf für physische, chemische und physiologische Beobachtungen und Versuche« ein »Zeichnungstischchen mit der camera lucida für den Panoramariß des Montblanc« mitgenommen worden sei.[6] In den Zeitungen und Zeitschriften wird Wollastons Camera lucida, »allen denen, welche Ansichten von Gegenden oder einzelnen Gegenständen zeichnen wollen, sehr empfohlen«.[7] Geworben wird mit dem Argument, die »Camera lucida [sei] zum Zeichnen und Silhouettiren gut zu gebrauchen«[8] und man könne mit ihr »ohne besondere Geschicklichkeit im Zeichnen schnell und richtig Landschaften aufnehmen«.[9]

Auf der Titelseite des *Mechanics‹ Magazine* vom 16. Januar 1830 wird die Camera lucida in ihrem Aufbau abgebildet. Diese Abildlungen werden jedoch ergänzt durch die Wiedergabe einer mit Hilfe der Camera Lucida gezeichneten »amerikanischen doppelläufigen Luftpumpe«. In dem Beitrag über die Camera lucida führt der Autor aus, dass er mit dieser Luftpumpe einen ausgesprochen schwierigen Gegenstand als Illustration ausgewählt habe, da er der Meinung sei, dass niemand in Großbritannien in der Lage sei, ohne Hilfe der Camera lucida eine korrekte Kopie dieses komplizierten Apparats anzufertigen.[10]

---

3 Flörke 1811, S. 136 f.

4 Lemma Camera lucida 1833, S. 403 f.

5 Flörke 1811, S. 146

6 Morgenblatt für gebildete Stände vom 27.09.1820, S. 932

7 Ergänzungsblätter zur Jenaische allgemeine Literatur-Zeitung 1813, Sp. 101

8 Berlinische Nachrichten von Staats- und gelehrten Sache vom 14.03.1815, S. 15

9 Intelligenzblatt der Königlich Bayerischen Stadt Nördlingen vom 4.06.1839, S. 220

10 Vgl. H. J. 1830, S. 354

Das verweist darauf, dass nicht nur Landschaftsmaler und Architekten an einer Zeichenhilfe wie der Camera lucida interessiert waren, sondern genaue Abbildungen von Apparaten und Maschinen insbesondere für Ingenieure und Techniker einen hohen Informationswert besaßen. Selbst in einem am Ende des Jahrhunderts herausgegebenen *Leitfaden für Herstellung von technischen Zeichnungen jeder Art* wird die Camera lucida noch »als bequemes Hülfsmittel für perspectivische Aufnahmen von baulichen Objecten u.s.w.« aufgeführt.[11]

Camera Lucida

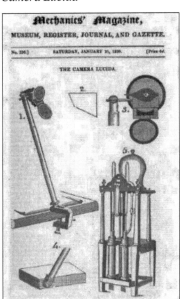

Ebenso wichtig wurde die Camera lucida in Verbindung mit dem Mikroskop. So wird 1824 in den *Göttingischen gelehrten Anzeigen* berichtet, der Anatom und Physiologe Samuel Thomas Soemmerring, den Alexander von Humboldt als »großen Zergliederer« bezeichnete,[12] sei bislang mit den Abbildungen des »Gefäßnetz[es] der Aderhaut im Augapfel« unzufrieden gewesen, auch mit denen, die er in eigenen Werken veröffentlicht hatte, »weil solche durch das Vergrößerungsglas angesehene Gefäßnetze aus freier Hand gezeichnet« waren. Weiter heißt es dann in der Meldung: »Unverhofft erhielt derselbe durch Anbringung der Wollastonschen Camera lucida an das Dollondsche Mikroskop die erwünschte Hülfe, so daß auf dem untergelegten Papier die Gegenstände wie gemalt erscheinen, und man nun die Umrisse aufs genaueste gleich nachzeichnen kann.«[13] Die Bedeutung dieser Anwendung der Camera lucida lässt sich daran ersehen, dass Projektionszeichenapparate, bei denen es sich im Wesentlichen um eine Weiterentwicklung der Camara lucida handelt, bis heute zur zeichnerischen Wiedergabe mikroskopischer Bilder Verwendung finden.

---

11 Megede 1890, S. 57

12 Soemmerring 1863, S. 7

13 Göttingische gelehrte Anzeigen vom 11.12.1824, S. 1982 f.

1812 – FRIEDRICH ARNOLD BROCKHAUS, DER GEISTIGE BEGRÜNDER DES ›CONVERSATIONS-LEXICONS‹

> Am Tode scheitert unser Wissen, und was noch dahinter liegt, weiß nur Hr. Brockhaus.
> *Schreiben des Subconrectors Ehrenfried Mäuschen 1818[14]*

Mit »Hr. Brockhaus« ist Friedrich Arnold Brockhaus gemeint, der 1808 »das unter weniger scharfsinnigen Verlegern gleich in seinem Beginne verkümmerte ›Conversations-Lexikon‹ erworben hatte, weil er erkannt, daß die Idee desselben mit dem Zuge des neuen Jahrhunderts auf allgemeine bürgerliche und volksthümliche Bildung hin zusammentreffe«.[15] 1812 erschien dann die erste von Brockhaus allein verantwortete Auflage des *Conversations-Lexicons*.

Das Conversations-Lexicon 1812

Der vollständige Titel des von Friedrich Arnold Brockhaus übernommenen Lexikons lautete: »Conversations-Lexikon oder kurzgefaßtes Handwörterbuch für die in der gesellschaftlichen Unterhaltung aus den Wissenschaften und Künsten vorkommenden Gegenstände mit beständiger Rücksicht auf die Ereignisse der älteren und neueren Bände.« Der mit diesem Titel formulierte Anspruch blieb unverändert, selbst wenn der Titel der nächsten von F. A. Brockhaus allein verantworteten Auflagen sich zum Conversations-Lexicon oder Encyclopädischen Handwörterbuch für gebildete Stände

---

14 Thienemann 1818, S. 203
15 W. C. 1867, S. 307

verkürzte. Dieser Anspruch, mit dem Conversations-Lexikon ein Handwörterbuch für die in der gesellschaftlichen Unterhaltung aus den Wissenschaften und Künsten vorkommenden Gegenstände herauszugeben, bietet Karl Thienemann bzw. dem »Subconrector Ehrenfried Mäuschen« 1818 Stoff für ein fiktives Schreiben an einen »Herrn Magister Schnabel«.

Wenn der »Subconrector Ehrenfried Mäuschen« in seinem Schreiben ausführt, nur Herr Brockhaus wisse, was hinter dem Tode liegt, ist damit nicht gemeint, Herr Brockhaus verfüge über Kenntnisse über das Leben nach dem Tod. Vielmehr geht es darum, dass »Subconrector Ehrenfried Mäuschen« sich nicht mehr traut, in Gesellschaft aufzutreten, weil der 10. Band der 5. Auflage des Conversations-Lexikons noch immer nicht erschienen war. Und der Begriff »Tod« sei wahrscheinlich »eines der ersten Worte in dem zu hoffenden 10. Bande des Conversationslexikons«.

[…] denn bey dem besten Willen von der Welt kann man doch immer nur 9/10 vorbereitet, in den Strudel der allgemeinen Unterhaltung sich hineinstürzen. Am Tode scheitert unser Wissen, und was noch dahinter liegt, weiß nur Hr. Brockhaus. Denken sich Ew. Hochedeln unter andern meine Lage, als ich neulich, nach einem ganz trefflichen Concert, – wozu ich mir ein FreyBillet erbeten hatte, – so gerne zu Hause über das Wesen und die Natur des Trillers und dessen Tendenz etwas nachgelesen hätte, und der Zeigefinger meiner rechten Hand über die neun Bände hinfuhr, und ich zu meinem Schrecken lesen mußte: ›Neunter Band von Seetz bis Tiz.‹ – So wird man wohl bis zu Johannis d. J. noch trillern dürfen, wie man will, dacht' ich, weil dann erst die Analyse dieses Wortes erscheint, und die Mehrzahl dadurch in den Stand gesetzt wird, ein gründliches Urtheil über diesen Gegenstand zu fällen. Mit vielen andern Dingen und Wörtern, die der Rest des ConversationsLexikons noch enthalten wird, geht es bis dahin wahrscheinlich eben so; als da sind: Toilette, Toleranz, Tragödie.[16]

Als der Leipziger Privatgelehrten Gotthelf Löbel 1796 die Herausgabe eines *Conversations-Lexikon* in Angriff nimmt, geht er davon aus, dass »eine Menge Gegenstände aus den verschiedensten Wissenschaften in das gesellige Gespräch eingedrungen sind«, und ein »dem gegenwärtigen Umfange der Conversation angemessenes Wörterbuch für dieselbe« dieser Veränderung Rechnung tragen müsse.

Zu einer Zeit, in welcher ein allgemeines Streben nach Geistesbildung, wenigstens nach dem Scheine derselben, (zugleich die Ursache und die Folge der immer mehr sich verbreitenden Annäherung der Geschlechter und Stände in ihren Begriffen an einander,) das Weib wie den Mann, den Nichtgelehrten wie den Gelehrten in einen gemeinschaftlichen Conversations-Kreis führt; in welchem man gewisse gemeinschaftliche Begriffe und Kenntnisse bei einem jeden schon aus Höflichkeit voraussetzt, deren Mangel zwar nicht selten Statt findet; aber doch ohne Schaam nie verrathen wird, zu einer solchen Zeit, muß ohne Zweifel ein dem gegenwärtigen Umfange der Conversation angemessenes Wörterbuch für dieselbe mehr als jemals nothwendig und nützlich seyn.[17]

Friedrich Arnold Brockhaus zitiert Löbels Vorrede zur ersten Auflage des Lexikons aus dem Jahre 1796 in seiner Vorrede zum 1820 erscheinenden 10. Band der 5.

---

16 Thienemann 1818, S. 203 f.
17 Real-Encyclopädie 1820, S. I f.

Auflage, um so den »Zweck und die Tendenz, als auch die successive Ausbildung [des Lexikons] von seiner Entstehung an« deutlich zu machen.[18] Dass der Verlag mit den neuen Ausgaben des Lexikons auf die gesteigerten Ansprüche eines sich verändernden Publikums reagiert, spiegelt sich in den Änderungen im Titel des Lexikons.

> Den Titel unsers Werks haben wir mehreremal modifizirt und geändert. Wobei wir jedoch den des Conversations-Lexicons – der, allein gebraucht, vielen Besitzern des Werks unangenehm war und allerdings weder den Inhalt noch die Gesamt-Tendenz desselben gehörig und vollständig bezeichnete – unter welchem es einmal allgemein bekannt ist, immer beibehielten. – In der fünften Auflage haben wir den Haupttitel: ›Allgemeine deutsche Real-Encyclopädie für die gebildeten Stände‹ angenommen, der uns den Inhalt und Zweck unsers Werks ziemlich genau, obgleich allerdings nicht ohne einige Anmaßung, gegen die wir uns aber ausdrücklich verwahren wollen, zu bezeichnen scheint.[19]

Um dem Charakter einer »*Real-Encyclopädie*« gerecht zu werden, weitet die neue Redaktion die Gebiete, die in dem Lexikon behandelt werden, entscheidend aus. Die vorige Redaktion hatte sich darauf beschränkt, »aus dem Gebiete der Geographie, Geschichte, Mythologie, Naturlehre und der schönen Künste diejenigen Gegenstände auszuwählen, von welchen sie annahm, daß sie für den Kreis ihrer Leser, den sie aber sehr niedrig gezogen hatte, paßte«. Die neue Redaktion glaubte »der Politik und Diplomatik, der neuesten Zeitgeschichte, der Staatswirthschaft, der Religionsphilosophie, der classischen und der modernen europäischen Literatur, der Archäologie, der Anthropologie und populären Medizin, der Mathematik, den Natur-, Handels- und Kriegswissenschaften und selbst der Jurisprudenz eine Reihe von Artikeln widmen [...] zu müssen«.

In diesen Artikeln sollten »die wichtigsten Gegenstände aus dem unermeßlichen Gebiete dieser Doctrinen, welche Gegenstand der mündlichen Unterhaltung oder der Lectüre für höher gebildete Circel oder Individuen werden können, auf eine angemessene, zwar einfache, jedoch nie zum Gemeinen herabsinkende, immer den neuesten Standpunkt bezeichnende Weise« abgehandelt werden.[20]

60 Jahre nach Übernahme des Lexikons durch den Brockhaus Verlag hatte sich der Umfang der 11. Auflage auf 15. Bände erweitert. Mit den später hinzukommenden Ergänzungsbänden sogar auf 17. Viele Themengebiete waren neu hinzugekommen und die Gewichtungen hatten sich entscheidend verschoben. Den Wissenschaften Physik, Chemie, Physiologie, »die gegenwärtig so tief in unser Leben eingreifen«, wurde größere Bedeutung eingeräumt. Die Zielsetzung blieb dabei im Grundsatz unverändert: »Das Conversations-Lexikon [hat] die Flüssigmachung und Popularisierung der wissenschaftlichen, künstlerischen und technischen Ergebnisse, nicht für die geschäftliche Praxis, sondern für die Befriedigung und Förderung der allgemeinen Bildung zur Aufgabe.«[21]

---

18 Ebd. S. I
19 Ebd. S. XXV
20 Ebd. S. V
21 Allgemeine deutsche Real-Encyklopädie 1868, S. V

Für den Erfolg der »Idee« eines Konversationslexikons sprachen nicht nur die zahlreichen »Nachbildungen«, sondern nicht zuletzt die Verkaufszahlen. Als die Brockhaus'sche Buchhandlung 1873 die zwölfte Auflage des *Konversations-Lexikons* ankündigte, konnte man einem Bericht dazu entnehmen, »daß das Brockhaus'sche ›Konversations-Lexikon‹ jetzt in ungefähr 300.000 Exemplaren, die über 3 Millionen Bände repräsentiren, in der Welt verbreitet ist«.[22]

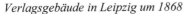

Verlagsgebäude in Leipzig um 1868

---

22 L. L. 1873, S. 738

1813 – »NICHT LEICHT HAT SICH DIE MECHANIK MIT DER MUSIK IN IRGEND EINEM KUNSTWERKE SCHWESTERLICHER UND GEFÄLLIGER VEREINT« ALS IM PANHARMONIKON[23]

> Johann Mälzl, der geniale Mechaniker und Erfinder des Metronoms, stand anfangs in intimem Freundschaftsverhältnis zu Beethoven, der mit ihm eine Concertreise nach England plante. Für diese Concerte war die hauptsächlich auf England berechnete ›Schlachtensymphonie‹, welche Beethoven auf Mälzl's Annregung für dessen ›Panharmonium‹ componiert hatte, bestimmt. Die Reise unterblieb, da Beiden das nöthige Geld fehlte[…].
>
> *Neue Freie Presse 1877*[24]

Ludwig van Beethoven komponierte anlässlich der Schlacht von Vitoria ein sinfonisches Schlachtengemälde. Wie die *Allgemeine muskalische Zeitung* berichtete, fand die Uraufführung im Dezember 1813 in Wien »eine überaus günstige Aufnahme«.[25]

Über die Rechte an der Partitur der für Mälzls[26] Panharmonikon komponierten Symphonie kam es zwischen Mälzl und Beethoven zum Streit.[27] Mälzl beanspruchte das Eigentumsrecht an der Partitur, weil er Beethoven die Idee geliefert und den Auftrag für die Komposition erteilt hatte. Nachdem Mälzl die Symphonie ohne seine Genehmigung aufführte, strengte Beethoven einen Prozess gegen ihn an, zog aber später die Klage zurück.

Bei Mälzls Panharmonikon handelte es sich um ein »mechanisches Orchester, aus 720 Pfeifen bestehend«.[28] Sein erstes Panharmonikon[29] hatte Mälzl, der Sohn eines Regensburger Orgelbauers, 1805 gebaut.

Wie für diese »mechanischen Orchester« typisch, beeindruckte Mälzls Panharmonikon durch einen imponierenden Aufbau. Die Vorderseite ist von zwei geschmackvoll und stark vergoldeten Säulen wie von einem Rahmen eingeschlossen, und zeigt zwei Pauken, eine Trommel, einen Triangel, eine große Menge Trompeten, Hörner und Posaunen, trophäenmäßig schön gruppiert. Weiter ganz hinten und niedriger sieht man eine ganze Legion von Flöten, Clarinetten, Hoboen u.s.w. aufgezeichnet. Die ganze Anzahl der darin befindlichen Instrumente soll gegen 700 seyn.[30] Die eigentliche »Seele des Ganzen« wurde durch eine »sehr geschmackvolle seidene Draperie«

---

23 Zeitung für die elegante Welt vom 05.03.1813, Sp. 364

24 Ed. H. 1877, S. 1

25 Allgemeine musikalische Zeitung vom 23.02.1814, S. 132 f.

26 Der Name taucht in der Schreibweise Mälzl, Mälzel oder Melzel auf.

27 »Wellingtons Sieg oder die Schlacht bei Vittoria« ist ein Orchesterwerk, das Ludwig van Beethoven auf Anregung von Mälzl komponierte, der damit auf Europatournee gehen wollte.

28 Nottebohm 1870, S. 140

29 Mechanische Musikautomaten wurden allgemein als Orchestrion bezeichnet.

30 Zeitung für die elegante Welt vom 05.03.1813, Sp. 365

verdeckt. Es handelt sich um eine »fast 3 Ellen lange« Walze mit einem Durchmesser von einer ¾ Elle,

worauf der Satz des aufzuführenden Stückes nach den Regeln des Generalbasses mit unzähligen messingenen Haken von verschiedener Länge, je nachdem es ganze, halbe, viertel u.s.w. Noten sind, ausgeführt ist. Daß dies bei der großen Menge der zugleich spielenden Instrumente eine höchst schwierige Sache sey, leuchtet von selbst ein. Denn da keine gewöhnliche Leierkastengassenhauer gespielt werden, sondern große Ouvertüren und Symphonien, so braucht jedes zu spielende Stück eine neue Walze. [...] Unstrittig ist dieses Instrument das vollkommenste, was in dieser Art gebaut worden ist, und man kann keine größere Sünde begehen, als wenn man dabei an Gassenorgeln, Savoyardendudelei denken wollte.[31]

Nicht erst der »k. k. östr. musik. Hofkammermaschinist« Leonhard Mälzl[32] beschäftigte sich mit der Erfindung und Weiterentwicklung »mechanischer Musikautomaten«. Zu erwähnen wäre hier insbesondere der berühmte Flötenspieler des französischen Ingenieurs Vaucanson. Vaucansons Arbeiten verweisen ebenso wie der erste von ihm konstruierte vollautomatische Webstuhl darauf, dass den Stiftwalzen und Zylindern als Medien für die Speicherung von Informationen und Steuerung von Prozessen über den Bereich der Musik Bedeutung zukommen sollte. (MG 1808)

Vaucason selbst verfolgte mit seinen als künstliche Menschen konstruierten Musikautomaten das Ziel, einen möglichst perfekten künstlichen Menschen zu konstruieren. An den Musikautomaten von Mälzl wird in den Beschreibungen häufig ihre Natürlichkeit gepriesen. So müsse man an seinem Panharmonikon besonders das ausdrucksvolle Spiel der Violinisten bewundern, »die sowohl durch außerordentliche Agilität ihrer Finger, als die graziöse Art, mit welcher sie den Bogen führen, Staunen erregen«.[33] »Wir gewönnen uns an Automaten!«, liest man 1809 in einem Bericht über eine gut besuchte Veranstaltung in einem Münchner Theater, in der Mälzls »Automat mit der Trompete« zum Einsatz kam.

Sollte Hr. Melzel seine vorhabende Maschine, von der man vieles sprach und die singen wird, vollenden, so dürfte es manchem Sänger und mancher Sängerin bange ums Herz werden. Denn wird die Maschine diesem Trompeter ähnlich: so wird sie weder falsch, noch ausser Takt, ja, sie wird sogar ohne ungeziemende Variationen singen, und Worte aussprechen, welches Wunder allein die Liebhaber der Musik haufenweis in die Theater ziehen wird! Und dann die Leichtigkeit für die Direktionen, sich so einen Sänger und so eine Sängerin anzuschaffen![34]

Allerdings sei es etwas »seltsam [...] eine junge Künstlerin mit einem Automat abwechselnd auftreten zu sehen«. In einer 1814 entstandenen Erzählung von E. T. A. Hoffmann wird diesem Unbehagen am Vordringen der Automaten deutlich Ausdruck verliehen. Der Musiker Ludwig hatte zusammen mit seinem Freund Ferdinand den Professor X aufgesucht, um hinter das Geheimnis des »redenden Türken« zu kommen,

---

31 Ebd. Sp. 365 f.
32 Lemma Mälzel (Leonhard): Allgemeine deutsche Real-Encyklopädie für die gebildeten Stände 1827/ Bd.7, S. 83
33 Der Humorist vom 22. September 1838, S. 608
34 Allgemeine musikalische Zeitung vom 08.03.1809, Sp. 366

der allgemeines Aufsehen in der Stadt erregte. Zur Vorführung seiner »mechanischen Kunstwerke« setzte sich Professor X an einen Flügel »und fing pianissimo ein marschmäßiges Andante an«. Nach und nach fielen alle Musikautomaten in die Musik ein, fingen an zu flöten und trommeln, eine Frauenfigur fiel auf einem Harmonium mit »vollgriffigen Akkorden« ein.

> Das Streben der Mechaniker, immer mehr und mehr die menschlichen Organe zum Hervorbringen musikalischer Töne nachzuahmen, oder durch mechanische Mittel zu ersetzen, ist mir der erklärte Krieg gegen das geistige Prinzip, dessen Macht nur noch glänzender siegt, je mehr scheinbare Kräfte ihm entgegengesetzt werden; eben darum ist mir gerade die nach dem mechanischen Begriffe vollkommenste Maschine der Art eben die verächtlichste, und eine einfache Drehorgel, die im Mechanischen nur das Mechanische bezweckt, immer noch lieber als der Vaucansonsche Flötenbläser und die Hamonikaspielerin.[35]

Das Orchestrion von Fr. Th. Kaufmann

---

35 Hoffmann 1814, Sp. 583

1814 – SCHNELLPRESSE, EINE ERFINDUNG, DIE ARBEITERN UND ARBEIT ZUM SEGEN GEREICHT

[Am 29. November 1814] konnte die Times der Welt verkünden, daß sie zum ersten Male auf Druckmaschinen mit einer Schnelligkeit von 1100 Drucken in der Stunde (vorher eine Tagesarbeit) hergestellt worden sei. Bei Bau und Aufstellung derselben aber hatte mit größter Heimlichkeit vorgegangen werden müssen, um Gewaltthätigkeiten seitens der Drucker, die sich in ihrer Existenz bedroht sahen, zu verhüten.
Die Gartenlaube 1883[36]

Bis zum Beginn des 19. Jahrhunderts war die Druckerpresse, wie sie von Johannes Gutenberg um 1450 erfunden worden war, weitgehend unverändert in Betrieb. Gutenbergs Holzpresse konnte aber den veränderten Anforderungen nicht mehr gerecht werden, weil sie für die gestiegenen Auflagenzahlen zu langsam war. Die um 1800 von Lord Stanhope, einem britischen Wissenschaftler, entwickelte, ganz aus Eisen konstruierte Druckerpresse bot nur begrenzt Abhilfe.

Mit der alten Holzpresse konnte man täglich im besten Fall 1500 – 1700 Drucke bewerkstelligen; bei der späteren eisernen Presse hatte sich diese Zahl dann vielleicht verdoppelt. Doch hing das immer noch viel von der Gewandtheit der einzelnen Drucker ab.[37] Friedrich König, ein gelernter Buchdrucker, versuchte, eine Schnellpresse zu entwickeln, bei der die menschliche Arbeitskraft durch eine schneller und gleichmäßiger arbeitende Maschine ersetzt wurde. In Deutschland fand König keine Unterstützung, um seine Pläne für eine dampfbetriebene Druckmaschine zu realisieren. Deshalb übersiedelte er 1806 nach England.

Die Hilfe, welche König in England fand, sei ganz anderer Natur gewesen, sie bestand (so sagt er wörtlich): ›in dem vollkommenen Zustande der ausübenden Mechanik in England, oder mit anderen Worten, in der Vollkommenheit der Werkstätten und Werkzeuge zur Bearbeitung der Metalle, insbesondere des Eisens, und in der Erfahrenheit und Geschicklichkeit der dortigen Arbeiter in diesem Fache. Ich habe keinen Anstand zu erklären, dass ohne den Beistand dieser Umstände meine Erfindung nie zu stande gekommen wäre. In Deutschland, und ich kann sagen auf dem festen Lande war man damals blos schwere und plumpe Maschinerie von Holz auszuführen im stande.‹[38]

Bei der von König entwickelten Schnellpresse, die 1814 bei der englischen Zeitung *Times* zum Einsatz kam, wurden »alle die Manipulationen, z.B. das Nehmen und Vertheilen der Farbe, das Schwärzen der Lettern, der Druck u.s.w., durch einen sehr sinnreich zusammengesetzten Mechanismus [ausgeführt], der auf eine einzige

---

36 Goebel 1883a, S. 31
37 Beyer 1910, S. 8
38 Faulmann 1882, S. 667

kreisförmige Bewegung zurückgebracht ist, sodaß der Menschenhand nichts zu thun übrigbleibt, als den Bogen aufzulegen und nach dem Druck in Empfang zu nehmen.«[39]
Am Morgen des 24. Novembers 1814 verkündete John Walter, der Herausgeber der *Times*, den Druckern, »sie könnten jetzt nach Hause gehen, denn die Zeitung sei bereits auf ihren neuen, glücklich vollendeten Maschinen mit Hilfe des Dampfes fertig gedruckt, – dieser Aufregung […] konnte kaum ein anderes Gefühl als das der Nieder-geschlagenheit und schwer bemeisterter Wuth folgen. Deshalb knüpfte Walter an seine Mittheilung auch sofort eine ernste Mahnung, zum Ruhigverhalten, hinzufügend, er sei fest gewillt, Störungen rücksichtslos zu unterdrücken; andererseits sei es seine Ab-sicht, jedem Arbeiter seinen bisherigen Lohn so lange unverkürzt fortzuzahlen, bis für sein ferneres Unterkommen gesorgt, falls keinerlei Störung des Geschäftsganges der ›Times‹ und ihres Druckes versucht werde.«[40]
1817 kehrt König nach Deutschland zurück und gründete zusammen mit seinem Geschäftspartner Andreas Bauer bei Würzburg die Maschinenfabrik Koenig & Bauer. Die beiden Unternehmer hatten jetzt zwar die Unterstützung des bayerischen Königs, mussten sich in ihrer Geschäftspolitik jedoch an die Verhältnisse auf dem Kontinent anpassen.[41]
In einem 1826 in *Dingler's Polytechnischen Journal* veröffentlichten Artikel räu-men König und Bauer ein, man habe ihrer Erfindung »bisher, nicht ganz ohne Grund, den Vorwurf gemacht, daß sie nur für ein Geschäft von großem Umfang, besonders für große Auflagen ec. ec. anwendbar sey«. Diese von Dampfmaschinen betriebenen Schnellpressen seien »mit ihrer Production über den Bedarf der meisten Buchdrucke-reien [hinausgegangen]«. Seit einiger Zeit hätten sie daher auch Maschinen gebaut, die »von Menschenhänden in Bewegung gesezt werden können, da auf dem Continente fast überall 2 Taglöhner wohlfeiler und leichter zu erhalten sind, als eine Dampfma-schine«. Um den Anforderungen beim Zeitungsdruck nach Geschwindigkeit ebenso nachkommen zu können wie der Anforderungen beim Buchdruck nach »Sauberkeit der Arbeit und Schärfe des Druks« biete man inzwischen unterschiedliche Schnell-pressen an. König und Bauer verweisen in diesem Artikel darauf, dass sich die aus Eisen oder Messing gefertigten Teile der Maschine nur langsam abnutzten und Repa-raturen nur selten nötig seien, bieten aber – in heutigen Begriffen – einen umfassenden Service an, was wiederum noch auf die im Vergleich zu England erst beginnende In-dustrialisierung verweist.

> Da indeß viele Buchdruckereien nicht in der Nähe von Werkstätten sind, die Reparaturen dieser Art besorgen können, so übernehmen wir den Ersaz von metallenen Maschinenteilen, die durch Zerbrechen oder Abnuzung unbrauchbar werden, für eine gewisse mäßige Summe jähr-lich.[42]

Die beiden Unternehmer verweisen mit einer detaillierten Kostenaufstellung darauf, dass man im Vergleich zur Arbeit mit den herkömmlichen Handpressen durch den Einsatz ihrer Maschinen ca. zwei Drittel des Arbeitslohns einsparen könne. Die

---

39 Lemma Schnellpresse 1836, S. 826
40 Goebel 1883b, S. 67
41 Vgl. zum Folgenden Polytechnischen Journal Band 21/1826, S. 474 f.
42 Polytechnischen Journal Band 21/1826, S. 475

Einsparungen seien möglich, weil die Arbeit mit Schnellpressen von weniger und weniger qualifizierten Arbeitskräften erledigt werden kann. Naheliegend, dass diese Veränderungen im Druckgewerbe soziale Konflikte auslösten.

1814 hatte man bei der Times in London die Drucker durch eine Garantie ihrer Arbeitsplätze beruhigt. In der Folgezeit kam es u.a. während der Julirevolution in Paris zur Zerstörung von Schnellpressen durch Drucker, die um ihre Arbeitsplätze fürchteten. Mit der Anschaffung der modernen Maschinen hielt man sich in Deutschland daher eher zurück, da »man in Bezug auf den von [ihnen] gewährten Vorteil noch nicht alle Zweifel überwunden hatte, dessen Besitz jedoch zu Collisionen mit aufgeregten Arbeitermassen führen konnte«.[43]

Schnellpresse

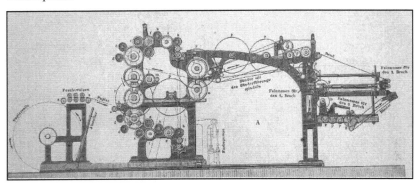

Vierzig Jahre später ist davon keine Rede mehr. So erscheint 1873 in der Zeitschrift der österreichischen *Gewerkschaft Druck und Papier* ein Artikel über die von der Zeitung *Die Presse* für Weltausstellung neu angeschafften »Walterpressen« – so benannt nach dem Besitzer der *Times*, der die Konstruktion der neuen Maschinen finanziert hatte. Aufgrund dieser Ausstattung mit modernsten Maschinen hatte die Druckerei der *Presse* den Auftrag zum Druck des offiziellen Katalogs der Weltausstellung erhalten. In dem Artikel ist nichts mehr von der einstigen Angst um Arbeitsplätze zu spüren, sondern aus dem Artikel spricht der professionelle Stolz auf die Leistungsfähigkeit der beiden »Walterpressen« und auf den Fortschritt im Druckgewerbe.[44] Ganz in diesem Sinne ist dann in einem »biographischen Denkmal« zum 50. Todestag von Friedrich König die Rede davon, die Erfindung der Schnellpresse gereiche »Arbeitern und Arbeit zum Segen«.

Denn wer zählt die Tausende der Arbeiter, die heute allein im Schnellpressenbau beschäftigt sind, wer die Tausende der Maschinenmeister, d.h. der intelligenten Leiter dieser Schnellpressen, die jenes durstige Geschlecht der Massendrucker ersetzt haben, welches Gutenbergs Kunst nicht immer zur Ehre gereichte? An der Schnellpresse, von der man heute die vollendetsten typographischen Leistungen verlangt, wie man sie zur Zeit ihrer Erfindung selbst nicht als auf der Handpresse erreichbar gehalten hätte, haben sich viele ihrer Leiter, indem sie zugleich eine lohnende Existenz fanden, zu wahren Künstlern herangebildet, der Buchdruck ist

43 Goebel 1883a, S. 34
44 Vorwärts 1873, S. 2

wieder eine Kunst geworden, dank dem Einflusse der Erfindung Koenigs, die somit Arbeitern und Arbeit zum Segen gereicht.[45]

In anderen Beiträgen, die anlässlich des 50. Todestages von Friedrich König erschienen, wurden die »Verdienste« herausgestellt, die sich König mit der Erfindung der Schnellpresse »um das geistige, gesellschaftliche und geschäftliche Leben der ganzen civilisirten Welt erworben [habe]«.[46]

Wer endlich wollte den Einfluß ermessen und in Zahlen ausdrücken, welchen die gewaltig erhöhte Leichtigkeit und Schnelligkeit des Druckes auf Verbreitung der Bildung unter allen Klassen des Volkes, unter Hoch und Niedrig und in allen Verhältnissen des gesellschaftlichen und politischen Lebens gehabt hat und noch täglich hat in stets wachsender Progression? Die Grenzen dieses Einflusses sind ganz unabsehbar und unberechenbar; eines aber ist für jedes Auge zu erkennen und steht unumstößlich fest: daß Friedrich Koenig's große Erfindung der Druckmaschine den Grund- und Eckstein dieses Einflusses bildet, daß er ihre direkte Folge war und auf ihr ruht. Durch seine Erfindung wurde Koenig zu einem der größten Wohlthäter der Menschheit.[47]

1865 – Feier zur Vollendung der 1000. Schnellpresse in Oberzell

45 Goebel 1883b, 278f
46 Goebel 1883a, S. 30 f.
47 Polytechnisches Journal Bd. 249/1883, S. 318

1815 – DIE FRAUNHOFER'SCHEN LINIEN UND DIE »SPRACHE DES LICHTS«

Der frische und kritische Geist, mit welchem die Naturwissenschaften in den letzten Jahrzehnten behandelt werden, hat zu Entdeckungen geführt, gegen welche die Leistungen in vielmal grösseren Zeiträumen früherer Perioden nicht sehr erheblich sind; namentlich gilt dies von der Chemie. Diese Wissenschaft, welche lange Zeit nur als Summe gewisser Fertigkeiten in dem erfahrungsmässigen Betrieb einiger Fabricationszweige ihren ganzen Halt hatte, wurde eine exacte Wissenschaft erst durch Lavoisier oder strenger durch Berzelius, welcher mit der Wage in der Hand die quantitativen Verhältnisse der sich verbindenden Stoffe erforschte. Zu seiner Zeit hätte man sich kaum vorstellen können, wie neben der Wage bald ein kleines Fernrohr mit schwacher Vergrösserung jene Stoffe soll erspähen helfen, für die wegen ihrer geringen Masse die Wage nicht mehr empfindlich ist.

Allgemeine Wiener medizinische Zeitung 1862[48]

Die Fortschritte auf dem Gebiet der Chemie werden in diesem Zitat darauf zurückgeführt, dass neben der Waage »ein kleines Fernrohr mit schwacher Vergrösserung« dazu beigetragen habe, jene Stoffe zu erspähen, »für die wegen ihrer geringen Masse die Wage nicht mehr empfindlich ist«. Die Rede ist hier von der »Spektralanalyse«, für die Joseph Fraunhofer 1815 mit der Entwicklung eines Spektroskops die Grundlage schuf.

Fraunhofer wurde 1787 als Sohn eines Glasers in Straubing in ärmlichen Verhältnissen geboren. Nach dem Tod seines Vaters kam er 1799 nach München in die Lehre zu einem »Hofspiegelmacher und Glasschleifer«. Da Fraunhofer kein Lehrgeld bezahlen konnte, musste er sich verpflichten, sechs Jahre lang ohne Lohn zu arbeiten. Der Besuch der »Feiertagsschule« wurde ihm nicht erlaubt, so dass er »im Schreiben und Rechnen beinahe ganz unkundig« blieb.

Beim Zusammensturz eines Hauses wurde der Lehrjunge unter den Trümmern des Hauses begraben, konnte aber lebend aus den Trümmern befreit werden. Der spätere bayerische König Maximilian Joseph wurde Augenzeuge dieser Rettung und beschenkte den Geretteten »mit achtzehn Stük Dukaten, und versprach dem verwaisten Knaben Vater seyn zu wollen, im Falle ihm etwas mangle«. Damit verfügte Fraunhofer über die Mittel, sich autodidaktisch fortzubilden.[49]

1809 trat er als Optiker in das »mathematisch-mechanische Institut Reichenbach, Utzschneider und Liebherr« ein.[50] Die Gründung dieses Instituts geht auf eine

---

48 Krieschek 1862, S. 377
49 Utzschneider 1826, S. 164 f.
50 Vgl. zum Folgenden Utzschneider 1826, S. 161 ff.

Anforderung der französischen Regierung zurück, die 1801 »eine militärisch-topographische Karte von Bayern verlangte«. Als die Arbeit an dieser Karte beginnen sollte, »fehlte es allenthalben an guten Meß-Instrumenten«. Daraufhin gründeten Reichenbach, Utzschneider und Liebherr das »mathematisch-mechanische Institut zur Herstellung von Meß-Instrumenten«.

Die neuesten Kenntnisse auf diesem Gebiet hatte sich der Ingenieur Georg Friedrich Reichenbach während eines vom bayerischen Landesherrn finanzierten Aufenthaltes in England angeeignet. Da es an »brauchbarem Flint- und Crown-Glase« für die Herstellung der benötigten Linsen und »überdieß noch an einem fähigen Optiker« fehlte, musste man sich neben dem Bau der Instrumente zusätzlich um das Glasschmelzen und Linsenschleifen kümmern.

Joseph Fraunhofer wurde durch seine Arbeit im »mathematisch-mechanischen Institut« schon bald zu einer Autorität, auf die sich Optiker in ihrer Werbung für die »Güte und den Werth«, der von ihnen vertriebenen »Brillen und Lorgnetten« beriefen. In einer dieser Anzeigen für »Conversations-Augengläser« wird damit geworben, sie seien »nach dem Beyspiele des Herrn Fraunhofer in München [gefertigt], welcher gegenwärtig von allen Astronomen als der beste achromatische Glasschleifer und Optiker anerkannt ist«.[51]

Unter anderem hatte sich Joseph Fraunhofer in den Jahren 1814 und 1815 mit Versuchen zur Vermeidung optischer Abbildungsfehler beschäftigt, die dadurch entstehen, dass Licht unterschiedlicher Wellenlänge verschieden stark gebrochen wird. 1817 berichtete er in den *Denkschriften der Königlichen Akademie der Wissenschaften zu München* über diese Versuche zur »Vervollkommnung achromatischer Fernröhre«. Zur Beobachtung und Bestimmung, wie weißes Licht in die einzelnen Wellenlängen zerlegt wird, wenn es durch ein gläsernes Prisma fällt, hatte Fraunhofer 1815 ein Spektroskop entwickelt, also ein optisches Gerät, mit dessen Hilfe Licht in sein Spektrum zerlegt und visuell untersucht werden konnte. Bei diesen Versuchen machte Fraunhofer

die erstaunliche Entdeckung, daß es mit dem Sonnenlicht eine eigene Bewandtniß habe. Ein Sonnenstrahl, den man in seine Einzelfarben zerlegt, zeigt bei genauer Betrachtung durch starke Vergrößerungsgläser mitten in den einzelnen Farben schwarze Linien. Die Linien stehen aufrecht in allen Farben, haben eine verschiedene Stärke und sind auch nicht gleichmäßig gruppirt. Ihre Zahl endlich ist außerordentlich groß, sodaß man sie bereits mit Hülfe seiner Instrumente zu tausenden zählen kann.

Was diese schwarzen Linien bedeuten? woher sie stammen? weshalb sie gerade dem Sonnenlicht eigen sind, während jedes künstliche Licht keine Spur derselben zeigt? das blieb ein Räthsel, das man ein halbes Jahrhundert lang nicht lösen konnte.[52]

---

51 Grazer Zeitung vom 15.03.1825
52 Illustrirte Zeitung Nr. 1346/1869, S. 281 f.

Frauenhofer'sches Spektrum

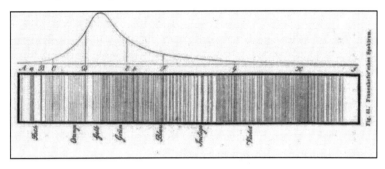

Fraunhofer selbst hatte zu den »schwarzen Linien«, später nach ihm als »Fraunhofer'sche Linien« benannt, in der erwähnten Denkschrift angemerkt: »Bey allen meinen Versuchen durfte ich, aus Mangel der Zeit, hauptsächlich nur auf das Rücksicht nehmen, was auf praktische Optik Bezug zu haben schien, und das Uebrige entweder gar nicht berühren, oder nicht weit verfolgen. Da der hier mit physisch-optischen Versuchen eingeschlagene Weg zu interessanten Resultaten führen zu können scheint, so wäre sehr zu wünschen, daß ihm geübte Naturforscher Aufmerksamkeit schenken möchten.«[53] Mit dem von ihm entwickelten Spektroskop hatte Fraunhofer die Grundlage für die »Spectralanalyse« geschaffen.

Fraunhofer führt sein Spectroskop vor

---

53 Fraunhofer 1817, S. 30

Das allen Spectralapparaten oder Spectroskopen Gemeinsame besteht ausser der Lichtquelle aus einem verstellbaren Spalte, einer Vorrichtung (Glaslinse), um die durch den Spalt einfallenden Lichtstrahlen parallel zu machen, und aus dem Prisma. Damit der Apparat zu jeder Tageszeit gebraucht werden könne, muss alles nicht zur Untersuchung gehörende Seitenlicht abgehalten werden; man schliesst deshalb den Spalt, die Linsen und das Prisma in einem Rohre ein, oder bedeckt, wenn das Prisma zu gross ist, dasselbe mit einer Kappe. Um endlich das Spectrum, welches bei seinem Austritte aus dem Prisma nicht sehr viel breiter ist als die Spaltöffnung, und sich erst mit der Entfernung vom Prisma verlängert, auch bei einem kleinen Abstande des Auges vom Prisma angemessen zu vergrössern, wendet man ein Vergrösserungsglas an, betrachtet also das aus dem Prisma austretende Spectrum nicht mit dem blossem Auge, sondern durch ein mässig vergrösserndes Fernrohr.[54]

Wenn es 1870 in den *Blättern für literarische Unterhaltung* heißt: »Die Spectralanalyse verspricht die größte naturwissenschaftliche That unsers Jahrhunderts zu werden«[55], dann beziehen sich diese und ähnliche zeitgenössische Einschätzungen auf Entdeckungen von Bunsen und Kirchhoff, die mit der Weiterentwicklung des Fraunhoferschen Spektroskops möglich geworden waren.

Die beiden Gelehrten untersuchten das Spectrum solcher Flammen, worin verschiedene chemische Elemente zur Verdampfung gebracht wurden, und machten da die wunderbare Entdeckung, daß jedes der 60 chemischen Elemente gewisse eigenthümliche helle Linien im Spectrum erzeuge. Diese hellen Linien sind für jedes chemische Element verschieden, sowol der Farbe wie der Lage nach. Bei genauer Durchforschung des Phänomens fanden sie, daß man gar nicht nöthig habe, irgendeinen Stoff chemisch zu analysiren, um seine Bestandtheile kennen zu lernen, sondern von ihm nur irgendein klein Theilchen in geeigneter Weise in einer Flamme zum Verdampfen zu bringen braucht, um durch die Beobachtung des Spectrums der Flamme aus den hellen Linien mit Bestimmtheit sagen zu können, aus welchem chemischen Elementen der Stoff zusammengesetzt sei. Diese neue Art, Stoffe zu analysiren, nannten sie mit Recht ›Spectralanalyse‹, und es ergab sich auch sofort, daß diese Methode eine so feine Spionirkraft nach chemischen Elementen besitze, daß es Bunsen und Kirchhoff gelang, zwei neue Metalle, das Cäsium und Rubidium, auf diesem Wege zu entdecken. [...]
Nachdem diese Entdeckung gemacht war, faßten die großen Forscher den kühnen Entschluß, auf dem so glücklich betretenen Wege auch die Fraunhofer'schen schwarzen Linien de Sonnenspectrums zu enträthseln, und dies gelang ihnen in so höchst überraschender Weise, daß sie vollberechtigt den Muth hatten, zu verkünden, welche chemische Urstoffe da droben in der 20 Millionen Meilen entfernten Sonne in Verdampfung begriffen sind.[56]

---

54 Schellen 1870, S. 107 f.
55 Birnbaum 1870, S. 134
56 Illustrirte Zeitung Nr. 1346/1869, S. 282

1816 – DAS JAHR OHNE SOMMER UND DIE IDEE EINER SYNOPTISCHEN WETTERKARTE

> Eine frische Aufmunterung genoß ich zuletzt durch Herrn Brandes und dessen Beiträge zur Witterungskunde. Hier zeigt sich wie ein Mann, die Einzelheiten ins Ganze verarbeitend, auch das Isolirteste zu nutzen weiß.
>
> *Johann Wolfgang von Goethe*[57]

Das Jahr 1816 war in weiten Teilen Europas und Nordamerikas ein Jahr ohne Sommer.[58] Im Dezember 1816 veröffentlicht Heinrich Wilhelm Brandes, Professor für Mathematik an der Universität Breslau, in den *Annalen der Physik* ein Schreiben. Er habe gehofft, erklärt Brandes einleitend, eine Arbeit »beizuschließen«, aus der sich »etwas über den allgemeinen Gang der Witterung ergeben« würde. Dazu habe er »ziemlich eine Menge Witterungs-Notizen für den vorigen sonderbaren Sommer von öffentlichen Blättern zusammengetragen [...]. Aber indem ich sie zusammenstelle, sehe ich doch, daß wenig herauskömmt.«[59]

Dieser Misserfolg zeige ihm, wie wichtig es sei, »Nachrichten von der Witterung« in ganz Europa, von den Pyrenäen bis zum Ural, zusammenzutragen, um Erklärungen für Wetterphänomene zu finden.[60] Brandes Vorschlag, ein übergreifendes Netz meteorologischer Beobachtungsstationen aufzubauen, war nicht neu. Um zu Fortschritten in der Meteorologie zu gelangen, sei es jedoch mit der Erhebung und Sammlung von Daten allein nicht getan. »Man müsse bedenken«, so erläutert er im Zusammenhang mit einer Auswertung der Veröffentlichungen der Mannheimer Meteorologischen Gesellschaft für das Jahr 1783, dass diese

> 30 vollständige Beobachtungsreihen 33000 Barometerstände, 33000 Thermometerstände, 33000 Angaben für Richtung und Stärke des Windes, eben so viele für die heitre oder trübe Ansicht des Himmels enthalten und daß das Gewirre der oft so ungleichen Witterungserscheinungen in vielen Fällen eine sehr ins Einzelne gehende Vergleichung dieser Angaben fordert.[61]

Die Menge der zur Verfügung stehenden Daten wäre daher grafisch so aufzubereiten, dass sich daraus Erkenntnisse gewinnen ließen. Die Zusammenfassung von Einzeldaten in Mittelwerten und tabellarische Übersichten konnte dies allein nicht leisten, »[...] wir müssen nothwendig andere Zusammenstellungen versuchen, wenn wir Fortschritte in der Witterungskunde machen wollen«.[62] In dem eingangs zitierten Schreiben in den

---

57 Goethe 1896, S. 13
58 Als Hauptursache wird heute der Ausbruch des indonesischen Vulkans Tambora im April 1815 angesehen.
59 Brandes 1817, S. 112
60 Ebd. S. 114
61 Brandes 1820, S. 30
62 Ebd. S. 26

Annalen der Physik entwickelt Brandes daher die Idee, die erhobenen Daten in synoptischen Wetterkarten zusammenzustellen.

Könnte man Chartes von Europa für alle 365 Tage des Jahres nach der Witterung illuminiren[63], so würde sich doch wohl ergeben, wo zum Beispiel die Grenzen der großen Regenwolke lag, die im Juli ganz Deutschland und Frankreich bedeckte; es würde sich ergeben, ob diese Grenze sich allmählig weiter nach Norden hin verschob, oder, ob sich plötzlich durch mehrere Grade der Länge und Breite neue Gewitter bildeten und ganze Länder beschatteten.

Mögen diese nach dem Wetter illuminirten Charten auch manchem lächerlich vorkommen, so glaube ich doch, man sollte einmal auf die Ausführung dieses Gedankens bedacht seyn; so viel ist wenigstens gewiß, daß 365 Chärtchen von Europa mit blauem Himmel und mit dünnen und dunkeln Wolken oder Regen illuminirt, in denen jeder Beobachtungsort mit einem Pfeilchen bezeichnet wäre, welche die Richtung des Windes anzeigte, und mit einigen gut gewählten Andeutungen der Temperatur – dem Publicum mehr Vergnügen und Belehrung gewähren würden, als Witterungstafeln.[64]

Synoptische Wetterkarte

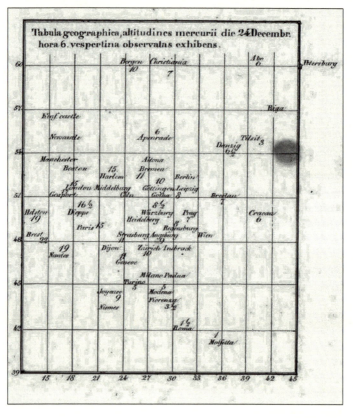

---

63 »illuminieren« hier in der Bedeutung von »ausmalen, kolorieren, illustrieren«
64 Brandes 1817, S. 113

Brandes und anderen Meteorologen gelang es in der Folge mit Hilfe grafischer Darstellungen von Wetterphänomenen wie synoptischen Wetterkarten, Gesetzmäßigkeiten im Ablauf der Wetterphänomene zu entdecken und bis dahin verbreitete Annahmen zu widerlegen. Zu diesen Annahmen zählte u.a. die Vorstellung, dass sich Wetterabläufe in bestimmten Zyklen wiederholten. Eben so wenig haltbar erwies sich die scheinbar naheliegende Analogie zwischen dem Einfluss des Mondes auf Ebbe und Flut und einem Einfluss des Mondes auf das Wettergeschehen. Darüber hinaus konnte das Entstehen von Stürmen erklärt werden. Wettervorhersagen waren jedoch nicht möglich, so lange es noch keine Möglichkeiten zur schnellen Kommunikation gab. Das änderte sich erst mit der Erfindung der elektromagnetischen Telegraphie und dem Ausbau von Kabelnetzen. (MG 1879)

1817 – ISOTHERMEN, »WIE DURCH GRAPHISCHE DARSTELLUNG ÜBERSICHTLICHKEIT IN DIE SCHEINBAR VERWICKELTSTEN PHÄNOMENE GEBRACHT WERDEN KANN«

> Es hieße den höheren Zweck eines wissenschaftlichen Erkennens, einer philosophischen Naturbetrachtung verfehlen, wen man sich mit Einzelnheiten sinnlicher Anschauung, mit der rohen Anhäufung ausschließlich so genannter Thatsachen (des Wahrgenommen, Versuchten und Erfahrenen) begnügte und so die Einheit der Natur verkennend, nicht das Allgemeine und Wesentliche in den Erscheinungen vorzugsweise zu erforschen suchte.
>
> *Alexander von Humboldt*[65]

Alexander von Humboldt veröffentlichte 1817 zum ersten Male seine »*Isothermen-Karte*«. Auf dieser Karte hatte er »Orte, die eine gleiche mittlere Wärme des Jahres, des Sommers oder des Winters haben, [...] durch Curven miteinander verbunden«.[66] Anhand dieser »Isothermen Karte« konnte Humboldt den Nachweis führen, dass die Unterschiede zwischen den so erkennbaren Klimazonen

> nicht von dem kleinlichen Einflusse individueller Örtlichkeiten herrühren, sondern allgemeinen Gesetzen unterworfen sind, welche durch die Gestalt der Continental-Massen, durch ihre Umrisse, den Zustand ihrer Oberfläche, besonders aber durch ihre Stellungs- und Größen-Verhältniß zu benachbarten Meeren bestimmt wird.[67]

Die »Vertheilung der Wärme auf dem Erdkörper«, war, wie Humboldt 1827 in einem Vortrag in der *Akademie der Wissenschaften* ausführte, »seit vielen Jahren ein Haupt-Gegenstand [seiner] Untersuchungen gewesen«.[68] Die »Vervollkommnung der Klimatologie« sei, so Humboldt, aber nicht »vorzugsweise« auf die »schnell vermehrte Zahl meteorologischer Beobachtungen« zurückzuführen. »Hier, wie in allen Aggregaten empirischer Kenntnisse, die zu früh Wissenschaften genannt worden sind, kommt es ›auf ein denkendes Begreifen der Natur‹, auf eine richtige Ansicht dessen an, was aus den wohlgeordneten Einzelnheiten gefolgert werden darf.«[69] Humboldt habe mit der »Isothermen-Karte«, so heißt es in einem in der *Wiener Zeitung* 1860 abgedruckten Vortrag, »für alle Zukunft gezeigt [...], wie durch graphische Darstellung Übersichtlichkeit in die scheinbar verwickeltsten Phänomene gebracht werden kann«. (MG 1838)

---

65 Humboldt 1830, S. 295 f.
66 Ebd. S. 310
67 Ebd. S. 297
68 Ebd. S. 296
69 Ebd. S. 305 f.

Um sich nun ein hinreichend getreues Bild von der Vertheilung der Wärme auf der Erdoberfläche zu verschaffen, war es nöthig, an zahlreichen Punkten derselben möglichst zahlreiche Beobachtungen anzustellen und aus denselben Mittelwerthe, welche allein lehrreich sind und die Gesetzmäßigkeit ausprägen, abzuleiten. Aber bei der überaus großen Menge des von allen Seiten zuströmenden Materials wäre die Uebersicht nur erschwert worden, [...]. Indem Humboldt alle jene Punkte der Erdoberfläche, für welche sich (nach den damaligen Kenntnissen ihrer Wärmeverhältnisse), eine gleiche mittlere Jahrestemperatur ergab, durch Linien verband, entstanden die Karten der Jahres-Isothermen, welche uns gestatten, mit einem Blicke die Beurtheilung der Wärmezustände auf der Erde zu überschauen. Noch klarer wurde die Einsicht in die Wärmeverhältnisse der Erdoberfläche durch die von Humboldt schon angedeuteten ›Isochimenen‹ (d.h. Linien gleicher Wintertemperatur) und ›Isotheren‹ (d.h. Linien gleicher Sommertemperatur), [...].

Schon ein Blick auf eine solche Karte wird manche interessante Thatsache zur Anschauung bringen. Wir bemerken, daß der Wärmeäquator (man versteht darunter jene Linie, welche durch Punkte der Erdoberfläche geht, wo die größte mittlere Jahrestemperatur herrscht) keineswegs mit dem Erdäquator parallel läuft, [...]. Auch die übrigen Isothermen zeigen sich als sehr unregelmäßige Kurven, bei denen ganz besonders auffallen muß, daß sie auf hoher See, entfernt von großen Landmassen, einen mehr gestreckten Verlauf nehmen, während sie häufige Bewegungen in der Nähe und im westlichen Theile der Kontinente erleiden.«[70]

Isothermenkarte von Alexander von Humboldt

---

70 Pick 1860, S. 1102

1818 – »DIE MENSCHHEIT MAG SICH FREUEN, DA WIEDER EIN NEUES LEICHTES MITTEL ERFUNDEN IST, DEN FREIEN GEDANKEN-VERKEHR ZU FÖRDERN«[71]

> Schreibt die Wahrheit muthig nieder,
> Wenn sie leuchtend euch erscheint!
> Seher! Vielfach strahlt sie wieder
> Seit sich Druck und Handschrift eint.
> *Bronner 1819, S. 55*

Geradezu hymnisch preist der Schweizer Dichter und Publizist Franz Xaver Bronner 1819 Senefelders Erfindung des »Ueberdrucks« als Fortschritt für den »freien Gedanken-Verkehr«.[72] 1818 erschien das große *Lehrbuch der Lithographie*, in dem Alois Senefelder die verschiedenen von ihm entwickelten Verfahren des Steindrucks beschreibt. Zu diesen Verfahren zählt der »Ueberdruck« bzw. die »Durchzeichnung«. Hierbei wird mit der Fettfarbe nicht direkt auf den Stein, sondern auf Papier geschrieben und gezeichnet. Schrift und Zeichnung werden dann vom Papier auf den Stein übertragen und gedruckt.

Saal einer Steindruckerei

Saal einer Steindruckerei.

---

71 Bronner 1819, S. 55

72 Gerade diesen durch den Steindruck erleichterten freien Verkehr der Gedanken versuchte die deutsche Bundesversammlung mit dem 1819 verabschiedeten »Preßgesetz« durch Zensurmaßnahmen unter Kontrolle zu halten. Die Zensur bezog sich insbesondere auf Schriften, »die nicht über 20 Bogen in Druck stark sind«, und dies unabhängig von der »Art der Vervielfältigung der Schriften, namentlich, ob dies durch Kupferstich, durch Lithographie, durch Steindruck oder Überdruck, oder durch gewöhnlichen Druck geschieht.« (Alker 1844, S. 2 f. und S.41)

Senefelder war, wie er schreibt, »geneigt zu glauben«, dass diese Anwendung der Lithografie, »das Wichtigste meiner ganzen Erfindung ausmache«.

Man braucht nun, um seine Idee durch den Abdruck zu vervielfältigen, nicht mehr verkehrt schreiben zu lernen, sondern Jeder der mit gewöhnlicher Tinte auf Papier schreiben kann, vermag dieß auch mit der chemischen Ueberdruck-Tinte, und seine Schrift, wenn sie nachher auf die Steinplatte übergedruckt wird, läßt sich sodann ins Unendliche vervielfältigen.[73]

Für Senefelder schließt die Erfindung des »Ueberdrucks« eine durch die gestiegenen gesellschaftlichen Kommunikationsbedürfnisse entstandene Lücke. (MG 1849) Der Buchdruck eignete sich für größere Auflagen. Mit Kopierpressen ließen sich die im kaufmännischen Bereich erforderlichen Einzelbelege erstellen. Bedarf bestand aber zunehmend an der schnellen Erstellung einer größeren Anzahl von Kopien. Hierzu eignete sich der »Ueberdruck«.

Man hat diese Manier in München und in Petersburg bereits zum Gebrauche der Regierung eingeführt. Die im Rathe gefaßten Beschlüße werden gleich bey der Session von dem Sekretär mit chemischer Tinte auf Papier geschrieben, und dann in die Druckerey geschickt. Nach einer Stunde kann man schon fünfzig Abdrücke haben, welche an die Rathsglieder vertheilt werden. Bey Circularien und überhaupt allen solchen Regierungs-Befehlen, welche schnell ausgefertigt werden sollen, leistet eine solche Einrichtung vorzügliche Dienste, und ich bin überzeugt, daß, ehe noch ein Jahrzehnt verfließt, bey allen europäischen Regierungen eine lithographische Anstalt zum Behufe des Ueberdruckens statt haben wird.[74]

Senefelder zählt noch weitere Anwendungsgebiete auf. Seine Erfindung werde ihre Nützlichkeit für Kaufleute, die schnelle und genaue Kopien von Schriftstücken benötigten, ebenso erweisen wie für Schriftsteller und Gelehrte, denen sich hier eine Möglichkeit bot, ihre Manuskripte schon vor dem Druck an bestimmte Adressaten zu verschicken. Die Kosten für den Notendruck würden erheblich sinken und weiterhin könne man so in Ländern, in denen der Buchdruck noch nicht eingeführt sei, und für Sprachen, für die man über keine »gegossenen Lettern« verfüge, Texte vervielfältigen, z.B. für den Bibeldruck in Landesprachen.[75]

---

73 Senefelder 1820, S. 297
74 Ebd. S. 297
75 Ebd. S. 298

1819 – »HERSTELLUNG VON PAPIER IN UNBESTIMMTER GRÖßE MIT EINER MASCHINE OHNE ARBEITER«

> In der gewöhnlichen Papiermühle hängt der beste Müller vom Wasser, und neben diesem vom Fleiße, von der Kunstfertigkeit, von der Unverdrossenheit und Laune seiner Arbeiter ab. Die Maschine hingegen arbeitet unverdrossen fort, einen Tag wie den andern, und darum ist ihr Papier beständig sich gleich, daß sie aus weniger guten Lumpen besseres Papier liefert, als dieses gewöhnliche Papiermühlen im Stande sind.
> *Allgemeine Handlungs-Zeitung 1820*[76]

1819 wurde in Deutschland in Weida im Großherzogtum Weimar die erste Papiermaschine in Betrieb genommen. Ein Patent auf eine solche Maschine, mit der Papier in unbestimmter Größe ohne Arbeiter hergestellt werden konnte, hatte der Franzose Nicolas-Louis Robert bereits 1799 angemeldet.[77]

Natürlich mussten auch diese Maschinen von Arbeitern bedient werden. Allerdings benötigte man, wie aus einer 1806 veröffentlichten »Vergleichung der Fabrikations-Kosten hinsichtlich einer gewöhnlichen Papiermühle mit 7 Schöpf-Bütten und einer ihrer Maschinen, welche eben so viel Papier liefern konnte«, hervorgeht, statt 42 Personen zur Bedienung der Papiermaschine nur 9 Personen mit geringerer Qualifikation. Dementsprechend niedriger fielen die Lohnkosten aus.[78]

Nicolas-Louis Robert, der als technischer Direktor einer Papiermühle in Essonnes bei Paris arbeitete, verfolgte mit der Entwicklung seiner Papiermaschine ursprünglich ein anderes Ziel. In einer traditionellen Papiermühle waren Handwerker verschiedener Berufsgruppen beschäftigt: die Schöpfer, die Gautscher, die Ableger sowie die Leimer, alles Spezialberufe, in denen man als Geselle oder Lehrling arbeitete. Die handgeschöpften Papiere aus dieser Mühle wurden nachgefragt, aber die Geschäfte gingen schlecht, weil die in Frankreich herrschende revolutionäre Stimmung sich negativ auf die Arbeitsmoral der Belegschaft auswirkte. Mit der Entwicklung einer Papiermaschine wollte er sich »vom Fleiße, von der Kunstfertigkeit, von der Unverdrossenheit und Laune seiner Arbeiter« unabhängig machen.

Streitigkeiten zwischen ihm und Saint-Léger Didot, dem Besitzer der Papiermühle, führten letztlich dazu, dass Robert seine Patentrechte an diesen verkaufte. Um den unsicheren revolutionären Verhältnissen in Frankreich auszuweichen, ließ Didot die Papiermaschine in England weiterentwickeln. »Von England aus verbreiteten sich die Papiermaschinen nach und nach in verschiedene Länder des Kontinents, [...].«[79]

---

76 Allgemeine Handlungs-Zeitung vom 05.07.1820, S. 526

77 Originaltext: »Le directoire exécutif a accordé un brevet d'invention pour 15 ans au citoyen Robert, mécanicien, demeurant à Essonne, pour fabriquer, vendre et débiter une machine propre à faire, sans ouvriers, du papier d'une grandeur indéfinie.« (Gazette nationale, ou Le moniteur universel vom 30.01.1799, S. 53 – Übersetzung W.-R. Wagner)

78 Karmarsch/Heeren 1843, S. 566

79 Ebd. S. 568

Die Maschine des endlosen Papieres

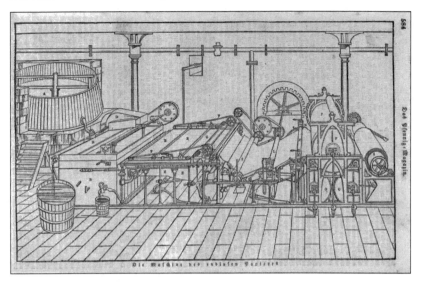

Die »neue Erfindung Papier zu verfertigen, welches nicht in einzelnen Bogen ge-
schöpft, sondern mittels einer besonderen Maschinerie, in einem Continuo hervorgebracht wird, und in jeder beliebigen Länge, Breite und Stärke dargestellt werden
kann«, zähle zu »den wichtigsten und merkwürdigsten Erfindungen im Gebiete der
veredelnden Industrie«, heißt es in einem ausführlichen Bericht über eine im Jahre
1819 in Berlin »patentirte Papierfabrik«.[80] Zweckmäßig und sehenswert sei besonders
die große Dampfmaschine,

> welche das ganze Werk in Bewegung setzt, und die Lumpen reinigt, zerstückt, zermalmt,
> wäscht, leimt, kurz das ihr anvertraute Gut auf dem ganzen Veredelungswege begleitet und es
> aus einem Behältniß in das andere befördert, bis es, vermittelst der durch eine zweyte kleinere
> Dampfmaschine getriebenen eigentlichen Papier-Maschine, in seiner endlosen Länge als fer-
> tiges Papier auf die Haspel läuft […].
>
> Die durch diese in jeder Hinsicht ganz vortreffliche Maschine und durch die dazu gehörige
> gesammte Anlage bewirkte neue Fabrikazions-Methode gewährt sehr bedeutende Vortheile;
> daß Geschäft des Papiermachens wird dermaßen vereinfacht und beschleunigt, daß im Ganzen
> nur 6 Stunden dazu gehören, um aus den unansehnlichsten Lumpen, denen alte Stricke, Hanf-
> gurte und dergleichen ganz grobe Materialien beygemischt seyn können, ein sofort brauchba-
> res Druckpapier fertig zu liefern. Die Bildung des Papiers aus dem Lumpenbrei selbst dauert
> nicht länger als fünfzehn Sekunden; diese höchst bewunderswürdige Operazion geht von den
> Augen des ununterrichteten Zuschauers wie ein halbes Zauberwerk vorüber, […].
>
> Die Erzeugnisse dieser Papierfabrikazion sind besser, brauchbarer und preiswürdiger, als die
> inländischen Manufakturen im Allgemeinen ihre Waare bisher haben liefern können; die
> Kraft, die Regelmäßigkeit, die Gleichheit, mit der die Machine arbeitet, ist der menschlichen
> Hand nicht möglich. In der gewöhnlichen Papiermühle hängt der beste Müller, vom Wasser
> und neben diesem vom Fleiße, von der Kunstfertigkeit, von der Unverdroßenheit und Laune

---

80 Brünner Zeitung vom 04.07.1820, S. 737

seiner Arbeiter ab. Die Maschine hingegen arbeitet unverdroßen fort, einen Tag wie den andern, und darum ist ihr Papier beständig gleich.

Einen Hauptvortheil gewährt die vollkommenere Maschinerie auch besonders dadurch, daß sie aus weniger guten Lumpen besseres Papier liefert, als dieses gewöhnliche Papiermühlen im Stande sind. Buchdruckern, Tapetenfabrikanten, Papierhandlungen und Dikasterien,[81] welche letztegenannte jährlich einer namhaften Quantität Schreibpapiers benöthigt sind, wird die Nachricht, daß die neue Fabrik schon gegenwärtig bedeutende Bestellungen befriedigen kann, bey dem fast allgemeinen Papiermangel, gewiß sehr willkommen seyn.[82]

1869 belief sich der jährliche Papierbedarf der Familienzeitschrift *Die Gartenlaube* mit einer Auflage von 270.000 Exemplaren auf »600 Ballen oder 30 Millionen Bogen«.[83] Bei der »Handpapierfabrikation« stellten »drei Arbeiter in 12 Stunden aus einer Bütte etwa 1200 feiner oder 2500 Bogen gewöhnlicher Sorte« her. Die Deckung des Papierbedarfs der zahlreichen, besonders in der zweiten Hälfte des 19 Jahrhunderts aufkommenden Zeitschriften und Zeitungen durch Handarbeit wäre – unabhängig von der Arbeitsmoral, der in den Papiermühlen beschäftigen Handwerker – »kaum denkbar und auch viel zu kostspielig« gewesen.[84] (MG 1872)

Der neue Bütten- und Maschinensaal in der Flin'schen Papierfabrik - 1853

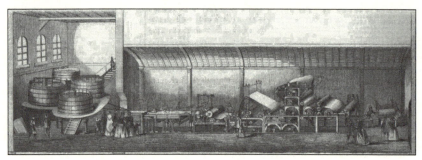

---

81 Bezeichnung für Verwaltungsbehörden in der römisch-katholische Kirche
82 Brünner Zeitung vom 04.07.1820, S. 738 f.
83 H. F. 1869, S. 422
84 Pliwa 1898, S. 136

1820 – CHRISTIAN GOTTFRIED EHRENBERGS BLICK MIT DEM MIKROSKOP »IN DAS TIEFERE ORGANISCHE LEBEN DER NATUR«

> Wollen Sie, mein Verehrtester, mir die Freude schenken und morgen Mittwochs, um 9 Uhr mit Prof. Ledebour bei mir frühstükken?
> Ihr Al Humboldt
> Dienstags.
> Bringen Sie wenn Sie können Ihr Microscop u[nd] etwas infusoria mit!
> *Alexander von Humboldt an Christian Gottfried Ehrenberg*[85]

Der Botaniker Karl Müller veröffentlichte 1890 einen Beitrag zur 300jährigen Wiederkehr der Erfindung des Mikroskops, in dem er die Wirkungsgeschichte des Mikroskops mit der des ungefähr zeitgleich erfundenen Fernrohrs verglich. Das Fernrohr habe sich »von vorneherein als ein höchst brauchbares Instrument« erwiesen, dagegen sei das Mikroskop als eine »Art Spielzeug« betrachtet worden, »dessen enorme Bedeutung erst mit den Dreißigerjahren unseres Jahrhunderts, wo Ehrenberg seine berühmten Untersuchungen über die Infusorien machte, sich erweisen sollte«.[86] Erst im 19. Jahrhundert habe das Mikroskop das Fernrohr an Bedeutung übertroffen und sei zu einer »Art von Weltinstrument« geworden, »das nicht nur in den Händen des Botanikers, Zoologen und Mineralogen, sondern auch in denen des Arztes, des Chemikers, des Industriellen Wirkungen übt, ohne welche wir heute kaum noch denkbar sind«.[87]

Das unterschiedliche wissenschaftliche Interesse am Mikroskop und dem nahezu gleichzeitig erfundenen Fernrohr ist für Karl Müller ein Beispiel dafür, dass der »Mensch […] nicht eher auf eine Erfindung zu verfallen [pflegt], bevor nicht ein Bedürfnis dazu da ist«.

Im Jahr 1820 begann der in dem Artikel von Karl Müller erwähnte Christian Gottfried Ehrenberg mit seiner über Jahrzehnte hinweg andauernden Beschäftigung mit der »den gewöhnlichen Sinnen unbemerkbaren Welt sehr kleiner lebender organischer Wesen«, die seit der Mitte des 18. Jahrhunderts als Infusorien bezeichnet wurden. Diese Welt der Infusorien war wie Ehrenberg in der Vorrede zu seinen »berühmten Untersuchungen« ausführt, »unter der Feder leicht bewegter und phantastischer Schriftsteller oft als eine monströse Geisterwelt, voll mit den offen sichtbaren unvergleichlicher, theils grauenhafter, theils wunderlich verzerrter, nicht recht lebender und nicht recht lebloser Formen geschildert worden«.[88] Ehrenberg wurde dagegen bei seinen Untersuchungen von einem neuen Verständnis von naturwissenschaftlicher Forschung geleitet, für das der Name Alexander von Humboldt steht.

---

85 Alexander von Humboldt an Christian Gottfried Ehrenberg – Berlin 23.09.1828 - http://telota.bbaw.de/AvHBriefedition/#/27

86 Karl Müller von Halle 1890, S. 2

87 Ebd. S. 1

88 Ehrenberg 1838, S, V

An die Stelle spekulativer Annahmen über die Natur und über die in ihr vorkommenden Phänomene treten systematisch durchgeführte Beobachtungen, präzise Beschreibungen und genaue Datenerhebung. Diese wissenschaftliche Praxis ist untrennbar mit dem Einsatz von Instrumenten verbunden.

Auf das Zusammenspiel zwischen Methode und Instrument kommt Ehrenberg in der Widmung seines Werkes Die Infusionsthierchen als vollkommene Organismen an den preußischen Kronprinzen zu sprechen. Wie er dort schreibt, sei die genaue Erforschung der Infusorien nur mit »künstlich verstärkten Sinnen und diese glücklich unterstützenden Methoden« möglich geworden.[89]

Ehrenbergs Arbeiten verfolgte der 26 Jahre ältere Humboldt nicht nur ausgesprochen aufmerksam, sondern er wählte Ehrenberg als Begleiter für seine Rußlandexpedition im Jahre 1829 aus. Humboldt hebt hervor, dass Ehrenbergs »glänzende Entdeckungen« über die Infusorien, nicht »durch combinatorische Schlüsse, sondern auf dem Wege genauer Beobachtung«, vermehrt worden seien.[90] Ehrenberg selbst führt die seit langen verbreiteten fehlerhaften Vorstellungen über Infusorien auf den »Mangel der positiven Gesammtkenntnis« zurück.[91] Sein eigenes streng empirisch ausgerichtetes Vorgehen, mit dem es ihm gelungen sei, »das Fabelhafte von dem Wirklichen zu sondern und das Wirkliche in eine systematische leicht fassbare Uebersicht zu bringen«[92,] beschreibt er in der »Vorrede« zu dem bereits erwähnten Werk über die »Infusionsthierchen«[93], wie folgt:

> Übrigens soll dieses Werk keineswegs ein abgeschlossenes System darstellen. Es ist nur ein erster Versuch, die durchgreifende Organisation der so schwer übersehbaren mikroskopischen Formen übersichtlich zu machen. Nur eine möglichst feste Grundlage für künftige weitere Forschung soll es bieten. Täglich finde ich selbst mehr Detail und noch immer neue Formen. Daran habe ich besonders mein Bestreben, meinen Stolz gesetzt, wo möglich nirgends zu viel, sondern überall nur zu wenig gesehen und dargestellt zu haben. Alles, was ich aufnahm, habe ich selbst beobachtet, alle Zeichnungen habe ich selbst gefertigt. Diese Zeichnungen bilden die Basis der wörtlichen Beschreibung, sie sind mit möglichster, vielfach von Neuem prüfender Sorgfalt entworfen und sind als Darstellungen des Lebendigen nicht Abzeichnungen, sondern Compositionen aus vielen Beobachtungen, wie sie kein Maler fertigen konnte, der nicht selbst Beobachter ist. Alle Meinungen, Zahl der Gattungen dergl. sind Nebensachen, aber die Facta sollen wahr seyn.[94]

Wie aus diesem Zitat hervorgeht, erhalten für Ehrenberg mikroskopische Beobachtungen erst durch sprachliche Beschreibungen und Abbildungen ihren wissenschaftlichen Wert. Dabei handelt es sich um ein grundsätzliches Problem im Zusammenhang mit der wissenschaftlichen Nutzung des Mikroskops, welches mit der Erfindung der Fotografie in der zweiten Hälfte des 19. Jahrhunderts verstärkt diskutiert werden wird.

---

89 Ebd. Widmung

90 Humboldt 1845, S. 388

91 Ehrenberg 1838, S. VI

92 Ebd. S. VI

93 Für Linné waren Infusorien 1746 noch »leblose und passiv bewegte Körperchen« gewesen. Vgl. Ehrenberg 1838, S. IX

94 Ehrenberg 1838, S. XIV

Neben seinen Arbeiten als Mikrobiologe leistete Ehrenberg Pionierarbeit auf dem Gebiet der Mikropaläontologie. Ehrenbergs umfassende Veröffentlichung hierzu trägt den Titel Mikrogeologie: das Erden und Felsen schaffende Wirken des unsichtbar kleinen selbständigen Lebens auf der Erde. Alexander von Humboldt spricht mit Blick auf dieses Forschungsgebiet von einer »Erweiterung des Horizonts des Lebens durch Ehrenberg's Entdeckungen«.[95]

Diese Einschätzung teilt der französische Physiker Arago, ein Freund Alexander von Humboldts. 1839 stellt er in einer Rede vor der Abgeordnetenkammer und der Akademie der Wissenschaften die Daguerreotypie vor. Für diese neue Erfindung wirbt er mit Hinweisen auf die wissenschaftlichen Fortschritte, die durch das Fernrohr und das Mikroskop erzielt worden seien. Als ein Beispiel hierfür erwähnt er die mikroskopischen Untersuchungen von Gesteinen, die gezeigt hätten, dass selbst ausgesprochen harte und kompakte Steine »gelebt« hätten, denn, wie man beim Blick durch das Mikroskop erkenne, seien sie aus den Körpern von Milliarden kleinster Lebewesen zusammengepresst worden. Daran zeige sich, so Arago, welchen Beitrag das Mikroskop zur rationalen Erklärung der Phänomene des Lebens leisten könne.[96]

Bergmehl von Eger   *Kieselguhre von Franzensbad*

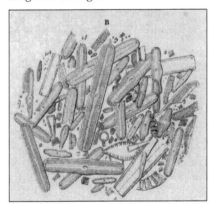

95 Humboldt 1847. S. 536

96 Original: »Dirigé récemment sur des fragments menus de diverses pierres comprises parmi les dures, le plus compactes dont l'écorce de notre globe se compose, le microscope a montré aux yeux étonnés des observateurs, que ces pierres ont vécu, qu'elles sont une pâte formée de milliards de milliards d'animalcules microscopiques soudés entre eux.« (Arago 1839, S. 47 f. – Übersetzung W.-R. Wagner)

Mediengeschichten 1821-1830

1821 – »UEBERHAUPT WIRD DIE GEWINNUNG GROSSER DREIECKE IN DER LÜNEBURGER HEIDE GROSSE SCHWIERIGKEITEN HABEN«[1]

Trianguliren heißt in der praktischen Geometrie die Eintheilung eines zu vermessenden Landes oder Stükkes der Erdoberfläche in mehrere Dreiecke, deren Ekken Standpunkte bilden, die einer vom andern aus sichtbar sind. In diesen Dreiecken werden nur die Winkel gemessen, außerdem eine Seite eines Dreiecks, welche die Grundlinie oder Basis heißt und so genau als möglich gemessen wird. Dieses genügt, um die Seiten aller andern Dreiecke und zugleich ihren Inhalt zu berechnen und so die Größe des zu messenden Theils der Erdoberfläche zu bestimmen, auch eine Karte desselben zu entwerfen. [...] Übrigens unterscheidet man große, mittlere und kleinere Dreiecke, oder Dreiecke erster, zweiter und dritter Ordnung, indem man die großen Dreiecke in kleinere, diese in noch kleinere zerlegt.

Allgemeine deutsche Real-Encyklopädie 1847[2]

Gradmessungen wurden aus einem wissenschaftlichen Interesse »zum Behuf einer Bestimmung der Größe und dann auch der Gestalt der Erde«[3] durchgeführt. 1820 übernahm der Göttinger Mathematiker Carl Friedrich Gauß auf »allerhöchsten Befehl« die im Königreich Hannover auszuführende Gradmessung zwischen Göttingen und Altona, das damals zum dänischen Gesamtstaat gehörte, um so den Anschluss an die dänische Gradmessung herzustellen.[4] Die nach der Methode der Triangulation durch-

---

1 Gauss 1823a, Sp. 105

2 Lemma Trianguliren, S. 380

3 Lemma Gradmessungen, S. 316

4 Als Erläuterung zu Dreieckskarte schreibt Gauß: »Die starken Linien sind die, wo die Richtungen auf schon gemachten Messungen gegründet sind, die punctirten projectirte.« (Gauß 1823a, Sp. 105)

geführten Gradmessungen bildeten die Grundlage für sich daran anschließende Landesvermessungen, bei denen in jedes große Dreieck des Hauptnetzes ein System von kleineren Dreiecken gelegt wurde.

Die Fortsetzung der dänischen Gradmessungen im Königreich Hannover erforderte, die Lüneburger Heide mit Hilfe eines Dreiecknetzes zu vermessen. Die besonderen Herausforderungen, die mit dieser Aufgabe verbunden waren, schildert Gauß in einem Brief, der in den *Astronomischen Nachrichten* veröffentlicht wurde.

> Ich fing die Arbeiten des laufenden Jahrs mit einer Recognoscirungsreise in der Lüneburger Heide an, welche ich um so mehr für nothwendig hielt, da ich die großen Schwierigkeiten in diesem flachen Lande, welches ohne alle erheblichen Anhöhen und überall schachbrettartig mit Waldung bedeckt ist, ein Dreiecksnetz zu bilden bereits aus den Berichten des Obersten Epailly kannte, welcher in den Jahren 1804 und 1805 diese Schwierigkeiten unübersteiglich gefunden, und daher die Verbindung zwischen Hamburg und dem südlichen Theile von Hannover vermittelst einer Reihe von Dreiecken längs der Weser bis zu ihrer Mündung hernach wieder die Elbe herauf, effectuirt hatte.[5]

Für die Genauigkeit der Gradmessungen und der Landesvermessungen war es, so Gauß, am vorteilhaftesten, »die Dreiecke so groß wie möglich zu machen«.[6] Sich »zweckmäßige Zielpuncte [...] zur Bildung großer Dreyecke zu verschaffen«, stellte sich jedoch als ausgesprochen schwierig dar, worauf Gauß in den im Folgenden wiedergegebenen »Betrachtungen« detailliert eingeht.

> Hohe Kirchthürme finden sich in manchen Gegenden nicht in dazu schicklichen Lagen, und auch die vorhandenen bieten oft nicht die gewünschte Gelegenheit zur Aufstellung der Instrumente und zum Centriren der gemessenen Winkel dar; auch ist ihr Bau öfters nicht in dem Maaße regelmäßig, wie es zur Erreichung der äußersten Schärfe wünschenwerth ist. Besonders gebaute Signalthürme haben, auch abgesehen von dem Aufwand an Geld und Zeit, welchen ihre Erbauung kostet, mit den Kirchthürmen das gemein, daß sie in solchen Fällen, wo sie sich auf nahen dunklen Hintergrund projiciren, in beträchtlicher Entfernung schwer zu sehen, und zu pointiren sind, und wenn man ihnen eine helle Farbe gibt, nach der verschiedenen Beleuchtung von der Sonne eine veränderliche höchst nachtheilige Phase zeigen.[7] Ja selbst die vollkommensten Signalthürme, geschwärzte, die sich gegen den Himmel projiciren, sind in sehr großen Entfernungen, wenn man zugleich eine von der Sonne beleuchtete und eine im Schatten befindliche Seitenfläche sieht, nicht gänzlich von einer beschwerlichen Phase frey. Die Messungen bey Nacht mit Hülfe Argandscher Lampen sind zwar diesen Fehlern nicht unterworfen, haben aber dagegen, besonders auf schwer zugänglichen Bergen, andere Inconvenienzen, die zu sehr von selbst einleuchten, als daß es nöthig wäre, sie hier zu berühren.[8]

---

5   Gauss 1823b, Sp. 441

6   Gauss 1903, S. 405

7   »phase, f., aus franz. Phase vom gr.φάσις licht-erscheinung, besonders der lichtwechsel des mondes« (Deutsches Wörterbuch von Jacob und Wilhelm Grimm. 16 Bde. in 32 Teilbänden. Leipzig 1854–1961. Quellenverzeichnis Leipzig 1971. Online-Version vom 05.07.2020)

8   Göttingische Anzeigen von gelehrten Sachen vom 9. August 1821, S. 1249 f.

Gauss'sche Dreieckskarte

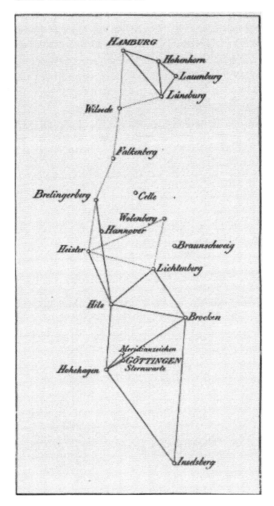

Dieses »Bedürfniß der höhern Geodäsie« nach »zweckmäßigen Zielpuncten« führte dazu, dass Gauß »für die auf allerhöchsten Befehl im Königreich Hannover auszuführende Gradmessung« mit dem »Heliotrop« ein neues »Hülfsmittel« entwickelte.[9] Die Idee dazu sei ihm bei den Messungen in Lüneburg gekommen, wie eine österreichische Zeitung unter Bezug auf eine Meldung aus Göttingen berichtet.

Als Herr Hofrath Gauß 1820 zu Lüneburg mit Messungen beschäftigt war, um die hannöverschen Dreyecke den dänischen anzuschließen, nahm er wahr, daß, wenn er sein Fernrohr nach dem Michaelisturm zu Hamburg richtete, der sieben Meilen von ihm entfernt lag, die in seiner Spitze befindlichen kleinen runden Fenster ihm das Sonnenbild zurück warfen, und daß dieß ihm bey seinen Messungen hinderlich wurde. Dieß brachte ihn auf Idee, das Sonnenlicht zu Signalen zu gebrauchen, indem man es mit einem Spiegel auffinge, und nach dem Orte

---

9   Göttingische Anzeigen von gelehrten Sachen vom 9. August 1821, S. 1250

hinwürfe, wo man signalisiren wolle. Er stellte nun eine Berechnung über die Stärke des Sonnenlichts und über die Schwächung an, die es in der Atmosphäre erleidet, woraus es sich dann ergab, daß es nur eines kleinen, 2 bis 3 Zoll großen Spiegels bedürfe, um das Sonnenbild auf eine Entfernung von zehn und mehreren Meilen hinzuwerfen. Dieß ist das von Herrn Hofrath Gauß in Göttingen neu erfundene Instrument, der Heliotrop, welcher bey Ausmessung großer Dreyecke von außerordentlicher Wichtigkeit ist, und die bisherigen Hülfsmittel verdrängen wird.[10]

Mit Hilfe des Heliotrops sollte man »das Sonnenlicht überall genau in jede nöthige Richtung« lenken können.

Es war zugleich die Bedingung zu erfüllen, dass ein solches Instrument überall leicht aufgestellt und gehandhabt werden kann, und dass der Mittelpunct des reflektierenden Spiegels während der Bewegungen, die gemacht werden müssen, um der fortrückenden Sonne gleichsam zu folgen, stets in absoluter Ruhe bleibt. Ein solches Instrument, welches diese Lenkung des Sonnenlichts in jede beliebige Richtung auf vollkommenste und auf die angezeigte Art auszuführen dient, scheint am schicklichsten den Namen eines Heliotrops zu führen, zum wenigstens ebenso schicklich wie zwei bekannte Producte des Pflanzen - und Mineralreichs.[11]

Der Bericht in den *Göttingschen Anzeigen* über die Erfindung des Heliotrops schließt mit der Feststellung, dass die ersten Erfahrungen bereits zeigen, »daß bey Anwendung des Heliotropenlichts, es für die Größe zu bildender Dreyecke keine Grenzen weiter geben wird, als die die Krümmung der Erde setzt«.[12]

Das Heliotrop von Gauss

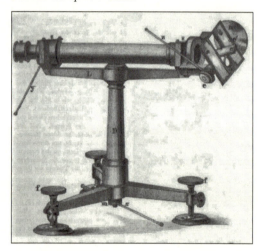

Das von Gauß mit »beispielloser« Genauigkeit vermessene große Dreieck »Hoher Hagen – Brocken – Großer Inselsberg« war, folgt man einem in der *Leipziger Zeitung*

10 Österreichisches Bürgerblatt 1822, S. 4
11 Göttingische Anzeigen von gelehrten Sachen vom 9. August 1821, S. 1250
12 Ebd. S. 1254

1857 veröffentlichten Rückblick auf das Lebenswerk von Gauß, das größte bis dahin vermessene Dreieck.[13] Dieses Dreieck mit den Seitenlängen 68 km (Hoher Hagen – Brocken), 84 km (Hoher Hagen – Großer Inselberg) und 106 km (Brocken – Großer Inselberg)[14] war Basis zur Verknüpfung zahlreicher regionaler Vermessungsdaten.

Genaue Vermessungen derartig großer Dreiecke wären ohne das Heliotrop nicht möglich gewesen. Gauß führte bei seinen Vermessungsarbeiten einen zusätzlichen Heliotrop-Apparat mit sich, wie er in den Astronomischen Nachrichten mitteilte, »um meinen Gehülfen telegraphische Orders zu geben«.[15] Auf die damit verbundenen Möglichkeiten anspielend, heißt es in einem Bericht über das Heliotrop in den Göttingische Anzeigen, man beschränke sich auf die Darstellung der Bedeutung des Heliotrops für die Geodäsie, »ohne die sich von selbst darbietende Aussicht zu dem künftigen vielleicht noch wichtigern Gebrauch zu telegraphischen Signalisirungen in Krieg und Frieden jetzt weiter zu verfolgen«.[16]

In der Tat wurden die für wissenschaftliche Zwecke entwickelten Heliotrope nicht nur von den »Geometern« zum Austausch von Nachrichten verwendet, sondern »Anwendung haben diese Instrumente auch im Kriegswesen gefunden, wo sie bei günstigen Local- und Witterungs-Verhältnisse zur schnellen Correspondenz zwischen getrennten Truppen-Abtheilungen, Festungen u.s.w. höchst dienlich sein können.«[17]

In dem hier zitierten Artikel aus dem *Polytechnischen Journal* werden ausführlich die Überlegungen des französischen Kriegsministeriums dargelegt, in Algerien ein auf diesen Apparaten basierendes optisches Telegraphensystem einzuführen, da es »ein wohlfeiles, schnelles und zu directen Verbindung der entferntesten Punkte überall geeignetes Telegraphen-System abgebe«.[18] Nicht nur in Algerien, sondern u.a. in Indien, Südafrika und in Deutsch-Südwestafrika wurde die »Heliographie« vorrangig für militärische Zwecke genutzt.

---

13 Sartorius von Waltershausen 1857, S. 134
14 https://de.wikipedia.org/wiki/Gau%C3%9Fsche_Landesaufnahme
15 Gauss 1823b, S. 444
16 Göttingische Anzeigen von gelehrten Sachen vom 9. August 1821, S. 1254
17 Decher 1856, S. 269
18 Ebd. 270

1822 – DIORAMA: DIE HERREN DAGUERRE UND BOUTON »WOLLEN MEHR ALS NACHAHMEN, SIE WOLLEN DIE NATUR SELBST VOR AUGEN STELLEN«[19]

> Die Kunst zu solcher Vollendung gebracht, ist ein treffliches Mittel, die fernsten Gegenstände in täuschender Lebendigkeit darzustellen und verbindet so mit seinem Kunstwerth noch das besondere Verdienst der Nützlichkeit.
> *Morgenblatt für gebildete Stände vom 20.10.1823, S. 333*

Die beiden Zitate stammen aus dem *Morgenblatt für gebildete Stände*, einer literarischen Zeitschrift, die sich in Berichten aus Paris mehrfach mit dem Diorama als einer neu entwickelten Form realistischer Schaustellungen beschäftigte.[20]

Panoramen oder Rundgemälde, von denen eine perspektivische Darstellung von Landschaften oder Ereignissen von einem festen Punkt zu übersehen sind, gab es bereits seit Ende des 18. Jahrhunderts. Louis Daguerre, der zumeist nur mit der Erfindung der Daguerreotypie in Verbindung gebracht wird, hatte zusammen mit Charles Marie Bouton in Paris um 1822 das Diorama oder »Durchscheinbild« entwickelt. Durch die Art der Inszenierung sollten die Betrachter unmittelbarer in die »Schaustellung« einbezogen werden. Damit trafen die beiden Maler und Theaterdekorateure, wie man im *Morgenblatt für gebildete Stände* lesen konnte, das Interesse eines größeren Publikums.

> Das Publikum verlangt von beyden Künstlern keine eigene Erfindungen, sondern getreue Abbildungen von merkwürdigen Gegenden, Orten und Denkmälern, welche man nicht leicht selbst zu sehen bekommt; weiter möchte es durch die am meisten malerischen Partien der bekannten Welt eine Reise machen, dann sogleich im Schauspiel ein neues Stück sehen, und sofort im Caffé Tortoin das Eis kosten. So komisch dieß auch klingt, so liegt doch etwas Wahres darin.[21]

Der Berliner Theaterinspektor Karl Gropius kam bei einem Aufenthalt in Paris »auf den Gedanken, ein Diorama, das dort so vielen Beifall fand, und dem er auch den seinigen nicht versagen konnte, auf heimischen Boden zu verpflanzen«.[22] Auf welche Resonanz dieser Plan stieß, sieht man daran, dass der Preußische König, »der allem Nützlichen und allem, was das Gebiet der Kunst erweitert, gern seinen Schutz und seine Unterstützung angedeihen lässt, […] die Errichtung des Gebäudes durch die Anweisung eines hinlänglichen Bauplatzes [erleichterte].«[23] Errichtet wurde das Gebäude in einer »schicklichen Gegend« nach Plänen von Karl Friedrich Schinkel, dem Architekten des Königs.

---

19 Morgenblatt für gebildete Stände vom 20.10.1823, S. 333

20 Mr. 1822, S. 292

21 P. A. 1826, S. 174

22 Zeitung für die elegante Welt vom 06.12.1827, Spalte 1911

23 Ebd. Spalte 1911

Das Diorama der Gebrüder Gropius in Berlin

Die in Augsburg erscheinende *Allgemeine Zeitung* meldet am 2. November 1827 aus Berlin, der Dekorationsmaler Carl Gropius habe sein Diorama eröffnet.

Die beiden aufgestellten Bilder, Oelgemälde von 2500 Quadratfuß, zeigen das Innere der berühmten Kathedrale von Brou, im Departement der Saone und Loire, und eine der wilden Felsschluchten in der Gegend von Sorento im Königreich Neapel. [Gropius] hat durch diese Wahl zeigen wollen, wie das bei den Dioramen angewandte Genre der Malerei, sowol zur Darstellung architektonischer als landschaftlicher Gegenstände geeignet sey.[24]

Charakteristisch für das Diorama ist, dass sich für die Betrachter aus einer Art Loge der Blick auf eine Landschaft oder einen Innenraum eines Gebäudes öffnet. Wobei das gezeigte Bild durch das Spiel mit Licht und Schatten belebt wird.

[...] fast ganz des Lichtes beraubt, das nur allein von dem Gemälde ausströmt, und ohne einen Maßstab vor Augen zu haben, der den Gegenständen ihren natürlichen Umfang geben könnte, ist der Zuschauer bald ganz in die vollenderste Täuschung versetzt. Aber die Künstler sind noch weiter gegangen, und in ihrer neuen Erfindung wesentlich von dem System der Panoramen abgewichen. Sie zeigen z.B. kein rundes Gemälde, sondern nur den vierten Theil eines Zirkels, den man durch eine große Oeffnung unausgesetzt betrachtet; der Raum, in dem der Zuschauer sich befindet, dreht sich um sich selbst, und man sieht deshalb ein neues Bild, sobald das erste verschwindet. [...] Was aber diese neue Erfindung noch ganz besonders charakterisiert, ist der magische Effekt, der durch den Wechsel der Beleuchtung hervorgebracht wird. Das Panorama stellt den Beschauer auf eine Höhe, und läßt ihn die Gegenstände in vollkommener Bewegungslosigkeit und von oben betrachten, das Diorama hingegen zeigt einen einzigen Ort mit allen Veränderungen, welche Luft, Atmosphäre und Beleuchtung auf demselben hervorbringen, und wer es je beobachtet hat, welche Verschiedenheit das wechselnde Licht in

---

24 Allgemeine Zeitung vom 10.11.1827, S. 1255

eine Gegend bringen kann, der wird sich die außerordentliche Wirkung dieses Wechsels von Licht und Schatten vorstellen können. – Hr. Daguerre begnügt sich aber nicht allein mit der verschiedenen Vertheilung des Lichtes, sondern er modifizirt auch den Ton desselben, indem er es durch gefärbte Gläser strömen läßt; so zeigt er seine Landschaft bald in einer wärmern, bald in einer sanfteren Tinte, erhellt oder verdunkelt den Himmel, und läßt dann wieder plötzlich einen Sonnenstrahl durchbrechen, der in dem See widerscheint, oder den Schnee seiner Berge beleuchtet. Der geschickte Künstler bewirkt alles dieses durch unmerkliche Bewegungen, die er dem natürlichen Gange der Dinge anzupassen weiß.

Außerdem muß man nur bemerken, daß, um die Wellen eines Sees oder den Schnee der Gipfel glänzen zu lassen, es keineswegs nur eines Lichtstroms bedarf, der darauf hingeleitet werde, sondern daß das Gemälde vermittelst eines Transparents auch von hinten her dazu beleuchtet werden muß; Hr. Daguerre mußte also demnach die Vorsicht gebrauchen, gewisse Partien transparent zu malen, und wenn man bedenkt, was für Berechnungen es bedurfte, um alle diese Effekte hervorzubringen, um die Lichter von allen Seiten zur gehörigen Zeit eintreten zu lassen und ihnen die erforderliche Färbung zu geben, so wird man schon dadurch von dem Künstlertalent des Hrn. Daguerre überzeugt; [...].[25]

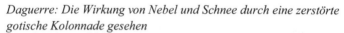

Daguerre: Die Wirkung von Nebel und Schnee durch eine zerstörte gotische Kolonnade gesehen

Bei den »Schaustellungen« im Diorama wurde die Illusion je nach Motiv noch verstärkt durch Musik, Donner, aufsteigenden Rauch und ähnliche Effekte. (MG 1880) Daguerre und sein Partner hatten bei der Eröffnung ihres Dioramas angekündigt, alle drei Monate die Dioramen auszuwechseln. Geplant war dabei ein Austausch mit anderen Orten.[26] Im Gropius Diorama wurden die Gemälde ebenfalls häufig ausgetauscht, wobei »dafür Sorge getragen ist, möglichst vielseitige Interessen zu berühren«, damit

---

25 Zeitung für die elegante Welt. Beilagen: Intelligenzblatt Nr. 238 vom 05.12.1822, Sp. 1903 f.

26 Morgenblatt für gebildete Stände vom 03.02.1823, S. 38

»es jedem der geehrten Besucher überlassen [bleibt], selbst zu bestimmen, was er von dem Dargebotenen für sich passend finden wird«.[27]

Begleitzettel für Dioramavorführungen in Berlin

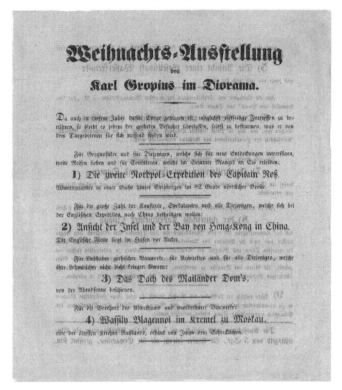

Dioramen und ähnliche »Schaustellungen« kamen dem Zeitgeist entgegen. Alexander von Humboldt sah in ihnen »Anregungsmittel zum Naturstudium«. Die »Meisterwerke«, zu denen er Daguerres Dioramen zählte, könnten »die Wanderung durch verschiedenartige Klimate fast ersetzen«.

Die Vervollkommnung der Landschaftmalerei in großen Dimensionen (als Decorationsmalerei, als Panorama, Diorama und Neorama) hat in neueren Zeiten zugleich die Allgemeinheit und die Stärke des Eindrucks vermehrt. [...] Die Rundgemälde leisten mehr als die Bühnentechnik, weil der Beschauer, wie in einen magischen Kreis gebannt und aller störenden Realität entzogen, sich von der fremden Natur selbst umgeben wähnt. Sie lassen Erinnerungen zurück, die nach Jahren sich vor der Seele mit den wirklich gesehenen Naturscenen wundersam täuschend vermengen.[28]

---

27 Ankündigung einer »Weihnachts-Ausstellung von Karl Gropius im Diorama« – Digital Collections der Cornell University Library – https://digital.library.cornell.edu/catalog/ss:991903

28 Humboldt 1847, S. 93

1823 – CHARLES BABBAGE UND DIE »THEILUNG DER GEISTIGEN ARBEIT« ALS VORAUSSETZUNG FÜR DIE ENTWICKLUNG EINER RECHENMASCHINE

> Die Erfindungen zu Ersparung geistiger Anstrengung in arithmetischen Berechnungen sind so weit getrieben worden, daß ein gewisser Babbage eine Rechenmaschine erfand, die nicht allein ohne Möglichkeit eines Irrthums rechnet, sondern auch die Lettern so richtig in Formen setzt, daß kein Irrthum geschehen kann, wenn man die Rechnungen abschreibt, ehe sie abgedruckt werden. Wir erwähnen dieser merkwürdigen Maschine, um zu zeigen, wie weit es die Wissenschaft bringen kann, in der Verminderung geistiger Anstrengungen und in Sicherheit der Genauigkeit.
>
> *Allgemeiner Anzeiger 1833*[29]

Im September 1842 richtet der Universalgelehrte John Herschel einen Brief an den englischen Schatzkanzler. Herschel setzt sich in diesem Brief dafür ein, die Arbeit von Charles Babbage an der Entwicklung einer Rechenmaschine, mit der dieser sich seit 20 Jahren beschäftigte, weiterhin finanziell zu unterstützen. Die Notwendigkeit für die Fortführung der Arbeit begründet Herschel mit dem Hinweis auf ihre Bedeutung für die Schifffahrt.

Ein nicht erkannter Fehler in einer Logarithmentafel ist wie ein nicht entdeckter Felsen unter der Wasseroberfläche. In beiden Fällen ist es nicht möglich einzuschätzen, wie viel Schiffsbrüche sie verursacht haben.[30]

Solange es keine Chronometer gab, die auf einem Schiff trotz der Bewegungen durch den Wellengang eine genaue Zeitmessung ermöglichten, war man für die Positionsbestimmung außerhalb der Sichtweite der Küste auf die Berechnung der Planetenbahnen angewiesen. Die astronomischen Instrumente erlaubten zwar immer exaktere Messungen, aber zur Berechnung der Position auf See mussten *Astronomische Jahrbücher* herangezogen werden, aus denen die Daten der Planetenbahnen abgelesen werden konnte. Die mathematischen Kenntnisse der meisten Kapitäne und Schiffsoffiziere reichten für die hierzu notwendigen Berechnungen ohne Hilfsmittel wie Logarithmentafeln nicht aus.

Die benutzen Logarithmentafeln waren aber alles andere als fehlerfrei. Bei der Fülle der notwendigen Berechnungen und den komplexen Anforderungen an Schriftsetzer und Drucker schlichen sich immer wieder Fehler ein. Dies betraf auch die in Frankreich nach der Revolution in einem langjährigen Projekt unter der Leitung des Mathematikers und Ingenieurs von Prony erarbeiteten mathematischen Tafelwerke. Nach Einführung des einheitlichen Dezimalsystems war von Prony die Aufgabe übertragen worden, die für die Verwaltung erforderlichen umfangreichen trigonometrischen und logarithmischen Tafelwerke zu erstellen. Dazu zählte die Berechnung der

---

29 Allgemeiner Anzeiger und Nationalzeitung der Deutschen vom 27.11.1833, Sp. 4091
30 John Herschel im September 1842 in einem Brief an den Chancellor of the Exchequer Henry Goulburn

Logarithmen von 1 bis 200.000. Diese Aufgabe wäre selbst mit Hilfe von drei oder vier fähigen Mathematikern zu Lebzeiten von Pronys nicht zu erledigen gewesen.[31]

Durch Zufall, so beschreibt es Charles Babbage in seiner 1832 veröffentlichen Analyse des frühkapitalistischen Wirtschaftssystems *Economy of machinery and manufactures,* sei von Prony auf das Buch von Adam Smith *An Enquiry into the Nature and Causes of the Wealth of Nations* gestoßen und habe angefangen darüber nachzudenken, wie sich die Vorteile der arbeitsteiligen Produktion für die Berechnung von Logarithmen nutzen lasse.[32]

Angeregt durch die Ausführungen von Adam Smith entwickelte von Prony ein Verfahren für die arbeitsteilige Berechnung von Logarithmen. Voraussetzung hierfür war die Auflösung der bisher eingesetzten komplexen Berechnungsmethoden in Arbeitsschritte bis auf die Ebene von Addition und Subtraktion. Für die Addition und Subtraktion konnten dann Hilfskräfte ohne weitergehende mathematische Kennnisse eingesetzt werden. Dieses Beispiel überzeugte Charles Babbage davon, dass sich das Prinzip der Arbeitsteilung nicht nur auf mechanische Tätigkeiten, sondern mit gleichem Erfolg auf geistige Tätigkeiten anwenden lasse.[33]

Von Prony hatte mit seiner »Logarithmenfabrik« den Nachweis für die enorme Beschleunigung der Rechenprozesse durch Arbeitsteilung erbracht. Da Tafelwerke wie Logarithmentafeln als Medien nicht der Datenerfassung dienten, sondern als Werkzeuge für numerisches Rechnen benutzt wurden, ging es jedoch nicht nur um die Beschleunigung der Rechenprozesse, sondern eben so sehr um Fehlerfreiheit. Die konnte aber nur erzielt werden, wenn man die Arbeit der »computer and compositor«[34], also die Arbeit der im Englischen als »computer« bezeichneten mathematischen Hilfskräfte und die Arbeit der »compositor«, also der Schriftsetzer, durch eine automatisch arbeitende Maschine ersetzte.

Charles Babbage erhielt 1822 eine goldene Medaille der Londoner astronomischen Gesellschaft für das Modell einer »neu erfundenen mathematisch-astronomischen Rechnungs- und Druckmaschine«, mit der Berechnungen bis zu dreistelligen Zahlen durchgeführt werden konnten.[35] Nach dieser offiziellen Anerkennung konnte Babbage 1823 mit dem Bau einer großen Maschine beginnen, da der englische Schatzkanzler ihm die finanzielle Unterstützung der Regierung für die Konstruktion einer großen Maschine, bei der die Ergebnisse der Berechnungen gleichzeitig gedruckt würden, zugesagt hatte. Weil die Logarithmentafeln von besonderer Bedeutung für die Seefahrt waren, machte die Regierung hier eine Ausnahme von ihrer Haltung, die Arbeit an Innovationen nicht zu unterstützen.[36] Babbages konstruierte seine *Difference Machine* ausgehend von dem »allgemeinen Prinzip«,

daß fast alle Reihen von Zahlen, welche ein, noch so verwickeltes, Gesetz befolgen, in geringerer oder größerer Ausdehnung ganz allgemein durch eine eigenthümliche Anordnung von

---

31 Vgl. zum Folgenden Babbage 1833, S. 194 ff.

32 Babbage 1833, S. 196

33 Ebd. S. 194

34 The Gentleman's Magazin September 1822, S. 261

35 Ergänzungsblätter Juni 1825, Sp. 520

36 Babbage 1864, S. 70

Additionen und Subtraktionen der Zahlen, welche jeder Tafel zukommen, gebildet werden können, [...].[37]

Um dies für Leser, die nicht mit der Mathematik vertraut sind, nachvollziehbar zu machen, erläutert Babbage das Prinzip seiner *Difference Machine* in seinem Buch *Ueber Maschinen- und Fabrikenwesen* an einer »Tabelle der Quadratzahlen«. Um diese Tabelle fortzuführen, muss man nur jeweils die letzten Werte aus Spalte A, B und C addieren, um in diesem Beispiel die Zahl 64, also die Quadratzahl für 8 (ohne Multiplikation) zu erhalten.

Tafel der Quadratzahlen

ON THE DIVISION OF MENTAL LABOUR.			
Terms of the Table.	A. Table.	B. First Difference.	C. Second Difference.
1	1		
		3	
2	4		2
		5	
3	9		2
		7	
4	16		2
		9	
5	25		2
		11	
6	36		2
		13	
7	49		

Nicht nur in England verfolgte man die Arbeit Babbages mit Interesse. Im Januar 1824 zitierte die *Frankfurter Ober-Post-Amts-Zeitung* einen in den *Astronomischen Nachrichten* abgedruckten Brief des englischen Astronomen Francis Bailey. Die von Herrn Babbage erfundene Maschine liefere, so Francis Bailey, »die erstaunlichsten Resultate [...], indem sie in einigen Fällen die aufzuwendende Zeit und Arbeit bis auf den zweitausendsten Teil vermindert«. Bei Babbages Rechenmaschine handelt es sich, so Baily, um eine der interessantesten und wichtigsten Erfindungen der modernen Zeit, die in ihrer Auswirkung nur mit der Erfindung der Dampfmaschine zu vergleichen sei.[38]

Selbst als die endgültige Fertigstellung der Rechenmaschine sich immer mehr verzögerte, ließ das Interesse an Babbages Unternehmen nicht nach. Im Geiste der Volksaufklärung, in der das Blatt gegründet worden war, widmete die täglich erscheinende Zeitung *Allgemeiner Anzeiger und Nationalzeitung der Deutschen* im November 1835 in zwei Ausgaben mehrere Seiten dem Thema »Die neue Rechenmaschine«. Es werden

---

37 Babbage 1833, S. 200
38 Baily 1824, Sp. 409

dabei nicht nur die mathematischen Gesetzmäßigkeiten erklärt, die Babbages »Differenz Maschine« zu einer Rechenmaschine werden lassen, sondern erläutert wird auch, wie diese theoretischen Überlegungen mechanisch umgesetzt werden.[39] Ebenso wird zumindest ansatzweise versucht zu beschreiben, wie »die Vorrichtung zum Stereotypieren der von der Maschine gelieferten Zahlenergebnisse« funktioniert. Darüber hinaus ging es dem Verfasser dieses Artikels darum, den Lesern nahe zu bringen, warum es überhaupt sinnvoll sei, an der Entwicklung einer solchen Rechenmaschine zu arbeiten.

Teil der Difference Engine Nr. 1 von Babbage

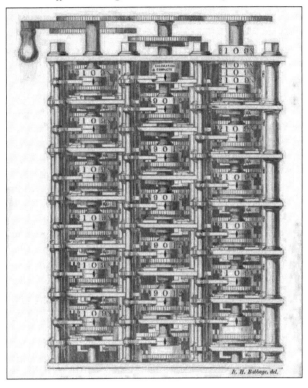

Die Maschine des Engländers Babbage beschränkt sich auf die gewöhnliche und einfachste der vier Rechnungsarten, die Addition, und nun dürfte wol Mancher der Leser achselzuckend fragen: wo denn das Verdienst der Maschine liege, da sie mehr nicht, als jeder Schüler, zu rechnen verstehe? Bald wird man indeß die Nützlichkeit eines sichern und schnellen Additionsgehülfen einsehen, wenn man betrachtet, daß die große Anzahl von Hülfstafeln, welche in

---

39 Erläuterungen hierzu in Babbage 1864

It was commenced 1823.

This portion put together 1833.

The construction abandoned 1842.

This plate was printed June, 1853.

This portion was in the Exhibition 1862.

den verschiedenen Zweigen der Rechenkunst gebraucht werden, großentheils mittelst Zurechnung sich gleichförmig abstufender Differenzen, also durch Addition hergestellt werden. Hülfstafeln dieser Art bedarf man bey fast allen Zweigen der nützlichen Künste, bey allen Fächern des Handels, vor allem aber für Astronomie und Schifffahrt, Feldmesser, Forstmänner, Baumeister, Zimmerleute, Bergleute, Maschinenbauer, Ingenieure bedürfen alle der Hülfe besonderer Zahlentafeln. Der Kaufmann gebraucht Tabellen zur Berechnung des Discontos der Zinsen, Course und Münzverhältnisse; Renten- und Lebensversicherungsanstalten bedürfen deren zu Bestimmung der Rentenpreise oder Prämien. Die logarithmischen Tafeln sind für alle Zwecke der Meßkunst unentbehrlich. Der Seefahrer bedarf einer großen Zahl von Tafeln, worin die zukünftige Stellung der Himmelskörper nach denen er sich auf seiner Fahrt zu richten hat, angegeben ist; z.B. Sonnentafeln, welche die Stellung des Mittelpuncts der Sonne von Stunde zuStunde bezeichnen, Mondtafeln zur Längenbestimmung, welche die Entfernung des Monds von der Sonne, den Hauptplaneten und einer Anzahl Fixsterne von Stunde zu Stunde angeben und dergl. mehr. Wie zahlreich diese Tafeln sind, wird man daraus entnehmen, daß allein zur Bestimmung der Stellungen des Jupiters und des Saturns 116 derselben erforderlich sind.[40]

Nachdem Babbage schon seit 15 Jahren an der Realisierung seiner Pläne arbeitet, bleibt die Einschätzung dieses Vorhabens, zumindest wenn man dem Verfasser des hier zitierten Artikels folgt, ausgesprochen positiv und ungebrochen optimistisch.

Obschon der Bau der Maschine nicht beendigt ist [...], so sind doch schon Proben damit angestellt worden, welche die gehegte Erwartung sogar übertroffen haben. Der Mechanismus hat einige schätzbare Zugaben erhalten, wodurch die Lösung mehrerer verwandten, namentlich für astronomische Zwecke brauchbaren Aufgaben, die ursprünglich außer dem Plane lagen, möglich wird.[41]

Die Erwähnung der »schätzbaren Zugaben«, die der Mechanismus erhalten habe, liefert einen Hinweis darauf, warum wenige Jahre später, nämlich 1842 die englische Regierung die Unterstützung für Babbages Arbeit – trotz der eingangs zitierten Intervention von John Herschel – einstellte.
    Babbage war nämlich seit 1834 dabei, eine neue Rechenmaschine, die »Analytical Machine«, zu konstruieren, die weit größere Möglich als die bisherige »Difference Machine« bot.[42] Für diese nach einem völlig neuen Prinzip arbeitende Rechenmaschine musste Babbage nach einer einfacheren mechanischen Lösungen für die Durchführung der mathematischen Operationen suchen.[43] Sein Argument, dass es aller Wahrscheinlichkeit weniger kosten würde, die neue Maschine zu bauen, als die alte fertig zu stellen, überzeugte die englische Regierung nicht.

---

40 Allgemeiner Anzeiger und Nationalzeitung der Deutschen vom 16.11.1835, Sp. 4074 f.
41 Allgemeiner Anzeiger und Nationalzeitung der Deutschen vom 23.11.1835, Sp. 4183
42 Babbage 1864, S. 83 ff.
43 Im Originaltext heißt es hierzu: »Having in the meanwhile, naturally speculated upon the general principles on which machinery for calculation might be constructed, a principle of an entirely new kind occured to him, the power of which over the most complicated arithmetical operations seemed nearly unbounded. [...] the new principle appeared to be limited only by the extent of the mechanism it might require.« (Babbage 1864, S. 85)

Im November 1842 traf die englische Regierung die Entscheidung, die weitere Finanzierung einzustellen. Man bedauere die Notwendigkeit, sich von der Idee des Baues einer Rechenmaschine zu verabschieden, aber die geschätzten Kosten würden bei weitem höherliegen als zu vertreten wäre.[44]

Charles Babbage arbeitete in der Folgezeit weiter an der Konstruktion seiner »Analytical Machine«. Der 1805 von Jacquard erfundene automatische Webstuhl lieferte ihm hierbei eine entscheidende Anregung. Bei Jacquards Webstuhl sind die Informationen über das Muster auf den Lochkarten gespeichert, die dabei gleichzeitig den des Arbeitsprozesses steuern. Durch das bloße Austauschen der Lochkarten bzw. Lochstreifen konnten wechselnde Muster hergestellt werden. (MG 1805)

Für die Bedeutung, die Jacquards Webstuhl für die Konzeption der »Analytical Machine« zukommt, spricht, dass Charles Babbage ein auf einem Jacquard-Webstuhl gewebtes Seidenbild mit dem Porträt Jacquards erworben hatte.[45] Dieses Seidenbild, das in seinem Salon hing, führte er 1861 dem Prinzgemahl Albert bei einem Besuch vor, da er davon ausging, dass der Vergleich mit dem Herstellungsprozess dieses Bildes es erleichtern würde, die Funktionsweise der »Calculating Machines« zu erklären.

Seidenbild mit dem Porträt Jacquards

---

44 Babbage 1864 S. 94

45 Das Porträt zeigt Joseph Marie Jacquard an seinem Schreibtisch sitzend mit einem Modell seines Webstuhls und seinen Werkzeugen. Zur Herstellung dieses Seidenbildes wurden 24.000 Lochkarten benötigt. Charles Babbage, der Erfinder der mechanischen Rechenmaschine (Analytic Engine), hatte eines dieser nur auf Bestellung produzierten Seidenbilder erworben.

1824 – VOM ENTWURF EINER GEHEIMSCHRIFT FÜR DIPLOMATEN UND MILITÄRS ZUR INTERNATIONALEN BLINDENSCHRIFT

> Aeltern und Erzieher, denen das Schicksal die schwere Pflicht zuertheilte, für die Ausbildung von Kindern sorgen zu müssen, denen mit dem Augenlicht zugleich die reichhaltigste Quelle, durch die unser Geist Beschäftigung und Nahrung empfängt, mangelte, werden gewiß nicht ohne Interesse von einer Erfindung hören, die ihnen ein wichtiges Hülfsmittel bietet, den Zustand jener Unglücklichen zu erleichtern, und zugleich zur Vervollkommnung ihrer Geisteskräfte beizutragen. Diese Erfindung besteht in einer Art Schrift, mittels welcher Blinde ihre eignen Gedanken oder den Unterricht, den sie empfangen, aufzeichnen, mit einander correspondiren können u.s.w., mit einem Worte, sie verspricht denselben einen ihrem Zustand angemessenen Ersatz für unser Lesen und Schreiben.
>
> *Magazin der neuesten Erfindungen 1824*[46]

Bei der Erfindung, von der im *Magazin der neuesten Erfindungen, Entdeckungen und Verbesserungen* die Rede ist, handelt es sich um die später als Brailleschrift bekannt gewordene Blindenschrift. Diese »Blindenpunktschrift« wurde im königlichen Blindeninstitut in Paris von Louis Braille, einem Schüler der Einrichtung, entwickelt. Das 1784 von dem Lehrer Valentin Haüy gegründete Institut gilt als erste Erziehungs- und Unterrichtsanstalt für Blinde in Europa. Bis dahin hatte man Blinde für nicht bildungsfähig gehalten. Um seinen blinden Schülern das Lesen zu ermöglichen, ließ der Gründer des Blindeninstituts, »vorspringende Lettern«, die mit den Fingerspitzen ertastet werden konnten, auf »sehr dickem Papier drucken«.[47] Louis Braille ersetzte diese Reliefschrift durch eine Punktschrift, bei der die Buchstaben in einem Punkte-Raster nachgebildet werden. Blinde konnten bei Verwendung dieses Verfahren nicht nur ihre Gedanken und Überlegungen aufschreiben, sondern das Geschriebene selbst wieder lesen.

Die Punkte werden auf drei waagerechten Linien geschrieben; a – j bilden die erste Gruppe, sie steht auf den zwei obersten Linien; durch Hinzufügen von einem oder zwei Punkten auf der untersten Linie entstehen die anderen Lautzeichen. [...] Beim Schreiben der [Brailleschrift] wird das Schreibblatt auf eine Gummi- oder weiche Lederplatte oder eine gefurchte Zinkplatte gelegt; drückt man nun mit einem Stahlstift (Griffel) auf verschiedene Stellen des Blattes, so entstehen auf seiner andern Seite erhöhte Punkte, die für den Blinden fühlbar sind.

---

46 Magazin der neuesten Erfindungen, Entdeckungen und Verbesserungen. Neue Folge Nr. 17/1824, S. 3

47 Populäre österreichische Gesundheits-Zeitung Nr. 24/1834, S. 95

[…] Die B. wird von rechts nach links geschrieben, da die lesbare Schrift auf der Rückseite des Blattes entsteht und dieses beim Lesen umgewendet werden muß.[48]

Louis Brailles Punktschrift war im Vergleich zu der bis dahin in Blindeninstituten benutzten Reliefschrift schneller erlernbar und leichter zu lesen, da Punkte mit den Fingern besser zu ertasten sind als die Linien der Buchstaben des lateinischen Alphabets. Hinzu kommt, dass die Punktschrift bedeutend weniger Platz einnimmt als die Buchstaben der Reliefschrift.

Die Bücher für Blinde mit […] Reliefdruck der Lettern, wie sie die Sehenden lesen, sind so umfangreich und schwerfällig und auch so theuer, daß hierin der wichtigste Grund zu suchen ist, warum bisher von einer eigentlichen Literatur für Blinde nicht die Rede sein kann.[49]

Die Brailleschrift wurde 1878 zur international verbindlichen Blindenschrift erklärt. Damit setzte der Zugang zu anderssprachigen Druckwerken nicht mehr das Erlernen einer anderen Blindenschrift voraus. Alles begann aber unter völlig anderen Vorzeichen. Auf der Industrieausstellung von 1819 im Pariser Louvre wurde von Charles Barbier ein nach seiner Einschätzung für Militär und Diplomatie vorteilhaftes Verfahren einer französischen Schnellschrift einschließlich der dazu benötigten Vorrichtungen präsentiert.[50]

Der 1767 geborene Charles Barbier hatte vor seinem Eintritt als Offizier in die französische Armee eine solide mathematische und naturwissenschaftliche Ausbildung erhalten.[51] Nach seinem Ausscheiden aus der Armee verließ er Frankreich und lebte einige Jahre als Landvermesser in den Vereinigten Staaten von Amerika. Nach seiner Rückkehr nach Frankreich am Anfang des 19. Jahrhunderts beschäftigte er sich mit der Telegrafie, insbesondere mit Fragen der Stenografie und Verschlüsselung. Beide Bereiche waren für die Vermittlung von Nachrichten über die in Frankreich nach der Revolution errichteten optischen Telegrafenlinien von Bedeutung.

Zum einen benutzte man in der optischen Telegrafie wie in der Stenografie »Wort- und Satzabkürzungszeichen«, um die über eine Vielzahl von Stationen laufenden Depeschen schnell zu übermitteln.[52] Zum anderen mussten die in erster Linie militärischen Zwecken dienenden Depeschen, da sie optisch, d.h. für alle sichtbar übermittelt wurden, verschlüsselt werden. Nur die beiden am Ende einer jeden Linie sitzenden Direktoren kannten den jeweils aktuellen Telegrammschlüssel.

---

48 Lemma Brailleschrift 1892, S. 407

49 Heller 1876, S. 550

50 So der Titel des Berichts über Charles Barbier in Annales de l'industrie nationale et étrangère, ou, Mercure technologique. Bd. IV, 1821, S. 242–259: »De la formule général d'expéditive française. Et des avantages qu'elle présente pour l'état militaire et la diplomatie«

51 Vgl. Guilbeau 1891, S. 113–115

52 »Für jeden Telegraphendienst waren drei Zeichenalphabete in Verwendung: das ›vocabulaire des mots‹, das die vereinbarten Zeichen für 8464 Worte, das ›vocabulaire phrasique‹, das solche für ebensoviele hauptsächlich heeres- und marinetechnische Sätze, und das ›vocabulaire géographique‹, das vorwiegend die Abkürzungen für Ortsnamen enthielt. Alle drei Monate wurden die Zeichen verändert.« (Giehrl 1911, S. 70)

Tabellen für die französische Schnellschrift

TABLEAU RÉSUMÉ D'EXPÉDITIVE FRANÇAISE

Système général de Correspondance Privée.

Alphabet
Orthographique Usuel.

Cadre Télégraphique.

Alphabet
Abrégé de prononciation.

Alphabet Manuel.

Grundlage für Barbiers auf der Industrieausstellung vorgestelltes Verfahren zur Abfassung von Depeschen bildete die Anordnung des Alphabets in einer Matrix, so dass jeder Buchstabe durch zwei Zahlen wiedergegeben werden konnte. Zur Verschlüsselung der Nachrichten »verwürfelte« man das Alphabet, veränderte also die Reihenfolge der Buchstaben in unregelmäßiger Folge. Voraussetzung für eine Nachrichtenübermittlung war dann, dass dem Empfänger der Nachricht die neue Anordnung der Buchstaben in der Matrix bekannt war.

Wie die *Annales de l'industrie nationale et étrangère* über Barbiers Präsentation auf der Industrieausstellung im Louvre berichten, übertrug Barbier letztlich mit seinem Konzept eine schon lange bekannte Theorie zur Übermittlung von verschlüsselten Signalen auf schriftliche Mitteilungen.[53] Aus der Antike war die nach dem griechischen Historiker benannte Polybios-Matrix bekannt. Die Übermittlung der Signale erfolgte dabei über Fackeln, die z.B. auf der rechten bzw. linken Seite eines Turmes in variierender Zahl entzündet wurden.

Barbier veröffentlichte seit 1808 verschiedene Ideen zu Kurz- und Schnellschriften und den Möglichkeiten zur Verschlüsselung von Nachrichten.[54] Seine Konzepte fanden bei Militärs und Diplomaten jedoch wenig Anklang. Dies traf offensichtlich auch auf seine Vorschläge für eine »Écriture nocturne« als ein Nachtschreibsystem zu, mit dem es möglich sein sollte, Nachrichten im Dunkeln auszutauschen, ohne die eigene Position dem Gegner durch Licht zu verraten.[55] Für die Weiterentwicklung dieser Idee,

---

53 Vgl. Annales de l'industrie nationale et étrangère Bd. IV/1821, S. 243 f.

54 Im Telégraphe littéraire ou le correspondant de la librairie Nr. 3/1808 findet sich der Hinweis auf eine Veröffentichung von Charles Barbier mit dem Titel Tableau d'expédiographie française, nouvelle et double méthode d'écriture accélérée (S. 17 f.)

55 Barbier, Charles [1809]: Principes d'expéditive française pour écriture aussi vite que la parole et d'écriture coupée. Paris: Imprimerie de Gille Fils. 2. Erweiterte Auflage

die Barbier auf der Industrieausstellung im Louvre präsentierte, interessierten sich nicht Militärs und Diplomaten, jedoch der Direktor des königlichen Blindeninstituts.

Daher wurde Barbier 1821 eingeladen, seine »Écriture nocturne« im Blindeninstitut vorzustellen. Für das auf der Ausstellung im Louvre präsentierte Nachtschreibsystem hatte Barbier eine Art Notenpapier mit fünf parallelen, nummerierten Linien benutzt. Die beiden Zahlen für den jeweiligen Buchstaben wurden mit einem Stift oberhalb der jeweils korrespondierenden Linien markiert, d.h. in das verwendete dünne Papier eingedrückt, so dass auf der Rückseite des Papiers die Punkte ertastet werden konnten. [56] Dazu benutzte er eine Art Schreiblineal, in welches das Papier eingeschoben werden musste.

Lineal mit Papier und Stift für das Nachtschreibsystem

Das Wort »Soutien« nach Barbiers Punktschrift

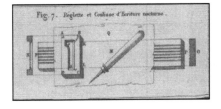
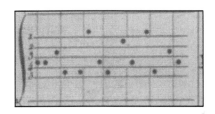

Louis Braille, der 1821 gerade einmal dreizehn Jahre alte Schüler des Blindeninstituts, interessierte sich sofort für dieses Verfahren. In den folgenden Jahren arbeitete er angeregt durch Barbier an der Entwicklung einer Blindenschrift auf der Basis einer »Punktschrift«, die jedoch im Unterschied zu Barbiers Überlegungen nicht auf einer phonetischen Schrift, sondern auf der allgemein verwendeten alphabetischen Schrift basieren sollte. Zu welchen weiteren Veränderungen es kam, erläutert Braille in einer 1829 erschienenen Veröffentlichung.[57]

In dem von ihm entwickelten System nehmen die verwendeten Zeichen weniger Platz ein als bei Barbier. Es gibt mehr Zeichen, z.B. für Satzzeichen, Zahlen und mathematische Symbole, und das Schriftsystem ist ebenfalls anwendbar für die Beschreibung von Musik und Chorgesang.

Hier, wie auch an anderen Stellen, vergisst Louis Braille nicht den Hinweis, dass es Barbiers Verdienst sei, durch sein System der Punktschrift entscheidend zu dieser Entwicklung beigetragen zu haben.

---

56 Erklärung zu: Das Wort »Soutien« in Punktschrift. Nach der Matrix hat der Buchstabe ‚S' den Zahlenwert 4/4, der Buchstabe ‚O' 3/5, ‚U' 5/1 usw.

57 Braille 1829

1825 – »DAS EINZIGE ENGERE BAND, WELCHES AUßER DEM DEUTSCHEN BUNDE GANZ DEUTSCHLAND UMSCHLINGT, IST DIE VEREINIGUNG DES BÖRSENVEREINES DER DEUTSCHEN BUCHHÄNDLER«[58]

> Der Gedanke, die Bücher in ganz Deutschland zu gleichem Preise zu verkaufen, sie zu gleicher Zeit Allen zugänglich zu machen, die kleinste Stadt und die niederste Hütte der geistigen Nahrung nicht entbehren zu lassen, ist ein Gedanke, der keinem einzelnen Geiste entspringt; es ist ein Gedanke, den nur ein Volk denken und welchen nur Deutschland verwirklichen konnte.
> *Illustrirte Zeitung 1861*[59]

In Leipzig, dem »Centralplatz« des deutschen Buchhandels, gab es schon seit dem Ende des 18. Jahrhunderts während der Messezeit ein gemeinsam benutztes »Abrechnungslokal«, die sogenannte »Börse«. Während der Ostermesse 1824 regten einige namhafte Buchhändler an, »die Börse, die bisher als Privatunternehmen bestanden hatte, zu einer öffentlichen Angelegenheit zu machen. Der Vorschlag fand Beifall, und so trat am 30. April 1825 der ›Börsenverein der Deutschen Buchhändler in Leipzig‹ ins Leben«.[60]

Der *Börsenverein der Deutschen Buchhändler* regelte die Zusammenarbeit zwischen den drei »Geschäftszweigen«, dem Verlags-, Sortiments- und Commissionsgeschäft, »auf deren Einrichtung die wesentlichen Eigenthümlichkeiten des deutschen Buchhandels beruhen«.

Die Verlagsbuchhandlungen kaufen die Manuscipte von den Verfassern, lassen sie drucken und versenden sie zunächst an die Sortimentshandlungen, denen gewisse Percente bewilligt werden. Diese Buchhändler sind also die eigentlichen Verkäufer; sie übernehmen die ihnen zugesendeten Bücher nicht fest, sondern nur bedingungsweise, d.h. sie dürfen die nicht abgesetzte Waare an die Verlagsbuchhandlungen zurücksenden. Das sind die gefürchteten Krebse. Damit aber nicht jeder ›Sortimenter‹ immer direct an die Verlagsbuchhandlungen sich wenden muß, bei welcher dies oder jenes Buch erschienen ist, tritt das Commissionsgeschäft ein; es erwählt sich nämlich jeder Sortimenter einen in Leipzig ansäßigen Buchhändler als Beauftragten, dem er alle an diese oder jene Verlagsbuchhandlung zu machenden Bestellungen, Aufträge und Zahlungen sendet.[61]

In Berichten über Leipzig als Mittelpunkt des deutschen Buchhandels wird immer wieder darauf hingewiesen, dass das »Commissionsgeschäft […] in seiner trefflichen Einrichtung ein Vorzug des deutschen Buchhandels vor dem aller anderen Länder« sei.[62]

---

58 S. 1861, S. 326
59 Ebd.
60 Lemma Börsenverein der Deutschen Buchhändler zu Leipzig 1892, S. 330
61 Nordböhmischer Gebirgsbote Nr. 12/1858, S.90
62 Illustrirte Zeitung Nr. 45/1844, S. 296

Durch den Commissionshandel wird für Deutschland die große Wohlthat vermittelt, daß es überall dieselben Bücherpreise hat und daß ein in Königsberg erschienenes Buch in Konstanz für denselben Preis gekauft wird wie umgekehrt. Dieser Einrichtung liegt die Idee einer gewissen Schätzung der Erzeugnissse der Kunst und Literatur zum Grunde, welche dieselbe nicht wie gewöhnliche Waaren betrachtet und sie hängt jedenfalls mit dem Umstande zusammen, daß der Buchhandel ursprünglich ein reiner Tauschhandel war, bei dem Jeder für seine Waare kein Geld, sondern nur wieder ein Buch erhielt, wodurch das ganze Geschäft sich so ordnete, daß es gewissermaßen nur ein Abrechnungs- und Börsengeschäft wurde, bei dem nur die Rechnungsspitzen durch baare Zahlung ausgeglichen werden. Es würde uns zu weit führen, ausführlich darzulegen, wie dies geschehen ist und es genügt eine Schilderung des gegenwärtigen Bestandes, welcher auf der Annahme beruht, als ob alle in Deutschland – eigentlich wol alle im Bereich des deutschen Buchhandels, der sich weit über die geographischen Grenzen des Landes erstreckt – erscheinenden Bücher in Leipzig erschienen wären. Hier werden sie im ordentlichen Geschäftsgange an den Sortimentshändler ausgeliefert und hier hat er die, welche er von Messe zu Messe nicht absetzt, an den Verleger zurückzugeben. Für die Kosten der Fracht von und nach Leipzig und seine sonstigen Mühwaltungen erhält er einen bestimmten Nachlaß am Preise und übernimmt dagegen die Verpflichtung, das Buch für diesen Preis, den sogenannten Ladenpreis, weiter zu verkaufen. Es findet diese Einrichtung, wodurch der Buchhandel zu einem geschlossenen Ganzen wird, in keinem andern Lande statt. Dort werden die neuerschienenen Werke entweder im Aufstrich[63] oder auf Bestellung bestmöglichst gekauft und es bleibt jedem Käufer überlassen, das erkaufte Werk zu dem höchsten Preise, welchen er erlangen kann, wieder zu veräußern. Es entfällt in dessen Folge alle und jede Sicherheit gegen Uebertheuerung und dadurch ein großer Anreiz zur Anschaffung von Büchern. Bücher gehören nicht eigentlich zu den Lebensbedürfnissen und können deshalb keinen Marktpreis haben, wie die Gegenstände, welche zur Nahrung des leiblichen Menschen im weitesten Sinne gehören. […][64]

Die »Wohlthat« eines in ganz Deutschland einheitlichen Buchpreises wurde vom Börsenverein immer wieder gegen die »Schleuderer« verteidigt. Als »Schleuderer« bezeichnete der Vorstand des Vereins Buchhändler, die Bücher nicht zu den von den Verlegern festgesetzten Ladenpreisen verkauften. Als Argument für Buchpreisbindung wurde angeführt, die Festsetzung des Buchpreises könne man nicht einfach dem Marktgeschehen überlassen, da der Provinzialbuchhändler eine »hohe Aufgabe, eine ›Kulturmission‹ würde man im stilvollen Zeitungsdeutsch sagen, zu erfüllen hat«.[65]

War die »Beseitigung der durch die Schleuderei hervorgerufenen Mißstände im Buchhandel«[66] von Anfang an ein zentrales Anliegen des Börsenvereins, so erhielten die damit verbundenen Probleme durch die Einführung des »verbilligten Einheitsportos« zusätzliche Bedeutung. 1873 wurde im deutschen Postgebiet ein Einheitstarif für Pakete bis zu 5 kg von 50 Pfennig eingeführt, der auch auf Bayern, Württemberg und Österreich-Ungarn ausgedehnt wurde. Dies bedeutete nicht nur eine Vereinfachung des bis dahin komplizierten Tarifsystems, sondern das »Zehnpfundpaketsystem«

---

63 »Verkauf im Aufstrich« ist ein anderer Ausdruck für Versteigerung.

64 Illustrirte Zeitung Nr. 568 vom 20.05.1854, S. 322

65 Ruprecht 1887, S. 471

66 Müller 1887, S. 497

ermöglichte den billigen Bezug von Waren »von überallher in Deutschland und Österreich-Ungarn«.[67]

Diese Tarifgestaltung hatte tiefgreifende Auswirkungen auf den Zwischen- und Kleinhandel in allen Bereichen. Im Buchhandel bedrohte die Einführung des verbilligten Einheitsportos den Fortbestand des Sortimentsbuchhandels. War früher die Preisunterbietung örtlich begrenzt gewesen, so konnte nunmehr die Schleuderei von den durch ihre Lage begünstigten Mittelpunkten Leipzig und Berlin aus über das ganze deutsche Reich betrieben werden.[68] Insbesondere der einflussreiche Verleger Adolf Kröner setzte sich daher für die Verankerung der Buchpreisbindung in der Satzung des Börsenvereins ein. 1882 wurde er zum Vorsitzenden des Börsenvereins gewählt. Auf der Hauptversammlung des Vereins im November 1887 gelang es ihm, eine schon länger von ihm angestrebte Satzungsänderung durchzusetzen.

Nach §1 der Satzung war der Zweck des Vereins »die Pflege und Förderung des Wohles, sowie die Vertretung der Interessen des deutschen Buchhandels und seiner Angehörigen im weitesten Umfange«. Als Mittel, um diesen Zweck zu erreichen, wurde neben der »Schaffung und Unterhaltung von Anstalten und Einrichtungen behufs Erleichterung des gegenseitigen Geschäftsverkehrs und der Abrechnungen« an zweiter Stelle die Einhaltung der »Bücherladenpreise« und der »zu gewährenden Rabatte« aufgeführt.[69] Nach der neuen Satzung war es Pflicht der Mitglieder, »jedes öffentliche Anerbieten von Rabatt an das Publikum in ziffermäßiger oder unbestimmter Form zu unterlassen« sowie die »von den Verlegern festgesetzten Ladenpreise einzuhalten«.[70] Die Begründung dieser Satzungsänderung hatte Körner schon auf der Hauptversammlung des Börsenvereins im Jahre 1884 geliefert.

> Die Schleuderei im Buchhandel, d.h. der Verkauf neuer Bücher an das Publicum zu Preisen, bei welchen nach dem Urtheile unparteiischer Sachverständiger ein solider, über das ganze deutsche Sprachgebiet verbreiteter Sortimentsbuchhandel nicht mehr bestehen kann, ist in ihren Consequenzen gleich nachtheilig für Schriftsteller, Bücherkäufer und Verleger. Der Verleger erhält zwar größere Bestellungen von den Schleuderern; aber naturgemäß verringern sich dadurch nicht nur die Bestellungen der übrigen Sortimenter, sondern eine weitere unausbleibliche Folge ist die Schädigung und Vernichtung der dem Verleger zur gleichmäßigen Verbreitung seines Verlages, insbesondere der Novitäten, nothwendigen Organisation des Sortimentsbuchhandels.
>
> Der Bücherkäufer erhält zwar einzelne Bücher zu billigerem Preis, wird aber mit der Zeit auf den Hauptvortheil, welchen die gegenwärtige Organisation des deutschen Buchhandels gewährt, verzichten müssen: auf den Bestand von Bücherlagern auch in kleineren Städten, auf die Möglichkeit jedes neue erscheinende Buch überall rasch und kostenlos zur Einsicht zu erhalten.
>
> Die Schriftstellerei endlich wird, – da die Schleuderer in der Hauptsache nur die Werke bereits accreditirter Autoren vertreiben können, die mühevolle und wenig lohnende Einführung der Werke wenig bekannter und unbekannter Autoren aber den übrigen Sortimentern überlassen müssen, – nach der durch die Schleuderer erfolgten Verdrängung der letzteren mit weit

---

67 Geistbeck 1895, S. 435
68 Ruprecht 1887, S. 470
69 Satzungen des Börsenvereins 1887, S. 5817
70 Ebd. S. 5818

größeren Schwierigkeiten bei der Publication ihrer Werke zu kämpfen haben, und manchem aufstrebenden Talente wird so zum Schaden unserer Literatur der Weg zu Oeffentlichkeit versperrt werden.«[71]

Sanktionen konnten sich nur gegen Vereinsmitglieder richten. Durch den großen Einfluss des Börsenvereins wurde jedoch faktisch die gesamte Branche von dieser Regelung erfasst. Der gesamte Verlagsbuchhandel war verpflichtet, Lieferungen an Geschäfte, die gegen die Buchpreisbindung verstießen, einzustellen. Außerdem wurden die Schleuderer von der Benutzung der für den Buchhandel wichtigen gemeinsamen Einrichtungen ausgeschlossen.

Der große Saal der deutschen Buchhändlerbörse zu Leipzig während der Ostermesse

---

71 Kröner zitiert nach Müller 1887, S. 497

1826 – VON WUNDER- UND ZAUBERSCHEIBEN: »ARTIGE SPIELEREIEN«, DIE WISSENSCHAFTLICHE ERKLÄRUNGEN FÜR OPTISCHE TÄUSCHUNGEN LIEFERN[72]

> Ein neues Spiel beschäftigt gegenwärtig die schöne Welt von London und Paris […] und diese in der That nette Belustigung, die zugleich zum Nachdenken über die optischen Erscheinungen desselben reizt, nahm der ernste Britte, wie der joviale Franzose, mit Vergnügen zur Hand, warum nicht auch der gemüthliche Deutsche?
>
> *Der Friedens- u. Kriegs-Kurier 1826*[73]

Bei dem »neuen Spiel« von dem in diesem Zitat aus dem Jahre 1826 die Rede ist, handelt es sich um ein erst kurz zuvor unter dem Namen Thaumatrop oder mit der deutschen Bezeichnung als Wunderscheibe oder Wunderdreher in Handel gekommene »nette Belustigung«. Ihre »Erfindung« wird zumeist John Ayrton Paris, einem englischen Arzt, zugeschrieben.

> Man zeichnet […] auf die eine Seite eines Scheibchens Kartenpapier von 1 bis 3 Zoll Durchmesser einen Theil des vorzustellenden Gegenstandes, z.B. eine sitzende Figur, und auf die andere Seite in gehöriger Stellung den Stuhl. Wird nun das Scheibchen mittelst zweier, in der Richtung eines Durchmessers befestigter Fäden, so schnell um diesen Durchmesser gedreht, so verbinden sich die beiden Bilder zu einem Ganzen, und die Figur scheint auf dem Stuhl zu sitzen.[74]

Hierbei handelte es sich um eines der »optischen Täuschungs-Phänomene«, mit denen sich Wissenschaftler in dieser Zeit verstärkt beschäftigten. U.a. wurden »optische Täuschungen beschrieben, welche an schnell bewegten Rädern beobachtet werden«.[75] So erschien 1832 in der *Zeitschrift für Physik und Mathematik* ein Bericht über »optische Täuschungen besonderer Art«, die der englische Naturforscher Michael Faraday bei »gezähnten Rädern von Mühlwerken« bemerkt hatte.[76]

> Faraday sah gezähnte Räder eines Mühlwerkes mit solcher Geschwindigkeit umlaufen, daß er bei einer bestimmten unveränderten Stellung des Auges keinen Zahn deutlich wahrnehmen konnte; als er aber eine solche Stellung annahm, daß ein Rad das andere deckte, so erschien ihm alsogleich das Bild der Zähne deutlich, aber wie Schattenriß, langsam nach einerlei Richtung sich fortbewegend.[77]

---

72 Johann Samuel Traugott Gehler's Physikalisches Wörterbuch 1828, S. 1459
73 Der Friedens- u. Kriegs-Kurier (Nürnberger Friedens- und Kriegs-Kurier) vom 22.03.1826: Miszellen. Der Thaumatrop (Wunderdreher), S. 1
74 Stampfer 1833, S. 5 f.
75 Ebd. S. 6
76 Faraday 1832
77 Ebd. S. 80

Die Beobachtungen Faradays veranlassten den österreichischen Mathematiker und Physiker Simon Stampfer zu ähnlichen Untersuchungen, »in deren Folge«, wie er schreibt seine, »optischen Zauberscheiben entstanden sind«.[78] Am 27. April 1833 erschien im *Oesterreichischen Beobachter* in der Rubrik »Wissenschaftliche Nachrichten« die Meldung, Herr Professor Stampfer habe »höchst interessante optische Täuschungsphänome aufgefunden und durch die von ihm entwickelten »stroboskopischen Scheiben« eine Möglichkeit gefunden, um die »besonders durch englische Gelehrte bekannt gemachte[n] Erscheinungen zu einer größeren Allgemeinheit« zu erheben. »Er stellt durch sehr einfache, auf einer Scheibe angebrachte Zeichnungen, die meistens an und für sich gar keine Bedeutung haben und völlig unzusammenhängend erscheinen, die verschiedenartigsten Bewegungen und selbst ganze zusammenhängende Handlungen dar«.[79]

Diese Meldung wurde durch den Hinweis ergänzt, der Erfinder sei bereits mit einem Herrn Trentsensky in Verbindung getreten, in dessen Kunsthandlung in einigen Tagen »solche stroboskopischen Scheiben zu haben seyn«. In Zeitungen und Zeitschriften finden sich zum Teil ausführliche Beschreibungen der Funktionsweise der stroboskopischen Scheiben, mit deren Hilfe »man im Stande ist, bewegliche Bilder darzustellen oder vielmehr den gemalten Gegenständen ihre natürliche Bewegung zu geben«.

Die von dem Professor Stampfer in Wien vor einigen Jahren erfundenen stroboskopischen Scheiben sind eine interessante Anwendung des längst bekannten optischen Grundsatzes, nach welchem der Eindruck des Lichtes im Auge nicht plötzlich erlischt, sondern eine gewisse Zeit nachempfunden wird.

Diese Scheiben schließen in dieser Beziehung an das Thaumatrop an, und treten, ihrem wissenschaftlichen Werthe nach, mit diesem, den katoptischen Anamorphosen[80] und dem Kaleidoskope in eine Reihe. Sie sind aber sinnreicher, als alle diese, weil sie verschiedenartige Bewegungen und Anordnungen gestatten und der Erfolg nicht vom Zufalle, wie bei jenem, abhängt.

Das Experimentiren mit diesen Scheiben verlangt nichts weiter, als ein Drehen derselben vor einem Spiegel. Die Wirkung ist überraschend und zauberhaft. – Eine Pappscheibe von etwa einem Fuß Durchmesser ist auf beiden Seiten mit Figuren versehen, welche in concentrischen Kreisen regelmäßig geordnet, den Mittelpunkt umgeben. Gegen den Rand hin ist die Scheibe mit 10 bis 14 gleich weit von einander stehenden, viereckigen Löchern durchbrochen. Die Scheibe wird auf den Zapfen eines kleinen Gestelles geschraubt, welches man in der Hand hält, und mit diesem tritt man vor einen Spiegel, so, daß das Licht auf die vertikal gehaltene Scheibe fällt. In dieser Stellung gibt man der Scheibe durch einen Stoß auf den Rand eine möglichst schnelle Drehung um ihren Mittelpunkt. Sämmtliche Randlöcher passiren nun vor dem Auge vorbei, und da dieß sehr schnell geschieht, so wird das Auge kaum gewahr, daß es nicht unausgesetzt in den Spiegel sieht. Die Figuren erhalten nun Leben und Bewegung. Angebrachte Räder drehen sich um ihre Achsen, theils so, daß sie an denselben Stellen bleiben und in andere sich entgegengesetzt drehende Räder eingreifen, theils laufen sie, sich drehend,

---

78 Stampfer 1833, S. 6

79 Oesterreichische Beobachter vom 27.04.1833, S. 530

80 Anamorphosen, welche einen Spiegel zur Entschlüsselung des Bildinhaltes benötigen, werden als katoptrische Anamorphosen bezeichnet.

um den Umfang eines größeren Rades. Ueberhaupt ist hierdurch der Erfindungsgabe ein unermeßliches Feld geöffnet.[81]

Stroboskopische Scheibe

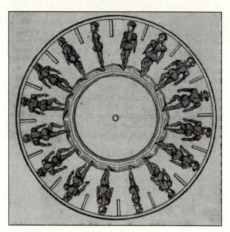

Diese »optischen Spielereien« wurden schnell erfolgreich vermarktet. Entwickelt wurden sie jedoch, um auf experimentellem Weg physiologische Erklärungen für optische Täuschungen zu finden. Stampfer selbst schreibt dazu:

> Für den Physiker dürften die vorliegenden Scheiben auch deshalb Interesse haben, weil man durch planmäßig angestellte Versuche mittelst solcher Scheiben die Dauer des Lichteindrukkes in unsern Augen mit grösserer Genauigkeit wird bestimmen können, als bisher geschehen ist. Diese Versuche können unter verschiedenen Umständen und Abänderungen angestellt werden, wodurch sich vielleicht manche interessante Resultate finden liessen, z.B. ob und wie die Dauer des Lichteindrucks abhänge von den subjectiven Eigenschaften des Menschen, seinem Alter etc., oder von den Eigenschaften des Objects, seiner Erleuchtung, seiner Farbe etc., welche Farben im Auge […] leichter, und welche schwerer zu einer gemischten Farbe verschmelzen u.s.w.[82]

Diese »optischen Spielereien« trugen nicht nur zum besseren Verständnis der visuellen Wahrnehmung bei, sondern führten darüber hinaus zu der Erkenntnis, dass, wie Hermann Helmholtz es 1855 in einem Vortrag *Ueber das Sehen der Menschen* es formulierte, »die Art unserer Wahrnehmungen ebenso sehr durch die Natur unserer Sinne, wie durch die äusseren Objecte bedingt wird«. Eine Einsicht, die nach Helmholtz, »für die Theorie unseres Erkenntnisvermögens von höchster Wichtigkeit [ist]«.[83] (MG 1833)

---

81 Realis 1838, S. 738
82 Stampfer 1833, S. 24
83 Helmholtz 1855, S. 19

1827 – VOM REISEHANDBUCH ZUM HANDBUCH FÜR »SCHNELLREISENDE«

Reisehandbücher sind ein fruchtbarer Literaturzweig der Gegenwart geworden, seitdem der Dampf Wagen und Schiffe bewegt und alle Entfernungen, die er beherrscht, uns um das Acht- bis Zehnfache verkürzt hat. Früher zählte man diejenigen, welche ›reisen konnten‹, zu den Ausnahmen des Orts, jetzt sind's diejenigen, welche immer daheim bleiben; so ist das Reisehandbuch zugleich ein Erzeugniß und ein Bedürfniß dieser durch den Dampf gehobenen neuen Zeit geworden.

Die Gartenlaube 1878[84]

1827 wurde der Linienverkehr mit Dampfschiffen auf dem Rhein zwischen Köln und Mainz aufgenommen. Im selben Jahr gründete Karl Baedeker in Koblenz eine Verlagsbuchhandlung. Nahezu zeitgleich erschien der von Johann August Klein, einem Historiker, herausgegebene Reiseführer *Rheinreise von Mainz bis Cölln* im Verlag von Franz Friedrich Röhling. Nach der Übernahme dieses Verlages durch Karl Baedeker erfolgte 1835 die zweite von Baedeker überarbeitete und erweiterte Auflage dieses Reiseführers.

Zum *Baedeker* als Synonym für Reiseführer wurde das Handbuch *Rheinreise von Straßburg bis Düsseldorf* jedoch erst mit der dritten »durchaus umgearbeiteten Auflage« im Jahre 1839. Karl Baedeker übernahm dabei das von John Murray in England entwickelte Konzept, neben kurz gehalten Hinweisen auf das »Sehenswerte« die Reisenden mit unmittelbar hilfreichen Informationen zu Übernachtungsmöglichkeiten, Fahrplänen und anderen praktischen Hinweisen zu versorgen. Mit dieser dritten Auflage wird Baedekers *Rheinreise von Straßburg bis Düsseldorf* zum Handbuch für »Schnellreisende«, denn »dickleibige« Handbücher waren etwas für die Reise in Postkutschen, die träge »den Rhein herauf- und herabkrochen und allemal die Langeweile an Bord hatten«.

Jetzt fliegt man an den reizenden Ufern vorüber. Ehe man ein breites Gerede von einem Punkte gelesen, ist schon ein anderer, nicht minder wichtiger, vorüber gerauscht. Es war also neue unausbleibliche Nothwendigkeit, daß auch die Reisehandbücher mehr in Einklang mit dieser Reiseart traten und treten müssen, das heißt, daß sie im kleinen Raume das Wichtigste und Ansprechendste zusammendrängen, mit wenigen Zügen doch ein klares Bild geben. Auch das Format hat hierauf zu sehen. Großactavbände geniren, und sind sie gar dickleibig, so ist das noch mehr der Fall. Man will eben niedliches, gefälliges Format und typographische Schönheit für sein Geld und – seine Augen, zumal in neuerer Zeit, wo die Brillen weltbeherrschend werden.[85]

---

84 Hofmann 1878, S. 552
85 Didaskalia Nr. 358/1839, S. 3

Besprechungen und Empfehlungen von Reisehandbüchern sind in den Zeitungen und Zeitschriften, die sich an ein bürgerliches Publikum wenden, mit Blick auf die bevorzugten Reisezeiten ein immer wiederkehrendes Thema.

> Jeden zieht es einmal hinaus aus ›des Zimmers engem Gefängniß‹, sich freudig zu der Natur zu retten, jeder fühlt einmal, wenn er im Staube alltäglicher Beschäftigung athmet, den sehnsüchtigen Wunsch, ›von allem Wissensqualm entladen‹ sich gesund baden zu können in der weiten schönen Gotteswelt. Läßt es sich doch heutzutage so leicht, so schnell, so wohlfeil thun. Mit der zunehmenden Erleichterung des Reisens durch Eisenbahn-, Dampfschifffahrts- und Postverbindungen, durch verbesserte Einrichtungen der Gasthöfe und durch unzählige andere dem Fortschritte der Zeit zu dankende Annehmlichkeiten nimmt die Zahl der Reisenden, besonders der Vergnügungsreisenden jährlich zu. Dem dadurch hervorgerufenen Bedürfnisse entsprechend häuft sich auch von Jahr zu Jahr die Zahl der erscheinenden Reisehandbücher, die ihrerseits das Mögliche thun, das Reisen lohnend, bequem und angenehm zu machen. Allerdings ist ein gutes Werk der Art eine der werthvollsten Gaben für den Reisenden. Es leitet ihn zweckmäßig, macht ihn auf das wirklich Sehenswürdige aufmerksam, emancipirt ihn soweit möglich von der lästigen Abhängigkeit von Führern und Lohnbedienten, bewahrt ihn vor Gefahren, so manchen großen und kleinen Unannehmlichkeiten, die minder philosophischen Gemüthern mitunter dem ganzen Genuß der Reise verbittern können, und hilft ihm Zeit und Geld ersparen. Es hat sich aber auch in unseren schreibefertigen Zeit eine ganze Literatur solcher Schriften gebildet, die sich dem Bedürfnissen der verschiedensten Classen von Reisenden, vom Reichen und Wohlhabendern bis zu dem Aermern, z.B. dem anspruchslosen wandernden Handwerksgesellen, anzupassen suchen und bald in gedrängter Kürze große Ländergebiete behandeln, bald, monographisch specialisirend, besondere für den Touristen besonders lohnende Gegenden und selbst einzelne Orte zum Gegenstande haben. […]
> Eine besondere Gruppe bilden die illustrirten Reisehandbücher, recht eigentliche Erzeugnisse unseres Zeitgeschmackes und der zur Modesache gewordenen Vorliebe des Publicums für derartige mit Bildern geschmückte Werke. Die Franzosen und Belgier sind unseres Wissens den Deutschen hierin vorausgegangen. An sich sollte man meinen, daß der Reisende, welcher irgend eine Gegend und Sehenswürdigkeit besucht, nicht weiter der Belehrung darüber bedürfe, wie sich der Gegenstand, den er in Natur kennen lernt, auf den engen Seiten seines Reisehandbuches, zwischen gedruckte Zeilen eingeklemmt, ausnehme. Für rein praktische Zwecke sind auch diese Illustrationen nicht immer zu empfehlen, denn sie vermehren den Umfang des Buches und erhöhen dessen Kostspieligkeit. Allein man geht dabei über den zunächstliegenden Zweck hinaus, man sucht mehr als ein trockenes Compendium zu bieten, man will nicht blos während der Reise ein zuverlässiger örtlicher Wegweiser sein, sondern auch durch Wort und Bild zum Reisen anregen und dem Heimgekehrten als Buch der Erinnerung dienen.[86]

Die Verlagsbuchhandlung J. J. Weber in Leipzig warb 1860 in der *Illustrirten Zeitung* mit einer Anzeige für »Illustrirte Reise-Literatur«.

> Auf den englischen, französischen und amerikanischen Bahnen sieht man in den Händen fast aller Reisenden Bücher, ausschließlich zu dem Zwecke, während der Reise sich über das Ziel derselben zu unterrichten. Die Illustrirte Reisebibliothek, die schweizerischen Fremdenführer

---

86 Leipziger Zeitung vom 13.07.1854. Wissenschaftliche Beilag, S. 119 f.

und illustrirten Reisehandbücher verfolgen den gleichen Zweck, während die in den Text gedruckten Abbildungen und beigegebenen Karten, Pläne und Grundrisse dem Reisenden wünschenswerthe Zugaben, dem Heimgekehrten angenehme Blätter der Erinnerung sein dürften.[87]

Die Anzeige wurde illustriert durch einen Holzstich, der zwei Reisende in einem Eisenbahnabteil zeigt. Der eine der Reisenden liest in einem Buch. Der andere Reisende hat offensichtlich sein Buch auf dem vor ihm liegenden Zylinder abgelegt. Durch eines der Fenster des Eisenbahnabteils hat man einen Blick auf eine Flusslandschaft mit einem Dampfer.

Illustrirte Reise-Literatur

1828 – »WENN MAN DEN STAHL DEN PIONIER DES FORTSCHRITTS UND DER CIVILISATION NENNT, SO IST AUCH DEN STAHLFEDERN IHR ANTHEIL, DEN SIE DAZU BEITRAGEN ODER BEIGETRAGEN HABEN, NICHT ABZUSPRECHEN«[88]

> Herr Gillot errichtete zu Birmingham die erste Stahl-federmanufaktur auf großer Stufenleiter. Sie lieferte schon 1851 über 180 Millionen Federn und verzehrte jährlich 120 Tonnen Stahlblech. Birmingham, das diese Industrie im Vereinigten Königreich monopolisiert, produziert jetzt jährlich Milliarden von Stahlfedern.
>
> *Karl Marx*[89]

Die Stahlfedermanufaktur wird von Karl Marx im *Kapital* als ein Beispiel für die in der ersten Hälfte des 19. Jahrhunderts neu entstandenen Industriezweige angeführt, in denen sich der Übergang vom Handwerksbetrieb über den Manufakturbetrieb zum Industriebetrieb in kürzester Zeit durch den Einsatz von Maschinen vollzog. So sei in der Stahlfedermanufaktur des Herrn Gillot »schon vor ungefähr anderthalb Dezennien ein Automat erfunden [worden], der disparate Prozesse auf einen Schlag verrichtet«.[90]

Federspaltsaal

Die Rolle, die den Maschinen im Fabrikationsprozess zukommt, wird für so interessant erachtet, dass in den Berichten über die Stahlfedermanufaktur so gut wie nie der Hinweis auf die »durch Dampfkraft bewegte, selbstthätige Stahlfedermaschine« fehlt.[91]

---

88 Oswald 1867, S. 245
89 Marx 1965, Fußnote 249 auf S. 485
90 Ebd. S. 484 f.
91 Illustrirte Zeitung Beilage Nr. 9 und 10/1851, S. 35

Die Federn des Herrn Gillot werden aus Sheffielder Stahl verfertigt, welcher, nachdem er in der gehörigen Breite geschnitten, und zwischen zwei Walzen dünn gemacht worden ist, durch eine eigene Behandlung von allen Unebenheiten und Schuppen gereinigt wird, die darin besteht, daß man die Stahlplatten in Säuren oder in eine schwache Auflösung von Viniolöl taucht. Der übrige Fabrikationsprozeß bis zur gänzlichen Vollendung der Feder wird ebenfalls in erster Linie durch lauter Maschinen bewerkstelligt, wobei Menschenhände nur eine untergeordnete Rolle spielen. Einige dieser Mechanismen werden durch Dampf, andere durch persönliche Arbeitskraft in Bewegung gesetzt. Unter diesen unzähligen Verrichtungen ist uns besonders jene complicirte Maschine aufgefallen, welche wie ein dreischneidiges Messer aus einer kleinen Guillotine herabfiel, um die verschiedenen Oeffnungen in die Feder zu schneiden. [...] Als die schwierigste Function, deren Ausführung und Ueberwachung die meiste Genauigkeit und Aufmerksamkeit in Anspruch nimmt, wurde uns das Spalten der Federn angegeben. Es geschieht durch eine Handpresse, und die Federn müssen Stück für Stück von der Arbeiterin in die erforderliche Lage gebracht werden, wie denn überhaupt jede einzelne Feder bei diesem Acte die individuellste Behandlung erfordert. Dennoch spaltet eine ihrer Aufgabe vollkommen gewachsene Arbeiterin, wenn die Maschine in Ordnung ist, und die 10 Werkstunden gewissenhaft verwendet werden, an einem Tage oft mehr als 14.000 Stück.[92]

Das Aufbiegen der Stahlfedern   *Das Spalten der Stahlfedereder*

Im *Pfennig-Magazin der Gesellschaft zur Verbreitung gemeinnütziger Kenntnisse* machte man sich 1835 darüber Gedanken, wie die außerordentlich hohe Nachfrage nach Stahlfedern zu erklären sei, zumal sich der Handel mit Gänsekielen »nicht bedeutend vermindert« hätte. Die »Ursachen des vermehrten Verbrauchs liegen«, so das *Pfennig-Magazin,*

theils in dem gestiegenen Verkehr überhaupt, theils insbesondere in dem Umstande, daß sich durch die Verbreitung der Bildung die Zahl der Personen, welche schreiben können, vermehrt hat und sich gegen frühere Zeiten wie 4 zu 1 verhält, und darin, daß bei der Wohlfeilheit der Federn mehr als früher verwüstet werden, wie man berechnet, 1/3 der gesammten jährlichen Zufuhr.[93]

---

92 C. B. a. B. 1851, S. 4
93 Pfennig-Magazin Nr. 124/1835, S. 259

1829 – DIE PAPIER-STEREOTYPIE, »EIN RIESIGER FORTSCHRITT AUF DEM GEBIETE DER TYPOGRAPHISCHEN TECHNIK«[94]

> Die Papier-Stereotypie ist, gegenüber der Steigerung
> der Massenproduction und der Concurrenz, in unseren
> Tagen zu einem unentbehrlichen Hilfsmittel für jede
> Buchdruckerei geworden; denn die leichte Vervielfäl-
> tigung ganzer Formen mittelst dieser Apparate und da-
> bei die immense Schonung des Urmaterials, werfen ei-
> nen nicht zu unterschätzenden Doppelnutzen denjeni-
> gen Buchdruckereien namentlich ab, die stereotype
> Arbeiten zu liefern haben.
> *Oesterreichische Buchdrucker-Zeitung 1873*[95]

Vor Gutenberg wurde die Druckform jeweils für eine ganze Seite aus einer Holztafel
geschnitten. Die revolutionäre Innovation Gutenbergs bestand im Druck mit beweglichen Lettern. Beim Stereotypieren wird aus dem Letternsatz über eine Matrize, die mit
Schriftmetall ausgegossen wird, eine Druckplatte geschaffen. Die Papierstereotypie,
um die es hier geht, wurde um 1829 in Frankreich erfunden.

Das Verfahren ist kurz Folgendes: Man fertigt die Matrizen (Matern) aus Seidenpapier mit
Stärkekleister, der einen Zusatz von Kreide oder Asbest erhält. Es werden ca. 5 – 10 solcher
Papierblätter mit diesem Kleister übereinander geklebt, über den Letternsatz gebreitet, mit einer Bürste fest angeklopft und alsdann unter dem festen Druck einer Presse bei gelinder Hitze
getrocknet. Die Papiermatrizen werden dann mit Schriftmetall ausgegossen und bilden nach
entsprechender Zurichtung die Druckplatten.[96]

Beim Herstellen von Druckplatten für den Druck scheint es sich auf den ersten Blick
eher um einen Rückschritt zum »Holzschnittbuch« als um einen »riesigen Fortschritt
auf dem Gebiete der typographischen Technik« zu handeln. Eine derartige Einschätzung wäre jedoch aus mehreren Gründen falsch. Ein naheliegender Vorteil der Papier-
stereotypie ist es, dass durch die Aufbewahrung von Papiermatrizen weder Lagerraum
noch Materialkosten in erheblichen Umfang gebunden werden.

Dies ist besonders bei solchen Werken von Vorteil, die, wie orientalische, und Ziffernwerke,
schwierig im Satze herzustellen sind und bedeutende Correcturkosten verursachen, von denen
man jedoch nicht mit Bestimmtheit voraussagen kann, ob sie eine zweite Auflage erleben werden.[97]

---

94 Isermann 2869, S. 62
95 Österreichische Buchdrucker-Zeitung vom 16.12.1873: Beilage: Anleitung zur Papier-Ste-
    reotypie mit Apparaten
96 Hamann 1899, S. 308
97 Isermann 1869, S. 60

Stereotypen-Ausgaben

Für die Herausgabe von Zeitungen und Zeitschriften, die in hoher Auflage erscheinen, bot die Papierstereotypie ebenfalls große Vorteile. Mit der Papierstereotypie lassen sich problemlos mehrere Druckplatten erstellen, so dass die Zeitungen und Zeitschriften bei Bedarf auf mehreren Maschinen gedruckt werden konnten, um die schnelle und zeitgleiche Auslieferung der gesamten Auflage sicherzustellen. Daneben sprechen für die Papierstereotypie noch weitere Vorteile.

Bei Zeitschriften, Tageblättern ec., die in großer Auflage gedruckt werden, nutzt sich die Schrift, hauptsächlich durch das meistentheils sehr schlechte Papier bald ab; bei großen Annoncen-Blättern ist die Erneuerung der diversen Titelschriften ein nicht unbedeutender Posten im Budget, selbst wenn dies nur alljährlich geschieht.

Ist man aber erst einmal darauf eingerichtet, die Zeitungen zu stereotypiren, so wird die Schrift eine zehnfach größere Dauer haben. Welcher immense Vorteil hierin liegt, bedarf wohl nicht erst einer weiteren Auseinandersetzung.

Man wird nun freilich einwenden, die Zeit sei zu kurz, um nach der Revision erst ans Stereotypiren zu gehen, es müsse sofort gedruckt werden, um die Post-Exemplare zu beschaffen oder um die große Auflage zur bestimmten Zeit zu liefern ec. Dem gegenüber erwidere ich jedoch, daß die ganze Procedur nicht 30 Minuten übersteigt, natürlich bei entsprechender Einrichtung, je nach Größe und dem Umfange der resp. Zeitung, und daß, wenn die Größe der Auflage es erforderlich macht, sofort ein zweiter Abguß hergestellt und auf einer anderen Maschine gedruckt werden kann. Dann ist nur die Hälfte zu drucken und die kurze Zeit, die das Stereotypiren in Anspruch nimmt, ist überreichlich wieder eingebracht.

Selbst bei solchen Zeitungen, die zuweilen während des Drucks noch anlangende wichtige telegraphische Depesche zwischenschieben, ist kein Grund vorhanden, auf's Stereotypiren zu verzichten. Solche mögliche Depeschen werden doch nur an einer bestimmten Stelle eingeschoben; diese Columne wird während des Drucks bereit gehalten, damit, wenn der Fall eintritt, dieselbe geändert und augenblicklich wieder stereotypirt werden kann. Der Druck braucht dann nur so lange sistirt zu werden, als nöthig ist, um die Platten zu wechseln.[98]

Presse zum Trocknen der Matrizen

Aus Sicht der Setzer hatte die Papier-Stereotypie jedoch eine »verderbliche Bedeutung«, sie ersparte »Satzarbeit«. Für den Setzer war sie das, »was für den Xylographen und Kupferstecher die Galvanoplastik, Zinkotypie, Chemitypie, Zinkografie ec. zusammengenommen sind, nämlich Entbehrlichmachung einer Anzahl von ›Händen‹, in den betreffenden Fächern; ein neueres Mittel zur Verwohlfeilerung der Produkte, zur Unterstützung der Konkurrenz bis an die äußerste Grenze der Möglichkeit«. Weiter heißt es in diesem Artikel aus dem *Vorwärts*, dem *Organ der Gewerkschaft Druck und Papier*:

All' diese glänzenden Triumfe des menschlichen Geistes könnte das arbeitende Volk mit Freude begrüßen, wenn der erreichte Zweck: Ersparung von Menschenarbeit, Allen zu Gute käme, wenn diese vervollkommneten Arbeitsinstrumente wirklich zum Nutzen der Gesammtheit, der menschlichen Gesellschaft dienten, [...].[99]

---

98 Isermann 1869, S. 60 ff.
99 Vorwärts. Organ der Gewerkschaft Druck und Papier 1877, S. 1

1830 – CHARLES BABBAGE UND SEIN PLÄDOYER FÜR DIE AUTOMATISCHE AUFZEICHNUNG DER GESCHWINDIGKEIT VON LOKOMOTIVEN

> At the commencement of the railway system I naturally took a great interest in the subject, from its bearing upon mechanism as well as upon political economy.
>
> *Charles Babbage[100]*

Babbage, der zumeist nur als Computerpionier bekannt ist (MG 1823), beschäftigte sich neben vielen anderen Gebieten intensiv mit Fragen des Eisenbahnverkehrs. Im September 1830 wurde die Eisenbahnverbindung zwischen Liverpool und Manchester eröffnet. An der ersten offiziellen Fahrt auf dieser Strecke nahm Charles Babbage teil.

Überschattet wurde die Eröffnung dieser Eisenbahnverbindung, die als »achtes Wunderwerk der Welt«[101] oder sogar als das »Größte Wunderwerk der Welt«[102] gefeiert wurde, durch einen tragischen Unfall. William Huskisson, der als Parlamentsabgeordneter für Liverpool das Projekt gefördert hatte, konnte einer Lokomotive nicht rechtzeitig ausweichen und starb an den Folgen der bei diesem Unfall erlittenen Verletzungen.

An dieser Station verunglückte Mr. Huskisson tödlich

---

100 Babbage 1863, S. 313

101 Wiener Theater-Zeitung vom 30.12.1830, S. 639

102 So der Titel einer in Nürnberg erschienenen Schrift, von der die *Wiener Zeitung* im 16.02.1833 auf S. 159 berichtet.

Babbage geht in seinem biographischen Rückblick *Passages from the Life of a Philosopher* in dem Kapitel über *Railways* auf diesen Unfall näher ein. Vor allem führt er jedoch in diesem Kapitel aus, warum er sich intensiv damit beschäftigte, wie die Sicherheit dieses neuen Transportmittels zu erhöhen sei. An der Eisenbahn hatten ihn von Anfang an ihre Auswirkungen auf den Maschinenbau und die Volkswirtschaft interessiert.[103]

Wie Babbage in einer auch in deutschen Zeitungen zitierten Passage seines Buches *On the Economy of Machinery and* Manufactures ausführte, beruht der volkswirtschaftliche Nutzen der Eisenbahn nicht zuletzt auf der erhöhten Geschwindigkeit des Personen- und Warentransports.

> Ein Punkt, in welchem die Förderung des schnellen Transportes die Kraft eines Landes mehret, verdient insbesondere ins Auge gefaßt zu werden. Auf der Manchester-Eisenbahn reist jährlich ungefähr eine halbe Million Menschen, und angenommen, daß jede Person auf dem Wege vom Liverpool nach Manchester nur eine halbe Stunde Zeit spart; so sind hiedurch 500,000 Stunden oder 50,000 Werktage, jeder zu 10 Stunden gerechnet, gewonnen. Dieß beträgt eben so viel als eine wirkliche Vermehrung der arbeitenden Kraft des Landes durch 167 Menschen, ohne daß dadurch die Consumtion vermehrt wird; auch verdient noch bemerkt zu werden, daß die Zeit, die hiedurch erspart wird, Menschen angehört, für die sie weit kostbarer ist, als für bloße Arbeitsleute.[104]

Für die breite Akzeptanz des neuen Verkehrsmittels waren die Fragen nach der Sicherheit, mit denen sich Babbage beschäftigt, von entscheidender Bedeutung. Babbage beteiligte sich aktiv an der »Battle of the Gauges«, also der Schlacht um die sicherste Spurweite für die Eisenbahnlinien[105], und stellte daneben Überlegungen an, in welchem Winkel Eisenplatten an den Lokomotiven angebracht werden müssten, um Gegenstände oder Tiere wie mit einem Pflug am besten von den Gleisen zu entfernen.[106] Die zentrale Rolle in seinen Überlegungen zur Erhöhung der Sicherheit kam jedoch der Einführung mechanischer Aufzeichnungsverfahren zu.

> Ich bin der festen Überzeugung, daß die Anwendung […] mechanischer Aufzeichnungsverfahren einen großen Beitrag zur Verbesserung der Sicherheit des Eisenbahnverkehrs leiste, denn sie würden die Fakten irrtumslos aufzeichnen und wären unbestechliche Zeugen der einer Katastrophe unmittelbar vorausgehenden Ereignisse.[107]

Zu dieser Überzeugung kam Babbage, da er festgestellt hatte, dass die Angaben über die Geschwindigkeit der Lokomotiven zum Zeitpunkt eines Unglücks nie übereinstimmten. Deshalb erschien es Babbage vor allem notwendig, in jeder Lokomotive die Geschwindigkeit auf der gesamten Strecke automatisch aufzuzeichnen. Bei den Untersuchungen, die Babbage zur Spurweite durchführte, setzte er ebenfalls auf automati-

---

103 Babbage 1864, S. 313

104 Babbage 1835, S. 378 – Übersetzung zitiert nach: Lesefrüchte, belehrenden und unterhaltenden Inhalts, 1834. 2. Band, 6. Stück, S. 96

105 Babbage 1864, S. 326

106 Ebd. S. 317 f.

107 Ebd. S. 333 f. – Übersetzung zitiert nach Babbage 1997, S. 229

sche Aufzeichnungsverfahren und arbeitete dabei mit ausgesprochen komplexen »selbstregistrierenden« Versuchsanordnungen.

Die Direktion der Great Western Railway überließ Babbage für seine Experimente eine Lokomotive und einen Waggon der zweiten Klasse. Im Innern des Wagens installierte er eine Platte, über die Papierbahnen rollten, auf der von mehreren Stiften Kurven gezeichnet wurden, über die die unterschiedlichen Bewegungen und Kräfte, die der Waggon während der Fahrt ausgesetzt war, nachvollzogen werden konnten.

1. Die Zugkraft.

2. Die vertikale Erschütterung in der Mitte des Waggons

3. Die seitliche Erschütterung   dto.

4. Die Enderschütterung   dto.

5., 6. und 7. Die gleichen Erschütterungen am Ende des Waggons.

8. Die Kurve, die das Zentrum des Fahrgestells auf der Erdoberfläche beschreibt.

9. Ein Chronometer markiert halbe Sekunden auf dem Papier.[108]

Mit dem Prinzip der »Selbstaufzeichnung« zur Kontrolle technischer Abläufe überforderte Babbage – wie er wusste – die technische Vorstellungskraft der für die Eisenbahngesellschaften verantwortlichen Personen, denen seine Pläne als »Träume eines Amateurs« erscheinen mussten.[109] Mit diesen »Träumen« nahm er jedoch Aufzeichnungsverfahren voraus, wie sie heute z.B. im Flugverkehr unter der Bezeichnung »Blackbox« Vorschrift sind.

---

108   Ebd. S. 320 f. – Übersetzung zitiert nach Babbage 1997, S. 219
109   Ebd. 1864, S. 329

Mediengeschichten 1831-1840

1831 – »MIT DER VERGNÜGUNGSSUCHT HÄNGT OFFENBAR DIE LESESUCHT ZUSAMMEN; BEIDE GEHEN NEBEN EINANDER GLEICHEN SCHRITT«[1]

Die gemeinste Art der Lectüre […] ist die, welche bloß zum Zeitvertreibe, oder richtiger, um durch eine Menge neuer und verschiedenartiger Gedanken Gefühl und Einbildungskraft in einen Wechsel von Spannung und Abspannung zu versetzen, angewendet wird. Hier sucht der Leser unaufhörlich neuen Stoff; diese rohe Begierde nach Stoff und gleichsam mechanischer Bewegung der innern Lebensthätigkeit ist um so schädlicher, je öfter sie durch gehaltlose oder solche Schriften, welche bloß die Sinnlichkeit oder das Gefühl anregen, befriedigt wird.
Allgemeine deutsche Real-Encyklodädie für die gebildeten Stände 1831[2]

Die im 18. Jahrhundert begonnene Diskussion über das Lesen findet im 19. Jahrhundert ihre Fortsetzung. Im Mittelpunkt der Kritik stehen dabei die Art und der Umfang der Lektüre. Diese Diskussion wird immer wieder neu ausgelöst, wenn es zu merklichen Veränderungen im Leseverhalten der Bevölkerung kommt. Da diese Veränderungen zumeist in Folge gesellschaftlicher Entwicklungen eintreten, wie z.B. der Erweiterung des Lesepublikums durch Ausweitung der Schulpflicht, ergibt sich eine kaum auflösbare Verflechtung von Lese- und Gesellschaftskritik. Dies gilt für die 20er und 30er Jahre des 19. Jahrhunderts, wenn in Zeitungen und Zeitschrift »Lesesucht und Lesewuth« zu einem charakteristischen Merkmal der Zeit erklärt wird. Ein Beispiel hierfür liefert ein 1830 in der *Bauernzeitung aus Frauendorf* erschienener Artikel.

An sich wäre das Lesen das Mittel zur Besserung, zur Veredelung Aller, am Meisten unserer Töchter und Frauen. Aber man liest nichts Nützliches, nichts Bildendes, nichts Belehrendes. Dazu ist der Geschmack verkümmert. Die Lectüre sind fade Romane, schlüpfrige Almanache

---

1   Bauernzeitung aus Frauendorf. Nr. 35/1830, S.276
2   Lemma Lectüre 1831, S. 495

und Journal-Broken. Diese Leserei hemmt das edle Bestreben, tödtet die Zeit, fördert den Leichtsinn und vergiftet die Unschuld.[3]

Die Frage nach dem »Charakter«, welche das »gegenwärtige Zeitalter« habe, könne, so der Verfasser dieses Artikels, mit einem einzigen Wort beantwortet werden: »Es heißt ›Vergnügungssucht‹.« Damit liefert er aus seiner Sicht nicht nur die Erklärung für die von ihm beklagte »Lesesucht«, sondern er sieht darin gleichzeitig den Grund, »woran es eigentlich liegt, daß wenige Familien im häuslichen und äußern Leben nicht so glüklich sind, als sie es leichthin seyn könnten, wenn sie es ernstlich wollten«.[4] Diese Kritik an der »Lesesucht« ist in einen größeren Zusammenhang einzuordnen, in einen Kampf gegen das »große Verderben der bürgerlichen Gesellschaft«, in dem es um die »Wohlfahrt des Vaterlandes« geht.[5] Die Warnung vor der »Lesesucht« und »Lesewuth« zielt vor allem auf die Lektüre von Romanen und verbindet Gesellschaftskritik mit der Kritik an der literarischen Qualität der auf den Markt kommenden Werke.

> Fast jede Messe überflutet uns mit einem Schwall ähnlicher Erzeugnisse, deren Verfasser –
> Dichter verdienen doch wohl die wenigsten von ihnen genannt zu werden? – sich gegenseitig
> an Buntheit der Erfindung, Neuheit der Motive und Effecte, und Lebhaftigkeit der Darstellung
> mit mehrerem oder minderem Glücke zu überbieten trachten, und – seltsam genug! – auch bey
> dem offenbarsten Vorherrschen des Ungeschmacks und dem augenscheinlichsten Verkennen
> des wahren Wesens der Romandichtung, dennoch ihr Publicum finden. Unerklärbar würde
> diese Erscheinung seyn, wenn uns nicht die heut zu Tage so allgemein verbreitete Lesewuth,
> die ihren Grund hauptsächlich in der oberflächlichen Tendenz der Gegenwart und ihrer Scheu
> vor jeder praktischen Richtung nach Außen zu haben scheint, einen Schlüssel zur befriedigen-
> den Lösung dieses Räthsels darböte.[6]

Kommt das Thema »Lesesucht und Lesewuth« zur Sprache, werden unterschiedliche Erklärungen geliefert. Neben der Äußerung eines allgemeinen Unbehagens an gesellschaftlichen Entwicklungen, finden sich auch genauere Ursachenzuschreibungen. Für den Verfasser eines Artikels im *Berliner Politischen Wochenblatt* ist die »Lesesucht« ein »moralisches Uebel unbedingter Gewerbefreiheit«: »Zu viele und daher wohlfeile Lese-Institute sind eben so gefährlich, als zu viele Schenkhäuser.«

> In jeder Werkstatt, in jedem Schuhladen, ja in jeder Gesindestube, wo nicht auf dem Kochherd,
> finden wir Romane und Blätter für jede Tageszeit. Es giebt nichts Verderblicheres für halbge-
> bildete junge Männer, für Töchter des Handwerkstandes und Dienstmädchen, als diese un-
> glückselige Lesesucht, die durch die Wohlfeilheit der Institute immer kräftigere Nahrung er-
> hält. Die jungen Mädchen besonders schaffen sich dadurch ein eignes Lebensbild, ganz un-
> ähnlich dem, worin sie Geburt, Vermögen und Talent, also ihr weltbürgerliches Verhältnis
> gesetzt hat. Sie nähren eine Sehnsucht nach Ständen, denen sie entweder gar nicht gewachsen
> sind, oder nach solchen, von welchen sie sich einen viel zu vortheilhaften Begriff machen,
> deren äußere Bedeutung sie eben so sehr, als ihren inneren Gehalt überschätzen.[7]

---

3   Bauernzeitung aus Frauendorf. Nr. 35/1830, S.276
4   Ebd. S.274
5   Ebd. S.276
6   F. v. F. 1832, S. 807
7   Berliner Politisches Wochenblatt vom 07.07.1832, S. 176

Zu solchen Diskussionsbeiträgen passt es dann, dass eine Meldung wie die über die Einlieferung von »7 durch Romanleserey tollgewordene Frauenzimmer« in die französische Irrenanstalt zu Charenton von vielen Zeitungen aufgegriffen wird.[8] Solche Meldungen verleihen der Aufforderung an Lehrer und Eltern Nachdruck, sie hätten bei der Erziehung von Mädchen »besonders zu wachen, daß das Lesen selbst erlaubter Bücher nicht in Sucht ausarte«.[9]

Was kann aber den Sinn der Jungfrau leichter bethören, was das Herz mehr verrücken und die Vernunft betäuben, als eben solche, oft von üppigen Bildern und Schilderungen reiche Bücher, in denen es darauf angelegt scheint, die Vernunft des jungen Lesers ganz gefangen zu nehmen, seinen Schwächen lockende Speisen zu reichen, seine erhitzte Einbildung mit üppigen Bildern zu sättigen? Auf die gereifte Vernunft können solche Bücher wenig Eindruck haben, weil sie ihren Inhalt entweder verlachen oder verabscheuen muß; aber das jugendliche unerfahrne Gemüth fesseln sie durch ihre halb verschleierten Zauberbilder der Sünde, reißen es von Schwäche zu Schwäche, von Laster zu Laster, bis es endlich auf den Trümmern seiner Unschuld, seines Glückes den schändlichen Betrug erkennt. – Sehet, Eltern, auch hier habt ihr einen wichtigen Beruf.[10]

Es finden sich jedoch auch weniger alarmistische Beiträge zu dem Thema. Für den Verfasser eines umfangreichen Artikels über »Die Literatur, ihr Zusammenhang mit dem Leben und ihr Einfluß« in der *Deutschen Vierteljahrs-Schrift* ist die »Lesesucht und Lesewuth« ebenfalls ein charakteristisches Merkmal der Zeit. Wie aus seiner Erklärung dieser Situation deutlich wird, verbindet er mit dieser Charakterisierung jedoch keine grundsätzliche Kritik an der gesellschaftlichen Entwicklung. Negative Erscheinungen werden hier nicht negiert, ohne dabei Veränderungen von vornherein mit Verfall gleichgesetzt.

Die Ursachen davon, daß die Zahl der Lesenden und die Masse des Lese-Materials seit fünfzig oder hundert Jahren so sehr zugenommen hat, sind auf den ersten Anschein nur erfreulich. Erstens rührt dieß daher, daß die Unterrichtsanstalten in den gesitteten Ländern, wie Deutschland, England, Frankreich, sich gegen früher sehr erhoben haben und daß der Wohlstand und die Lebensbehaglichkeit wenigstens gewisser Klassen gestiegen sind. Zweitens ist es auch ein Beweis davon, daß brutale, rohe und wilde Vergnügungen und Zerstreuungen jetzt vielfach einer harmloseren Art des Zeitvertreibs weichen müssen; [...]. Ist einmal die Freude am Lesen erwacht, so wird sehr leicht eine bleibende Neigung und Gewohnheit daraus, da der geweckte Wissenstrieb, die angeregte Phantasie nach neuer Nahrung verlangen, und eine solche Gewohnheit pflanzt sich dann sehr natürlich von den Eltern auf die Kinder fort.[11]

Geradezu differenziert fällt die Reaktion des Preußischen Innen- und Polizeiministeriums in einer Cirkular-Verfügung vom 19. März 1842 aus, in der sich das Ministerium mit der in Folge der »rasch fortschreitenden Gesammtbildung« steigenden Nachfrage nach dem Angebot der Leihbibliotheken auseinandersetzt. (MG 1842)

---

8   Hier zitiert nach: Das Inland (Deutsche Tribüne) vom 23.09.1829, S. 1069
9   E. B. 1830, Sp. 1799
10 Ebd. Sp. 1801
11 G. P. 1838, S. 45 f.

1832 – DER TELEGRAPH »MACHT DEN REGENTEN IN SEINEM REICHE IN GEWISSER HINSICHT ALLGEGENWÄRTIG«[12]

> Der Telegraph gehört zu den wichtigsten Erfindungen der neueren Zeit in Ansehung der unglaublichen schnellen Mittheilungen wichtiger Nachrichten an mehrere, hundert Meilen entfernte Orte. Die Erfolge solcher Mittheilungen seit dem Jahre 1793 waren so bewundernswürdig, daß sie das Erstaunen der gebildeten Welt erregten und mehrere europäische Regierungen zur Nachahmung und Einrichtungen von Telegraphenlinien, gleich den französischen, veranlaßten.
> *Allgemeiner Anzeiger 1837*[13]

Vor allem in Frankreich, aber auch in anderen Ländern, u.a. in England und Schweden, hatte man optische Telegrafenlinien eingerichtet. Überzeugt hatte dabei die Schnelligkeit der Nachrichtenübermittlung. Nachrichten aus Paris erreichten Lille in 2 Minuten, Nachrichten nach Straßburg benötigten 5 Minuten.[14]

Im Zusammenhang mit dem optischen Telegrafen sprach man von einer »Schnellschreibekunst in der Luft, um in der Ferne lesen zu können«.[15] Die Kommunikation über optische Telegrafenlinien als »Schnellschreibekunst« mit der Stenografie in Verbindung zu bringen, lag durch den ähnlichen Gebrauch von »Wort- und Satzabkürzungszeichen« nahe.[16]

> Um eine Telegraphenlinie herzustellen, wählt man von Entfernung zu Entfernung gewisse hohe Puncte, als Zwischenstationen, und legt Gebäude daselbst an, um die Maschinen so anzubringen, daß sie von den zwey benachbarten Puncten gesehen werden können. Der Raum zwischen diesen Orten ist nach Oertlichkeiten verschieden, im Durchschnitt beträgt er drey Stunden. Auf jedem Posten braucht man zwey Männer, gewöhnlich Invaliden, […].[17]

Wenn im Zusammenhang mit der optischen Telegrafie von »Maschinen« die Rede ist, ist damit der auf dem Dach einer Telegrafenstation angebrachte Apparat zur Übertragung der Signale gemeint. Bei der preußischen Telegrafenlinie bestand diese Konstruktion aus einem Mast, »an welchem 6 hölzerne Flügel […], über einander, paarweise an dem einen Ende befestigt sind«. Diese Flügel wurden mit Schnüren und Drähten aus dem Wächterhaus heraus bewegt.[18] Jeder Flügel konnte »4 deutlich voneinander zu unterscheidende Stellungen einnehmen«, so dass sich schon mit zwei Flügel-

---

12 o. V. 1833, S. 44

13 J. Fr. H. 1837, Spalte 2429

14 Wallmann 1837, Spalte 2427

15 Ebd. Spalte 2427

16 Lehmann 1835, Spalte 1663

17 Wallmann 1837, Spalte 2428

18 o. V. 1833, S. 34

paaren 256 Zeichen darstellen ließen.[19] Die Sichtverbindung zwischen den Telegrafenstationen wurde durch jeweils zwei im Beobachtungszimmer eingemauerte »fraunhofer'sche Telescope« hergestellt.[20]

In Preußen fing man im Unterschied zu anderen europäischen Staaten erst um 1830
an, ernsthaft an die Einrichtung einer optischen Telegrafenlinie zu denken. Das erste
Stück einer Telegrafenlinie zwischen Berlin und Koblenz wurde Ende 1832 in Betrieb
genommen. Insbesondere ging es dabei um eine schnelle Nachrichtenverbindung in
das seit 1815 zu Preußen gehörende Rheinland. Dies geschah mit Blick auf die Julirevolution in Frankreich, die zum Sturz des Bourbonenkönigs geführt hatte. So meldet
die *Augsburger Postzeitung* im Juni 1832 aus Berlin: »Es ist nunmehr der bestimmte
Befehl gegeben eine Telegraphenlinie von hier nach dem Rhein zu errichten; auch dieses ist in Folge der neuesten Pariser Ereignisse geschehen.«[21] Im November 1832 nach
der Einnahme von Antwerpen durch die Franzosen meldet man dann aus Berlin:

> Im Allgemeinen glaubt man nicht an Krieg; doch werden für den Nothfall alle Anstalten ge-
> troffen; die Landwehr wird wenigstens geordnet, und die Errichtung der Telegraphenlinie nach
> dem Rhein so schleunig betrieben, daß man hofft, sie werde bis zu Ende dieses Monats we-
> nigstens bis Magdeburg vollendet seyn.[22]

Im Dezember 1832 konnte die Telegrafenlinie zwischen Berlin und Magdeburg in Betrieb genommen werden. Dabei waren die Abstände zwischen den einzelnen Stationen
auf dem ersten Abschnitt dieser Telegrafenlinie kürzer als in Frankreich, »damit auch
selbst bei trüber Witterung die Linie brauchbar bleibt. Zwischen hier und Magdeburg
(18 Meilen in gerade Linie) sollen 13 Stationen eingerichtet seyn. Das Personal aus
verabschiedeten Offizieren und Unteroffizieren, ist rein militairisch uniformiert, auch
ist die ganze Einrichtung auf militairischem Fuße«.[23] Für die Telegrafenlinie zwischen Berlin und Koblenz mussten geeignete Plätze zur
Errichtung von insgesamt 60 Stationen gefunden werden. Der *Nürnberger Friedens-
und Kriegs-Kurier* weiß von Vorbehalten gegen die Auswahl sich besonders anbieten-
der Standorte zu berichten,

> interessant sollen die Bittschriften, selbst hochgestellter Beamter und Militärs sein, doch ja die
> Kirchthürme nicht dazu zu benützen, indem solches eine Profanierung der Religion sein
> würde! Wann wird unsere Zeit endlich von der Krankheit des Mystizismus und der
> Frommthuerei genesen?[24]

Dass gegenüber solchen Vorbehalten die strategische Dringlichkeit, die Telegrafenlinie ins Rheinland schnell fertigzustellen, Vorrang hatte, dafür spricht nicht nur die
Auswahl des Standorts für die dreizehnte Station auf der St. Johanniskirche in Magdeburg.

---

19 Ebd. S. 35
20 Lehmann 1835, Spalte 1663
21 Augsburger Postzeitung vom 20.06.1832: Berlin, den 14. Jun., S. 3
22 Augsburger Postzeitung vom 22.11.1832: Berlin, 16. Nov., S. 3
23 Allgemeine Zeitung vom 16. Dezember 1832, S. 1404
24 Nürnberger Friedens- und Kriegs-Kurier vom Montag, dem 3. Dezember 1832, S. 4

Preußischer Telegraph   *13. Telegrafenstation auf der St. Johannis*
mit Wachtzimmer   *Kirche in Magdeburg*

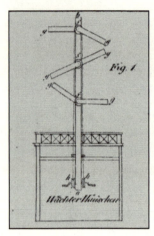 

Die Dringlichkeit für eine Telegrafenverbindung zwischen Berlin und Koblenz wird in den Zeitungen mit der militärischen Bedrohung der Rheinprovinz durch Frankreich begründet. Allerdings waren die durch die Julirevolution in Frankreich ermutigten demokratischen Bestrebungen im Rheinland ein witerer Grund, um für eine schnellere Nachrichtenverbindung zu den westlichen Landesteilen Preußens zu sorgen. 1835 erscheint eine *Beschreibung der vorhandenen Telegraphen, mit besonderer Berücksichtigung des preußischen.* Der anonyme Verfasser bemüht sich, die außenpolitische Bedrohung als Begründung für den Bau der Telegrafenlinie hervorzuheben.

> Wenn gleich der preußische Staat, an dessen Grenzen sogar die Wogen der jüngsten revolutionären Sturmfluth gebrochen sind, weil seine Bewohner mit unerschütterlicher Treue ihrer weisen Regierung anhangen und mit der reinsten Liebe ihren erhabenen Regenten verehren, keines Telegraphen bedarf, um die große Staatsmaschine vor innerer Störung zu bewahren, so scheint doch die abgesonderte Lage der beiden Haupttheile Preußens die Einrichtung desselben besonders wünschenswerth zu machen, [...]. [25]

Wenn diese Beschreibung der vorhandenen Telegraphen mit der Bemerkung schließt, »der Telegraph macht den Regenten in seinem Reiche in gewisser Hinsicht allgegenwärtig«, dann geht es hier dann doch nicht nur um die Bedrohung durch äußere Feinde.

> Der Nutzen der vom Staate unterhaltenen Telegraphen ist für den Staat selbst nicht unbedeutend, denn wenn die Regierung in wenigen Minuten Nachricht aus der entferntesten Provinzen erhalten und sogleich wieder Anzeigen oder Verhaltungsbefehle dort hin befördern kann, so vermag dieselbe vielen Uebeln vorzubeugen und manche Gefahr zu verhüten. Erhebt der Aufruhr irgendwo sein Haupt, so hat die augenblicklich davon unterrichtete Regierung Mittel genug, ihn im Keime zu ersticken [...]. [26]

---

25 o. V. 1833, S. 32
26 Ebd. S. 43

1833 – »BEKANNTLICH HAT HR. PROF. GAUSS IN VERBINDUNG MIT MEHRERN ANDERN PHYSIKERN BEOBACHTUNGEN ÜBER DEN ERDMAGNETISMUS VERANLASST, DIE VON NORWEGEN BIS NEAPEL GEHEN«[27]

Es ist vielleicht traurig für alle diejenigen, welche nicht gern von Zahlen hören, [...], daß alles, was wir mit Bestimmtheit von den Naturerscheinungen wissen, nur aus Zahlen gefolgert ist, nur auf diesen beruht. [...] Um nun diese Zahlen aus der Natur entnehmen zu können, also den geheimnisvollen Riegel, der die Räume der Kenntniß verschließt, zu öffnen, ist eine eigene Kunst, die Beobachtungskunst, und ein eigener Schlüssel, das Meßinstrument, erforderlich, und wir können geschichtlich nachweisen, wie sich die wahre Kenntniß in demselben Maaß entwickelt hat, in welchem sich die genannte Kunst herangebildet, in welchem sich die Meßinstrumente vervollkommnet haben.

Allgemeinen Zeitung 1839[28]

1833 berichteten die *Göttingischen Anzeigen von gelehrten Sachen,* dass Carl Friedrich Gauß und Wilhelm Weber ihre Beobachtungen und Messungen zum Erdmagnetismus in einem dafür eigens errichteten Magnetischen Observatorium durchführen konnten. [29] Bei diesen Beobachtungen und Messungen beschäftigten sich Gauß und Weber mit den »Elementen«, in denen sich die »magnetische Kraft der Erde« äußert, d.h. mit der Declination, Inclination und Intensität der Magnetnadel. Declination und Inclination bezeichnen das Phänomen, »dass die Magnetnadel an verschiedenen Orten der Erde sowol in der Horizontalebene von der genau nördlichen Richtung, als in der Verticalebene von der völlig horizontalen Stellung mehr oder minder abweicht.« Mit den täglichen »Schwankungen der Magnetnadel« stellte sich die Frage nach der »Intensität des Erdmagnetismus an verschiedenen Orten und zu verschiedenen Zeiten«.[30]

Mit der Declination hatte man sich schon länger intensiv beschäftigt, denn Declinationstabellen mit Angaben zur »Abweichung der Magnetnadel an verschiedenen Orten der nördlichen Halbkugel« und »Abweichungskarten«, auf denen die Abweichung der Magnetnadel durch Zahlen und Zeichen angedeutet ist«, halfen bei der Orientierung auf See und sprachen für den praktischen Nutzen der Kenntnisse über den Erdmagnetismus.

---

27 Das Ausland vom 03.02.1839, S. 135
28 Beilage zur Allgemeinen Zeitung vom 07.02.1839, S. 285
29 Göttingische gelehrte Anzeigen. 128. Stück vom 09.081834, S. 1266
30 Lemma Magnet 1846, S. 233

Auch Gauß betonte, dass »dem Seefahrer, dem Geodäten und dem Markscheider [...] ungemein viel daran gelegen sein [muß], zu wissen, wie häufigen und wie großen Störungen ein Haupthülfsmittel bei seinen Geschäften unvermeidlich unterworfen ist«.

Tabelle Declinationsabweichung

Ort der Beobachtung.	Breite.	Länge v. Greenw.	Abweichung.
Teneriffa	28° 28' N	16° 13' W	16° 0' W
Paris	48° 50' —	2° 20' O	20° 15' —
Nordcap	71° 10' —	25° 50' —	6° 0' —
Alexandria	31° 12' —	29° 55' —	11° 50' —
Petersburg	59° 56' —	30° 19' —	9° 12' —
Irkutsk	52° 17' —	104° 11' —	0° 32' O
Petropanlowsk	53° 0' —	158° 48' —	6° 19' —
Mexico	19° 26' —	103° 45' W	7° 30' —
Atlant. Meer	12° 34' —	50° 54' —	1° 45' —
— —	14° 20' —	45° 43' —	7° 0' W
— —	20° 8' —	26° 14' —	9° 0' —
— —	21° 36' —	23° 20' —	11° 0' —
St. Helena	15° 55' S	5° 43' W	12° 18' —
Moccha	13° 22' N	44° 10' O	11° 28' —
Indisches Meer	11° 57' —	63° 22' —	4° 23' —
— —	11° 13' —	87° 2' —	1° 36' O
Macao	22° 9' —	113° 48' —	0° 32' W
Amboina	3° 42' S	128° 7' —	1° 13' O
Otaheite	17° 29' —	149° 8' —	5° 0' —
Lima	12° 2' —	76° 54' W	7° 30' —
Cumana	10° 27' N	64° 50' —	4° 14' —

Der Grund, warum man der Beschäftigung mit der Declination in der Wissenschaft bisher den Vorzug gegeben habe, habe aber weniger mit der »vielfachen practischen Wichtigkeit der Kenntniß der Declination« zu tun, als mit dem »bisherigen Zustande der Beobachtungsmittel« für die anderen Phänomene des Erdmagnetismus.

Für Gauß als Wissenschaftler erschöpft sich, so schreibt er in der Einleitung zu den Beobachtungen des magnetischen Vereins im Jahre 1836, das Interesse an der Erforschung des Erdmagnetismus nicht in der praktischen Bedeutung der dabei zu gewinnenden Erkenntnisse. »Das Aufsuchen der Gesetze der Naturerscheinungen hat für den Naturforscher seinen Zweck und seinen Werth schon in sich selbst, und ein eigenthümlicher Zauber umgibt das Erkennen von Maaß und Harmonie im anscheinend ganz Regellosen.«[31]

Diesem Ziel wollten er und Wilhelm Weber mit verbesserten Instrumenten und mit dem für diese Beobachtungen und Messungen konstruierten magnetischen Observatorium näher kommen. Das Observatorium, schreiben die *Gelehrten Anzeigen*,

---

31 Gauss/Weber 1837, S. 11

bietet ein Muster dar in Beziehung auf Zweckmäßigkeit und sorgfältige Berücksichtigung aller auf die Beobachtung wirkenden Umstände: es ist frey von allen Eisentheilen, gewährt für die Instrumente eine feste, isolierte Aufstellung und schützt sie vor dem Luftzug. Der magnetische Apparat unterscheidet sich von den früheren durch wesentliche Vortheile: erst durch die Gaußische Einrichtung ist es möglich geworden, den magnetischen Bestimmungen die Schärfe zu geben, die früher den astronomischen Beobachtungen ausschließlich zukam. Ein starker Magnetstab, an einem ungedrehten Seiden- oder Metallfaden, horizontal aufgehängt, trägt an einem Ende, und zwar in senkrechter Lage gegen seine Axe, einen Spiegel: in einiger Entfernung (etwa 16 Fuß) ist ein Theodolit aufgestellt und darunter eine Scala (ein Meter in Millimeter eingetheilt) befestiget, deren Bild in dem Spiegel des Magnetstabes durch das Theodolitenfernrohr gesehen wird. Die Oscillationen des Magnetstabes zeigen sich demnach auf der Scala. Die Beobachtung geschieht nach einer neben dem Theodoliten aufzustellenden Secundenuhr.[32]

Innenansicht des erdmagnetischen Observatoriums in Göttingen

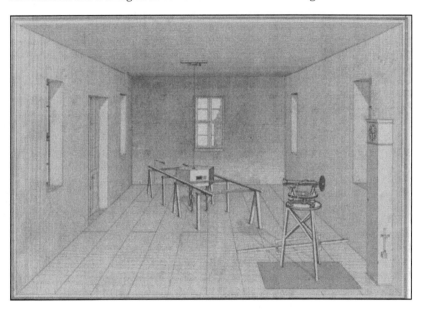

Das Magnetische Observatorium in Göttingen und die verbesserten Instrumente boten, wie die *Gelehrten Anzeigen* schreiben, »ein Muster dar in Beziehung auf Zweckmäßigkeit und sorgfältige Berücksichtigung aller auf die Beobachtung wirkenden Umstände«, eine erfolgreiche Erforschung des Erdmagnetismus setzte aber »correspondirende Beobachtungen« voraus.

Bei der Wahrnehmung, daß der Erdkörper selbst magnetische Erscheinungen darbiete [...], welche theils in horizontalen und verticalen Abweichungen der Magnetnadel, theils in Veränderungen in der Stärke dieser Abweichungen bestehen, war es in wissenschaftlicher Beziehung höchst wichtig, über die Gleichzeitigkeit und die relative Größe dieser Abweichungen in der Richtung und Neigung der Magnetnadel sowol als in der Intensität des Erdmagnetismus an

---

32 Gelehrte Anzeigen Nr. 200/1837, Sp. 575

verschiedenen und möglichst vielen Punkten der Erde Beobachtungen zu haben, weil nur daraus eine sichere Theorie des Erdmagnetismus sich ableiten ließ.[33]

Auf die Bedeutung der »correspondirenden Beobachtungen« hatte Alexander von Humboldt, der sich schon lange vor seiner Südamerikareise intensiv mit dem Erdmagnetismus beschäftigt hatte, hingewiesen. Bereits 1828 wurde auf seine Initiative in Berlin ein magnetisches Observatorium errichtet. Die Mitglieder des durch ihn begründeten magnetischen Vereins sollten »regelmäßig sieben Mal des Jahres oder wenigstens zur Zeit der vier Sommersonnenwenden und der Tag- und Nachtgleichen mindestens von Stunde zu Stunde [...] Beobachtungen anstellen und deren Ergebnisse zum Zweck der Vergleichung einschicken«.

Indeß der Eifer erkaltete allmälig und nur an wenigen Orten wurden die bestimmten Fristen eingehalten. Da gab die Schrift des Hofraths Gauss in Göttingen über die Intensität des Erdmagnetismus, in welcher die Größe der erdmagnetischen Anziehung mit absolutem Maße messen gelehrt wurde, sowie die von ihm und dem Professor Wilhelm Weber angegebene Beobachtungsmethode mit einem neuen Instrumente der Untersuchung einen neuen Aufschwung und ein umfassenderes Feld, und der erste Bericht über die an mehreren Orten gleichzeitig angestellten Beobachtungen und deren Folgerungen erregten ein so allgemeines Interesse, dass sich immer mehr Physiker den göttinger Beobachtungen anschlossen und sich ein zweiter magnetischer Verein bildete, dessen Mittelpunkt Göttingen ist.[34]

Der neue Verein fand sehr schnell Teilnehmer »innerhalb u. außerhalb Deutschlands« und war, wie aus Zeitungsmeldungen im Februar 1838 zu entnehmen ist, »fortwährend im Zunehmen begriffen«. »Es wurde daher statt des Briefwechsels ein anderes Organ für Mittheilungen der Resultate u. was sonst noch über Instrumente etc. zu sagen ist, nöthig.« Diese Funktion übernahmen die ab 1837 erscheinenden von Gauß und Weber herausgegebenen *Resultate aus den Beobachtungen des magnetischen Vereins*.[35]

Die Inhalte der ersten Ausgabe zeigen, dass es Gauß und Weber sehr konkret darum ging, den Mitgliedern ihres Vereins Anleitungen und Hilfestellungen zu geben, damit die durchzuführenden »correspondirenden Beobachtungen« nicht nur zeitgleich erfolgten, sondern die Beobachtungen auch nach denselben methodischen Vorgaben durchgeführt wurden, um vergleichbare Daten zu erhalten.

Dabei wird auch auf »scheinbare Geringfügigkeiten« eingegangen, die es doch verdienen, erwähnt zu werden, »da mancher angehende Beobachter, ohne im voraus aufmerksam darauf gemacht zu sein, sie anfangs leicht übersehen könnte«. So macht man darauf aufmerksam, dass es einer Spinne gelungen sein könnte, in den Kasten zu gelangen, die dort »ein Gewebe oder einen einzelnen Faden zwischen dem Magnetstabe oder dessen Zubehör, und dem Kasten [knüpft], und hemmt dadurch die freie Bewegung des Magnetstabes. Man thut daher wohl, sich kurz vor jedem Termin erst zu überzeugen, daß der Kasten innen rein ist«.[36]

---

33 Lemma Magnetische Vereine 1846, S. 234
34 Illustrirte Zeitung Nr. 50/1844, S. 375
35 Literarische Zeitung H.7/1838, Sp. 134
36 Gauss/Weber 1837, S. 44 f.

Alexander von Humboldt unterstützte die Aktivitäten des Vereins[37], indem er in Zeitungen zur Unterstützung bestimmter Forschungsvorhaben aufrief, so in der *Allgemeinen preußischen Staats-Zeitung* anlässlich einer »physiksalischen Reise von Hr. Parrot, Professor zu Dorpat [...] nach dem Nord-Cap«:

> Der Reisende wünscht ›correspondirende Beobachtungen für 9/21, 12/24. 10/28 und 19/30
> August 1837, von fünf zu fünf Minuten, und zwar vom Mittag eines der genannten Tage bis
> zum Mittag des nächstfolgenden, in Göttinger mittlerer Zeit‹. Diese Bitte ist vorzugsweise an
> diejenigen, unserer weit verbreiteten magnetischen Stationen gerichtet, auf denen man mit
> dem vortrefflichen magnetischen Spiegel-Apparat des Hofraths Gauß beobachtet. Berlin den
> 2. August 1837 Alexander von Humboldt[38]

Auf Alexander von Humboldts Engagement geht auch maßgeblich die europaweite Zusammenarbeit zur Erforschung des Erdmagnetismus zurück. So hatte er 1829 auf seiner russisch-sibirischen Forschungsreise die russische Regierung für erdmagnetische Forschungen interessieren können. In einem Brief an den Herzog von Sussex, dem damaligen Präsidenten der Royal Society, warb Humboldt mit dem Hinweis auf die in Göttingen erzielten Fortschritte erfolgreich für eine Beteiligung Englands an dem erdmagnetischen Forschungsvorhaben. Außerdem werden, wie verschiedene Zeitungen berichten, in allen von der englischen Regierung errichteten Observatorien, »ausschließlich die vortrefflichen und sicheren Apparate und Beobachtungsmethoden des Hrn. Hofrath Gauß angewendet werden«.[39] Im Oktober 1839 beginnen in Göttingen die »Conferenzen des magnetischen Congresses«. Über diesen Kongress berichtet die *Deutsche Vierteljahrsschrift* in der Rubrik *Vereine*:

> Zu Erforschung des Erdmagnetismus hat sich durch Gauß in Göttingen ein Verein europäischer Gelehrten gebildet, welche mit dem 1. Jan. 1840 seine Beobachtung auf den verschiedenen Warten gleichzeitig beginnen wird. In Dublin, Montreal, wahrscheinlich auch auf St. Helena, auf dem Vorgebirge der guten Hoffnung, in Vandiemensland, St. Petersburg, Barnant, Katharinenburg, Nertschinsk und an 7 Stationen in Ostindien werden von 2 zu 2 Stunden alle drei Elemente der erdmagnetischen Kraft vollständig bestimmt werden, und zwar überall gleichzeitig, nämlich um 0, 2, 4, 6, 8 bis 24 Uhr nach mittlerer Göttinger Zeit. Von Monat zu Monat werden die Elemente zur Reduction der Beobachtungen auf absolutes Maaß auf allen Warten neu bestimmt. Alle Vierteljahre werden die Termine des magnetischen Vereins gehalten, wo die correspondirenden Deklinations- und Intensitäts-Variationen 24 Stunden lang von 5 zu 5 Minuten beobachtet werden. Auch Capitän Roß und seine Begleiter werden auf dem Eise des südlichen Polarmeeres und andern Punkten, wo die Expedition verweilen wird, mit 2 vollständigen Observatorien Beobachtungen anstellen, und zugleich hofft man, auch andere

---

37 Wie aus dem heute zugänglichen Briefwechsel hervorgeht, war trotz der gegenseitigen Wertschätzung das Verhältnis zwischen Alexander v. Humboldt und Carl Friedrich Gauß nicht immer spannungsfrei. Vgl. Kurt-R. Biermann: Aus der Vorgeschichte der Aufforderung Alexander von Humboldts von 1836 an den Präsidenten der Royal Society zur Errichtung geomagnetischer Stationen. – https://publishup.uni-potsdam.de/opus4-ubp/frontdoor/deliver/index/docId/3344/file/hin11_89-121.pdf

38 Allgemeinen preußische Staats-Zeitung vom 04.08.1837, S. 866

39 Beilage zur Allgemeinen Zeitung N. 135 vom 15.05.1839, S. 1041

Regierungen der europäischen Staaten werden sich für diesen Verein interessiren und sein Zwecke fördern. Staatsrath Kupffer aus Petersburg, Major Sabine aus London und Professor Lloyd aus Dublin haben sich in Göttingen mit Professor Gauß vereinigt, um eine Correspondenz zwischen den drei Centralpunkten des wissenschaftlichen Unternehmens, London, St. Petersburg und Göttingen, zu erleichtern.[40]

Der in dieser Mitteilung genannte russische Vertreter auf diesem Kongress, der Staatsrat Kuppfer aus St. Petersburg, verband mit diesem Vorhaben weitgesteckte Hoffnungen.

Wenn durch die Concurrenz so vieler Beobachter, durch ein so beharrliches Erforschen der magnetischen und meteorologischen Phänomene man endlich die Gesetze entdeckt, die ihren Gang bestimmen, wie man die Gesetze gefunden hat, nach welcher eine göttliche Hand die Bahn der Planeten regelte? Wenn man endlich die Ursache dieser sonderbaren Störungen findet, welche die Magnetnadel zu unbestimmten Zeiten bewegen, und die uns mysteriösen Bewegungen in den flüssigen Massen zu enträthseln scheinen, von welchen unsere Erdkugel zusammengesetzt ist? Wenn es einem anhaltenden Studium der meteorologischen Phänomene gelingt, die Finsterniß zu lichten, in die der Volksglaube diesen Theil der Physik gehüllt hat? Würde nicht ein neues Element dem geistigen Wohle der Gesellschaft verliehen werden, wenn den Ideen eine neue Bahn, der Forschung ein neuer Gegenstand sich eröffnet?[41]

---

40 Deutsche Vierteljahrsschrift H. 1/1840, S. 389
41 Kupfer 1840, S. 1379

1834 – ERST DIE STENOGRAPHIE HAT »EINE TEILNAHME DES GROSSEN VOLKES AN DEM POLITISCHEN LEBEN ÜBERHAUPT ERMÖGLICHT«[42]

Stenographie (v. Griech.), die Eng-, Kurz-, Schnell- oder Geschwindschreibkunst, auch Redezeichenkunst genannt, die Kunst, die Worte eines Sprechenden in derselben Zeit, in welcher der Mund des Redenden sie zu vollenden im Stande ist, mit solcher Genauigkeit aufzuzeichnen, daß jeder dieser Kunst-Kundigen, gleichviel ob sofort oder nach langen Jahren vermag, das Notirte wortgetreu geläufig zu lesen oder in gewöhnliche Schrift zu übersetzen.

Das große Conversations-Lexikon für die gebildeten Stände 1852[43]

Stenografische Systeme waren seit der Antike bekannt. Das im 19. Jahrhundert verstärkt aufkommende Interesse an der Stenografie hängt eng mit der Verbreitung des Parlamentarismus zusammen. Im Gebiet des Deutschen Bundes spielt dabei der Artikel 13 der Wiener-Congress-Akte eine Rolle. In diesem Artikel verpflichteten sich die deutschen Fürsten,

ihren Staaten eine repräsentative Verfassung geben zu wollen, […] und zwar unter den Auspizien der zum Reichsgrundsatze erhobenen Oeffentlichkeit der Berathung über die allgemeinen Landes-Interessen und der freygegebenen öffentlichen Bekanntmachung der Verhandlungen hierüber.[44]

Franz Xaver Gabelsberger, der Erfinder des in Deutschland und Österreich erfolgreichsten Stenografiesystems, hatte sich seit 1817 privat mit der »Ermittlung einer Schnellschrift« befasst. Erst 1819 als in Bayern die erste Ständeversammlung einberufen wurde, ging ihm, wie er in der Vorrede zu seiner 1834 veröffentlichten *Anleitung zur deutschen Redezeichenkunst oder Stenographie* erläutert,

der Gedanke auf, dass ich mich durch meine bisher ohne nähere Bestimmung gepflegte Kunst vielleicht nützlich machen könnte, nachdem ich aus den Zeitungen wusste, dass in England und Frankreich eigene Schnellschreiber zur Aufnahme der ständischen Verhandlungen verwendet werden.[45]

Gabelsberger, der als Kanzlist im bayerischen Staatsdienst arbeitete, protokollierte in den Folgejahren die Sitzungen der Ständeversammlung mit Hilfe seiner Schnellschreibmethode, die er dabei fortwährend verbesserte. 1829 wurde sein System »auf

---

42 Trömel 1894, S. 117
43 Lemma Stenographie 1852, S. 266
44 Gabelsberger 1834 S. 84
45 Ebd. S. 7

allerhöchstem Auftrage von der königl. Akademie der Wissenschaften einer Prüfung unterzogen«. In dem Gutachten wurde Gabelsberger bescheinigt, dass sein System bezogen »auf die Natur des deutschen Alphabetes und auf die Eigenthümlichkeit der Formen und Wortbildung« dem englischen Stenografiesystem überlegen sei.[46] Gabelsbergers Vorbild war die »schnelle Bekanntmachung der Parlaments-Verhandlungen und Beschlüsse« in England, von der er in seiner *Anleitung zur deutschen Redezeichenkunst* geradezu schwärmt.

> Gegenwärtig wird die Stenographie in England zum Zwecke der Veröffentlichung der Parlaments-Verhandlungen mit einer Vollkommenheit und in Begleitung von unterstützenden Mitteln angewendet, welche für den Uneingeweihten allen Begriff übersteigt. – Was im englischen Parlamente in später Mitternacht verhandelt und gesprochen wird, ist des andern Morgens früh 7 – 8 Uhr schon in tausendfältigen Zeitungsabdrücken im Publikum verbreitet, und noch hat der letzte Redner nicht ausgesprochen, so sind die ersten Bogen der Verhandlung schon der geschäftigen Presse entströmt, wozu vorzüglich auch die von unseren berühmten Landsleuten HH. König und Bauer erfundene Schnelldruckpresse, welche, durch Dampf bewegt, statt wie die bisherigen Buchdruckpressen nur 2 – 300, 2 – 3000 Abdrücke in einer Stunde zu liefern im Stande ist, unendlich viel beyträgt.[47]

Aus der Sicht der Zeitgenossen ermöglichen erst die auf der Grundlage stenografischer Protokolle veröffentlichten Parlamentsberichte den Bürgern ein eigenständiges Urteil über Positionen und Meinungen ihrer Repräsentanten. Ohne die Parlamentsstenografie

> wäre eine direkte Beziehung zwischen dem Volke und seinen Vertretern ausgeschlossen. Mit ihrer Hilfe finden die Kammerverhandlungen gewissermassen vor dem ganzen Volke statt. Die einzelnen Redner stehen unter dem Eindruck, dass sie nicht nur vor und zu ihren Kollegen, sondern vor und zu ihrer Wählerschaft sprechen. Dabei sorgt die Stenographie durch die genaue Aufzeichnung der Reden, der Motive zu den Anträgen usw. dafür, dass die historische Treue in dem Gang der Gesetzgebung des Landes gewahrt wird.[48]

Die Stenografie blieb jedoch nicht auf diese Zwecke beschränkt. Wenn man von der »Gemeinnützigkeit der Stenographie« sprach, ging es dabei nicht nur um das exakte Protokollieren des gesprochenen Wortes, sondern insbesondere um die Zeitersparnis bei allen mit der Verschriftlichung verbundenen Vorgängen.

> Die Vorteile, welche eine allgemeine Verwendung der Stenographie für den Staat wie für jeden Einzelnen haben müsste, sind ebenso einleuchtend wie unberechenbar. Heutzutage, wo alles Streben darauf gerichtet ist, Zeit und Raum möglichst auszunützen, bildet die Stenographie ein unentbehrliches Glied in der Kette der grossen Erfindungen und Entdeckungen, welche, um die Zeit und Kräfte der Menschen zu sparen, die Kräfte der Natur den Bedürfnissen der Menschen dienstbar gemacht haben. In einer Zeit, wo die vor kaum 30 Jahren noch als Wunder angestaunte Schnelligkeit des Dampfwagens der Ungeduld des Publikums oft schon

---

46 Ebd. S. IX
47 Ebd. S. 66
48 Trömmel 1894, S. 8

nicht mehr Genüge leisten kann, [...], in einer solchen Zeit kann die langsame, schwerfällige Kurrentschrift als Mittel des Gedankenaustauschs nicht mehr genügen.[49]

Perlen deutscher Redezeichenkunst

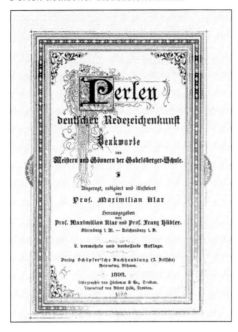

Mit dem Interesse an der Stenografie veränderte sich der Blick auf Sprache. Gabelsbergers Schnellschreibsystems war das Ergebnis einer systematischen Beschäftigung mit »dem Charakter der deutschen Sprache«. Nicht umsonst wird in der Vorrede zur 2. Auflage *Der Anleitung zur deutschen Redezeichenkunst oder Stenographie* von Gabelsberger gesagt, »ihm gebührt [...] wohl mit Recht der Name eines Vaters der deutschen Redezeichenkunst«, denn er habe »ein selbständiges, auf den Charakter der deutschen Sprache unmittelbar gestütztes System der Stenographie aufgestellt«.[50]

Mit merklich grösserer Sicherheit begründete Gabelsberger seine Schriftzeichen aus dem Iterations- und Kombinations-Verhältnis, er unterlässt es bei keinem Zeichen, darauf hinzuweisen, wie gerade sein mehr oder minder häufiges Vorkommen, sowie die Neigung zur Verbindung, welche der betreffende Laut mit gewissen anderen Lauten eingehe, auf die Wahl des Zeichens von Einfluss gewesen sei. Dieses Iterations-Verhältnis richtig zu ergründen, liess sich Gabelsberger keine Mühe verdriessen, er begnügte sich nicht mit den Erfahrungen der Dechiffrirkunst,[51] auch die Iterations-Tabellen, nach denen die Buchdrucker ihre Lettern in grösserer oder geringerer Menge giessen, genügte ihm nicht, [...]. Gabelsberger schrieb sich daher aus Adelung's grossem Wörterbuch, Seite für Seite der 4 Quartbände, alle deutschen

49 Ebd. S. 16

50 Gabelsberger 1850, Vorrede

51 Beim Dechiffrieren von Geheimschriften suchte man nach den für einzelne Sprachen typischen Kombinationen von Buchstaben.

Wurzeln und Stammsilben sammt ihrer Umänderungen heraus und ordnete dieselben nach dem Zusammentreffen der Konsonanten, während er die Vokale wegen ihrer meist simbolischen Bezeichnung nur durchlaufend behandelte.[52]

In der Folgezeit beschäftigten sich die Stenografenvereine weiterhin mit statistischen Untersuchungen. 1892 wurde dann auf »dem Berliner Stenographentage der Plan gefaßt, eine genaue Auszählung der deutschen Sprache, eine Untersuchung über die Häufigkeit des Vorkommens der einzelnen Wörter, Sylben und Buchstaben im gesammten Sprachschatz zu veranstalten«.[53] Derartige Untersuchung seien bislang noch nicht durgeführt worden, »sind aber unbedingt erforderlich, wenn man ein wirklich zweckmäßiges stenographisches System aufstellen oder ein vorhandenes ausbilden will«.[54] An dem Vorhaben waren 1320 Personen beteiligt. Die Ergebnisse wurden in den Jahren 1896 und 1897 in dem »Häufigkeitswörterbuch der deutschen Sprache« in zwölf Lieferungen veröffentlicht.[55]

Bei der Stenografie ging es jedoch nicht nur um »zweckmäßige stenographische System«, es ging auch um geeignete Schreibwerkzeuge. Nach Gabelsberger waren »Federn« für den Stenografen bei »einem Geschäfte, in welchem selbst die Sekunde Zeit sorgfältig in Anschlag gebracht werden muss«, nicht die optimalen Schreibwerkzeuge. Sie wurden schnell stumpf, so dass die Schrift unleserlich wird, und außerdem »verursacht das fortwährend notwendige Eintauchen der Feder, mag es auch noch so schnell vor sich gehen, dennoch im Ganzen einen wesentlichen Zeitaufenthalt.«[56] Gabelsberger empfahl mit Bleistift zu schreiben und zwar mit den »echt englischen aus der Fabrik Brookman und Langdon in England H. H«. Nach Gabelsberger lohnte sich die Ausgabe für diese teuren Stifte, da sie sich »so fein wie eine Nadel« spitzen lassen, ohne dass bei richtiger Führung des Bleistifts gefürchtet werden muss, dass die Spitze abbricht.[57]

Brookman & Langdon's Bleistifte

52 Faulmann 1868, S. 16
53 Die Presse vom 05.04.1893, S. 9 f.
54 Kaeding, 1898S. 5
55 Grazer Tagblatt vom 31.12.1896, S. 3
56 Gabelsberger 1834, S. 378
57 Ebd. S. 378

Die Stenografie fand in vielen Bereichen Anwendung, aber erst die Verbindung der Stenografie mit der Schreibmaschine, die als »Gefährtin der geflügelten Feder«[58] bezeichnet wurde, führte zu tiefgreifenden Veränderungen in der Büro- und Verwaltungsarbeit. (MG 1887) In der *Deutschen Stenographen-Zeitung* liest man 1895, die Erwartungen, die Stenografen würden durch die Verbreitung der Schreibmaschinen »bald überflüssig werden«, hätten sich nicht erfüllt. Es kam anders,

> jemehr Schreibmaschinen gekauft wurden, destomehr Stenographen wurden verlangt, denn man sah ein, daß beide Faktoren – Stenograph und Schreibmaschine – zusammenwirken müssten, wenn die höchste Schnelligkeit erreicht werden soll.«[59]

Offene Stellen – 1896

---

58 Deutsche Stenographen-Zeitung 1901, S. 422
59 Hahn 1895, S. 277

1835 – »DIE STATISTIKER HABEN DARGELEGT, DASS IN DEN MEISTEN VERHÄLTNISSEN DER GESELLSCHAFT EINE REGELMÄSSIGKEIT WALTET, WELCHE EHER AN DIE NOTHWENDIGKEIT DER NATUR, ALS AN DIE WILLKÜR IM MENSCHLICHEN LEBEN GEMAHNT«[60]

Nachdem wir gesehen haben, welchen Weg die Wissenschaften hinsichtlich des Weltsystems gegangen sind, können wir da nicht versuchen, ihn hinsichtlich des Menschen zu betreten? Wäre es nicht unsinnig anzunehmen, daß, während alles nach so bewundernswerten Gesetzen vor sich geht, das menschliche Geschlecht allein blind sich selbst überlassen sei, oder keinerlei Prinzip der Erhaltung besitze? Ohne Scheu können wir behaupten, daß eine solche Annahme eine Beleidigung der Gottheit wäre und nicht die Untersuchung, die wir uns zum Ziele gesetzt haben.

Quetelet 1838[61]

Unter den Statistikern, die sich mit der »Regelmäßigkeit« befasst haben, die in den »meisten Verhältnissen der Gesellschaft waltet«, nimmt der belgische Mathematiker und Astronom Adolphe Quetelet als Begründer der »Socialphysik« einen prominenten Platz ein.

Quetelet veröffentlichte 1835 die Ergebnisse seiner statistischen Untersuchungen und die darauf basierenden Thesen unter dem Titel *Sur l'homme et le développement de ses facultés ou essai de physique sociale*. Eine zweite, nur wenig veränderte Auflage dieses Buches erschien 1869 unter dem Titel *Physique sociale ou essay sur le développment des facultés de l'homme*. Durch diese Umstellung im Titel hebt Quetelet das Hauptanliegen seiner Untersuchungen noch deutlicher hervor. Es geht ihm um den Nachweis, dass die »Handlungen des Menschen bestimmten Gesetzen« folgen.

Wir haben […] gesehen, dass der Mensch nicht allein in Beziehung auf seine körperlichen Fähigkeiten, sondern selbst in Bezug auf seine Handlungen unter dem Einflusse von Ursachen steht, die grösstentheils etwas Regelmässiges und Periodisches haben und eben so regelmässige und periodische Wirkungen nach sich ziehen. Durch fortgesetzte Forschungen kann man diese Ursachen und die Art, wie sie wirken, oder die Gesetze, deren Grundlage sie bilden, ausfindig machen; aber, wie schon bemerkt, muss man zu dem Ende die Massen studiren, um aus den Beobachtungen alles Zufällige oder Individuelle zu entfernen. Die Wahrscheinlichkeitsrechnung zeigt, dass unter übrigen gleichen Umständen man sich um so mehr der Wahrheit oder den Gesetzen, die man ergründen will, nähert, eine je grössere Anzahl von Individuen den Beobachtungen zur Stütze dienen.[62]

---

60 sch–e 1862, S. 272
61 Quételet 1838, S. 20
62 Ebd. S. 9

Der Anspruch die Gesetze des sozialen Zusammenlebens zu »ergründen«, lässt sich nicht ohne die »Mathematik im Allgemeinen und speciell, die Wahrscheinlichkeitsrechnung« einlösen, ohne »sie gibt es nur unsichereres Herumtappen«.[63]

Trotz der bisherigen Bemühungen der Statistiker war die Anzahl der Thatsachen theils noch zu gering, theils ihre Gewichtung und Bedeutung noch zu wenig gewürdigt, um auf denselben eine ›Physik der menschlichen Gesellschaft‹ zu begründen. In neuester Zeit hat jedoch Quetelet den Versuch gemacht, für die Ausmittelung derartiger, auf den Menschen als Mitglied einer großen Gesellschaft sich beziehenden Gesetze eine mathematische Basis zu gewinnen. Man muß diesen Versuch, der auf vieljährigen Arbeiten und Untersuchungen des genannten Naturforschers beruht, um so dankbarer anerkennen, als diese Art, ein Gesetz auszumitteln, die einzige ist, die uns aus den Gefahren erträumter Spekulationen rettet.[64]

In einem Nachruf auf Quetelet schreibt der österreichische Volkswirt und Statistiker Franz Xaver Neumann[65] 1874 in der *Neuen Freien Presse*: »In der glücklichen Anwendung der Naturwissenschaften auf Doctrinen, welche man vordem nur durch das Fernrohr der Speculation zu betrachten gewohnt war, liegt das bleibende Verdienst des Geschiedenen.« Quetelets »ungeschmälertes Verdienst« sei es, so Neumann, »durch die Einführung des ›Durchschnittsmenschen‹ in die Statistik dieser Wissenschaft ganz neue Blicke erschlossen zu haben«.[66]

Naturforscher vom Fach, behauptet er auch in seinen statistischen Arbeiten einen naturalistischen Gesichtspunkt. Aber er ist kein blosser Arithmetiker. Er begnügt sich nicht damit, die mathematisch dargestellten statistischen Materialien blos zu vergleichen. Er suchte vielmehr durch die Betrachtung grosser Reihen von Thatsachen nachzuweisen, dass in verschiedenen, das physische und geistige Menschenleben betreffenden Verhältnissen eine grosse Regelmäßigkeit herrscht, welche zwar nicht in den einzelnen Erscheinungen, wohl aber in der Gesammtheit sich zeigt. Und dann zog er aus dem ziffermässigen Material die philosophische und politische Folgerung. Er fasste die Vorgänge im menschlichen Leben als Aeusserungen von Gesetzen auf und betrachtete die Erforschung dieser Gesetze als die allein einer Wissenschaft würdige Aufgabe der Statistik.[67]

Für den katholischen Klerus war Quetelet »der Antichrist«[68], da er im Geiste des Materialismus mit seinem Entwurf einer »socialen Physik« den freien Willen des Menschen in Frage stelle.

Immerhin beobachte man die sich oft wiederholenden Erscheinungen, man mache die guten oder schlimmen Symptome bemerklich, nichts ist empfehlenswerther; aber wenn man vergißt auf das erste Blatt zu schreiben: der Mensch sey mit freier Thatkraft geschaffen und sein Wille

---

63 Becher 1846, S. 647
64 Populäre österreichische Gesundheitszeitung vom 29.04.1839, S. 281 f.
65 Als der Vater 1875 geadelt wurde, nahm Franz Xaver Neumann den Namen Neumann von Spallart an.
66 Neumann 1874, S. 1 u. 2
67 Haushofer 1882, S. 16
68 M. S. 1874, 274

vermöge immer gegen das Böse zu kämpfen: dann hat man sich zum Apostel eines groben und gefährlichen Fatalismus gemacht; man hat mehr gethan als ein schlechtes Buch geschrieben. Diese Lehre findet sich z.B. in dem Buche des Herrn Quetelet: Ueber den Menschen und seine Entwicklung, oder Versuch einer socialen Physik, worin folgende Sätze ausgesprochen werden: ›die Thätigkeiten der einzelnen Individuen haben ihre Nothwendigkeit … Aus einem gegebenen socialen Organismus entspringen als nothwendige Folge eine gewisse Anzahl Tugenden und Verbrechen. Diese Nothwendigkeit findet sich im Guten wie im Bösen; in der Hervorbringung des Heilsamen wie des Schädlichen; in dem Entstehen von Meisterwerken und Großthaten, welche ein Land ehren, wie in der Erscheinung von Geißeln welches es verwüsten.[69]

Diese Kritik blendet aus, dass für Quetelet »die Gesetze, nach welchen sich die Verhältnisse der menschlichen Gesellschaft reguliren«, nicht unveränderlich sind.[70] So verweist er darauf, dass »die Fortschritte der Civilisation eine Aenderung der Gesetze der Sterblichkeit zur nothwendigen Folge« gehabt haben.[71] Gegen den Vorwurf des Materialismus nehmen ihn die Stimmen in Schutz, die in seinem Entwurf einer »Socialen Physik« die Möglichkeiten sehen, gesellschaftliche Entwicklungen positiv zu beeinflussen.

Der Mensch, indem er die gefährlichen Einflüsse, die seine Entwicklung bedrohen, kennen lernt, weiß ihnen entgegenzuwirken, und vor ihnen sich zu bewahren; der Staatsmann erkennt durch die Statistik die Punkte, auf welche seine Thätigkeit theils vorbeugend, theils entfernend, theils belebend wirken muß. Ueberall aber lehrt die wahre Benützung der Statistik, daß der Geist die materiellen Verhältnisse beherrscht, und daß nur eine harmonische, geistige und moralische Ausbildung die Fortschritte der Menschheit sichert.[72]

Armut und Lebenserwartung

---

69 Blätter zur Kunde der Literatur des Auslands 11.05.1836, S. 98

70 Der im Text erwähnte Johann Ludwig Casper war ein preußischer Rechtsmediziner mit einem besonderen Interesse für die »medicinische Statistik«. U.a. veröffentlichte er 1843 eine Untersuchung »Ueber die wahrscheinliche Lebensdauer des Me nschen«.

71 Quételet 1838, S. 10 f.

72 Mittermaier 1836, S. 323

1836 – PIANOFORTE AUS GUSSEISEN: »AUCH IN DER REGION DER KUNST BEGINNT DAS EISEN EINE ROLLE ZU SPIELEN«[73]

Die Herren Eder und Gaugain zu Rouen haben eine Medaille für ein Pianoforte aus Gußeisen zuerkannt bekommen. Da das Eisen bei gleicher Festigkeit einen geringen Raum einnimmt, so hat der Resonanzboden mehr Freiheit der Schwingungen, auch gibt das dem Eisen eigenthümliche Anhalten des Klanges den Mitteltönen vorzüglich einen besondern Reiz. Sowol in der Höhe als der Tiefe zeichnet sich das Instrument durch Wohlklang aus, und es verstimmt sich weit schwerer, da das Eisen unbiegsamer ist.

Pfennig-Magazin 1836[74]

Die Meldung über das »Pianoforte aus Gußeisen« erschien 1836 im *Pfennig-Magazin* und in vielen Tageszeitungen, häufig mit dem Hinweis, dass dieses Pianoforte »vorzüglich den Mitteltönen einen Reiz und Ausdruck [gibt], wie ihn die besten Pianofortes von Holz nicht zu besitzen scheinen«.[75] In weiteren Zeitungsmeldungen wurde berichtet, dass man auch in Weimar den Versuch gemacht habe, »Forte-Pianos aus Gußeisen zu fertigen«. Es wird dabei nicht nur erwähnt, dass sich das Instrument »in der Höhe und Tiefe durch Wohlklang aus[zeichnet]«, sondern es wird hervorgehoben, dass es sich wenig verstimmt und wegen »der gedrängten Form manche wünschenswerthen Vortheile [gewährt]«.[76] Wenige Jahre später bezeichnet Heinrich Heine in der *Allgemeinen Zeitung* in einem Bericht über die *Musikalische Saison in Paris* das Pianoforte als »Marterinstrument«.

[...] die herrschende Bourgeoisie muß ihrer Sünden wegen nicht bloß alte classische Tragödien und Trilogien, die nicht classisch sind, ausstehen, sondern die himmlischen Mächte haben ihr einen noch schauderhafteren Kunstgenuß bescheert, nämlich jenes Pianoforte dem man jetzt nirgends mehr ausweichen kann, das man in allen Häusern erklingen hört, in jeder Gesellschaft, Tag und Nacht. Ja, Pianoforte heißt das Marterinstrument, womit die jetzige vornehme Gesellschaft noch ganz besonders torquirt und gezüchtigt wird für alle ihre Usurpationen. Wenn nur nicht der Unschuldige mit leiden müßte! Diese ewige Clavierspielerei ist nicht mehr zu ertragen! (Ach! meine Wandnachbarinnen, junge Töchter Albions, spielen in diesem Augenblick ein brillantes Morceau für zwei linke Hände.) Diese grellen Klimpertöne ohne natürliches Verhallen, diese herzlosen Schwirrklänge, dieses erzprosaische Schollern und Pikkern, dieses Fortepiano tödtet all unser Denken und Fühlen, und wir werden dumm, abgestumpft, blödsinning. Dieses Ueberhandnehmen des Clavierspielens und gar die Triumphzüge

---

73 Zeitung für die elegante Welt, 11.03.1836, S. 202
74 Pfennig-Magazin Nr. 158/1836, S. 119
75 Regensburger Zeitung, 15.03.1836, S. 4
76 Der bayerische Volksfreund vom 01.06.1836: Ausland, Sp. 689

der Claviervirtuosen sind charakteristisch für unsere Zeit, und zeugen ganz eigentlich von dem Sieg des Maschinenwesens über den Geist.[77]

Pianinos nach Kaps'schem System

Heine stellt mit diesen Äußerungen die ästhetische Qualität des Klaviers in Frage und spielt dabei insbesondere auf die Lautstärke des »Fortepiano« an. Dass derartige Klagen in der Mitte des 19. Jahrhunderts auftauchen, verweist auf die Rolle, die das Eisen, wie es in der *Zeitung für die elegante Welt* heißt, in der Region der Kunst zu spielen begann.[78] Ab 1830 setzten sich allmählich Klaviere durch, bei denen durch die veränderte Bauweise die Schallkraft der Instrumente verstärkt wurde. Die seit Mitte des 19. Jahrhundert verwendeten Gusseisenrahmen erlaubten es, Instrumente »mit dickeren, stärker gespannten und daher kräftiger klingenden Saiten« zu beziehen.

Heinrich Heine spricht also nicht ohne Grund von einem Zusammenhang zwischen dem »Überhandnehmen des Klavierspielens« und dem »Sieg des Maschinenwesens über den Geist«, denn mit der Fertigung der »Forte-Pianos aus Gußeisen« setzte die industrielle Produktion von Klavieren ein.

Die Klagen über das allgegenwärtige Klavierspielen bleiben bis zum Ende des 19. Jahrhunderts und darüber hinaus ein Thema der Kulturkritik. So veröffentlicht der renommierte Musikkritiker Eduard Hanslick 1884 in der Zeitschrift *Die Gartenlaube* einen Brief über die »Clavierseuche«.

Die Klage über Belästigung durch nachbarlichen Clavierlärm ist keineswegs so alt, wie das Clavier selbst. Dieses war zur Zeit Haydn's und Mozart's ein schwächlicher, dünner Kasten mit zartem Ton, kaum bis in's Vorzimmer hörbar. Die Klage entstand erst nach und nach mit dem immer stärker werdenden Ton und größeren Umfang des Pianofortes; sie ist zum Wehgeschrei, die Belästigung zur Landplage geworden seit den 30 bis 40 Jahren, da alles Streben

---

77 Heine 1843, S. 10

78 Zeitung für die elegante Welt, 11.03.1836, S. 202

der Clavierfabrikanten dahin zielte und noch immer dahin zielt, die Schallkraft dieses Instruments zu verstärken. Vor 100 Jahren war das Clavier nicht viel mehr als ein vergrößertes Hackbret (Cymbel), heute ist es ein verkleinertes Orchester. Der Klangfülle und schleudernden Kraft der heutigen Pianoforte entspricht der gewaltige Umfang und das durch die starke Eisen- und Metallarmatur bedingte colossale Gewicht derselben. […] Erst in unseren Tagen gewann dieses Instrument offensive Kraft und leider auch offensiven Charakter. Mit dieser Qualität steigert sich auch fortwährend die Quantität der Clavierfabrikation; kaum giebt es in den Großstädten ein Haus, in welchem nicht ein bis zwei Pianos, auch mehr, zu finden wären.«[79]

Zum Aufstieg des Klaviers zum bildungsbürgerlichen Statussymbol trug der Übergang von der handwerklichen Herstellung zu industriellen Fertigungsprozessen ganz wesentlich bei, für den die Konstruktion der eisernen Rahmen die Voraussetzung schuf. Die Anschaffung eines Klaviers wurde so für einen größeren Personenkreis erschwinglich. Wobei die Erfüllung bildungsbürgerlicher Ambitionen durch das Mieten von Klavieren erleichtert wurde. Zu den »wünschenwerthen Vorteilen« dieser Klaviere zählte sicherlich mit Blick auf den erforderlichen Raumbedarf die »gedrängte Form«.

Pianinos billigst zu vermiethen

Hinzu kam, dass beim Pianoforte die Töne »gleichsam fertig und bereit liegen«, der »Anschlag der Finger« also weniger Einfluss hat,[80] wodurch es im Vergleich zu anderen Musikinstrumenten für Anfänger leichter zu erlernen und bei Dilettanten eher zu irgendwie passablen Ergebnissen führte.

Eine weitere mediale Voraussetzung für die populäre Karriere des Klaviers hatte Alois Senefelder bereits zum Anfang des Jahrhunderts geschaffen. Damit Klavierspielen zu einer in »höheren und mittleren Ständen« gepflegten Übung werden konnte, brauchte man Noten. Das von Senefelder entwickelte Steindruckverfahren beseitigte die bis dahin bestehenden Schwierigkeiten beim Drucken von Musiknoten. (MG 1818)

In ihren ersten Anfängen hatte die neue Kunst nur dem besseren und billigeren Notendruck gedient. Alle Steindruckereien, welche bald entstanden, theils unter Senefelder 's eigener Leitung, theils unter Mithülfe seiner beiden Brüder, waren Notendruckereien. Schon hierdurch allein hatte Senefelder 's Kunst sich ein bleibendes Verdienst erworben. Durch größere Billigkeit und durch die erhöhte Vollendung des Notendrucks nahm der Musikalienverlag einen früher nicht geahnten Aufschwung. Jetzt konnte sich auch der Unbemittelte die Meisterwerke der Tonkunst anschaffen, […].[81]

---

79 Hanslick 1884, S. 575
80 Lemma Pianoforte, S. 224
81 Bruns 1896. S. 368

1837 – DIE GALVANOPLASTIK, EINE »DER WICHTIGSTEN ERFINDUNGEN DER NEUZEIT«

Unter den großen Entdeckungen, die in der neuesten Zeit in der Physik und Technologie gemacht worden sind, ist die von dem Hofrath und Akademiker Jacobi in Petersburg erfundene Galvanoplastik ohne Zweifel eine der wichtigsten und folgenreichsten. Man versteht darunter, um des Erfinders eigene Worte zu brauchen, das Verfahren, cohärentes Kupfer in Platten oder nach sonst gegebenen Formen unmittelbar aus Kupferauflösung auf galvanischem Wege zu produciren.
Das Pfennig-Magazin 1841[82]

Der in Russland arbeitende Physiker Moritz Hermann von Jacobi entwickelt im Jahr 1837 ein Verfahren, »Kupferplatten mittelst Galvanismus erhaben und vertieft zu graviren«. In einem Brief an den englischen Naturforscher Faraday beschreibt er dieses von ihm entwickelte Verfahren.

Vor einiger Zeit entdekte ich bei meinen elektromagnetischen Versuchen durch einen glüklichen Zufall ein Mittel, vertieft gravirte Kupferplatten mittelst des Galvanismus erhaben zu copiren (durch neues Copiren der Reliefplatten erhält man dann dem Original ähnliche) und sie dadurch ins Unendliche zu vervielfältigen. Durch dieses Verfahren werden die zartesten Linien mit einer solchen Treue wiedergegeben, daß man bei einer genauen Untersuchung die Copie von dem Original nicht zu unterscheiden im Stande ist.
Der Apparat besteht aus einem einzigen Volta'schen Paar mit Zwischenwand, bei welchem die gravirte Platte als negatives Element (anstatt der gewöhnlichen Kupferplatte) angewandt ist und in eine Auflösung von Kupfervitriol taucht. Ich fand, daß es unumgänglich nöthig ist, in die Kette ein Galvanometer mit kurzen Drahten zu bringen; man hat dann einen Führer, durch welchen man die Stärke des Stroms erfahrt, so daß man seine Wirkung dirigiren kann. Lezteres geschieht dadurch, daß man die Entfernung zwischen den Elektromotorplatten mehr oder weniger vergrößert, indem man die Länge des Verbindungsdrahts abändert […].[83]

Galvanoplastischer Apparat

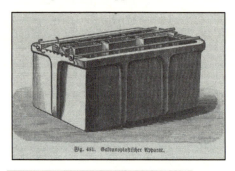

Graphitiermaschine

---

82 Das Pfennig-Magazin Nr. 406/1841, S. 11
83 Polytechnisches Journal, Bd. 74/1839, S. 317

Bei der Herstellung von Galvanoplastiken handelte es sich, wie Jacobi hervorhebt, um die erste praktische Anwendung der Elektrizität. Für ihn ist der Galvanismus

das mächtige, vielseitig wirkende Agens, welches am Anfang unseres Jahrhunderts entdeckt worden ist, und dessen wissenschaftliche und technische Beziehungen die gebildete Welt jetzt überall beschäftigen. Bis jetzt war dasselbe nur in der stillen Zelle des Gelehrten, in den Laboratorien der Physiker und Chemiker gehegt und gepflegt worden. Es ist jetzt das erste Mal, dass es in die grössern massenhaften Kreise der Technik tritt und den Händen der Künstler und Fabrikanten übergeben wird.[84]

Für die Zeitschrift *Vorwärts*, dem Organ der Gewerkschaft Druck und Papier, handelte es sich bei Jacobis Erfindung um eine »der wichtigsten Erfindungen der Neuzeit«. Die Galvanoplastik sei von »unberechenbarem Nutzen für die Künste im Allgemeinen und insbesondere für die Schriftgießerei und Buchdruckerkunst«. Dies gilt insbesondere mit Blick auf die in der 2. Hälfte des 19. Jahrhunderts in hohen Auflagen erscheinenden illustrierten Zeitschriften. (MG 1843)

Durch die Galvanoplastik kann man von gestochenen Kupferplatten, Holzschnitten, Medaillen und Basreliefs, kurz von jeder metallischen, gravierten oder guillochirten Fläche das getreue Facsimile, sowohl erhaben als vertieft, darstellen.

Das Verfahren besteht darin, daß man den zu copirenden Gegenstand in eine metallische Auflösung legt, aus welcher die galvanische Wirkung das Metall reducirt. Der Niederschlag nimmt die Form eines reinen Metallstückes an, gibt sowohl die zarteste Linie als die geringste Unebenheit wieder, und bildet so eine Matrize von höchster Vollkommenheit. Wenn man dann die so gewonnenen Matrize aus der metallischen Lösung und von dem copirten Gegenstande abnimmt und die Matrize wiederum der galvanischen Wirkung aussetzt, so findet abermals eine metallische Ablagerung auf jener statt, und man erhält als Resultat ein Facsimile des Originales, und zwar in einer ungleich größeren Schärfe und Reinheit, als solche die Methode des Chlichirens gewährt.

[...]

Die Galvanoplastik hat sich in der neuesten Zeit sehr emporgeschwungen. Galvanisch erzeugte Kupferplatten halten, nach angestellten Versuchen bei Zeitungen, über 10 Millionen Abdrücke aus und haben eine Reinheit und Schärfe, wie sie durch die Stereotypie nie erreicht wird. Man vervielfältigt durch die Galvanoplastik Kupferstiche, Aetzungen, Holzschnitte, Modellstecherplatten und Schriftsätze, Vignetten und einzelne Buchstaben in jedem Grade; ferner Büsten, Statuen, Monumente von lebenden Personen, die so genau sind, daß jede Pore der Haut aufgefunden werden kann.[85]

---

84 Jacobi 1840, S. IV
85 W. O. 1869, S. 2 f.

1838 – DER PHYSIKALISCHE ATLAS: »EIN HÖCHST WILLKOMMENES MITTEL [...], DIE IMMER MEHR ANWACHSENDE MASSE [DER GEOGRAPHISCH-PHYSIKALISCHEN ERSCHEINUNGEN] ZU ORDNEN UND ZU ÜBERBLICKEN, UND DAS EINZELNE IN SEINEM INNIGEN ZUSAMMENHANGE MIT DEM GANZEN ZU ERKENNEN«[86]

> C'est le grand avantage des méthodes graphiques appliquées aux différents objets de la philosophie naturelle, de porter dans l'esprit cette conviction intime qui accompagne toujours les notions, que nous recevons immédiatement par les sens.
> *Alexander v. Humboldt 1825*[87]

Heinrich von Berghaus wählt dieses Zitat als »Wahlspruch« für den von ihm herausgegebenen *Physikalischen Atlas*. Humboldts Wertschätzung grafischer Darstellungen für die Gewinnung und Vermittlung von Erkenntnissen in den Naturwissenschaften entsprach dem »Grundgedanken«, den Berghaus mit der »Bearbeitung und Herausgabe einer Sammlung graphischer Darstellungen zur Erläuterung der physikalischen Erdkunde« verfolgte.[88]

1838 erscheint der erste Band des *Physikalischen Atlas*. Das auf mehrere Bände ausgelegte Werk war als eine kartographische Visualisierung zu Alexander von Humboldts *Kosmos – Entwurf einer physischen Weltbeschreibung* konzipiert. Die Karten, so der Hinweis auf den Titelblättern, wurden »unter der fördernden Anregung Alexander's von Humboldt« verfasst.[89] Doch nicht nur für die »fördernde Anregung« bedankte sich Berghaus, sondern in der Vorrede erwähnte er »die zuvorkommendste Ueberweisung jener Fülle von neuen Beobachtungen und umfassenden Berichten, die aus allen Gegenden der civilisirten Erde in dem Haus Alexander's von Humboldt, [...], täglich zusammenfliessen«. Und am Ende der Vorrede dankte Berghaus den »Freunden in der Nähe und Ferne, [...] die mich zu dieser zweiten Auflage mit Beiträgen und Berichtigungen, mit Vermehrungen oder auch nur mit Winken unterstützt haben«.[90]

Diese Bemerkungen verweisen darauf, dass Berghaus seinen Physikalischen Atlas nur erarbeiten konnte, weil er Zugang zu vielfältigen Quellen hatte. Aus der Fülle der vorhandenen Informationen folgte die Notwendigkeit, die Informationen in einem sinnvollen Zusammenhang und einer überschaubaren Form zu präsentieren. Erst die Aufarbeitung der gesammelten Befunde in grafischen Darstellungen ermöglichte Einsichten in Zusammenhänge und Entwicklungen. *Der Physikalische Atlas* dient also

---

86 G. 1839, 4363

87 Der große Vorteil graphischer Darstellungen in ihrer Anwendung auf verschiedene Gebiete der Naturphilosophie liegt darin, dass sie uns Vorstellungen so nahe bringen, wie wir sie sonst durch die unmittelbare sinnliche Erfahrung erhalten. (Humboldt 1825, S. 229 – Übersetzung W.-R. Wagner)

88 Berghaus 1852a, Vorrede

89 Ebd. Titelblatt

90 Ebd. Vorrede

sowohl der Gewinnung als auch der Vermittlung von Erkenntnissen und überträgt damit ein methodisches Vorgehen, wie es Alexander von Humboldt mit seinen Isothermenkarten 1817 praktiziert hatte, auf den gesamten Bereich der »geographisch-physikalischen Erscheinungen«. (MG 1817)

Geographische Verbreitung und Vertheilung der Raubthiere, Carnivora

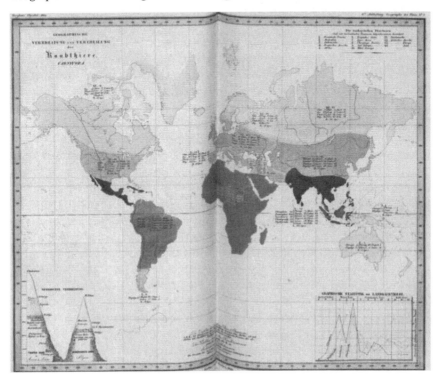

Daher wird auf die Bedeutung der graphischen Darstellung in den Anmerkungen zu den Karten immer wieder Bezug genommen, indem vom »Abbilden und Versinnlichen« die Rede ist, wenn die Karten etwas zur »Anschauungen bringen« oder »eine graphische Vorstellung vermitteln« sollen bzw. »mannichfaltige Erscheinungen, [...] vereinigt und mittelst graphischer Darstellung zur leichten Anschauung gebracht« werden. Ergänzt werden die thematischen Karten durch Diagramme und Statistiken.

Im Band 2 des *Physikalischen Atlas* findet sich eine Übersichtskarte zur »Geographischen Verbreitung und Vertheilung der Raubthiere«.[91] In den Anmerkungen zu dieser Karte hebt Berghausen hervor, dass die Aussage der Karte durch graphische Darstellung zur »leichten Anschauung« gebracht werden soll.

Die Verhältniszahlen, welche eine, wie mich dünkt, deutliche Uebersicht von der geographischen Vertheilung der Carnivoren gewähren, sind, zu noch klarerer Vorstellung, auf der Karte graphisch, und zwar durch Schattierung in der Art ausgedrückt, dass von dem Minimum des

---

91 Die meisten der handkolorierten Karten eignen sich für eine Wiedergabe in Schwarzweiß nicht, da der Informationswert der Farben verloren geht.

Vorkommens im Australischen Reich, bis zum Maximum in der tropischen Provinz von Asien, eine nach Verhältnis der Dichtigkeit allmälig steigende Schattirung durch die ganz Stufenleiter läuft.[92]

Darüber hinaus wurde in dieser Karte versucht »die Verbreitung der Raubthiere in senkrechter Richtung, am Abhang der Gebirge, durch eine Profilzeichnung klar zu machen.« Ergänzt wird die Übersichtskarte zusätzlich durch eine »Graphische Statistik der Landraubthiere«.

Vor dem *Physikalischen Atlas* mit seinen thematischen Karten boten die topographischen Karten mit den »allgemeinen Umrissen der Continente«, »dem Lauf der Flüsse« und dem »Namenswerk« für die »geographische Lectüre« nur ein »todtes Gerippe«. Die »Kartenzeichenkunst« folgte, wie es zwei Jahrzehnte später in einem Artikel in der *Illustrirten Zeitung* heißt, mit diesem von Heinrich Berghaus eingeschlagenen Weg den Fortschritten der »geographischen Wissenschaft«.

Den bedeutenden Fortschritten, welche die geographische Wissenschaft in den letzten Jahrzehnden gemacht, hat sich die Kartenzeichenkunst eng angeschlossen, ja viele der neueren Forschungen auf physikalisch-geographischem Gebiete sind erst durch kartographische Darstellungen allgemein verständlich und populär geworden. Wie uns die eingehendste Beschreibung der äußeren Umrisse eines Landes das anschauliche Bild nicht ersetzen kann, welche das einfachste Conturennetz einer Karte gewährt, so gewinnen auch alle übrigen Gegenstände geographischer Darstellung erst rechte Uebersichtlichkeit, wir möchten sagen, rechtes Leben, wenn sich die Kartographie ihrer angenommen hat. Wie aber die meisten Zweige der physikalischen und socialen Erdkunde erst neuerdings eine selbständige wissenschaftliche Behandlung erfahren haben, so sind auch die einschlägigen kartographischen Versuche neuern Datums und mit Stolz sei hier erwähnt, daß es zuerst und namentlich Deutsche waren, welche der Geographie die Bahnen angewiesen haben, auf deren Verfolg sie heute schon so großes erreicht hat: A. v. Humboldt, Karl Ritter, Heinrich Berghaus u.a., von denen der letztgenannte sich ein ganz besonderes Verdienst dadurch erwarb, daß er zuerst in größerm Maßstabe die Darstellung des Erdganzen und seiner mannigfachen Natur- und Lebenserscheinung durch einen physikalisch-geographischen Atlas versuchte. Seit dem Erscheinen dieses bahnbrechenden Werkes (Gotha, bei Justus Perthes, 1838 bis 1848), das sofort im In- und Auslande, so namentlich in England zahlreiche Nachahmungen hervorrief, hat sich die Kartographie mehr und mehr erhoben über den Stand einer blos mechanischen Kunst, sie hat in jeder Beziehung an Umfang, Bedeutung und Ansehen gewonnen.[93]

Bei dem hier zitierten Text handelt es sich um die Einleitung einer Besprechung der *Allgemeinen Weltkarte. Zur Uebersicht der Postschifffahrt und neuerer Reisen um die Erde.*[94] Der Herausgeber der *Allgemeinen Weltkarte* ist Hermann Berghaus, ein Neffe von Heinrich Berghaus. Heinrich Berghaus hatte mit seinem *Physikalischen Atlas* nicht nur die Richtung vorgegeben, in der sich die »Kartenzeichenkunst« entwickeln

---

92 Berghaus 1852b, 6. Abtheilung, S. 8 ff.

93 Illustrirte Zeitung Nr. 1128 vom 11.02.1865, S. 91

94 Hermann Berghaus [1864]: Allgemeine Weltkarte. Zur Uebersicht der Postschifffahrt und neuerer Reisen um die Erde. Gotha: Justus Perthes

musste, sondern er kümmerte sich zugleich um die Sicherung der handwerklich-technischen Voraussetzungen.

So meldete u.a. die Augsburger Postzeitung vom 14.10.1838, dass in Potsdam eine »Geographische Kunstschule« eröffnet werden würde, »in welcher junge Leute, die sich dem Fach eines geographischen und topographischen Kupferstichs widmen wollen, nach einem von dem Ministerium bereits genehmigten Lehrplan unterrichtet werden sollen«.[95] Hermann Berghaus besuchte von 1842 bis 1845 die von seinem Onkel gegründete Kunstschule, an der die Schüler

> in der geschickten und sicheren Ausführung des Stichs auf Kupfer- und Stahlplatten, aller nur immer vorkommenden geometrischen, topographischen und geographischen Zeichnungen unterwiesen, so wie mit den dabey zu beobachtenden Vortheilen und Handgriffen bekannt gemacht [werden]. Dieser technische Unterricht erstreckt sich ferner auch c) auf die Fertigkeit, alle Arten von Buchstaben im Einzelnen, so wie in zusammenhangenden Wörtern, mit und ohne Verzierungen, zu schreiben und zu stechen. Hieran schließt sich d) eine Anleitung zur Kenntniß der Kupferdruckerey, d.h. der Kupferdruckpresse und ihrer Behandlung, der Druckfarben, so wie auch insbesondere des Papiers ec. Wenn gleich die Kupferstecherey die Hauptsache des technischen Unterrichts bildet, so wird nichts desto weniger auch zur Lithographie und der damit zusammenhangenden Steindruckerey im Allgemeinen Anleitung gegeben werden. Die Dauer der Lehrzeit ist auf fünf Jahre festgesetzt.[96]

Die Fortschritte in der »Kartenzeichenkunst« bildeten jedoch nur eine Voraussetzung für die Vermittlung der sich ständig erweiternden geographischen Kenntnisse. Die Druckvorlagen für diese hochwertigen Atlanten wurden per Kupferstich hergestellt. Mit den vergleichsweise empfindlichen Kupferplatten wäre jedoch nur eine beschränkte Anzahl von Drucken möglich gewesen. Der Verbreitung dieser neuartigen Kartenwerke kam die Erfindung der Galvanoplastik entgegen. Durch dieses Verfahren konnten die Kupferplatten beliebig oft vervielfältigt und die Karten somit beliebig oft gedruckt werden.[97]

---

95 Augsburger Postzeitung vom 14.10.1838, S. 2
96 Allgemeiner Anzeiger vom 13.11.1838, Sp. 4071 f.
97 Wieck 1861, S. 80 f.

1839 – DAGUERREOTYPIE: »EINE MINUTE ABER IST EIN JAHRHUNDERT FÜR BEWEGLICHE DINGE«[98]

> Die Schnelligkeit der Methode hat vielleicht das Publikum am meisten überrascht; in der That sind in trüben Wintertagen nur zehn bis zwölf Minuten nöthig, um die Ansicht eines Gebäudes, eines Stadtviertels, einer Landschaft aufzunehmen. Im Sommer, bei schönem Wetter hat man kaum halb so viel Zeit nöthig, und in südlichen Gegenden reichen gewiß 2 bis 3 Minuten hin.
>
> *François Arago 1839*[99]

Am 7. Januar 1839 erstattete François Arago der Akademie der Wissenschaften in Paris einen ersten Bericht über das von Louis Daguerre[100] entwickelte Verfahren, »allein durch chemische Wirkung des Lichts sehr vollkommene Zeichnungen hervorzubringen, gleichsam das Licht selbst zeichnen zu lassen«.[101] Eine Wiedergabe dieses Berichtes veröffentlicht das *Morgenblatt für gebildete Stände* am 21. Februar 1839.

Jedermann weiß, woraus der Apparat besteht, den man camera obscura nennt; es ist ein von allen Seiten sorgfältig geschlossener Kasten, in welchem, da in demselben die Strahlen von äußeren Gegenständen durch ein convexes Glas aufgenommen werden, diese Gegenstände deutlich und in natürlichen Farben auf einer weißen Platte dargestellt werden, die im Inneren dieses Kastens in den Focus des Glases gebracht ist. Vielleicht gibt es Niemanden, der beim Ansehen dieser so vollkommenen Bilder nicht bedauert hätte, daß sie schnell vorübergehend wären. Nun, Hr. Daguerre ist dahin gelangt, sie zu fixiren, zwar nicht mit den Farben der Natur, aber doch mit ihrem Schatten und ihrem Lichte, wie es der geschickteste Zeichner thun könnte, oder vielmehr mit einer Vollkommenheit, die kein Zeichner erreichen könnte und mit einer Ausführung der Einzelheiten, welche allen Glauben übersteigt.[102]

Im August 1839 stimmte das französische Parlament einer Gesetzesvorlage zu, nach der Louis Daguerre und Isidore Niépce, der Neffe des verstorbenen Miterfinders der Daguerreotypie, für die Übertragung der Rechte an ihrer Erfindung eine lebenslange Rente erhalten sollten. Nach dieser Entscheidung mussten die Einzelheiten des entwickelten Verfahrens nicht länger geheim gehalten werden. François Arago hielt daraufhin in einer öffentlichen Sitzung der Akademie der Wissenschaften einen Vortrag, in dem er das Verfahren vorstellte und sich zur Bedeutung dieser Erfindung äußerte. Kunst und Malerei werden dabei erwähnt, größeren Raum nehmen jedoch Hinweise auf den potentiellen Nutzen der Daguerreotypie für die Naturwissenschaften ein.

---

98   Wiener Zeitung vom 15.07.1841, S. 1458
99   Arago 1839, S. 224
100 Louis Daguerre war zu dieser Zeit schon über Frankreich hinaus als Erfinder des Dioramas bekannt. (MG 1822)
101 Morgenblatt für gebildete Stände vom 21.021839, S. 62
102 Ebd. S. 63

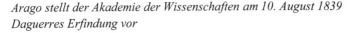

*Arago stellt der Akademie der Wissenschaften am 10. August 1839
Daguerres Erfindung vor*

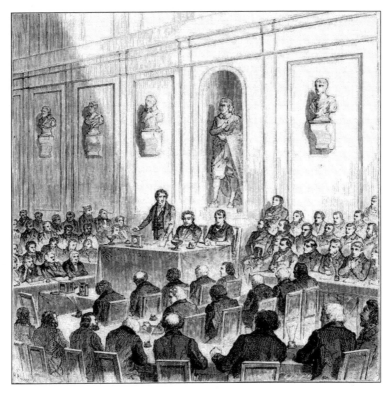

Für Arago als Naturwissenschaftler ist die Daguerreotypie mit der Erfindung des Fernrohrs und des Mikroskops zu vergleichen. Am Fernrohr und Mikroskop zeigt Arago
auf, dass die »Anfangs gehegten Hoffnungen gewöhnlich schwach [sind] im Vergleich
zum Erfolg an Entdeckungen, deren Quelle das Instrument wird«.[103] Am Beispiel des
Fernrohrs führt er aus:

> Die Beobachter nahmen es in der einzigen bescheidenen Hoffnung zur Hand, damit die schon
> vom Alterthum her bekannten Gestirne, etwas genauer sehen zu können. Kaum aber ist es
> gegen den Himmel gewendet, so entdeckt man Myriaden neuer Welten.[104]

Arago zählt dann eine Reihe weiterer Fortschritte auf, die durch das Fernrohr in der
Astronomie erzielt werden konnten, ohne dass dies bei der Erfindung des Fernrohrs
vorauszusehen gewesen sei. Mit Hinweisen auf die mit Hilfe des Mikroskops in den
zurückliegenden Jahrzehnten gewonnenen Erkenntnissen in der Biologie und Geologie
stützt er seine Annahme, das wissenschaftliche Potential der Daguerreotypie zeichne
sich zwar ab, sei jedoch noch nicht voll erfassbar. Die öffentliche Reaktion auf die
Daguerreotypie wurde überwiegend durch das Erstaunen über die unfassbare

---

103   Arago 1839, S. 226
104   Ebd. S. 226

Genauigkeit der Abbildungen bestimmt. Jedoch wird von Anfang an auf die Grenzen der Daguerreotypie hingewiesen, die sich durch die langen Belichtungszeiten ergeben.

Die Darstellung der Gegenstände ist so vollkommen, daß die Bilder, wenn man sie mit dem Vergrößerungsglase untersucht, selbst die kleinsten Details zeigen, die dem bloßem Auge verborgen bleiben. Man erhält also keine Nachahmung mehr, sondern die absolute und vollkommene Wahrheit, und ein Reisender braucht künftig nicht mehr zeichnen zu können, um bessere Bilder von Monumenten und Ansichten von Gegenständen mitzubringen, als der größte Maler sie hätte liefern können. Bei Landschaften hat die Methode den Nachtheil, daß die Bäume etwas undeutlich werden, theils weil die grünen Lichtstrahlen die Materie, womit die Platte bedekt ist, weniger zu afficiren scheinen, theils weil die Blätter immer etwas vom Winde bewegt werden, was natürlich den Eindruck verwischt; aber für Gebäude, für Kunstwerke, für Gebirge, für Perspective ist sie unvergleichlich. Für Portratiren hat sie den Nachtheil, daß die Augen des Modells sich immer etwas bewegen und daher undeutlich werden; aber für Copien von Gemälden ist sie vortrefflich. Die erste Anwendung, die auf wissenschaftliche Gegenstände gemacht werden wird, besteht ohne Zweifel im Fixiren der Bilder, welche das Mikroskop gibt, und man kann bei Hrn. Daguerre mikroskopisch vergrößerte und fixirte Insekten sehen, welche ahnen lassen, welche Erleichterung seine Erfindung den Physiologen gewahren muß, die bisher mit so vieler Mühe und Aufopferung ihrer Augen nach dem Mikroskop zeichnen mußten.[105] (MG 1863)

Die astronomischen Erkenntnisse, die Arago vom Einsatz der Daguerreotypie erwartete, waren bei den erforderlichen Belichtungszeiten nicht zu erreichen, da eine mit der Erddrehung abgestimmte Mitführung der Kamera dazu notwendig gewesen wäre. So ist es vielleicht nicht verwunderlich, dass die Frage aufkam, ob Arago nicht zu viel versprochen habe. Zumindest ist in der *Wiener Zeitung* im Juli 1841 die Rede davon, dass sich im »Publicum« eine Stimmung bemerkbar mache, »Arago habe in der Akademie mehr versprochen als Daguerre halten könnte«.[106]

Daguerreotypomanie

---

105 Polytechnisches Journal Bd. 71/1839, S. 254.
106 Wiener Zeitung vom 15.07.1841, S. 1458

1840 – »DIE VERARBEITUNG DES HOLZES ZU PAPIER IST EINE ERRUNGENSCHAFT UNSERES JAHRHUNDERTS«[107]

> Im gleichen Maße mit dem Fortschreiten der allgemei-
> nen Bildung vermehrt sich kein Bedürfnis der Men-
> schen regelmäßiger als dasjenige an Papier, während
> gleichzeitig das ursprüngliche Material zur Papier-
> fabrication, nämlich die Hadern sich vermindern und
> auch das Papier aus Hadern zu theuer zu stehen
> kommt.
> *Wiener Landwirtschaftliche Zeitung 1880[108]*

Hadern, d.h. Lumpen aus Leinen, Hanf und Baumwolle, lieferten in Deutschland bis
zur Mitte des 19. Jahrhunderts den Rohstoff für die Papierherstellung.

Wer mit der Geschichte der Papier-Erzeugung nicht vertraut ist, nimmt auch in der Regel an,
daß die Versuche, Lumpen durch andere Stoffe zu ersetzen, erst aus neuester Zeit stammen.
Dies ist jedoch ein Irrthum. Vor mehreren Jahrhunderten schon waren die Lumpen in den Gegenden, wo sich viele Papiermühlen befanden, sehr knapp, und da es damals weder Eisenbahn
noch Dampfschiffe gab, mit denen Lumpen aus anderen Ländern hätten bezogen werden können, so war der Kampf um die Lumpen oft heftiger, als in unserem Jahrhundert. […] Dieser
fortwährende Kampf um die Lumpen hatte schon in früheren Jahrhunderten denkende Köpfe
dahin geführt, daß sie dieselben durch andere Erzeugnisse des Pflanzenreichs zu ersetzen ver-
suchten.[109]

Die Suche nach Ersatzstoffen wurde umso dringlicher, als die Handarbeit zunehmend
durch Papiermaschinen verdrängt wurde, die es ermöglichten, Papier billiger herzustellen,

was allgemeinere Verwendung desselben zu gewerblichen Zwecken und dadurch Steigerung
des Bedarfes zur Folge hatte. Dazu kam die Einführung der von König erfundenen Buchdruck-
schnellpresse, welche eine Vermehrung der Druckerzeugnisse, besonders der Zeitungsliteratur
nach sich zog. Der Papierbedarf steigerte sich infolgedessen von Jahr zu Jahr, und bald sah
man der Zeit entgegen, in welcher die vorhandenen Hadern nicht annähernd mehr zu Erzeugung des nöthigen Papiers ausreichen würden.[110]

Der scheinbar naheliegende Rückgriff auf einen »vegetabilischen Faserstoff« wie den
Flachs, der den Rohstoff für die Leinenherstellung lieferte, ergab ökonomisch keinen
Sinn. »Einfach, weil ein gewisses Gewicht neuer roher Flachs so viel kostet, als man
etwa für ein gleiches Gewicht Papier zahlt; das Rohmaterial darf aber nur den dritten

---

107   Grosse 1892, S. 442
108   Zapp 1880, S. 403
109   Hofmann 1884a, S. 334
110   Grosse 1892, S. 442

oder fünften Theil so viel kosten, als das fertige Papier, wenn der Fabrikant bestehen soll.«[111]

Jacob Christians Schäffers Suche nach Rohstoffen für die Papierherstellung

Zwar bot sich die »Benutzung des Holzes als eines wohlfeilen und weitverbreiteten Materials« an, doch erzielte man lange Zeit keine zufriedenstellende Ergebnisse, da die Holzfasern zerkleinert werden mussten, ohne »jedoch bei dieser Zerkleinerung die faserige Textur des Holzes ganz und gar zu zerstören, da sie es ja gerade ist, durch welche die Haltbarkeit des Papieres bedingt wird«.[112]

> Diejenige Zertheilung des Holzes in eine faserige Masse, wie sie zu verschiedenen gewissen Anwendungen insbesondere aber zur Papierfabrikation als Zusatz zum Haderzeug beansprucht wird, kann weder auf chemischem, noch auf mechanischem Wege durch Raspeln, Sägen, Stampfen oder im Holländer[113] mit Vortheil erzielt werden, sondern allein durch Anwendung eines Schleifsteins, auf dem das behufige[114] Holz in seiner Längenrichtung mit Wasser zu einer beliebig mehr oder minder feinen Masse mittelst Wasser abgeschliffen wird, wodurch die Fasern, wie es zu wünschen ist, in unendlich kleine Theile zerrissen werden und der überaus große Vortheil erzielt ist, die so durch Abschleifen erhaltene Fasermasse ohne weitere Bereitung verwenden zu können.[115]

---

111 Krieg 1861, Sp. 370

112 Völter 1856, Sp. 670

113 Holländer, eine Maschine, mit der bei der Papierherstellung Lumpen oder Hadern zerkleinert und zerfasert wurden.

114 Behufig in der Bedeutung von erforderlich, geeignet, dienlich.

115 Völter 1856, Sp. 671 f.

Erst der sächsische Weber Friedrich Gottlob Keller erfand um 1840 ein geeignetes
Verfahren, um »Holz in eine breiartige, insbesondere zur Papierbereitung dienliche
Masse zu verwandeln«.[116] Keller hatte nur die Volksschule besucht. Nach Abschluss
seiner Lehre als Weber interessierte er sich im Rahmen seiner Möglichkeiten zwar für
technische Entwicklungen, hatte jedoch keinerlei Erfahrungen mit der Papierherstellung, als

> »ihm im Jahre 1839 ein Aufsatz über Papierfabrikation in die Hand [kam], in welchem klar-
> gelegt wurde, daß es bei dem steigenden Papierbedarf unumgänglich sei, einen Stoff heraus-
> zufinden, welcher mindestens theilweise an die Stelle der Hadern treten könnte«.[117]

In Berichten wird häufig erwähnt, dass Keller zu seinen Versuchen, Papier aus Holz
herzustellen, durch die Beobachtung von Wespen angeregt worden sei, die ihre Nester
mit einer papierartigen Masse aus zusammengeklebten Holzfasern bauen. Ein Hinweis
auf die Bauweise der Wespennester findet sich schon in der 2. Hälfte des 18. Jahrhunderts bei Jacob Christian Schäffer, einem evangelischen Theologen mit ausgeprägten
naturwissenschaftlichen Interessen, der systematisch Versuche mit Ersatzstoffen für
die Papierherstellung durchführte.[118]

> Allein ich muß bekennen, daß es gleichwol die Wespennester sind, denen ich die meisten mei-
> ner übrigen Versuche zu danken habe. [...] Vieleicht, und ich glaube es gewis, wäre ich und
> kein sterblicher Mensch je auf die Gedanken kommen, daß sich aus Holze Papier machen
> lasse, wenn es keine Wespennester gäbe. Der Versuch mit ihnen gehöret also ganz vorzüglich
> und nothwendig zu meinen Versuchen.[119]

Indem er Papier aus Wespennestern herstellte, führte Schäffer bereits den Nachweis
dafür, dass sich Holzfasern als Rohstoff für die Papierherstellung eignen. Keller ging
einen entscheidenden Schritt weiter und wollte

> nach dem Vorbild der Wespen, aus Holz, auf mechanischem Wege, einen ähnlichen Stoff er-
> zeugen, und es gelang ihm nach vielen Versuchen, als er ein Stück Holz auf einen gewöhnli-
> chen, in Drehung befindlichen Schleifstein aus Sandstein hielt. Der Stein riß ebenso wie der
> Kiefer der Wespe feine Fasern ab, die, mit Wasser vermengt und auf ein Metallgewebe ge-
> bracht, eine Art Papierblatt erzeugten.[120]

Keller selbst hatte weder die nötigen technischen Kenntnisse über die Papierherstellung noch die finanziellen Möglichkeiten, um seine Verfahren weiterzuentwickeln.
Nach einigen Schwierigkeiten fand er in Heinrich Völters, dem Direktor einer

---

116 Ebd. Sp. 670
117 Grosse 1892, S. 442
118 »Die wichtigen Entdeckungen Schäffer's haben für die Technik erst viele Jahre später eine
     praktische Bedeutung erhalten, und zwar wohl aus dem Grunde, weil zu seiner Zeit ein so
     erheblicher Mangel an Rohstoff, wie in der Folgezeit, nicht vorhanden war.« (Weber 1874,
     S. 17)
119 Schaeffer 1767, S. 30
120 Hofmann 1884b, S. 367

Bautzener Papierfabrik, einen Partner. Obwohl es Völter gelang, das Holzschleifver-
fahren durch »den Bau geeigneter Maschinen für den Fabrikbetrieb nutzbar machen«,
konnte sich das Verfahren nicht sofort durchsetzen. Daher musste Keller »auf die weitere Ausnutzung seiner Erfindung verzichten«.[121] Keller schuf mit dem Holzschliffver-
fahren die Grundlage zur industriellen Großherstellung billigen Papiers, hatte jedoch
selbst »aus seiner Erfindung keinen erheblichen Geldnutzen gezogen«.

Der Holzschliff hat in der Gegenwart ungeheure Bedeutung gewonnen, er ist in der Papierfabrikation unentbehrlich geworden. Obwohl er zur Papiererzeugung nicht ausschließlich
dient, ist er doch als billiger Zusatzstoff sehr geschätzt und die meisten billigen Papiere enthalten mehr oder minder große Holzschliffmengen, welche mit zähen Faserstoffen vermischt
sind. [...] So führte Keller dem Papiergewerbe nicht nur den werthvollen Ersatzstoff zu, sondern er schuf auch eine neue Verwendung des Holzes, kurz, er begründete eine bis dahin unbekannte, großartige Industrie.[122]

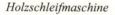

Holzschleifmaschine

Der Papierverbrauch stieg in Deutschland von einem halben Kilo pro Kopf der Bevölkerung um 1800 auf 15 Kilo um 1900. Mit dem bis zur Mitte des 19. Jahrhunderts
üblichen Verfahren der Papierherstellung, bei der die nötigen Zellstofffasern aus ab-
genutzten Textilien – also aus Lumpen – gewonnen wurden, wäre eine Ausweitung der
Papierproduktion an der Knappheit des Rohstoffs gescheitert. Erst die Papierherstellung aus Holzschliff ermöglichte zusammen mit der maschinellen Fertigung billiger
Massenpapiere die Steigerung des Papierverbrauchs.

---

121 Grosse 1892, S. 443
122 Ebd. S. 443 f.

Wenn auch der Holzschliff zur Verbesserung und Haltbarkeit der Papiere nicht beiträgt, so ist er doch sehr zweckmäßig für alle Papiere, die nur vorübergehend benützt werden oder jedenfalls billig sein müssen. Er bildet deshalb den Hauptbestandtheil aller Zeitungspapiere und erfüllt eine hohe Culturmission, denn nur durch diese deutsche Erfindung ist es möglich geworden, Papiere zu den billigen Preisen für Lese- und Unterrichtszwecke zu liefern, wie wir sie jetzt haben. Deutschland allein besitzt jetzt etwa 300 Holzschleifereien und die Zahl der auf der ganzen Erde errichteten kann bald 1000 erreichen.[123]

Verkauf einer Holzschleiferei

Verkauf einer Holzschleiferei mit starker Wasserkraft.

Eine an einer lebhaften Verkehrsstraße in unmittelbarer Nähe einer Eisenbahnstation gelegene **Holzschleiferei** mit ca. 70 Pferden aushaltender Wasserkraft und nicht unbedeutendem Areal, soll besonderer Verhältnisse halber baldthunlichst **verkauft werden.**

Die Gebäude der Fabrik sind durchaus massiv erbaut und bieten vollständig Raum zur Vermehrung der Maschinen und Apparate, während das erforderliche Rohmaterial in der Nähe billig und in Menge zu beziehen ist. Die Fabrikate der Anlage sind nach Zeugnissen achtbarer Consumenten als vorzüglich anerkannt und ist über die Rentabilität bei vollständiger Ausbeute der Kraft sicherer Beleg zu führen.

Näheres durch **C. Herrm. Findeisen,** Chemnitz.

---

123 Hofmann 1884b, S. 367

Mediengeschichten 1841-1850

1841 – SCHÄDELMESSUNGEN MIT DEM TASTERZIRKEL UND DER NACHWEIS ÜBER »DIE UNGLEICHE BEFÄHIGUNG DER VERSCHIEDENEN MENSCHENSTÄMME FÜR HÖHERE GEISTIGE ENTWICKLUNG«[1]

> Gestern Abend war in dem großen Saale der deutschen Buchhändlerbörse ein ansehnlicher Kreis von Zuhörern um den Hofrath Carus aus Dresden versammelt, der zum Besten eines hier bestehenden Vereins zur Unterstützung hüftsbedürftiger Literaten eine zweistündige Vorlesung über die von ihm vor einigen Jahren unter dem Namen Kranioskopie neubegründete Schädellehre hielt.
>
> *Frankfurter Konversationsblatt 1844*[2]

1841 erscheinen Carl Gustav Carus *Grundzüge einer neuen und wissenschaftlich begründeten Cranioscopie (Schädellehre)*. Mit seiner Schädellehre wird der Verehrer Goethes und Freund Alexander von Humboldts zu einem der einflussreichsten Stichwort- und Ideengeber für europäische Rassentheoretiker bis ins 20. Jahrhundert. Carus, Mediziner, Naturphilosoph und Maler, der als Universalgenie galt, war nicht der erste Wissenschaftler, der den Anspruch erhob, die Persönlichkeit eines Menschen an dessen Kopfform zu erkennen.

Der zu seinen Lebzeiten einflussreiche Schweizer Pfarrer, Philosoph und Schriftsteller Johann Caspar Lavater hatte in seinem vierbändigen Werk *Physiognomische Fragmente zur Beförderung der Menschenkenntnis und Menschenliebe* (1775 – 78) Anleitungen vermittelt, wie man anhand von Gesichtszügen und Körperform den Charakter eines Menschen erkennen könne. Die zentrale Rolle spielte dabei für ihn das Profil eines Menschen, wie es sich im Schattenriss festhalten lässt. Das Profil eines Menschen enthülle die Wahrheit über seinen Charakter, weil über das Profil die Knochenstruktur des Gesichts am deutlichsten hervortrete. Die Knochenstruktur als der unveränderliche Teil des Gesichts gibt für Lavater die jedem von Gott zugewiesenen charakterlichen Eigenschaften unverfälscht wieder, während man sich mit den

---

1   Carus 1849, S. 18
2   D.A.Z. 1844, S. 166

veränderlichen Teilen des Gesichts – Mund, Lippen und Gesichtsmuskulatur – verstellen könne. Wie Lavater schrieb, hat die von ihm vertretene Physiognomik »keinen zuverlässigern, unwiderlegbarern Beweis ihrer objektifen Wahrhaftigkeit, als die Schattenrisse«.[3] Wenn für Lavater die Eigenschaften eines Menschen am Profil zu erkennen waren, ging der Begründer der Phrenologie, der 17 Jahre jüngere Franz Joseph Gall, davon aus, dass sich über die Form und Ausbildung der verschiedenen Regionen am Kopf »Fähigkeiten im Gehirne« zuordnen und erkennen ließen.[4]

Bei aller positiven Resonanz auf Galls Annahmen überwog doch die Skepsis gegenüber der wissenschaftlichen Haltbarkeit einer derart kleinteiligen Zuordnung von Schädelformen zu charakterlichen Eigenschaften und intellektuellen Fähigkeiten.

Ein solcher Kopf, auf dem in niedlichen Feldern, Muth, Diebssinn, Ortssinn und noch fünfzig andere Sinne verzeichnet sind, nimmt sich gar nett und anschaulich aus. Stand eine bezeichnete Region auf irgend einem Schädel als Hügel oder Vorsprung vor, so hatte der Mensch die dort logirte Fähigkeit in hohem Grade entwickelt besessen; war die Gegend abgeflacht oder vertieft, so war die besagte Fähigkeit entweder gar nicht oder nur schwach entwickelt. […] Leider aber ist diese Lokalisation nur eine Reihe von Glaubensartikeln, die, wie jeder Glaube, auf keinem faktischen Beweise beruhen. Der musikalische Sinn wurde an diese oder jene Stelle gesetzt, weil es zur Zeit Galls zufällig einen mit ihm befreundeten Musiker gab, dessen Schädel an der ausersehenen Stelle einen Höcker hatte; der Zerstörungstrieb wurde einem berühmten Mörder abgetastet und was all' der sogenannten Erfahrungen mehr sind.[5]

Organe des Hirns nach dem Gall-Combe'schen System　　　　*Tasterzirkel*

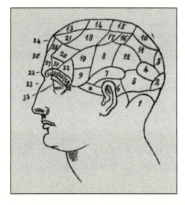 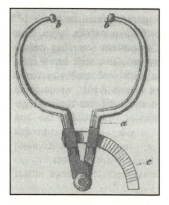

Während sich Gall und seine Nachfolger »von der übrigen Naturwissenschaft und besonders von ihrer Grundlage, Anatomie und Physiologie« abgelöst hätten, handele es sich, wie Emil Huschke, Professor für Anatomie und Physiologie an der Universität Jena, in einer Rezension ausführt, bei der *Schädellehre* von Carus um eine Schrift »von einem ausgezeichneten, sinnreichen Naturforscher, welche die Cranioscopie mit dem

---

3　Lavater 1776, S. 91
4　Vgl. Gall 1807
5　Morgenblatt für gebildete Leser 1846, S. 227

Stand der Physiologie in Verbindung zu bringen und die ersten Gesetze daraus auf einer bessern psychologischen Grundlage zu entwickeln sucht«.

Die Lehre von der Cranioskopie »fusst«, so der Rezensent, »auf der Lehre von der Dreiheit der Schädelwirbel und der Hirnabtheilungen« und ordnet diesen »drei Hirnmassen«, »die drei Grundformen des geistigen Lebens, Erkenntnisvermögen, Gemüth und Willen als Thätigkeit« zu. Diese Überlegungen stimmten »mit den Beobachtungen überein, welche die vergleichende Anatomie und Physiologie, die Vivisectionen und die Pathologie des Hirns geliefert haben, und die Ergebnisse der Psychologie und Physiologie reichen sich darin ohne Zwang die Hand«.[6]

Für Carus liegt »der Schlüssel zu aller wahrhaften, auf physiologischen Grundsätzen gestützten Cranioskopie« in der Untersuchung, »in welchem Verhältnisse die drei Schädelwirbel bei einem Individuum entwickelt sind«.

Eine besondere Entwicklung des Vorderhauptwirbels muss eine grössere Intelligenz, eine verhältnissmässig stärkere Entwicklung des Mittelhauptwirbels muss uns Vorherrschen des Gemüthslebens, eine bedeutende Ausbildung des Hinterhauptes einen kräftigen Willen und energische Triebe andeuten.[7]

Während Galls Phrenologie weitgehend auf anekdotischen Beobachtungen basierte, setzte Carus, um den Anforderungen an naturwissenschaftliches Vorgehen gerecht zu werden, auf Datenerhebung durch Messungen. Das von Carus bevorzugte Instrument zur Datenerhebung war dabei der Tasterzirkel.

Um zu erfahren, wie die verschiedenen Theile des Gehirns entwickelt seyen, muß man die Länge, die Höhe und die Breite der drei Gehirnwirbel oder Schädelstücke messen, von denen sie umschlossen sind. Gemessen wird mit einem Tastercirkel die Länge von der Stirn bis zum Ohr, über dem Ohr am Mittelkopf und über dem Nacken am Hinterkopf, die Höhe von der Nasenwurzel bis auf den Vorderkopf, vom Ohr bis zum Scheitel, vom Nacken bis auf den Hinterkopf, die Breite quer über die Stirn, von Ohr zu Ohr, quer über den Hinterkopf. Diese neun Maße geben einen Anhaltspunkt zur Beurtheilung, in welchem Grade Intelligenz, Gemüth, Willenskraft entwickelt sind und in welchem Verhältnisse sie zu einander stehen.[8]

Ganz dem naturwissenschaftlichen Ideal seiner Zeit verpflichtet, wurden die empirisch erhobenen Daten in Tabellen erfasst.

Alle diese Maße lassen sich sonach auf folgende Weise in tabellarischer Form sammeln, und man braucht sich nur Tabellen über sehr verschiedene Individualitäten anzulegen, und darin wenigstens die wichtigsten Maße einzutragen, um alsbald bei der Vergleichung das Symbolische in der Verschiedenheit solcher Messungen deutlich zu erkennen.[9]

Auf den ersten Blick ist Carus zurückhaltender als die Anhänger der Phrenologie, wenn es darum geht, aus den Daten konkrete Aussagen über Einzelfälle abzuleiten.

[Carus] rechnet es aber unter die Träumereien und Wahnbilder, wenn die Phrenologen aus den vielen Höckern des Schädels auf die moralischen Eigenschaften eines Menschen schliessen

---

6   Huschke 1842, S. 569
7   Carus 1841, S. 8 f.
8   D.A.Z. 1844, S. 167
9   Carus 1853, S. 129

und herausfinden wollen, ob derselbe ein wohlwollender, gottesfürchtiger, phantasiereicher, streitsüchtiger, diebischer u.s.w. Mensch sei. Im Kopfbau wird sich nur insbesondere erkennen lassen, in welchem Verhältnisse zu einander die drei Grundrichtungen des Geistes, Erkennen, Fühlen und Wollen in den Anlagen vorhanden sind.[10]

In seiner *Denkschrift zum Hundertjährigen Geburtsfeste Goethe's* aus dem Jahre 1849 entwickelt er unter der Überschrift Ueber die ungleiche Befähigung der verschiedenen Menschenstämme für höhere geistige Entwicklung rassentheoretische Vorstellungen. Er unterscheidet »vier grosse Volksstämme«, die er nach ihrer Verteilung auf der Erde – letztlich aber nach ihrer Hautfarbe – als Nachtvölker, Tagvölker, östliche Dämmerungsvölker, westliche Dämmerungsvölker bezeichnet. Um der »Frage von der ungleichen Befähigung dieser so weitum wohnenden Stämme für höchste Entwicklung des Geistes« nachzugehen, zieht Carus eine »vergleichende Uebersicht der Schädelformen« heran, denn der »auf eine bald stärkere und bald schwächere Entwicklung des Gehirns deutende Kopfbau des Menschen [muss] als eins der wichtigsten physiognomischen Zeichen für geistige Anlagen betrachtet werden«.[11] Für seine rassentheoretische Argumentation benützt er eine Tabelle, die der us-amerikanische Anthropologe und Rassentheoretiker Samuel George Morton nach »vergleichenden Messungen« von »256 Schädeln aller verschiedenen Menschenstämme« erstellt hatte. Bestätigt sieht Carus dadurch eine naturgegebene Hierarchie unter den »Rassen«.

Vergleichende Schädelmessungen nach Morton

	Zahl der der Messung unterworfenen einzelnen Schädel jeder Reihe.	Mittelzahl des räumlichen Inhalts in Cubikzollen.	Grösstes Raumverhältniss in dieser Reihe.	Kleinstes Raumverhältniss in dieser Reihe.
Tagvölker	52	87	109	75
Nachtvölker	29	78	94	65
Oestliche Dämmerungsvölker:				
Mongolen	10	83	93	69
Malayen	18	84	89	64
Westliche Dämmerungsvölker	147	82	100	60

Zuerst tritt augenfällig hervor, dass die räumlichen Verhältnisse desjenigen Organs, welches die organische Werkstatt des Denkens unwiderleglich ist – im Allgemeinen in den vier Hauptstämmen der Menschheit allerdings wesentlich verschieden gefunden werden, und dass schon hieraus mit grösster Deutlichkeit gefolgert werden kann, es sei bei diesen einzelnen Stämmen die Befähigung zur höchsten Geistesentwicklung keineswegs ein und dieselbe, sondern durchaus ungleiche. [...] Die Ungleichheit in der Befähigung zu höchster Geistesentwicklung stellt sich in den verschiedenen Stämmen in dem Maasse heraus, dass die geringere Befähigung auf Nachtvölker fällt, während die grössere den Tagvölkern zu Theil geworden ist, die Dämmerungsvölker aber den deutlichen Uebergang zwischen beiden bilden.[12]

---

10 Huschke 1842, S. 570
11 Carus 1849, S. 18
12 Carus 1849, S. 20 ff.

1842 – »DIE WIRKSAMKEIT DER LEIHBIBLIOTHEKEN IN BEZUG AUF DIE BILDUNG DES VOLKES IST NICHT GERADE DIE GÜNSTIGSTE«

> »Nach lehrreichen Büchern wird in Leihbibliotheken nur wenig gefragt. Häufiger werden solche gesucht, deren Inhalt nur dazu dient, die Zeit zu kürzen und den Sinnen zu schmeicheln.«
>
> *Preussens Preßgesetze und der Buchhandel in Preussen 1844*[13]

Für den Betrieb einer Leihbibliothek benötigte man in Preußen die Genehmigung der zuständigen Bezirksregierung.[14] Eine Genehmigung setzte die Prüfung der »Persönlichkeit und Fähigkeit des Bittstellers« voraus. Der »Bittsteller« sollte u.a. »mindestens einen solchen Grad von allgemeiner Bildung besitzen, dessen Jemand bedarf, um sich mit dem, das gedachte Gewerbe betreffenden, gesetzlichen Vorschriften vollständig vertraut machen zu können«. Bei der Erteilung der Genehmigung war darauf zu achten,

> daß die Zahl der Leihbibliotheken an einem Orte nicht zu sehr vermehrt, und dadurch müßige Leserei befördert, oder die Aufsicht darüber erschwert, oder durch die zu große Konkurrenz der Unternehmer in die Versuchung gebracht würde, sich durch unsittliche Bücher Zulauf zu verschaffen.

Leihbibliotheken auf Dörfern durften nicht genehmigt werden. Die Leihbibliotheken standen unter polizeilicher Aufsicht. »Die Aufsicht der Polizeibehörde erstreckt sich hauptsächlich darauf, daß verbotene oder andere für das gemeine Wohl gefährliche Druckschriften in dieselbe nicht Aufnahme finden.« Dazu zählten Schriften, »welche die Ehrerbietung gegen den Regenten und die Achtung vor der Staatsverfassung verletzen, oder gar auf Erregung der Unzufriedenheit mit der Regierung abzwecken«.

Besondere Regeln galten für Gymnasiasten und Schüler, denen »aus der Leihbibliothek nicht anders Bücher verabfolgt werden, als auf einem, dem Titel des zu entleihenden Buchs enthaltenden Erlaubnißschein ihrer Väter oder des Direktors oder Vorstehers der betreffenden Lehranstalt«.

Um die Aufsicht zu ermöglichen, musste »das vollständige Verzeichniß der für dieselbe bestimmten Druckschriften der Orts-Polizei-Behörde« vorgelegt werden. Dies galt auch für alle in der Leihbibliothek neu aufzunehmenden Bücher«.

Das Preußische Innen- und Polizeiministerium ging davon aus, dass »sich in Folge der rasch fortschreitenden Gesammtbildung das geistige Bedürfniß der Nation und der Einfluß der Leihbibliotheken, aus denen dasselbe vorzüglich seine Befriedigung sucht«, mit jedem Jahr steigert. Die »Wichtigkeit des Gegenstandes« erforderte nach Einschätzung des Ministeriums »die ernsteste Beachtung und macht allgemeine, dem Zweck entsprechende Maßnahmen dringend nothwendig«.[15]

---

13 Alker 1844, S. 141
14 Vgl. Alker 1844, S. 143 ff.
15 Im Folgenden Min-Bl. für Verw. 1842, S. 69 – hier zitiert nach Alker 1844, S. 141–144

Der neue Catalog   *Verkauf einer Leihbibliothek*

Da man im Ministerium der Meinung war, »polizeiliche Maßregeln« seien nicht ausreichend, verlangte das Preußischen Innen- und Polizeiministerium in einer an
»sämmtliche Oberpräsidenten« gerichteten Cirkular-Verfügung vom19. März 1842
ein Gutachten »über die Frage: wie eine durchgreifende Kontrole des Leihbibliothe-
kenwesens zu bewirken sein möchte? und eine statistische Uebersicht der in ihrem
Bezirk befindlichen Leihbibliotheken und ihres Verhältnisses zur Bevölkerungs-
zahl«.[16] Das Ministerium begründet in seiner »Cirkular-Verfügung« die Notwendigkeit für die Anforderung dieser Gutachten.

Wenn die Allgemeinheit unseres Volksunterrichts bereits gründliche Elementarkenntnisse
durch alle Volksklassen verbreitete, so hat zugleich die auf möglichste Anregung der Denk-
kräfte hinzielende Richtung desselben die Wirkung gehabt, daß jene Kenntniß keine todte,
mechanische blieb, sondern zum lebendigen Impuls des Volksgeistes nach Weiterbildung
ward. Namentlich äußert sich dies rege Streben nach geistiger Fortentwicklung in der durch
alle Stände verbreiteten Neigung zum Lesen. Die Lektüre ist unleugbar zum Volksbedürfniß
geworden. So erfreulich dieser lebhafte Bildungstrieb in einem Staate sein muß, dessen Kraft
vor Allem auf geistigen Hebeln beruht, so dringend nothwendig erscheint es, diesen Trieb
durch sorgfältige Ueberwachung und Leitung vor Abwegen zu bewahren, da derselbe, in der
Wahl der Mittel seiner Befriedigung sich selbst überlassen, in demselben Maße zur Ausartung
führen kann, wie er, aufs Gute und Nützliche gelenkt, auf geistige Entwickelung und sittliche
Veredelung entschieden einwirken muss. Vor Allem sind es die Leihbibliotheken, aus denen
das größere Publikum sein Lesebedürfniß befriedigt. Der Einfluß dieser Anstalten auf den
Volksgeist in einem Lande, in dem selbst der Landmann seine Mußestunden mit Lesen auszufüllen beginnt, ist kaum zu berechnen, und übersteigt an Umfang, wie an nachhaltiger Wirkung
den des gesammten Buchhandels und der Tagespresse.

Da jedoch die »nützliche Seite des Leihbibliothenwesens« nicht verkannt werden
dürfe, spricht sich das Ministerium bei »der unverkennbaren Empfänglichkeit der Gegenwart für die Förderung gemeinnütziger Zwecke auf dem Wege der Association«
für die Unterstützung von »Privatvereinen« aus.

---

16 Als »bemerkenswerte Verfügung« wurde diese Cirkular-Verfügung des Preußischen Innen-
und Polizeiministerium in Zeitungen auch außerhalb Preußens ausführlich zitiert. Vgl. u.a.
Münchner politische Zeitung vom 15.04.1842, S. 478

Polizeiliche Maßnahmen scheinen [zur Kontrolle des Leihbibliothekenwesens] überhaupt nicht auszureichen; daher ist zu erwägen: ob es nicht rathsam, den Gemeinsinn für diese Angelegenheit zu interessiren, und die Bildung von Privatvereinen zu begünstigen, welche es sich zur Aufgabe stellten, die obrigkeitliche Kontrolle der Leihbibliotheken zu unterstützen, und durch die Errichtung von Vereinsbibliotheken, wie an mehreren Orten geschehen, einen durchgreifenden Erfolg zu sichern. Die Einwirkung der Polizei, welche ihrer Natur nach nur eine negative, den schädlichen Einfluß schlechter Lektüre durch Ausscheidung und Beschlagnahme verderblicher Bücher möglichst abwehrende sein kann, würde in solcher Unterstützung durch Privatvereine erst ihre positive Ergänzung finden.

Angebot für Lesecirkel und Leihbibliotheken

1843 – »DIE ILLUSTRATION IN IHRER KULTURGESCHICHTLICHEN BEDEUTUNG«[17]

> Keine von allen zeichnenden Künsten ist der Typographie so nahe verwandt, keine übertrifft den gelungenen Holzschnitt an Ausdruck und vielseitiger Anwendbarkeit.
>
> *Illustrirte Zeitung 1843*[18]

Ende des 18. Jahrhunderts wurde aus dem Holzschnitt durch die Einführung veränderter Schneideverfahren der Holzstich. Für den Holzstich verwendet man quer zur Faser geschnittene Platten aus Hartholz, wie z.B. dem Holz des Buchsbaums, wodurch »unendlich verfeinerte Manipulationen des Schneidens« möglich wurden. [19] Die nicht zu druckenden Teile wurden mit Schneidemessern entfernt und die erhabenen Teile eingefärbt und abgedruckt. Da es sich hier wie bei dem Druck mit beweglichen Lettern um ein Hochdruckverfahren handelt, konnten Text und Illustrationen auf der Druckplatte kombiniert werden. Außerdem waren quer zur Faser geschnittene Platten aus Hartholz für höhere Auflagen geeignet. Damit stand mit dem Holzstich eine Reproduktionstechnik zur Verfügung, mit der die Nachfrage des Publikums nach Abbildungen aller Art befriedigt werden konnte.[20]

Titelvignette der Illustrirten Zeitung Nr. 1

[Es] giebt heutzutage kein civilisirtes Volk der Erde, das nicht den Holzschnitt als Illustrationsmittel kultivirt, und es existieren unter den vielfachen Zweigen menschlichen Wissens – von der schönen Literatur, Bellestristik u.f.f. ganz abgesehen – wenige, welche den Holzschnitt nicht als das geeignetste Mittel zur anschaulichen Darstellung ihres Inhalts betrachten und ausbeuten.[21]

---

17 Schasler 1866, S. 293
18 Illustrirte Zeitung Nr. 1/1843, S. 1
19 Schasler 1866, S. 139
20 Vgl. Wagner
21 Schasler 1866, S. 138

Im Juli 1843 erscheint nach dem Vorbild englischer und französischer Zeitschriften in Leipzig die *Illustrirte Zeitung*. Es ist die erste Zeitschrift dieser Art in Deutschland. Unter der Überschrift »Was wir wollen« wird in dem Vorwort der ersten Ausgabe das Ziel formuliert, das man mit dem Start einer illustrierten Zeitung verfolge. Das Ziel sei,

> die innige Verbindung des Holzschnittes mit der Druckerpresse zu benutzen, um die Tagesgeschichte selbst mit bildlichen Erläuterungen zu begleiten und durch eine Verschmelzung von Bild und Wort eine Anschaulichkeit der Gegenwart hervorzurufen, von der wir hoffen, daß sie das Interesse an derselben erhöhen, das Verständnis erleichtern und die Rückerinnerung um vieles reicher und angenehmer machen wird.[22]

Welche Bedeutung der Illustration dabei zukommt, wird deutlich, wenn unter Bezug auf die Detailgenauigkeit und Realitätsnähe der erst vier Jahre zuvor erfundenen Fotografie der Anspruch formuliert wird, alles »zu daguerreotypiren, was in der civilisirten Welt Erfreuliches und Erschütterndes, Großes und Burleskes sich zuträgt«.[23]

Wie wichtig Illustrationen für die Attraktivität von Zeitungen und Zeitschriften werden, zeigt sich daran, dass viele der in der 2. Hälfte des 19. Jahrhunderts auf den Markt kommenden Familien- und Unterhaltungsblättern in ihren Titeln bzw. Untertiteln darauf Bezug nehmen. Dabei geht es nicht nur um die Anzahl der in einer Zeitung oder Zeitschrift veröffentlichten Illustrationen, sondern um die möglichst zeitnahe und großformatige – weil dadurch attraktive – visuelle Berichterstattung über aktuelle Ereignisse.

Dementsprechend hoch ist der organisatorische und personelle Aufwand, der auf diesem Gebiet betrieben wird. Wöchentlich erscheinende Publikationen wie die *Illustrirte Zeitung* hätten ihren Anspruch, zeitnah über aktuelle Ereignisse zu berichten, mit einer langwierigen Reproduktionstechnik wie dem Kupferstich nicht einlösen können. Selbst bei den schneller herzustellenden Holzstichen war man – zumindest für großformatige Illustrationen – auf arbeitsteilige Verfahren angewiesen. Dazu beschäftigte die Redaktion der *Illustrirten Zeitung* in ihrer Xylografenwerkstatt ca. 50 auf verschiedene Gebiete spezialisierte Holzschneider.[24]

> Wenn nun der Leser […] wie z.B. in der ›Illustrirten Zeitung‹, auf [Illustrationen] trifft, die sogar den Raum von vier Seiten füllen, so wird er mit Recht die Fragen aufwerfen: ›Giebt es denn auch Buchsbaumstämme von einem solchen Umfange? Und wenn es einem illustrirten Wochenblatte möglich ist, auf dem größten Format Ereignisse abzubilden, die kaum vor Wochen sich zugetragen haben, kann da ein Holzschneider in solcher Schnelligkeit arbeiten?‹ Diese Fragen müssen wir verneinen, und doch sind die Thatsachen der großen Holzschnitte und der schnellen Herstellung fast alltäglich geworden. Wir wollen es versuchen, den Lesern diesen anscheinenden Widerspruch zu erklären.
>
> Der hauptsächlich in Kleinasien wachsende und allein für den Holzschnitt taugliche Buchsbaum hat in der Regel einen Durchschnitt von 20 bis 25 Centimeter. […] Zu einem Holzschnitt in der Größe eines zweispaltigen Bildes der »Illustrirten Zeitung« hat man also etwa 20 Blöcke

---

22 Illustrirte Zeitung Nr. 1/1843, S. 1
23 Illustrirte Zeitung Nr. 2/1843, S. 18
24 Illustrirte Zeitung Nr. 1000/1862, S. 146

von je 100 Quadrat-Centimeter nöthig. Diese Blöcke werden schwach zusammengeleimt und bilden somit einen Block von der nöthigen Größe. Nachdem die Zeichnung fertig gestellt ist, wird die Platte wieder in ihre einzelnen 20 Theile zerschlagen, sodaß nun so viele Holzschneider, wie Stücke vorhanden sind, gleichzeitig daran arbeiten können. Hätte also ein Holzschneider 60 Tage zu arbeiten, um das ganze Bild allein zu fertigen, so würden 20 Holzschneider, falls diese zur Disposition ständen, die Aufgabe in 3 Tagen beenden. Sind die einzelnen Stücke im Schnitt fertig, so werden sie definitiv zusammengeleimt oder in einen eisernen Rahmen eingespannt. Der damit Beauftragte hat nur die Uebergänge von einem Stücke zu dem anderen ›nachzugehen‹ und hier und da eine Unregelmäßigkeit auszugleichen, bevor der Stock zum Druck gegeben wird.[25]

Allein mit der Technik des Holzschnittes wäre es jedoch nicht möglich gewesen, illustrierte Zeitungen und Zeitschriften mit einer Auflage von hunderttausend oder mehr Exemplaren in so kurzer Zeit zu drucken, um sie zeitgleich ausliefern zu können. Die Technik des Holzschnittes musste hierzu noch durch die Galvanoplastik ergänzt, werden. (MG 1837)

[…] Holzschnitte können auf galvanoplastischem Wege sehr leicht vervielfältigt werden. Man reibt zu diesem Zwecke den Holzschnitt mit Graphit ein, macht einen Guttapercha-Abklatsch und bringt diesen, nachdem die Oberfläche leitend gemacht ist, in den galvanoplastischen Apparat; der Kupferniederschlag erscheint in vollkommener Schärfe. Mit einer solchen galvanoplastischen Stanze lassen sich, wie die Erfahrung gelehrt hat, 70 bis 80.000 Abdrücke herstellen, ehe sie abgenutzt erscheint.[26]

Das Holzschneider-Atelier der Illustrirten Zeitung

Das Holzschneider-Atelier der Illustrirten Zeitung.

25 Lorck 1882, S. 706
26 Volkmer 1885, S. 55

1844 – »DER ELECTRISCHE TELEGRAPH, MIT BESONDERER BERÜCKSICHTIGUNG SEINER PRACTISCHEN ANWENDUNG FÜR DEN GEFAHRLOSEN UND ZWECKGEMÄSSEN BETRIEB DER EISENBAHNEN«

> »Telegraphenleitungen. Gleichwie die erste Nutzbarmachung der elektrischen Telegraphen das Verdienst der Eisenbahnen war (s. Elektricität und Stationstelegraphen), sind es auch die Eisenbahnverwaltungen gewesen, welche zuerst längere T. anlegten.
>
> *Encyklopädie des gesamten Eisenbahnwesens 1895*[27]

Im Jahr 1843 wurde mit dem Bau der ersten Morse-Telegraphenlinie von Washington nach Baltimore begonnen. Im selben Jahr wird auf der Rheinischen Bahn von Aachen zur belgischen Grenze zum ersten Mal in Deutschland ein »*elektrischer Telegraph*« in Betrieb genommen, »der zum Signalisiren zwischen dem Aachener Stationsplatz und dem Maschinenhause am Tunnel im Aachener Busch« dienen soll«.[28]

Im Februar 1844 reichte William Fardely, ein in Mannheim lebender Engländer, bei der Deutschen Bundesversammlung eine Druckschrift unter dem Titel *Der electrische Telegraph, mit besonderer Berücksichtigung seiner practischen Anwendung für den gefahrlosen und zweckgemässen Betrieb der Eisenbahnen; nebst Beifügungen der neuesten Einrichtungen und Verbesserungen, und einer ausführlichen Beschreibung eines electromagnetischen Drucktelegraphen* ein.

Da die »Prüfung der Ausführungsentwürfe […] nur auf wissenschaftlichem Wege durch die Männer des Fachs, die Erprobung der Anwendbarkeit nur durch Versuche im Großen erfolgen« konnte, wurde der Antrag gestellt, dem Verfasser der eingesendeten Druckschrift »den Dank der hohen Bundesversammlung ausdrücken zu lassen«.[29]

Noch im selben Jahr gelingt es Fardely, die Verantwortlichen der Taunusbahn davon zu überzeugen, auf der 8,8 km langen Strecke zwischen Kastel und Wiesbaden eine Telegraphenlinie mit dem von ihm gebauten Zeigertelegraphen einzurichten.[30] Hierbei handelt es sich um die erste elektrische Telegraphenlinie für den Eisenbahnbetrieb auf dem europäischen Festland. Warum mit der zunehmenden Bedeutung des Eisenbahnverkehrs das Interesse an der Telegraphie wächst, liegt auf der Hand. Nachrichten, die für die Sicherung des Betriebsablaufs wichtig sind, müssen so schnell übermittelt werden, dass sie die Züge »überholen«. Hierzu schreibt Fardely in seiner Denkschrift »unter den vielen Plänen für telegraphische Einrichtungen, die von Eisenbahngesellschaften schon vorgeschlagen wurden, ist es nur die Electricität allein, von der

---

27 Röll 1895, S. 3180

28 Münchner politische Zeitung vom 13.07.1843, S. 914 f.

29 Protokolle der Deutschen Bundesversammlung 1844, S. 180 f.

30 Fardelys Telegraf gleicht im Wesentlichen dem von Charles Wheatstone entwickelten Zeigertelegrafen. (Wilke 1897, S. 426)

man hoffen kann, dass sie die Dienerin der Dampfkraft werden kann«.[31] Sicherheit und Pünktlichkeit erforderten, so argumentiert Fradely, ein »Mittel«,

> wodurch man im Stande ist, in jedem Momente mit einem Blick den Zustand der Wagenzüge und die Stelle wo alle auf der ganzen Bahn sich befinden, und zwar zu derselben Zeit an vielen gegebenen Orten zu überschauen, so wird hierdurch die Gefahr eines Unglücks durch Collision auf ein Minimum zurückgeführt; und kann diese ›Vogelperspective‹ einer langen Bahnlinie durch geringen Geldaufwand erlangt werden, so würde dies nicht allein zur Sicherheit des Publicums beitragen, sondern, indem hierdurch Collisionen und dem daraus erfolgenden panischen Schrecken vorgebeugt wäre, auch einer der bedenklichsten Ursachen von Verlust und Schaden, welche Eisenbahnanlagen unterworfen sind, beseitigt werden.
>
> So wünschenswerth diese Vortheile nun für doppelte Schienenanlagen seyn mögen, so werden sie in jenen Fällen absolutes Hauptbedürfniss, wo, wegen verhältnissmässig geringem Verkehr, oder grössern Hindernissen der Localitäten, die Anlage einer doppelten Schienenbahn, aus Rücksicht des Kostenaufwands unterbleiben muss.[32]

Wheatstones Zeigertelegraph

Wie groß das Interesse an diesen technischen Entwicklungen war, kann man einer Rezension der Druckschrift Fardelys entnehmen.

> Die Mittheilung verschiedenartiger telegraphischer Einrichtungen, besonders aber die nähere Beschreibung des Drucktelegraphen von Bain, mittelst welchen die Nachrichten derartig befördert werden, daß sie in entfernten Orten sogleich gedruckt erscheinen, ist höchst interessant, und würde dem größern Theil des Publikums um so erwünschter sein, wenn die innere Konstruktion einzelner und das Zusammenwirken aller Theile der Maschine um fassender und auf die kleinsten Details mitgetheilt worden wären.[33]

---

31 Fardely 1844, S. 16
32 Fardely 1844, S. 5
33 Allgemeines Organ für Handel und Gewerbe vom 22.02.1844. Wöchentliches Beiblatt, S. 101

1845 – DAS »ROMANFEUILLETON IST DURCH DEN WILLEN DER MEHRZAHL DER LESER ZU EINER MACHT EMPORGESTIEGEN«[34]

> **Die Deutsche Allgemeine Zeitung** erscheint auch im Jahre 1845 unter der Redaction des Professors Ft. Bülau in bisheriger Weise. Als Feuilleton wird sie in besonderen Beilagen die Fortsetzung von Eugen Sue's mit immer steigendem Interesse gelesenen Roman **Der ewige Jude** gleich nach dessen Erscheinen im Constitutionnel liefern.
>
> *Allgemeine Zeitung 1844*[35]

Die Veröffentlichung von Fortsetzungsromanen in eigenständigen Heftreihen, in Magazinen oder in Zeitungen lässt sich bis ins 17. Jahrhundert zurückverfolgen. Einen Höhepunkt erreicht diese Publikationsform im 19. Jahrhundert. In dem *Morgenblatt für gebildete Leser* berichtet der Korrespondent des Blattes 1845 aus Paris über die »gewaltig großen Projekte«, die man in der »Journalistik« plane. Es gehe dabei u.a. um ein »Riesenblatt« mit dem Titel *Le Mouvement,* für dessen Herausgabe man noch Aktionäre suche, um die benötigte halbe Million Francs aufzubringen.

Den Liebhabern der Romane wird in diesem übrigens politischen Blatte völlige Befriedigung und Sättigung versprochen; es soll hier mehr Roman gegeben werden als in irgend einem andern Blatte; ›denn‹, so lautet die Ankündigung, ›ohne Roman verbleicht und stirbt ein Journal‹.[36]

Anzeige »Der ewige Jude«

Es waren keine literarischen Überlegungen, sondern Anforderungen des Marktes, auf die die Verleger mit der Veröffentlichung von Romanen in einzelnen Folgen reagierten. Die verbesserten Druckmöglichkeiten ermöglichten höhere Auflagen. Mehr Leser fand man nur, wenn der Preis der Zeitung niedrig blieb. Daher begannen Zeitungen, sich vermehrt durch Anzeigen zu finanzieren. Es ging also zum einen darum, den Kreis

---

34 Dg 1845. S. 924
35 Allgemeine Zeitung (Augsburg) vom 20. Dezember 1844, S. 2839
36 Dg 1845. S. 924

der Leser auszuweiten. Zum anderen sollte die Leserschaft durch Fortsetzungsromane über einen längeren Zeitraum an eine Zeitschrift oder Zeitung gebunden werden. Um die Honorarkosten für den einzelnen Verleger niedrig zu halten, wählte man Vermarktungsformen, bei denen die Fortsetzungen eines Romans in mehreren nicht miteinander konkurrierenden Zeitungen zeitgleich erfolgte.

Die vielen Romane der Pariser Feuilletons, nach welchem, wie es scheint, halb Europa heißhungrig ist, haben das Geschlecht der Uebersetzer und Nachdrucker ansehnlich vermehrt. Eine Zeit lang gaben sich bloß Belgier und Deutsche damit ab; jetzt aber nimmt das Ding in der Schweiz und, was ganz unerwartet war, sogar in Spanien überhand, und über ein Kleines wird sich Frankreich ganz von Nachdruckern und Uebersetzern eingeschlossen sehen, welche alle von den Pariser Feuilletons leben. Es wäre interessant, berechnen zu können, wie viele Menschen in Europa durch die Feuilletons der Pariser Journale ihre Nahrung finden, und welch ein Kapital diese Feuilletons in Umlauf setzen; sicher ein größeres als das Einkommen manches Landes. Die Herren, welche diese Feuilletons schreiben, sind daher auch jetzt die gefeiertsten und am reichlichsten belohnten Schriftsteller in Europa, und es ist gar nicht zu verwundern, daß der Buchhandel sich in einem krankhaften Zustand befindet. Wo sollen die Leute die Zeit zum Bücherlesen hernehmen, da ihnen schon das Lesen der Feuilletons und der großen Blätter so manche Stunde kostet und die Journalromane dem großen Publikum jede ernsthafte Lektüre verleiden. Mehrere Tagesblätter haben sich vergebens bemüht, das Publikum durch etwas anderes als durch Romane zu unterhalten; es hat ihnen nicht gelingen wollen, und um bestehen zu können, haben sie dem Strome folgen müssen. In der friedlichen Zeit, worin wir leben, und beim Mangel an wichtigen politischen Begebenheiten lassen sich die Leser durch die Feuilletons sanft in Schlummer wiegen, und ohne den ungeheuern Aufschwung der Industrie wäre das Roman-Feuilleton das Einzige, was das Publikum noch bewegt und anzieht.[37]

Die seriellen Formate mit kurzen Spannungsbögen und dem offenen Ausgang jeder Folge auf dem Höhepunkt eines Geschehens begünstigen tendenziell Unterhaltungs- und Trivialliteratur. Die Anpassung der Romane in Aufbau und Inhalt an diese Publikationsform wurde schon im 19. Jahrhundert zum Teil heftig kritisiert.

Ein französisches Journal beklagt sich bitter spottend darüber, daß auf der letzten Pariser Gewerbeausstellung, unter den tausend und tausenden von Gegenständen doch ein wichtiger Artikel der französischen Industrie gänzlich gefehlt: – der Feuilleton-Roman! – Dazu paßt ganz gut, was ein anderes Journal, ›l'almanach du mois‹, von der fabrikmäßigen Einrichtung erzählt, wie heut zu Tage in Frankreich mit der Anfertigung von Romanen dieser Art verfahren wird. Es gibt dergleichen Ateliers, heißt es, in derselben Weise, wie die der Kupferstecher in England, wo der eine den Himmel, der Andere die Bäume, ein Dritter die Erde zu besorgen hat. Auch hier sind die Rollen gleichmäßig vertheilt: der eine liest die alten Romane und Denkwürdigkeiten, und wählt daraus, was sich zur Seelenwanderung eignet; der Andere gibt den Erzählungen eine dialogische Form, und der dritte entwirft die Porträtirung der Helden, das in Szenesetzen, als: ›An einem schönen Aprilmorgen kam ein junger, blonder Mann, mit röthlichem Knebelbarte, den ein gewöhnlicher Beobachter nach seiner Miene für etwas ganz Anderes gehalten haben würde etc.‹ Noch ein Anderer nimmt die Erzählung da wieder auf, wo sie sein Mitarbeiter gelassen hat, um ihr eine Anecdote aus den Zeiten Heinrich IV., oder ein

---

37 Dg 1845, S. 924

Kapitel aus Cook's Reisen, oder auch einen Brief aus den Liaisons dangereuses hinzuzufügen. Ist er damit fertig, so gibt er die Arbeit an seinen Nachbar links. Dieser wirkt in dem düsteren Genre; er gehört der neuromantischen Schule, und seine Aufgabe ist, Zufälle, Gewaltsamkeiten, schauerliche Geschichte zu liefern. […] Ist der Roman fertig, so wird er zum Redakteur des Feuilletons getragen (zuweilen auch früher), der in der Regel den Titel dazu wählt, und wenn er ihn dann annimmt, so läßt er stets die Warnung hinzufügen, daß jede Nachahmung durch andere Blätter als Nachdruck angesehen und gerichtlich verfolgt werden sollte. – Offenbar geht diese launige Skizze darauf hinaus, eine Charge à la Dantan zu sein; allein man wird unwillkürlich versucht, sie für baren, bitteren Ernst zu nehmen, wenn man die Details verfolgt, unter welchen diese Art Belletristik sich selbst in's Publikum einführt. Eugen Sue veröffentlicht einen Roman von zehn Bänden (!!), wovon er beim Erscheinen des ersten Feuilletons kaum einen Band fertig hat. Alexander Dumas versieht gar die Feuilletons dreier verschiedener Blätter gleichzeitig mit drei Romanen (!!!) […] Ist es auch nur fisisch möglich, daß ein Schriftsteller gleichzeitig mit drei solchen Werken ernster Tendenz zu Stande komme? Liegt nicht vielmehr der Glaube an eine Mitarbeiterschaft obiger Art sehr nahe, […]?[38]

Anzeige in Didaskalia. Blätter für Geist, Gemüth und Publizität

> **Mannichfaltigkeiten¶**
>
> (Der· ewige· Jude· als· Zugpflaster.)· Mit· dem· nächsten· Vierteljahr· gibt· die· „Deutsche· Allg.· Zeitung"·den·neuesten·Roman·von·Eugen·Sue,·„der·ewige·Jude"·in·deutscher·Uebersetzung· als· Gratisbeiblatt· ihren· Abonnenten· und· hofft,· daß· sich· die· Zahl· derselben· reichlich· vermehren·werde.·(Dorfztg.)¶

---

38 Sonntagsblätter vom 03.11.1844, S. 1037 f.

1846 – DIE ENTDECKUNG EINES NEUEN PLANETEN DURCH DAS »GEISTIGE AUGE« DER MATHEMATIK

> Tief, tief in dem hohen Abgrunde des Weltraumes, durch tausend Miriaden von Meilen hindurch, blos vermittelst Formeln und Figuren, Gleichungen und Rechnungen hat, Himmelsforscher! Dein Geistesblik ihn gesehen den neuen Wandelstern, bevor ihn die Frauenhofer'sche Linse dem Nervennetz Deines Auges näherte und einbildete. Jetzt findet ihn Jeder, dessen Auge, mit den Zauberwaffen der Kunst angethan, ihn aufsucht in der Nacht der Allferne.
>
> *Die Gegenwart. Politisch-literarisches Tagblatt vom 8. März 1847*[39]

Auch Alexander von Humboldt spricht im Zusammenhang mit der Entdeckung des Planeten Neptun im Jahre 1846 davon, dass es die Mathematik als »geistiges Auge« ermöglicht habe, einen Weltkörper zu sehen, »ehe noch ein Fernrohr auf ihn gerichtet war!«[40] Es geht dabei um den erreichten wissenschaftlichen Fortschritt durch die Kombination von Messinstrumenten, systematischer Datenerhebung, Erfassung der Positionswerte in Tabellen, Visualisierung in Sternenkarten sowie mathematischer Berechnungen.

Seit dem Anfang des 17. Jahrhunderts wusste man, dass sich die Planeten auf elliptischen Bahnen bewegen, in deren einem gemeinsamen Brennpunkt die Sonne steht. Kepler hatte dieses nach ihm benannte erste Keplersche Gesetz aus den Tabellen abgeleitet, in denen der dänische Astronom Tycho Brahe und später Kepler selbst die Daten aus langjährigen Beobachtungen und Messungen der Umlaufbahnen der Planeten, insbesondere des Planeten Mars, festgehalten hatten.

Zum Messinstrument wurde das Fernrohr erst Mitte des 17. Jahrhunderts durch das Fadenkreuz oder die Strichplatte, mit denen Winkel- bzw. Streckenmessungen möglich wurden. Die in der Folgezeit entwickelten astronomischen Instrumente arbeiteten unter Einbeziehung des Fernrohrs mit Linsen- und Spiegelsystemen, um Phänomene sichtbar zu machen, die sich dem menschlichen Auge entziehen, und gleichzeitig mit Winkelmessgeräten, um Größe, Anordnungen, Bewegungen und Stand der Gestirne zueinander zu messen, also um zu Erkenntnissen zu gelangen, die über bloße Beobachtungen nicht zu erzielen sind.

Newton hatte mit der Gravitationskraft, die von der Sonne auf alle Planeten in unserem Sonnensystem ausgeübt wird, die Erklärung dafür geliefert, warum die Planeten in ihrer Umlaufbahn gehalten werden und warum es durch die Gravitationswechselwirkung zwischen den Planeten zu Abweichungen von den idealen elliptischen Umlaufbahnen kommt. Aufgrund solcher Abweichungen von den vorausberechneten Bahnen der Planeten Jupiter, Saturn und Uranus waren Astronomen schon länger von der Existenz eines noch unbekannten Planeten ausgegangen.

39 Kornfeld 1847, S. 255
40 Humboldt 1847, S. 211

Leverrier berichtet König Louis-Philippe
über die Entdeckung des Planeten Neptun

Der französische Mathematiker und Astronom Urbain Le Verrier berechnete 1846 die Position, auf der sich dieser unbekannte Planet befinden musste. Diese Berechnungen schickte er an die Königliche Sternwarte in Berlin, die durch die Initiative von Alexander von Humboldt über eines der leistungsstärksten Teleskope der damaligen Zeit verfügte. Als die Berliner Astronomen ihr Teleskop auf die von Le Verrier berechnete Position richteten und das sich ihnen bietende Bild mit einer aktuellen Sternenkarte verglichen, gelang es ihnen sofort, den bis dahin unbekannten Planeten zu identifizieren und damit den Beweis für Le Verriers Berechnungen zu führen. »Die Herbeiführung dieser Auffindung durch rein theoretische Untersuchung sichert dieser theoretischen Entdeckung des Herrn le Verrier den glänzendsten Rang unter allen bisherigen Planetenentdeckungen.«[41]

Die neue Sternwarte in Berlin

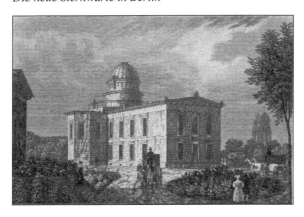

---

41 Frankfurter Ober-Post-Amts-Zeitung vom 30.09.1846, S. 2675

1847 – DIE ERFINDUNG DES KYMOGRAPHIONS UND DIE KULTURELLE DOMINANZ DER »SELBSTSCHREIBENDEN APPARATE«

> So wenig zu Ende dieses Jahrhunderts ein Culturstaat möglich ist ohne Eisenbahn, Telegraph und Telephon, so wenig ist heutzutage physiologische, pharmakologische, pathologische Forschung denkbar ohne graphische Methode.
>
> *Theodor Beer*

Dieses Zitat stammt aus einem Nachruf auf Karl Ludwig, der 1895 in der *Wiener Klinischen Wochenschrift* erschien. Karl Ludwig zählte zu den Begründern der modernen Physiologie.[42] Mit der Erwähnung der »graphischen Methode« bezieht sich der Verfasser des Nachrufs u.a. auf das 1847 von Ludwig zum Studium des Blutkreislaufes entwickelte Kymographion.[43]

> Das Kymographion ([…] griech. ›Wellenzeichner‹) dient zur Messung und bildlichen Darstellung des in den Blutgefäßen herrschenden, mancherlei Wandlungen unterworfenen Druckes. Seine wesentlichsten Bestandteile sind ein mit der Lichtung[44] eines Blutgefäßes zu verbindendes Quecksilbermanometer m, dessen Anzeigen vermittelst eines mit einer Schreibspitze versehenen Schwimmers s registriert werden können, und ein gewöhnlich durch ein Uhrwerk in Umdrehungen versetzter, mit berußtem Papier bekleideter Metallzylinder z, auf dessen Mantelfläche der Manometerschwimmer seinen jedesmaligen Stand aufzeichnet. Die so erhaltenen Aufzeichnungen nennt man *Blutdruckkurven*. [Die] Abbildung stellt ein Ludwigsches Kymographion, das erste Instrument dieser Art, dar. Dasselbe hat später mehrfache Verbesserungen erfahren.[45]

Beim Kymographion handelte es sich um die erste Anwendung eines »selbstschreibenden Apparates« in der Physiologie.

> Dadurch ist der physiologischen Methodik eine der grössten und fruchtbarsten Dienstleistungen erwiesen worden. Denn nicht nur ist diese erste Anwendung der graphischen Methode in der Physiologie der Anstoss zu deren weiterer Verbreitung geworden, sondern auch das von Ludwig zuerst construirte Kymographion ist jetzt der am meisten verbreitete und am fruchtbarsten angewendete aller graphischen Apparate.[46]

---

42 Beer 1895, S. 354 f.
43 Vgl. Grützner 1906, S. 126: »Die erste große That von L. war 1847 die Erfindung des Wellenzeichners oder Kymographiums, […].«
44 »Lichtung« in der Bedeutung von Öffnung
45 Lemma Kymographion 1905, S. III
46 Cyon 1876, S. 7

Kymographion

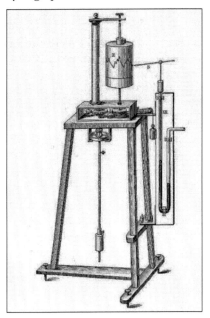

Blutdruckmessungen an Tieren wurden schon zuvor durchgeführt. Neu an Ludwigs Kymographion ist, dass er »mit den Messröhren eine Schreibvorrichtung [verband], vermöge derer die in der Zeit veränderlichen Quecksilberdrücke sich selbst aufzeichneten«.

Notwendig war dies nach Ludwig, da der Blutdruck bei den durchgeführten Experimenten »im Verlaufe der Zeit sehr beträchtliche Veränderungen« erfährt, so dass »das Auge der auf- und absteigenden Quecksilbersäule nicht zu verfolgen vermag«.

Ludwig weist selbst darauf hin, dass diese »Einrichtung […] auf einem Prinzip [beruht], welches der berühmte Mechaniker Watt zuerst in Anwendung gebracht haben soll«.[47] Es handelt sich dabei um den sog. »Watt-Indikator«, mit dem 1796 in England die ersten Aufzeichnungen von zwei Messwertdaten, in diesem Fall von Druck und Volumen bei Dampfmaschinen, durchgeführt werden konnten.

Als einer der Mitbegründer der »chemisch-physikalischen Physiologie« wollte Carl Ludwig die Physiologie in Abgrenzung von Vorstellungen einer nicht näher beschreibbaren »Lebenskraft« auf eine naturwissenschaftliche Basis stellen. Daher sein Interesse an der exakten Protokollierung von Experimenten, wie er sie zum Blutkreislauf durchführte. Nur so ließ sich mit quantifizierenden Verfahren der Nachweis führen, dass alle Lebensvorgänge auf physikochemische Prozesse zurückzuführen sind.[48]

Bis dahin hatte in der Medicin eine Auffassung die Oberhand, die man als vitalistische bezeichnete. Ihr System baute sich, von vorgefassten und willkürlichen Annahmen ausgehend, auf rein abstracten Deductionen auf, […]. Man sah als das die Lebenserscheinungen

47 Ludwig 1856, S. 85
48 Ebd. S. IV

bedingende Princip eine ›Lebenskraft‹ an, deren Walten ausserhalb der in anorganischen Natur herrschenden Gesetze erfolge.[49]

Mit dem Kymographion als »Wellenschreiber« hatte Carl Ludwig das Modell einer Registrierapparatur entwickelt, wie sie nicht nur in der Physiologie, sondern ebenso in den anderen Wissenschaften für quantitative Messungen weit über das 19. Jahrhundert hinaus benutzt wurde. (MG 1860; MG1866)

> Indem die darzustellende Bewegung alle ihre Veränderungen, auch die schnellsten und vor-
> übergehendsten, selbst markirt, indem sie von jeder Zunahme und jeder Abnahme in der Zeit
> eine deutliche Spur hinterlässt, gibt die erhaltene Curve, unbeeinflusst von den Unvollkom-
> menheiten unserer Sinnesorgane, unbeeinträchtigt von jeder Voreingenommenheit des Beob-
> achters, das treueste Bild von dem Ablauf jeder Bewegung, das überhaupt gewonnen werden
> kann. Sie stellt ein documentarisches Versuchsprotokoll dar, wie es objectiver nicht gedacht
> werden kann. Sie redet in einer Sprache, die den Gebildeten aller Zungen verständlich, als eine
> wissenschaftliche Weltsprache bezeichnet werden kann. Häufig versieht die graphische
> Selbstregistrirung zugleich den Dienst eines Mikroskops, indem sie geringfügige Veränderun-
> gen in vergössertem Masstabe wiedergibt.[50]

Blutdruckcurve (Kaninchen)

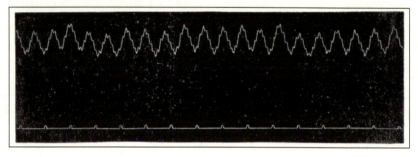

---

49 Frank 1895, S. 496

50 Langendorff 1891, S. 10

1848 – »DIE NERVEN SIND KABELEINRICHTUNGEN DES THIERISCHEN KÖRPERS. WIE MAN DIE TELEGRAPHEN-KABEL NERVEN DER MENSCHHEIT NENNEN KANN«[51]

> Unsere Vorstellungen vom Nerven und vom elektrischen Draht decken sich im gewöhnlichen Leben so sehr, dass man mit Fug behaupten darf, es existire überhaupt keine andere mechanische Vorrichtung, welche in genauerer Uebereinstimmung ihr organisches Vorbild wiedergiebt, und andererseits kein Organ, dessen innere Beschaffenheit in dem von ihm unbewusst nachgeformten Bau so deutlich wiedergefunden wird, wie der Nervenstrang im Telegraphenkabel.
>
> *Ernst Kapp 1877*[52]

Technisierung verändert nicht nur die Gesellschaft, sondern ebenso die Konzepte und Bilder, in denen Menschen über sich selbst nachdenken. Der italienische Arzt und Anatom Luigi Galvani entdeckte 1780 durch Zufall die Kontraktion präparierter Froschschenkel unter dem Einfluss von statischer Elektrizität. Er ging jedoch davon aus, dass die Kontraktionen auf eine in den Froschmuskeln vorhandene spezifische Art der »Tierelektrizität« zurückzuführen sei. Alessandro Volta führte den Nachweis, dass die von Galvani beobachtete Bewegung durch Kontakt mit Metallen und nicht durch eine in dem Froschschenkel vorhandene Elektrizität zustande kam.

Zu einer Wiederbelebung der Vorstellung Galvanis von einer »Tierelektrizität« kam es Mitte des 19. Jahrhunderts durch die experimentelle Elektrophysiologie. Als einer der Begründer der experimentellen Elektrophysiologie gilt Emil du Bois-Reymond, der in der 2. Hälfte des 19. Jahrhunderts international zu den renommiertesten Gelehrten zählte.

Du Bois-Reymond wies nicht nur elektrische Stromschwankungen bei Muskelkontraktion nach, sondern ihm gelang auch der Nachweis von »elektrischen Strömen« in allen »Theilen des Nervensystems«. Mit einem extrem empfindlichen Galvanometer konnte du Bois-Reymond den Nachweis führen, »daß diese Ströme bestimmte Veränderungen erleiden in dem Augenblick, wo im Nerven der Bewegung und Empfindung vermittelnde Vorgang, im Muskel die Zusammenziehung stattfindet.«[53]

Im Vorwort zum ersten Band der *Untersuchungen über tierische Electricität* nimmt er für sich in Anspruch, ihm sei, wenn nicht alles täuscht, gelungen, »den hundertjährigen Traum der Physiker und Physiologen von der Einerleiheit des Nervenwesens und der Elektrizität, wenn auch in etwas abgeänderter Gestalt, zu lebensvoller Wirklichkeit zu erwecken«.[54] Alexander von Humboldt spricht mit Blick auf diese Untersuchungen von den »bewundernswürdigen Arbeiten von Emil Dubois«, dem es

---

51 Virchow 1870, S. 10 f.
52 Kapp 1877, S. 139
53 Du Bois-Reymond 1848, S. XV
54 Ebd. S. XV

gelungen sei, »das Dasein des electrischen Muskelstromes am lebenden ganz unversehrten thierischen Körper darzuthun«.[55]

Als Emil Du Bois-Reymond 1851 mit 31 Jahren u.a. auf Vorschlag von Alexander von Humboldt zum ordentlichen Mitglied der Königlich Preußischen Akademie der Wissenschaften zu Berlin gewählt wird, steht in der Begründung, er habe »verborgene Erscheinungen des tierischen Körpers der messenden Physik und der Berechnung zugänglich gemacht".[56]

Mit dieser Begründung wird Bezug genommen auf die von du Bois-Reymond verfolgte »physikalisch-mathematische Forschungsweise«.[57] Dazu zählt die Entwicklung verbesserter Messverfahren und Versuchsanordnungen sowie die Erfassung der Daten in einem Koordinatensystem, um die »Abhängigkeit der beobachteten Wirkung von den verschiedenen veränderlichen Umständen« festzuhalten und analysieren zu können.[58]

Es wird zweckmäßig sein, für einen jeden Umstand die ihn betreffende Versuchsreihe unter möglichst verschiedenen Bedingungen hinsichtlich der übrigen Umstände, die beständig erhalten werden, zu wiederholen. Die Abhängigkeit der Wirkung von einem jeden Umstande stellt sich nun unter dem Bilde einer Curve dar, deren genaues Gesetz zwar unbekannt bleibt, deren Gang im Allgemeinen man aber doch meist wird entwerfen können. Fast immer wird es möglich sein, zu entscheiden, ob die Function mit den untersuchten Veränderlichen wachse oder abnehme. In anderen Fällen vermag man ausgezeichnete Punkte der Curve zu ermitteln, welcher der Sinn ihrer Biegung gegen die Abscisse sei, ob sie sich asymptotisch einen beständigen Werthe anschließe u.d.m.[59]

Im Vorwort zum ersten Band der *Untersuchungen über tierische Elektricität* spricht du Bois-Reymond »von der Einheit des Nervensystems und der Elektrizität«. In einer 1851 im Verein für wissenschaftliche Vorträge zu Berlin gehaltenen Rede greift du Bois-Reymond diesen Gedanken auf und konkretisiert ihn, indem er die Funktion des menschlichen Nervensystems mit der Telegrafie vergleicht.

Denn wie die Zentralstation der elektrischen Telegraphen im Postgebäude in der Königsstraße durch das riesenhafte Spinngewebe ihrer Kupferdrähte mit den äußersten Grenzen der Monarchie im Verkehr steht, so empfängt auch die Seele in ihrem Bureau, dem Gehirn, durch ihre Telegraphendrähte, die Nerven, unaufhörlich Depeschen von allen Grenzen ihres Reiches, des Körpers, und teilt nach allen Richtungen Befehle an ihre Beamten, die Muskeln, aus.[60]

---

55 Humboldt 1849, S. 227
56 Zitiert nach Düweke 2001, S. 92
57 Du Bois-Reymond 1848, S. XXVI
58 Ebd. S. XXVIII
59 Du Bois-Reymond 1848, S. XXVI f.
60 Du Bois-Reymond 1912, S. 47 f.

Untersuchungen über tierische Electrisität

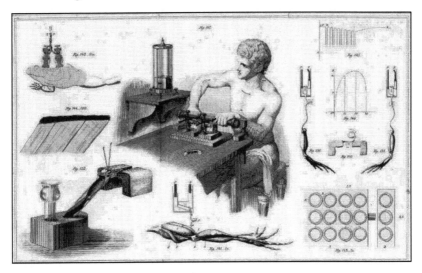

Nervenbahnen und Telegrafendrähte wechselseitig zur Erklärung ihrer Funktion her-
anzuziehen, ist in der zweiten Hälfte des 19. Jahrhunderts weitverbreitet. Wie ein Zitat
von Rudolf von Virchow zeigt, bleibt man dabei oftmals nicht bei einem bloßen Vergleich stehen.

> Wüßten wir gar nichts über die Natur der durch den Reiz im Nerven hervorgerufenen Verän-
> derung, kennten wir den Nervenstrom nicht, so würde doch die Aehnlichkeit mit den Telegra-
> pheneinrichtungen ins Auge springen. Aber wir wissen, [...] daß in der That der Nervenstrom
> ein elektrischer ist, und wir können daher ohne Umstände sagen, daß die gesammte Einrich-
> tung und Thätigkeit des menschlichen Bewegungsapparates mit der Anordnung und Wirkun-
> gen des Telegraphen parallel gesetzt werden kann.[61]

In der 2. Hälfte des 19. Jahrhunderts taucht ein Krankheitsbild auf, das mit den Begriffen »Nervosität« bzw. »Neurasthenie« als Nervenschwäche umschrieben wird. In einem Artikel in der illustrierten Damenzeitschrift *Der Bazar* findet sich dazu die Aussage: »Es ist beinahe zu einem Gemeinplatz geworden, unsere Zeit nicht nur das Zeitalter der Elektricität, sondern auch das der Nervosität zu nennen.«[62]
   Die Ursache für dieses Krankheitsbild sah man in der wachsenden Reizüberflu-
tung. Aufgrund des engen Bezuges, den man zwischen der Elektrotechnik und der Ner-
venlehre sah, übertrug man zur Erklärung energetische Prinzipien aus Physik und
Technik auf den Menschen. Dahinter stand die Annahme, dass jeder Mensch eine be-
grenzte Menge an »Nervenkraft« besitze, die er in gezielter konzentrierter Form nutzen
oder vergeuden könne.

---

61 Virchow 1870, S. 14
62 Sandern 1893, S. 202

1849 – »DIE LITHOGRAPHISCHEN CORRESPONDENZ-BUREAUS SIND FÜR DIE ZEITUNGSSCHREIBER ZWAR EINE TREFFLICHE HILFSQUELLE, ZUGLEICH ABER EIN INSTITUT, WELCHES DIE SCHLIMMEN ZEITEN DER ZEITUNGSPUBLICISTIK NOCH VERSCHÄRFT«[63]

Wie man aus einem Brief, den Friedrich Engels im August 1851 schrieb, erfährt, plante Karl Marx, der sich häufig in Geldschwierigkeiten befand, deutsch-amerikanische Zeitungen aus London mit Berichten und Meldungen aus Europa zu versorgen. Der Plan mit der lithographischen Korrespondenz sei gut, schreibt Engels. »Ich bin überzeugt, das Ding wird enorm ziehen, und die vielen amerikanischen Korrespondenten in London usw. werden es sehr bald fühlen.«[64]

Wenn hier die Rede von einer lithographischen Korrespondenz ist, geht es technisch gesehen um ein Verfahren zur Vervielfältigung von Schriftstücken, welches von Aloys Senefelder, dem Erfinder der Lithographie, als »Ueberdruck« oder »Durchzeichnung« bezeichnet wurde. Im Unterschied zum Steindruck wird mit Fettfarbe nicht auf den Stein, sondern auf Papier geschrieben und gezeichnet. Schrift und Zeichnung werden dann vom Papier auf den Stein übertragen. Diese Drucktechnik wird auch als Autographie bezeichnet. (MG 1818)

Senefelder hatte in seinem *Lehrbuch der Steindruckerey*[65] eine ganze Reihe von Anwendungsmöglichkeiten für dieses von ihm erfundene Verfahren zur Vervielfältigung von Texten beschrieben. 1818, als Senefelder dieses Lehrbuch schrieb, stand ein lithographisch vervielfältigter Nachrichtendienst für Zeitungen offensichtlich noch nicht zur Diskussion.

Lange Zeit »nährten« sich Zeitungen, so der Historiker Heinrich Wuttke, »blos vom Wiederabdruck aus anderen Blättern«. In den 30er und 40er Jahren des 19. Jahrhunderts nimmt die Bedeutung der Zeitungen für die öffentliche Meinungsbildung zu. Daher hielten sich zumindest größere Zeitungen »nun eine Anzahl von Mitarbeitern in verschiedenen Städten, deren Briefe Neues zu allgemeinen Kenntniß brachten. Bald hing das Ansehen einer Zeitung von ihren ›Korrespondenzen‹ ab«.[66]

»Die Berichterstattungen liefen indessen in's Geld.« Dies führte dazu, dass Zeitungsbesitzer »Schriftsteller untergeordneter Art« beschäftigten, die aus Artikeln anderer Zeitungen einen »›Brief‹ zusammenstoppelten, dem der Anschein gegeben wurde, als habe sein Abfasser sich in Paris oder London, in Berlin oder Frankfurt befunden«.[67]

---

63 Journal des Österreichischen Loyd vom 15. Februar 1849, S. 8
64 Bebel; Bernstein 1913, S. 208
65 Senefelder 1821, S. 297 f.
66 Wuttke 1875, S. 106
67 Ebd. S. 108

Eine Alternative eröffnete die Gründung »lithographischer Correspondenz-Bureaus«. Mit Hilfe der von Senefelder erfundenen Autographie konnten eine Vielzahl von Zeitungen ohne aufwendiges Druckverfahren schnell mit identischen Nachrichten und Berichten per Post versorgt werden.

Hat nun jede Zeitung ihren Hauptabsatz innerhalb ihres örtlichen Bereichs, so beeinträchtigt es sie keineswegs, wenn entfernte Zeitungen gleichzeitig denselben Bericht veröffentlichten. Ein und derselbe Brief ließ sich mithin gleichzeitig an viele Zeitungen richten und konnte demzufolge einer jeden bedeutend billiger angerechnet werden, als wäre er blos für eine einzige bestimmt gewesen [...]. Die Geldkraft bemächtigte sich dieses neuen Gedankens, um mehr Geld zusammenzuschlagen, und das Spekulationsfieber rief Bureaus lithographischer Korrespondenzen in's Dasein.[68]

So bot ein »Neues Deutsches Zeitungs-Correspondenz-Bureau in Brüssel« 1845 in einer Anzeige in der *Deutschen Allgemeinen Zeitung* seine Dienste an.[69]

An die Herren Redactoren und Verleger deutscher Zeitungen.
Seit Erfindung der Autographie bestehen in Paris Uebersetzungsanstalten, welche der politischen Tagespresse die ausländischen Nachrichten zur Benutzung zufertigen. Auf diese Weise sind selbst die unbemittelten Organe der Oeffentlichkeit im Stande, wenn nicht früher, so doch zu gleicher Zeit, wie die ›großen Journale‹, ihren Lesern die interessantesten Staatsneuigkeiten des Auslandes zu bringen. Die Zweckmäßigkeit solcher Einrichtungen rief auch in jüngster Zeit in Brüssel zwei Nachahmungen hervor, die hauptsächlich auf Deutschland berechnet waren. Ohne jedoch in die Gründe ihres Erfolgs oder Nichterfolgs eingehen zu wollen, zeigt Ihnen der Unterschriebene hiermit an, daß er mit dem 1. Mai dieses Jahres ein **Neues Zeitungs-Correspondenz-Bureau in Brüssel** eröffnet, das in möglichst objectiver d.h. wortgetreuer Uebersetzung alle amerikanischen, englischen, französischen, holländischen und belgischen Nachrichten täglich portofrei befördert und sich vor Allem bestreben wird, das Vertrauen seiner Abonnenten vollständig zu rechtfertigen. Eine Nachricht, die z.B. am 1. Mai in den londoner Abendjournalen erscheint, wird schon am andern Tage in die Westprovinzen Deutschlands gelangen; ebenso die pariser Neuigkeiten, die über Valenciennes und Brüssel bei regelmäßigen Eisenbahnzügen den Nordwesten Deutschlands bedeutend früher erreichen als über Metz, Straßburg ec. Der monatliche Abonnementspreis ist auf zehn Thaler Pr. Cour. festgesetzt, die erst nach Ablauf des Monats zu zahlen sind; sonst verursachen diese Correspondenzen durchaus keine Auslagen, weder an Porto noch Stempel, welche lediglich vom Unterzeichneten getragen werden. Die einzige Bedingung, die er an diesen Preis knüpft, besteht in der regelmäßigen Zusendung von frankirten Tauschnummern, die für seine sonstigen Verbindungen mit der englischen, holländischen, belgischen und französischen Tagespresse benutzt werden sollen, wodurch dem Abonnenten noch Gelegenheit geboten wird, sein Organ auch im Ausland verbreitet zu sehen. Blätter, die nicht täglich erscheinen und wegen ihres Formats nur wenig Raum bisher dem Auslande bewilligen konnten, werden gewiß nicht säumen, auf so bequeme Weise ihren Wirkungskreis zu vergrößern und sich mit dem unterzeichneten Director in Verbindung zu setzen, um wegen Feststellung eines besonderen Abonnementspreises für sie zu

---

68 Ebd. S. 118
69 Deutsche Allgemeine Zeitung – 04.04.1845, S. 903

unterhandeln. Sämmtliche Bestellungen und Briefe wolle man gefälligst franco ›**An Rein-hard's Neues Zeitungs-Bureau in Brüssel**‹ wo möglich vor dem 15. d. M. abgehen lassen

Neues Deutsches Zeitungs-Correspondenz-Bureau in Brüssel.[70]

Die regelmäßige Lieferung von Meldungen und Berichten durch die »lithographischen Correspondenz-Bureaus« erleichterte die Arbeit der Redakteure. Um die Zeitungssei-ten zu füllen, war es nur noch nötig, aus einem breiten Angebot Texte auszuwählen und gekürzt oder unverändert zu übernehmen. Damit veränderte sich, nach der Ein-schätzung des bereits zitierten Historikers Heinrich Wuttke die Berichterstattung in den Zeitungen qualitativ. In den »lithografirenden Büreaus« arbeiteten, so urteilt er,

> litterarische Kommis, die keinen Anteil an dem nahmen, wovon sie schrieben, das waren Handlanger, die im allgemeinen (Ausnahmen zugestanden) keine Ueberzeugung, keine Ge-sinnung, kein Herz zur Sache und somit auch keinen Beruf hatten in den öffentlichen Angele-genheiten mitzuwirken. […] Sonderlicher Aufwand von Geist war nicht gerade erforderlich, um Auszüge aus einem Haufen von Zeitungen zu machen. Dergleichen ist Registratorenar-beit.[71]

Dem Argument, dass durch die Zurücknahme der »persönlichen Auffassung und An-schauung« die Nachrichten objektiver würden, konnte Wuttke nichts abgewinnen. Er hielt die »vielgepriesene ›Objektivität‹ für ein Trugbild«.[72]

Wenn in der Überschrift die Rede davon ist, dass es sich bei den lithographischen Correspondenz-Bureaus um ein »Institut« handelt, »welches die schlimmen Zeiten der Zeitungspublicistik noch verschärft«, dann bezieht sich dies auf die Konkurrenz unter den Correspondenz-Bureaus, die ständig den Nachweis führen mussten, dass sie den besten Zugang zu Informationen hätten.

In einem Bericht aus Berlin ist im Zusammenhang mit den lithographischen Cor-respondenz-Bureaus daher die Rede von »Neuigkeitsjägern«: »Oeffentliche Charac-tere müssen vor den Lauschern, welche jedes ihrer Worte auffangen, um ihre täglichen Briefe mit Neuigkeiten zu füttern, auf der Huth sein.«[73]

Zu ergänzen wäre, dass die Gründung von lithographischen Correspondenz-Bure-aus nicht nur aus finanzieller Sicht interessant war. Zunehmend benutzten Ministerien, Parteien und andere Organisationen eigene oder durch sie finanzierte Correspondenz-Bureaus, um über den Abdruck ihrer Meldungen und Berichte in Zeitungen Einfluss auf die öffentliche Meinungsbildung zu nehmen.

---

70 Ebd. S. 903
71 Wuttke 1875, S. 121
72 Ebd. S. 121
73 Journal des Österreichischen Lloyd vom 15.02.1849, S. 8

1850 – DIE »FINANZIELLE WICHTIGKEIT [DER POST] LIEGT WEIT WENIGER IN DER UNMITTELBAREN EINNAHME, DIE SIE VERSCHAFFT, ALS IN DER BEFÖRDERUNG DES VERKEHRS, WELCHER DIE GRUNDLAGE DES WOHLSTANDES UND DIE QUELLE ALLER STAATSEINKÜNFTE IST«[74]

> Die Wünsche einer für das allgemeine Wohl nothwendigen Verbesserung der Briefposten, insbesondere für eine Herabsetzung des hohen Briefporto's in England, Frankreich und Deutschland werden immer lauter und allgemeiner.
>
> *Allgemeiner Anzeiger und Nationalzeitung der Deutschen 1839*[75]

Während in Frankreich und England entsprechende Postreformen bald durchgeführt wurden, ließ eine solche Reform in Deutschland auf sich warten. In Deutschland setzte eine Postreform eine »gründliche Neugestaltung des gesammten deutschen Postwesens«[76] voraus, da es im Gebiet des Deutschen Bundes mit seinen 34 Mitgliedsstaaten und 4 freien Städten 15 verschiedene Postverwaltungen gab.[77] Die einzelnen Postverwaltungen unterschieden sich nicht nur in ihrer Postgesetzgebung, sondern es galten in ihren Gebieten andere Meilenmaße, Münzen und Gewichte. Die »gegenseitige Beziehungen« der Postverwaltungen wurden durch mehr als 100 Einzelverträge geregelt.[78]

> Für eine Sendung von einem Orte Deutschlands nach einem andern, die mehrere Gebiete berührte, kam in der Regel für jedes derselben die Landes - oder eine andere in den betreffenden Verträgen vereinbarte Taxe in Anwendung; die zwischenliegenden Deutschen Postbezirke wurden gewöhnlich wie ausländisches Gebiet angesehen und besondere Transitportobeträge von dem Publicum erhoben.[79]

Im Oktober 1847 trat zwar der »Deutsche Postkongreß« in Dresden zusammen, Beschlüsse konnten jedoch nicht gefasst werden, da die Beratungen aufgrund der im März 1848 beginnenden revolutionären Bestrebungen abgebrochen wurden.

Im April 1850 einigten sich dann Preußen und Österreich auf die Einrichtung eines »deutsch-österreichischen Postvereins«. Die Postverwaltungen der anderen deutschen Staaten erhielten eine Einladung zum Beitritt. Nach deren Beitritt trat an die Stelle von 15 verschiedenen Postsystemen ein die 34 Mitgliedsstaaten umfassendes »ungeteiltes

---

74 Allgemeiner Anzeiger und Nationalzeitung der Deutschen vom 23.06.1839. Spalte 2110

75 Ebd. Spalte 2109

76 Illustrirte Zeitung Nr. 258/1848, S. 387

77 Heinrich Stephan spricht von »siebzehn Landespost-Administrationen« (Stephan 1859, S. 534)

78 Stephan 1859, S. 535

79 Ebd. S. 538

Postgebiet für Briefpost und Zeitungsspedition«.[80] Mit der Vereinheitlichung und Senkung des Briefportos orientierte man sich an den Erfahrungen der Postreform in England und Frankreich.

> Als finanzieller Grundcharakter des vereinsländischen Postsystems kann die möglichste Erleichterung der Massenbenützung, die unmerkliche Heranziehung des großen Publikums zur häufigen, wo möglich täglichen Benutzung der Posteinrichtungen gegen eine kleine, die wirthschaftlich abgemessenen Selbstkosten nur sehr wenig übersteigende Gebühr bezeichnet werden.[81]

Sitzung der Postconferenz in Dresden

Im Blick hatte man nicht mehr die unmittelbar durch die Postgebühren zu erzielenden Einnahmen, denn, so das entscheidende Argument für die Postreform,

> die finanzielle Wichtigkeit [der Post] liegt weit weniger in der unmittelbaren Einnahme, die sie verschafft, als in der Beförderung des Verkehrs, welcher die Grundlage des Wohlstandes und die Quelle aller Staatseinkünfte ist. Die Erfahrung aller Zeiten beweist, daß jede neue Erleichterung der Correspondenz, sey es durch größere Schnelligkeit der Posten, sey es durch Herabsetzung des Porto's, sogleich eine Vermehrung der Briefe nach sich zieht. Denn das Publicum scheint immer bereit, zu schreiben; es ergreift alle Gelegenheiten, die sich ihm darbieten, und bey jeder besseren Combination der Postanstalt verdoppelt sich sein Eifer, davon Gebrauch zu machen.[82]

---

80 Deutsche Vierteljahrs-Schrift H. 3/1858, S. 99 ff.

81 Ebd. S. 102

82 Allgemeiner Anzeiger und Nationalzeitung der Deutschen vom 23.06.1839, Spalte 2110 – Der Verfasser des Artikels zitiert hier aus der 1838 erschienenen Schrift von Achille Piron:

Ein wichtiges Element dieser Postreform war die Einführung von »Frankirungsmarken«, wonach das Briefporto nicht mehr vom Empfänger eingezogen werden musste, sondern vom Absender durch den Kauf und die Verwendung von »Briefmarken« vorab bezahlt wurde. Das bis dahin gängige Verfahren hatte sichergestellt, dass die Post, soweit irgendwie möglich zugestellt wurde, da nur so die Gebühren eingezogen werden konnten. Durch die Vorausbezahlung entfielen die erheblichen Verluste durch nicht zustellbare bzw. vom Empfänger nicht akzeptierte Zusendungen. Andererseits war mit der Einführung der Briefmarken eine Verbilligung und Standardisierung der Gebühren verbunden.[83]

> Die Vorauszahlung des Porto wurde für alle internationale deutsche Correspondenz als Regel festgesetzt, da sie, besonders bei Frankirungsmarken, für die Manipulation, das Rechnungswesen und die Sicherung der Portogefälle erhebliche Vortheile darbietet. Auch für die Correspondenten selbst sind mit der Markenbenutzung mancherlei Vortheile und Bequemlichkeiten verbunden.[84]

Gegen die »Verunstaltung« der auf den »Frankirungsmarken« abgebildeten Herrscherporträts durch das Abstempeln erhob sich allerdings aus patriotisch gesinnten Kreisen vehementer Widerspruch.

> Bekanntlich wurden mit der am 1. Mai ins Leben getretenen deutsch-österreichischen Postconvention in den meisten der betheiligten Staaten zu gleich die Frankirungsmarken eingeführt, auf denen sich das Bild des betreffenden Landesherrn nebst Angabe des Werthes der Marke befindet. Um dieselben nach einmaliger Anwendung unbrauchbar zu machen, wird Seitens der Post ein schwarzer Stempel darauf gedrückt. Daran nimmt nun ein ›Rechtes Preußenherz‹ Anstoß und expectorirt sich darüber in den Inseraten der ›Kreuzzeitung‹ folgendermaßen: ›Mein Herz schlägt mit heiliger, glühender Begeisterung für den König. […] Um so mehr nimmt meine Seele daran Anstoß, ja ein Aergerniß, daß das Bild unsers heißgeliebten Monarchen jetzt in fast jeder Minute auf allen Postämtern verunstaltet und in solcher Gestalt ins Volk gebracht wird, durch das Abstempeln […]. – Sollte sich dieß höchstens Orts nicht anders einrichten lassen?[85]

    Du service des postes et de la taxation des lettres au moyen d'un timbre. Paris: Fournier, S. 2 f.

83 Vgl. Allgemeine Zeitung vom 02.06.1839, S. 1185

84 Deutsche Vierteljahrs-Schrift H. 3/1858, S. 96

85 Didaskalia vom 22.07.1851, S. 3

Mediengeschichten 1851-1860

1851 – STEREOSKOP: »DIESES INSTRUMENT HAT AUSSER DEM WISSENSCHAFTLICHEN NUTZEN AUCH NOCH DIE ANNEHMLICHKEIT, EINE SCHÖNE OPTISCHE UNTERHALTUNG ZU GEWÄHREN«[1]

> Das Stereoskop ist bekanntlich die optische Vorrichtung, womit der Beweis geliefert wird, daß wir nur mittelst beider Augen Körper sehen können.

Mit dieser Feststellung beginnt ein Bericht in der *Illustrirten Zeitung* über »Ausstellungsgegenstände« auf der »Industrieausstellung aller Nationen«, die 1851 in London stattfand.[2] In dem Bericht wird das »Stereoskop« als eine Erfindung des englischen Professors Wheatstone vorgestellt.

Der Wissenschaftler und Erfinder Wheatstone ging um 1833 der Frage nach, wieso man im Stande ist, die »Räumlichkeit eines Körpers wahrzunehmen«, und welche Rolle dabei das »doppeläugige Sehen« spielt. Mit Hilfe des von ihm konstruierten »Stereoskops« konnte er nachweisen, »daß die Convergenz der Seh-Axen und die dadurch bedingte kleine Verschiedenheit der Netzhautbildchen zum Erkennen der Körperlichkeit mittelst der Augen unumgänglich nothwendig seien«.[3] Mit dem von Wheatstone entwickelten Instrument beschäftigte man sich zunächst nur »im engen Kreise der Gelehrten«, denn Wheatstones optische Studien ließen sich nur mit Hilfe von wenig spektakulären Handzeichnungen geometrischer Körper durchführen. Populär wurde das Instrument um 1850. Eine Voraussetzung hierfür war zum einen die Entwicklung einer »handlicheren« Version des Stereoskops durch den schottischen Physiker Brewster. Zum anderen erhielt das Stereoskop, wie Brewster hervorhob, einen »großen Theil seines Werthes« erst »von der Photographie«.

Der geschickteste Künstler würde nicht im Stande sein, zwei gleiche Darstellungen einer Figur oder einer Landschaft zu zeichnen, wie sie von zwei Augen gesehen, oder wie sie aus zwei verschiedenen Gesichtspuncten erblickt wird; aber die doppeläugige Camera setzt uns, wenn

---

1   Illustrirte Zeitung Nr. 493/1852, S. 395
2   Illustrirte Zeitung Nr. 409/1851, S. 285
3   Pisko 1869, S. 4

sie richtig construirt ist, in den Stand, photographisch die Gemälde, welche wir verlangen, mit aller Vollkommenheit dieser interessanten Kunst hervorzubringen und zu vervielfältigen.[4]

Prismenstereoskop von Brewster

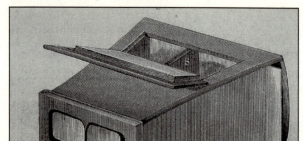

Über die wissenschaftliche Beweisführung zum »doppeläugigen« oder »körperlichen Sehen« hinaus wird das Stereoskop also durch die Fotografie interessant, zumal aus der Sicht von Zeitgenossen die Stereoskopie die Defizite der »daguerreotypischen und photographischen Bilder« ausgleicht.

> Ein großer Mangel der daguerreotypischen und photographischen Bilder ist es nun, daß sie die Illusion der plastischen Erscheinung, welche das menschliche Gesicht selbst bei einer graphischen Abbildung verlangt, nicht gewähren konnten, da sie sämmtlich nur von einem Punkte aufgenommen sind und nur die Fläche darstellen können, auf welche jener Punkt in einer senkrechten Linie fällt. Diesem Mangel aller Lichtbilder wird durch das Stereoskop, [...], auf eine sehr glückliche Weise abgeholfen. Wenn man nehmlich einen Gegenstand photographisch doppelt je von dem Punkte aus abbildet, von welchem aus er von jedem Auge erblickt wird, und dann beide Abbildungen in ein Stereoskop an die entsprechende Stelle bringt, so erblicken wir darin den Gegenstand nicht doppelt, sondern, wenn anders das Stereoskop richtig construirt ist, nur einfach, und nicht flach, wie auf dem einfachen Lichtbilde, sondern in seinen Erhabenheiten plastisch hervortretend und hierin die Natur bis zur höchsten Illusion wiedergebend.[5]

Nach der Weltausstellung 1851 in London kann man von einer Stereomanie sprechen. Dazu trug sicherlich das Interesse bei, das Königin Victoria dem neuen Medium entgegenbrachte. Zu einer Art Massenmedium konnte das Stereoskop vor allem durch das von William Henry Fox Talbot entwickelte Negativ-Positiv-Verfahrens werden, das – im Unterschied zur Daguerreotypie – die Vervielfältigung eines fotografischen Bildes durch beliebig viele Abzüge eines Negativs ermöglichte.

Empfohlen wurde nicht nur der Besuch von »Stereoskopensammlungen«, in denen Besucher die Möglichkeit hatten, an verschiedenen Stereoapparaten unterschiedliche

4   Brewster 1862, S. 4
5   Leipziger Zeitung vom 11.05.1854, S. 2308

Bildprogramme anzusehen, sondern mit dem Verspechen bequemer »Zimmer-Reisen« wurde auch für die private Anschaffung von Apparaten und Bildprogrammen geworben.

Besonders geeignet zu Festtagsgeschenken! Stereoskopen

Die besondere Qualität der mit dem Stereoskop betrachteten Lichtbilder wird immer wieder hervorgehoben, so in einem Zeitungsbericht über die 1854 in Leipzig gezeigte »Ausstellung von Lichtbildern in Stereoskopen, welche den Beschauer in den bedeutendsten ihrer Stücke durch die Plastik der dargestellten Gegenstände und die unübertrefflich in die Augen springende Perspective überrascht«.

> Vollendet in jeder Hinsicht endlich sind die beiden ausgestellten Winterlandschaften, der Eingang des Gartens von Trianon und eine Ansicht des Parkes von Versailles, bei welchem man die vollkommene Illusion empfindet, in die tiefe Perspective einer unzähligen Menge freistehender Bäume hinter einem ebenso frei stehenden Gitter zu schauen. – Noch plastischer als landschaftliche und Architekturgegenstände treten in stereoskopischen Lichtbildern Sculpturen hervor, für welche diese neue Erfindung von großer Bedeutung werden kann, da keine Zeichnung oder Malerei so die Wirkung der plastischen Wirklichkeit wiederzugeben vermag, wie stereoskopische Sculpturbilder, die in ihrem Eindruck aufs menschliche Auge vollkommen Miniaturstatuetten gleichen.[6]

David Brewster, der auf dem Titelblatt seines Buches über das Stereoskop sehr betont auf seine Mitgliedschaft in wissenschaftlichen Akademien in ganz Europa verweist, sah als Wissenschaftler in dem von ihm verbesserten Instrument mehr als nur ein populäres Unterhaltungsmedium.[7] Dies geht aus dem vollständigen Titel seines Buches

---

6   Leipziger Zeitung vom 11.05.1854, S. 2308

7   Brewster beschäftigte sich durchaus damit, wie das Stereoskop als populäres Medium weiterentwickelt werden konnte. Mit seinen Überlegungen nahm er dabei das gegen Ende des Jahrhunderts populäre Massenmedium »Kaiserpanorama« vorweg: »In der prächtigen

hervor: *Das Stereoskop; seine Geschichte, Theorie und Construction, nebst seiner Anwendung auf die schönen und nützlichen Künste und für die Zwecke des Jugendunterrichtes.*[8] So führte Brewster in dem Kapitel über die »Benutzung des Stereoskops für Bildhauerei, Architektur und Ingenieurkunst« u.a. aus:

> Dem Ingenieur und dem Mechaniker, dem Verfertiger von Instrumenten aller Art wird das Stereoskop von unschätzbarem Werthe sein. Die Schwierigkeit, Maschinen bildlich darzustellen, ist so groß, daß es nicht leicht ist Construction oder Wirkungsweise nach Grundrissen und perspectivischen Zeichnungen derselben zu begreifen. Die Vereinigung einer oder zweier doppeläugigen Bilder derselben, wenn sie im Relief erblickt werden, wird in vielen Fällen die Schwierigkeit der Darstellung und des Verständnisses beseitigen.[9]

Der vielseitige österreichische Wissenschaftler und Philosoph Ernst Mach greift diesen Gedanken 1866 in einer Abhandlung *Über wissenschaftliche Anwendungen der Photographie und Stereoskopie* auf und entwickelt ihn mit Blick auf die »Darstellung anatomischer Präparate« mit Hilfe stereoskopischer Mehrfachbelichtungen weiter.

> Vorzüglich eignet sich die Methode zur Darstellung von Maschinenansichten. Man nimmt eine Maschine stereoskopisch auf, unterbricht die Operation, entfernt einige Maschinentheile, welche andere verdecken und photographiert dann auf derselben unveränderten Platte weiter. Eine solche Ansicht leistet oft mehr als eine Perspectivzeichnung, oder Projectionen oder selbst ein Modell. […]
> Die Versuche, die ich bisher ausgeführt, fielen sämmtlich so schön und nett aus, daß man erwarten kann, die Methode werde auch bei Darstellung anatomischer Präparate gute Dienste leisten. Nehmen wir z.B. das Schläfenbein auf und setzen während der Operation des Photographirens einen Abguß der Höhlen des Gehörgangs an die passende Stelle, so sehen wir in dem Stereoskopbilde das Schläfenbein durchsichtig und in demselben die Höhlen des Gehörgangs. – Durch mehrmalige Aufnahme ließe sich wohl ein Stereoskopbild einer Extremität herstellen, in welchem man die Knochen, die Nerven, die Blutgefässe und die Muskel durchsichtig sich durchdringend und von einer durchsichtigen Haut überkleidet erblicken würde. So viel kann kein Präparat bieten. Ja selbst ein durchsichtiges Modell bleibt hier zurück, weil die Lichtbrechung der Medien störend ins Spiel tritt. Kurz, es würde gar nichtsgeben,was dem Chirurgen ein so unauslöschliches Bild einprägen könnte, wie die stereoskopische Darstellung.[10]

Sammlung stereoskopischer Bilder, die mehr als tausend Stück beträgt und von der London Stereoscopic Company bekannt gemacht worden sind, befinden sich nicht weniger, als 60, welche in Rom aufgenommen worden sind und die alten und neuen Gebäude dieser berühmten Stadt besser darstellen, als sie ein Reisender an Ort und Stelle sehen kann. Befänden sich diese 60 Ansichten an den Seiten eines sich umdrehenden Polygons und vor jeder Seite ein Stereoskop, so könnten 20 Personen in einer Stunde mehr von Rom sehen und zwar besser, als wenn sie es in Person besucht hätten.« (Brewster 1862, S. 155 f.)

8   Brewster 1862
9   Ebd. S. 178
10 Mach 1866, S. 3

1852 – »DAS ZEICHNEN IST FÜR DEN MECHANIKER EIN MITTEL, WODURCH DERSELBE SEINE GEDANKEN UND VORSTELLUNGEN MIT EINER KLARHEIT, SCHÄRFE UND UEBERSICHTLICHKEIT DARZUSTELLEN VERMAG, DIE NICHTS ZU WÜNSCHEN ÜBRIG LÄSST«

§ 28. Die Werkstatt- und Detailzeichnungen. Der Hauptzweck dieser Zeichnungen besteht darin, der Werkstatt vollkommene Klarheit über den zu fabrizierenden Gegenstand insofern zu verschaffen, als ohne weitere Erkundigungen und Nachfrage sofort das Material, die rohe Herstellung und die zur Vollendung erforderliche Bearbeitung jedes Detailstückes allseitig erkennbar sein muss.

Die Anfertigung der Zeichnungen für Maschinenfabriken 1889[11]

Technische Zeichnungen vermitteln einen wirklichkeitsgetreuen Eindruck von den abgebildeten Objekten. Im Zusammenspiel mit dem Buchdruck erleichterten und beschleunigten sie den Technologietransfer. Die Notwendigkeit, das Medium »technische Zeichnung« so weiterzuentwickeln, dass die Zeichnung als Fertigungsvorlage dienen konnte, ergab sich aus dem Übergang im Maschinenbau von der Holzkonstruktion zur Metallverarbeitung, denn hier mussten die Maschinenteile exakt aufeinander abgestimmt sein.[12] 1852 erschien das Lehrbuch *Principien der Mechanik und des Maschinenbaues* von Ferdinand Redtenbacher, Professor für Mechanik und Maschinenlehre am Polytechnikum Karlsruhe. Redtenbacher gilt als ein Begründer des wissenschaftlichen Maschinenbaus. In seinem Lehrbuch beschreibt er das technische Zeichnen als ein Mittel, Informationen so präzise zu vermitteln, dass sie als Handlungsanleitung genutzt werden können.

Das Zeichnen ist für den Mechaniker ein Mittel, wodurch derselbe seine Gedanken und Vorstellungen mit einer Klarheit, Schärfe und Uebersichtlichkeit darzustellen vermag, die nichts zu wünschen übrig lässt. Eine gezeichnete Maschine ist gleichsam eine ideale Verwirklichung derselben, aber mit einem Material, das wenig kostet und sich leichter behandeln lässt als Eisen und Stahl.

Die Verzeichnung einer Maschine erfordert an Zeit und Mühe einen Aufwand, der im Vergleich zu jenem, den die Ausführung der Maschine in Eisen und Stahl verursacht, gar nicht in Anschlag kommt, insbesondere wenn man den Nutzen berücksichtigt, den das Zeichnen sowohl für den Entwurf als auch für die Ausführung gewährt.

Ist einmal Alles wohl ausgedacht, und sind die wesentlichsten Dimensionen durch Rechnung oder Erfahrung bestimmt, so ist man mit dem Entwurf einer Maschine oder Maschinenanlage auf dem Papier bald fertig, und kann dann das Ganze und die Einzelheiten mit aller Bequemlichkeit der schärfsten Kritik unterwerfen. Findet man das Ganze nicht befriedigend, so legt

---

11 Weyde/Weickert 1889, S. 37
12 Vgl. Wagner 2013, S. 140–143

man den Entwurf bei Seite und ist bald mit einem zweiten besseren fertig. Findet man nur einzelne Abänderungen zweckmässig oder nothwendig, so sind die zu verändernden Dinge bald beseitigt und durch andere bessere ersetzt. Ist man von vorn herein im Zweifel, welche von den verschiedenen möglichen Anordnungen die zweckmässigste sein dürfte, so entwirft man sie alle, vergleicht sie hierauf mit einander und wählt das Zweckmässigste mit Leichtigkeit aus.

Aber nicht nur für den Entwurf, sondern auch für die Ausführung sind die Zeichnungen äusserst wichtig, denn es sind dadurch von vornherein alle Abmessungen und Formen aller Theile so scharf und fest bestimmt, dass es sich bei der Ausführung nur darum handelt, das, was die Zeichnung darstellt, mit dem Constructionsmaterial identisch nachzubilden. Jeder Maschinenbestandtheil kann im Allgemeinen unabhängig von allen andern ausgeführt werden, und dadurch ist es möglich, die Gesammtheit der Arbeiten unter eine grosse Anzahl von Arbeitern zu vertheilen, und das ganze Geschäft der Ausführung in der Weise zu organisiren, dass alle Arbeiten zur rechten Zeit, am geeignetsten Orte, mit dem geringsten Aufwand von Zeit und Kosten und Material und endlich mit einer Genauigkeit und Zuverlässigkeit ausgeführt werden können, die kaum etwas zu wünschen übrig lassen. Wesentliche Fehler können bei einer dergestalt organisirten Thätigkeit gar nicht vorkommen, und begegnet es ein oder das andere Mal, dass ein Fehler begangen wird, so weiss man gleich, an wem die Schuld liegt.[13]

Konstruktion von Maschinenteilen

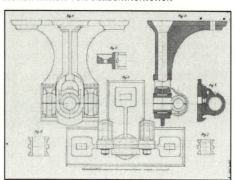

Bei der arbeitsteiligen Verfertigung von Maschinen mussten die Pläne und Zeichnungen in mehreren Exemplaren vorliegen. Photographische Vervielfältigungen boten sich hierzu nur bedingt an, da sie, wie man 1880 in der *Oesterreichische Eisenbahn-Zeitung* lesen konnte, »kostspielige Anlagen erfordern, seltene, gut geschulte Kräfte benöthigen und nur bis zu gewissen Dimensionen ausführbar sind«. Daher suchte man

nach Methoden um in rascher und billiger Weise Zeichnungen durch Jedermann und allerorten copiren lassen zu können. Man verfiel auf das Lichtpausen, und waren es zuerst die Franzosen, die ein lichtempfindliches Papier in den Handel brachten, welches gestattet, mittelst eines photographischen Copir-Rahmens und gewöhnlichen Wassers ohne weitere besondere Vorrichtungen nach Originalen auf durch sichtigen Stoffen Copien auf schön blauem Grunde mit weissen Linien selbst in sehr großen Dimensionen (1 – 2 Quadrat-Meter) anzufertigen.[14]

---

13 Redtenbacher 1852, S. 294 f.
14 Oesterreichische Eisenbahn-Zeitung vom 25.04.1880, 252 f.

1853 – »DIE BERLINER ZEITUNGSLESER WURDEN GESTERN DURCH DIE VOLLSTÄNDIGE REDE ÜBERRASCHT, DIE DER KAISER DER FRANZOSEN AM SONNABEND NACHMITTAG IN DEN TUILERIEN GEHALTEN HATTE«

Zeit und Raum sind durch die Eisenbahn und die Telegraphie eigentlich veraltete Begriffe geworden, die nur noch in den Systemen der Philosophen ihren Platz haben; der Lebensathem der Menschheit und die treibenden und schaffenden Momente der Geschichte, die Intelligenz, das Wissen und Erkennen, wehen rascher durch die Völker, und die gesteigerte Bildung hinwiederum bewirkt, daß Ideen leichter zünden, aber auch leichter verlöschen, daß Thaten schneller aufsprossen, aber auch schneller abgethan sind.

Illustrirte Zeitung 1852[15]

Durch die Telegrafie wird zum ersten Mal in der Kommunikationsgeschichte die Bindung zwischen Verkehrsmitteln und Nachrichtentransport aufgehoben. Die Bedeutung des Begriffs »Tempo« verschiebt sich von einer Bezeichnung in der Musik für die Geschwindigkeit, in welcher die Partien eines Tonstücks vorgetragen werden, zu einem allgemeinen Begriff für »Geschwindigkeit« bzw. für »hohe Geschwindigkeit«. So wird mit der elektrischen Telegraphie die Schnelligkeit der Nachrichtenübermittlung immer wieder selbst zur Nachricht, wie der folgende Bericht aus der Leipziger Zeitung vom 28. Januar 1853 zeigt.

Titelvignette der Leipziger Zeitung

Telegraphie. Das Berliner lithographische ›Correspondenz-Bureau‹ meldet vom 24.: Die Berliner Zeitungsleser wurden gestern durch die vollständige Rede überrascht, die der Kaiser der Franzosen am Sonnabend Nachmittag in den Tuilerien gehalten hatte. Dieselbe war durch die Vermittlung des Hrn. Dr. Wolff, Chef des ›telegraphischen Correspondenz-Bureaus‹ den hiesigen Zeitungen noch in der Nacht vom Sonnabend zum Sonntag zugekommen. Es ist dies die wortreichste telegraphische Depesche, die bisher auf deutschen oder französischen Linien befördert worden ist. Sie umfaßt nahe an 1000 Worte. Die Kosten betrugen mehrere Hundert Thaler. Die preußische Telegraphie hat hierbei bewiesen, zu welcher hohen Stufe der

---

15 Illustrirte Zeitung Nr. 470/1852, S. 1 f.

Vollkommenheit sie gelangt ist; denn wenn man berechnet, daß die Telegraphirung von 100 Worten, die auch noch zu Papier gebracht werden müssen, mindestens einen Zeitaufwand von 15 Minuten verursacht, und daß die Depesche zwischen Paris und Berlin zweimal auf preußischen Stationen, in Berviers und hier, zu Papier gebracht werden muß; wenn man ferner erwägt, daß nur je 100 Worte einer Privatdepesche hinter einander befördert werden und diese sodann durch anderweit vorliegende Depeschen unterbrochen wird, so ist durch das vorliegende Beispiel das Unglaubliche geleistet worden. Von Seiten des Herrn Dr. Wolff waren die großartigsten Vorbereitungen getroffen worden, um seinem Institute, das sich schon so oft für die Handelswelt sowol als für die Zeitungen bewährte, diesen neuen Erfolg zu verschaffen. In Paris wurde die Depesche stückweise durch reitende Boten dem dortigen Telegraphenamt übersandt, die hiesigen Zeitungsredactionen wurden noch in der Nacht um 12 Uhr davon benachrichtigt, daß der Anfang einer großen Depesche hier eingetroffen sei. Die einzelnen angekommenen Stücke der Depesche wurden durch bereitgehaltene Wagen vom Königl. Telegraphenamte zum telegraphischen Correspondenz-Bureau befördert, hier stückweise aus dem Französischen ins Deutsche übersetzt und den einzelnen Zeitungsredactionen sofort übersandt. Der Schluß der Depesche war den Zeitungen gegen 3 Uhr Nachts zugekommen, und nur durch dieses vereinte Zusammenwirken aller Kräfte war es möglich, den Lesern das zu bieten, was bisher durch die Telegraphie noch nicht geleistet worden ist. [16]

Drei Jahre später berichtete die *Deutsche Allgemeine Zeitung* über eine neue Höchstleistung von Wolff's Telegraphischem Bureau. Die Berliner Zeitungen überraschten ihre Leser am Morgen des 4. März mit dem vollständigen Abdruck einer Rede von Napoleon III., die dieser am 3. März mittags um 1 Uhr in den Tuilerien gehalten hatte.

»Diese telegraphische Depesche umfaßte die höchste Wortzahl, nahe an 1000 Worte, die wol je auf deutschen Telegraphenlinien für Private befördert worden ist. Im Jahre 1853 hatte gleichfalls das Wolff'sche Telegraphische Bureau zwei vollständige Reden des Kaisers der Franzosen, [...] am 14. Februar auf telegraphischen Wege erhalten. Diese Reden umfaßten aber Hunderte von Worten weniger als die heutige, deren Kosten nur für Telegraphie nahe an 200 Thlr. beträgt.[17]

---

16 Leipziger Zeitung vom 28.01.1853, S. 466
17 Deutsche Allgemeine Zeitung vom 07.03.1856, S. 454

1854 – DIE AUFSTELLUNG DER ERSTEN LITFASSSÄULE IN BERLIN WURDE MIT DER AUFFÜHRUNG EINER »ANNONCIR-POLKA« GEFEIERT

> Die Litfaß'schen Säulen in Berlin, jene großmäuligen, geschwätzigen, dickbäuchigen Neuigkeitskrämer, sind die Hauptträger der Annoncen Literatur geworden, und wer nicht Lust hat, in eine Conditorei zu gehen, um die letzte Seite der Journale bei einer Tasse Chocolade zu verdauen, umkreist jene hölzernen Monumente, welche sich die Theaterdirektionen und Vergnügungslokal-Inhaber für die Dauer eines Tages gesetzt haben, [...].
>
> *Der Pfälzer 1858*[18]

Um System und Ordnung in das »Plakatwesen« zu bringen, hatte der Druckereibesitzer und Verleger Ernst Litfaß dem Berliner Polizeipräsidium einen Plan vorgelegt, in Berlin vergleichbar zu ähnlichen Einrichtungen in Paris und London Anschlagsäulen aufzustellen. Litfaß erhielt am 5. Dezember 1854 die erste Genehmigung für seine »Annoncier-Säulen«. Sein Plan wurde von dem Polizeipräsidium »mit großer, fast überraschender Schnelligkeit für annehmbar erachtet und [ihm] eine ausschließliche Konzession zur Errichtung solcher Säulen, [...], auf fünfzehn Jahre ertheilt«.[19] 1855 wurden die ersten 100 Annonciersäulen in Berlin aufgestellt. Zur Einweihung hatte Litfaß eine Annoncir-Polka in Auftrag gegeben, die am 1. Juli »von sämmtlichen Orchestern der Vergnügungs-Locale gespielt [wurde]«.[20]

Neue Anschlagsäule in Berlin

Neue Anschlagsäule in Berlin.

---

18 Faust 1858, S. 1

19 Augsburger Anzeigenblatt vom 27.06.1855, S. 397

20 Neue Berliner Musikzeitung vom 04.07.1855, S. 212

Die Genehmigung zur Aufstellung seiner Annonciersäulen war mit der Auflage verbunden, die neuesten Nachrichten an den Säulen zu publizieren. Wie man einem Bericht im *Augsburger Anzeigeblatt* über diese neue Entwicklung unschwer entnehmen kann, trafen sich hier Geschäfts- und Ordnungssinn mit dem obrigkeitsstaatlichen Interesse an der Kontrolle des »Plakatwesens«.

Berlin, 26. Juni. Mit dem 1. Juli d. J. tritt hier, energisch unterstützt und gefördert von Seiten des kgl. Polizei-Präsidiums und besonders von dessen Vorstand, dem General-Polizei-Direktor von Hinkeldey, ein ›Institut von Anschlag-Säulen‹ in's Leben, welch' Letztere zum Zweck haben, allen öffentlichen Maueranschlägen, d.h. den als besondere Zettel in Plakatform gedruckten Bekanntmachungen jeder Art, wie sie bisher an die Mauern von öffentlichen und Privat-Gebäuden, an Brunnen, Bäume auf den Promenaden, Gassäulen ec. ec. angeheftet wurden, einerseits durch Zuweisung geeigneterer Anschlag-Stellen eine zweckmäßigere Verbreitung, – dem Publikum ein bequemeres Lesen zu sichern, – andrerseits die Gebäude ec. ec. vor dem nachtheiligen Bekleben, den Verkehr an belebten Straßen, Ecken und Plätzen vor dem belästigenden und hemmenden Zusammenstehen der Leute zu bewahren. – Es werden nun vorläufig durch die ganze Stadt hundert Kunststein-Säulen und fünfzig Brunnen-Umhüllungen errichtet und zweckmäßig vertheilt, – ein verantwortliches Central-Büreau empfängt zu bestimmten Stunden alle sofort zu affichirenden Plakate, dasselbe stellt einen Anschlag-Inspektor auf zu Ueberwachung der großen Zahl öffentlicher Anschläger; die anzuklebenden, beliebig irgendwo zu druckenden Zettel dürfen nur nach fünf, der freien Wahl überlassenen Formaten geregelt werden. – Das Unternehmen ward von Oben herab ›dem öffentlichen Wohlwollen und Schutz‹ empfohlen; – sein Erfinder und verantwortlicher Leiter ist Buchdrucker – Ernst Litfaß in Berlin.[21]

Dem »Begründer und Besitzer der bekannten Litfaß-Anschlagsäulen« wird ein »außerordentliches Talent« im »Erfinden und Veranstalten von ungewöhnlichen Vergnügungen« bescheinigt.[22] Ernst Litfaß sorgte dafür, dass sein Name in der Öffentlichkeit präsent blieb – und er sich des Wohlwollens der Obrigkeit weiterhin erfreute. So sorgte er dafür, dass sein Name mit der Litfaß-Säule verbunden blieb. Eine Erfolgsgeschichte, auch wenn 1892, nachdem sein Unternehmen schon längst in andere Hände übergegangen war, in einer Notiz im *Berliner Tageblatt* der Zustand der Litfaßsäulen beklagt wird. Obwohl die Anschläge teuer bezahlt werden müssten, wäre das verwendete Papier so schlecht, dass »die vom Regen durchweichten Zettel in Fetzen« herabhingen.

Sodann müßte für einen widerstandsfähigeren Klebstoff Sorge getragen werden, da der jetzt gebräuchliche Mehlkleister ungeeignet erscheint, ganz abgesehen davon, daß er die unangenehme Eigenschaft besitzt, die Droschkengäule in Versuchung zu führen. An welchen Kleister die Gesellschaft sich zu ›halten‹ hat, werden ihr Sachverständige sagen können. Der jetzige Zustand der Anschlag-Säulen ist jedenfalls unhaltbar und Remedur im öffentlichen Interesse dringend geboten.[23]

---

21 Augsburger Anzeigenblatt vom 27.06.1855, S. 3
22 Illustrirte Zeitung Nr. 1212/1866, S. 183
23 Berliner Tageblatt. Erstes Beiblatt vom 03.02.1892, S. 2

1855 – CASELLIS PANTELEGRAPH, »EIN NEUES WUNDER DER WISSENSCHAFT UND MECHANIK«[24]

> Bald nach der Einführung der elektromagnetischen Telegrafie, »machte sich der Wunsch geltend, eine geschriebene Nachricht ganz direkt mit den Schriftzügen des Absenders zu telegraphieren. Es leuchtet ein, von wie großem Werthe eine solche Erfindung sein müßte, da ein Irrthum beim Uebertragen der einzelnen Buchstaben dadurch ausgeschlossen wäre.«
>
> *Vorwärts 1895*[25]

Der italienische Physiker Abbé Caselli meldete 1855 ein Patent für einen Telegrafenapparat an, mit dem Schriftstücke, Zeichnungen und Bilder übertragen werden konnten. Bei diesem »Pantelegraphen« handelte es sich aus heutiger Sicht um ein elektromechanisches »Fax-Gerät«. Schon bald erschienen in österreichischen und deutschen Zeitungen Berichte aus Mailand, in denen es hieß, dem »Telegraphenwesen« stehe durch Casellis Erfindung, »eine ganz durchgreifende Reform bevor, die Epoche machen wird«. Die »durchgreifende Reform« wurde darin gesehen, dass durch Casellis »sinnreiche Erfindung«, nicht mehr Buchstaben, Ziffern und Satzzeichen eines Textes als einzelne Zeichen übertragen werden mussten.

> Durch Mißverständnisse, Eile, Mangel an Sprachkenntnissen der Beamten oder sonst durch irgendeine Combination können in Zukunft keine Irrthümer oder Zweideutigkeiten mehr entstehen. Bei Benutzung des in Rede stehenden Telegraphensystems ist die Reproduction der Depeschen einzig und allein von der elektrochemischen Wirkung abhängig. Da die nämlichen Schriftzeichen, welche auf der einen Station gemacht werden, unmittelbar auch auf der andern unverändert zum Vorschein kommen, so kann man sich jeder beliebigen Sprache bedienen und der Absender correspondirt, ohne Vermittlung irgendeiner dritten Person, direct mit dem Empfänger. Kein Unberufener kann von der Depesche Notiz nehmen. Auf gleiche Weise können Abbildungen, Porträts, Zeichnungen, Autographen u. dergl. aufs genaueste im Original mitgetheilt werden.[26]

1865 meldete die *Illustrirte Zeitung* dann, dass das »autographische Telegraphensystem« überraschend am 14. Februar in Frankreich eingeführt worden sei. Dieses Telegraphensystem mache es dem Publikum möglich, »auf einem dazu besonders bereiteten Papier nach Belieben Schrift oder Zeichnung auf telegraphischen Wege zu versenden«. »Der Preis dieser Telegramme wird nicht nach der Anzahl der Wörter, sondern nach der Größe des erforderlichen Quadratraums berechnet und beträgt für den Quadratcentimeter je 20 Centimes.«

Es handele sich dabei, »um den größten Fortschritt […], der seit der Einrichtung der elektrischen Telegraphen gemacht worden ist«. Illustriert wird dieser Artikel durch

---

24 Illustrirte Zeitung Nr. 1131 vom 04.03.1865, S. 143
25 1. Beilage zum Vorwärts. Berliner Volksblatt vom 20.11.1895, S. 2
26 Deutsche Allgemeine Zeitung vom 26.03.1857, S. 591

die Abbildung von zwei Depeschen »welche vermitteltst des Apparats Casellis über-macht worden sind«

> Die erste ist von Paris nach Lyon gerichtet, und zeigt, wie man sieht, eine dringende Correctur an, die an einer Partitur vorgenommen werden muß, die eben gedruckt werde soll. Man sieht, daß mit einem solchen Systeme nichts unmöglich ist, und daß ein Sänger in St. Petersburg, der durch eine unerwartete Vorstellung gedrängt ist, sich in einigen Minuten bei einem Corres-pondenten in Paris den vergessenen Schluß einer Arie erbitten könnte.
>
> Die zweite Depesche ist von einer noch viel größeren Wichtigkeit und ähnliche Anwendungen zeigen ganz besonders die ausgezeichneten Dienste, welche dieser Apparat dem Handel leisten kann, weil die Telegraphie eine Unterschrift, einen wirklichen Werth übermachen kann.[27]

Casellis Pantelegraph

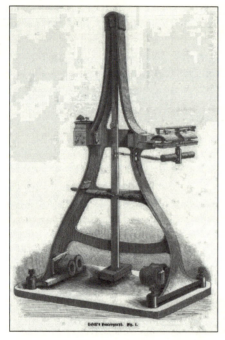

Hauptteil des Pantelegraphen

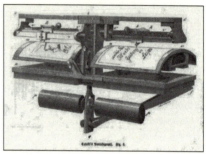

Mit dem Pantelegraphen befördertes Telegramm

In den ersten Meldungen über Casellis Pantelegraphen wurde als ein Vorteil seines Systems die höhere Übertragungsgeschwindigkeit angeführt. Da es möglich sei mit »einem einzigen Draht gleichzeitig sogar drei Depeschen zu expediren, [...] sind die Kosten der Telegraphenerrichtung nach dem neuerfundenen Princip bedeutend billi-ger«.[28]

Diese Erwartungen sollten sich jedoch nicht erfüllen, vielmehr hatte »die verhält-nismäßig geringe Leistungsfähigkeit in bezug auf Telegraphiergeschwindigkeit [...] die Telegraphenverwaltung veranlaßt, ihn wieder außer Dienst zu stellen«.[29] Casellis

---

27 Illustrirte Zeitung Nr. 1131 vom 04.03.1865, S. 143
28 Deutsche Allgemeine Zeitung vom 26.03.1857, S. 591
29 Wilke 1893, S. 432 f.

Pantelegraph geriet damit nicht völlig in Vergessenheit. So lässt sich der österreichische Kaiser, als er 1883 die Elektrische Ausstellung in Wien besucht, in der italienischen Abteilung Casellis Pantelegraphen erklären.[30] 1893 findet sich im *Buch der Erfindung, Gewerbe und Industrien* folgende Einschätzung zu Casellis Erfindung: »Als geistvoller Versuch zur Lösung eines hochinteressanten Problemes hat die Erfindung des französischen Abbés auch jetzt Bedeutung, und man kann nicht sagen, ob nicht der Apparat in Zukunft für die eine oder andre Verwendung in verbesserter Gestalt wieder erstehen wird.«[31]

An dem »hochinteressantes Problem«, Texte und Zeichnungen als Kopie versenden zu können, wurde weiter gearbeitet. So führt ein Pater Corebotani, seinen »Apparat zur Uebermittlung von Schriftzügen, Zeichnungen ec.« in der Urania in Berlin und im »Rococosaale des Hackerbräus« in Augsburg vor. [32] Im selben Jahr finden sich in den Zeitungen Meldungen aus Paris, wonach die Polizei einen ›Pantelegraphen‹ für den Verkehr mit den Kommissariaten eingeführt [hat], der die Umrisse eines Porträts wiedergibt«.

Arme Verbrecher! Bisher konnten sie sich doch, während man ihre Bildnisse verschickte, der drohenden Gefahr durch die Flucht entziehen, [...]. Nun aber kommt dieser Pantelegraph daher und mit einer fabelhaften Schnelligkeit wird das Bild eines Verfolgten von einem Auge des Gesetzes zum anderen telegraphiert. Dadurch verliert der Verbrecher die Zeit, die für ihn nicht blos Geld, sondern auch die Freiheit bedeutet. Wenn jetzt nicht bald ein Telegraph erfunden wird, der Personen befördert, so wird den armen Verbrechern wohl nichts übrig bleiben, als den Kampf mit einer Gesellschaft, die Photographie-Telegramme erfindet, aufzugeben.[33]

---

30 Wiener Abendpost vom 20.10.1883, S. 3
31 Wilke 1893, S. 433 – Caselli hat allerdings nie die französische Staatsangehörigkeit angenommen!
32 Allgemeine Zeitung vom 02.07.1894, S. 3
33 Znaimer Wochenblatt vom 06.06.1894: Depeschirte Photographien, S. 6

1856 – »NICHT FÜR DIE NATURWISSENSCHAFT ALLEIN, NEIN AUCH FÜR HANDEL UND GEWERBE WIRD DAS MIKROSKOP VON JAHR ZU JAHR UNENTBEHRLICHER«[34]

> Die Naturwissenschaft, welche dem praktischen Leben schon so manche Gabe des Nutzens und Vortheils dargeboten hat, ist auch jetzt wieder im Stande gewesen, dem öffentlichen Wohle ein Mittel an die Hand zu geben, durch welches die in unseren theueren Zeiten nur noch rühriger gewordene Gewinnsucht kontrolirt zu werden vermag; es ist dieses Mal das Mikroskop, welches in seiner interessantesten Anwendung auf das Verkehrsleben, sich als Kontroleur des betrügerischen Handels aufwirft und durch eine scharfe Unterscheidung des Echten vom Falschen nicht nur die Privatleute, sondern auch die Behörden aufmerksam und fähig machen will, Fälschungen der Lebensbedürfnisse aus Gewinnsucht zu erkennen.
>
> *Illustrirte Zeitung 1856*[35]

Im Januar 1856 veröffentlicht die wöchentlich erscheinende *Illustrirte Zeitung* die erste von zehn Folgen einer Artikelreihe zum Thema *Die Verfälschung der Nahrungsmittel*. Im März 1857 wird diese Artikelreihe mit dem Hinweis auf »das selbstständige Werk desselben Verfassers«[36], welches inzwischen erschienen sei, abgebrochen. Der Verfasser, Hermann Klencke[37], stützt sich bei seinen Veröffentlichungen zu dieser Thematik neben eigenen Untersuchungen auf umfangreiche Untersuchungsberichte, die in Frankreich und England erschienen waren.[38] Für die Aktualität des Themas sprechen die häufigen Meldungen über Verfälschung von Lebensmitteln in den Tageszeitungen.[39]

> Lebensmittel-Verfälschungen aller Art kommen auch bereits bei uns vor, doch haben wir es darin noch lange nicht so weit gebracht als die Engländer. Ganz London ist gegenwärtig außer sich über das Ergebniß, welches die Untersuchung des Parlaments-Ausschusses in Bezug auf

---

34 Schacht 1853, S. 1

35 Illustrirte Zeitung Nr. 652 vom 01.01.1856, Die Verfälschung der Nahrungsmittel, S. 14

36 Bei diesem Werk handelt es sich um »Die Verfälschung der Nahrungsmittel und Getränke, der Kolonialwaaren, Drogen und Manufakte, der gewerblichen und landwirtschaftlichen Produkte« nach Arthur Hill Hassal und A. Chevalier sowie nach eignen Untersuchungen bearbeitet von Hermann Klencke.

37 Die Artikel in der Illustrirten Zeitung erscheinen ohne Nennung des Verfassers.

38 Die Zeichnungen in der Illustrirten Zeitung sind entnommen aus: Hassall, Hill Arthur [1855]: Food and its adulterations; comprising the reports oft the Analytical Sanitary Commission of ,The Lancet' for the years 1851 to 1854 inclusive. London: Longman, Brown, Green, and Longmans (The Chinese Botanical Powder S. 281; Leaf of Plum S. 314)

39 Katechu: Extrakt aus dem Kernholz der Gerber-Akazie

die in der britischen Hauptstadt feilgebotenen Hauptstoffe für die Ernährung gewährt hat. Demnach stellt sich heraus, daß fast kein Artikel mehr rein und unverfälscht zu haben ist, überall hat die betrügerische Industrie Mittel und Wege gefunden, falsche Producte zu erzeugen. Von 35 Theeproben erwiesen sich nur 12 als echt und der Kaffee lieferte das noch traurigere Ergebniß, daß unter 34 Proben 31 verfälscht waren. Senf und Cayennepfeffer mag man gar nicht mehr in die Hand nehmen, seit man weiß, daß sie großentheils aus Mehl und Ziegelsteinstaub bestehen. Der Thee wird bekanntlich schon in China verfälscht. Der grüne Thee wird mit Berliner Blau und Gips gefärbt, so daß auf 100 Pfund Thee ein halbes Pfund Gips und Berliner Blau kommt und man bei einer Unze 1 Gran jenes edlen Blaues genießt. Der schwarze Thee wird aber noch abscheulicher gefälscht, indem man schon gebrauchte Theeblätter wieder röstet, färbt und mit jungen Blättern mischt.[40]

Theepulver mit Stärkekörperchen gestreckt

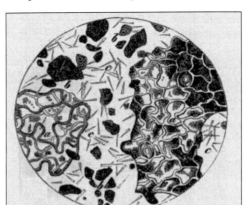

Falscher Thee aus Blättern einer Pflaumenart

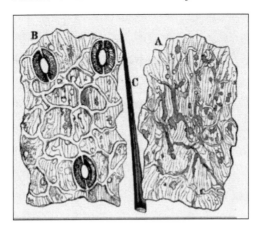

---

40 Fremden-Blatt vom 21.08.1855, S. 3

In der Einführung zu dieser Artikelserie in der *Illustrirten Zeitung* wird auf die zunehmenden Verfälschungen verwiesen, von denen besonders häufig solche Stoffe betroffen seien, »welche nicht auf den ersten Blick ihrer Form wegen in ihrer Echtheit und Güte erkannt werden können oder zu deren Prüfung es erst einer wissenschaftlichen Beihülfe oder technischen Einsicht bedarf«.[41] So wird in der ersten Folge an Kaffee, Zichorie und Zucker »die Art und Methode« erläutert, »wie das Mikroskop das Echte vom Falschen, das Gemischte vom Reinen zu unterscheiden im Stande ist«.[42] Ziel sei es, die Leser

durch diese und die folgenden Mittheilungen in den Stand [zu] setzen, selbst die Waaren auf ihre Echtheit oder Verfälschung zu prüfen; da diese Prüfung aber eine mikroskopische ist, so wird auch das Mikroskop ein unentbehrliches Werkzeug in der Hand der Prüfenden sein müssen. […] Ein paar Wochen Uebung mit dem Mikroskope befähigt bald das Auge des Laien zur richtigen Unterscheidung der Formen und lehrt das Abweichende erkennen und beurtheilen. Um den zu derartigen Prüfungen sich anschickenden Leser in seiner Diagnose zu unterstützen, sowie seinen Blick zu orientiren, werden wir unseren folgenden Mittheilungen die Zeichnungen echter und verfälschter Lebensbedürfnisse beifügen und hoffen dadurch der Anwendung des Mikroskops die populäre Nützlichkeit zu vermitteln.[43]

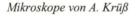
Mikroskope von A. Krüß

---

41 Illustrirte Zeitung Nr. 652 vom 01.01.1856, Die Verfälschung der Nahrungsmittel, S. 14

42 Ebd. Die Verfälschung der Nahrungsmittel, S. 15

43 Ebd. Die Verfälschung der Nahrungsmittel, S. 14 f.

1857 – DER ELEKTROMAGNETISCHE TELEGRAPH: »EIN UNERSCHÖPFLICHES THEMA FÜR EINE LOBREDE AUF DIE FORTSCHRITTE UNSERER ZEIT!«

Zur Anlage einer Baumwollenspinnerei und Weberei in einem Schwarzwaldthal lockt vielleicht ein ganz richtiges Raisonnement im Hinblick auf Wassertriebkräfte und billigen Arbeitslohn. Aber die Baumwolle muß aus Amerika bezogen werden, das Capital kommt vielleicht aus der Schweiz, die Maschinen aus England u.s.w. Und blos um die cooperirenden Bestandtheile der Production selbst zusammenzubringen und in Berührung zu erhalten wird also auch ein lebhafter Nachrichtenverkehr nöthig.

Der Telegraph als Verkehrsmittel 1857[44]

Neben der Beschleunigung der Vervielfältigung von Informationen durch die Entwicklung der Drucktechniken und nach der Erfindung der fotochemischen Aufzeichnungstechniken bedeutete die Einführung der Telegrafie einen epochalen Einschnitt in der Geschichte der Kommunikationskultur.

Unter allen Erfindungen der neueren Zeit hat keine in höherem Maße die allgemeine Aufmerksamkeit auf sich gezogen und ihrer wichtigen, täglich mehr in die Augen springenden Nutzanwendungen wegen auch mehr verdient, als die Erfindung der elektrischen oder elektro-magnetischen Telegraphen.

Mit Blitzesschnelle fliegt die Kunde eines Ereignisses durch den elektrischen Draht von Hauptstadt zu Hauptstadt, von einem Ende Europas zum andern. Jedes Zeitungsblatt bringt uns von den entferntesten Oertern der civilisierten Welt telegraphische Nachrichten, die wenige Stunden alt sind. Wer erinnert sich nicht, wie noch vor wenigen Monaten der Telegraph den weit entlegenen Kriegsschauplatz der Krim in unsre nächste Nachbarschaft rückte! – Regierungsdepeschen, Fragen, Antworten, Anordnungen, Befehle, Börsen- und Handelsnachrichten, Mittheilungen aller Art werden im Nu an ihren Bestimmungsort befördert, auf jede Entfernung, so weit der geheimnisvolle Draht reicht. ›London spricht direct mit Paris, Berlin mit Mailand‹ wie ein Paar Stubennachbarn: so lesen wir in den Zeitungen. Wer hätte das noch vor einem Menschenalter für möglich gehalten! – Und wie unglaublich rasch hat sich die neue Erfindung über die ganze gebildete Welt verbreitet und den mannigfaltigsten Interessen dienstbar gemacht! – Man frage nach bei den Ministerien, den Polizeidirectionen, dem Eisenbahnbetriebe, den Kaufleuten, Banquiers und Fabrikanten, – Allen ist der Telegraph schon unentbehrlich geworden. Man besuche das Telegraphen-Büreau einer Haupt-Eisenbahn-Station, wo Depeschen unaufhörlich gehen und kommen, um den Betrieb auf der ganzen Bahnstrecke zu regeln, – oder das Telegraphen-Büreau der Polizei einer großen Stadt, wie Berlin, Wien, Paris, London, wo die metallenen Fäden aus allen Theilen des unübersehbaren Gebietes wie in einem Spinngewebe zusammenlaufen und in beständiger Thätigkeit die wachende Behörde von Allem unterrichten, was auf den verschiedenen Punkten vorgeht, und ihre Anordnungen und Befehle schnell, wie der Nerv den Gedanken, an den Ort der Ausführung übertragen; man

---

44 Knies 1857, S. 72

vergegenwärtige sich, welchen Werth die augenblickliche Nachricht von dem Befinden eines entfernten kranken Angehörigen, von der glücklichen Ankunft eines geliebten Kindes, Freundes an einem entfernten Orte, von tausend anderen frohen oder trüben Ereignisse haben kann, – und man wird eingestehen, daß nicht leicht eine andere Erfindung mächtiger, und vielseitiger auf die Verkehrs- und Lebensverhältnisse ganzer Bevölkerungen wie der Einzelnen eingewirkt hat. In der That ein unerschöpfliches Thema für eine Lobrede auf die Fortschritte unserer Zeit![45]

Morse-Schreiber von 1843

Fig. 541. Morse-Schreiber von 1843.

---

45 Uhde 1857, S. 291

1858 – KABELFIEBER IN NEW YORK

Die US-Fregatte Niagara hat Trinity Bay, Neufund-
land, erreicht und ihr Ende des Kabels angelandet. Die
Agamemnon erreichte Valentia, Irland, am gleichen
Tag mit ihrem Ende des Kabels, Signale werden zwischen beiden Stationen mit größter Genauigkeit ausgetauscht.

Dieses Telegramm sendete der Sonderkorrespondent der *New York Herald Tribune* am
5. August 1858 von Bord des Kriegsschiffes Niagara an seine Redaktion.[46] Nach zwei
fehlgeschlagenen Anläufen hatten die beiden Schiffe ihren Treffpunkt im Atlantik ein
Woche zuvor in entgegengesetzter Richtung verlassen, um die Britischen Inseln und
Nordamerika mit einem 2200 Meilen langen Telegrafenkabel zu verbinden. Über den
weiteren Verlauf dieses epochalen Unternehmens berichteten auch auf dem Kontinent
die Tageszeitungen ausführlich.

HMS Agamemnon beim Kabelverlegen – ein Wal schwimmt über das Kabel

Die Fahrt der Agamemnon von Valentia bis in die Mitte des Oceans, und wieder zurück, ist,
von einem Schiffsofficiere ausführlich geschildert in allen Tagesblättern zu lesen. Die Erzählung hat für den, der von den Hanthierungen bei der Legung eines unterseeischen Kabels nur
irgend eine Ahnung hat, denselben Reiz, wie eine spannende Novelle; aber auch andere Aben-
teuer kamen bei dieser unglaublich mühseligen Fahrt vor, zu deren Würdigung kein specielles

---

46 Originaltext: »The Atlantic Telegraph cable is laid! The United States frigate Niagara has
reached Trinity Bay, Newfoundland, and landed her end oft the line. The Agamemnon
reached Valentia, Ireland, on the same day, with her end oft he cable. The electrical communication is perfect. Signals are passing between the two stations with the greatest accuracy.«
(New York Herald Tribune 06.08.1858, S. 1 – Übersetzung W.-R. Wagner)

Sachverständnis gehört. Wie ein neckischer Dämon verfolgte einmal ein jugendlicher Wall-fisch das Kabel und schien in jedem Augenblick bereit, es entzweizubrechen, bis ihm plötzlich ein anderer Einfall durch den Kopf ging, und das burschikose Ungeheuer gerade rechts umwarf und nach der entgegengesetzten Seite schwamm.[47]

Offiziell eröffnet wurde die transatlantische Nachrichtenverbindung durch den Aus-tausch von Grußadressen zwischen den beiden Staatsoberhäuptern. 67 Minuten dau-erte es, die 99 Worte umfassende Botschaft der englischen Königin über den Atlantik zu telegrafieren. Die Enttäuschung über den nüchternen, geschäftsmäßigen Ton dieses Telegramms war auf amerikanischer Seite so groß, dass man in New York an der Au-thentizität des Textes zweifelte und sich die Echtheit des Telegramms ausdrücklich von der Telegrafenstation in Trinity Bay bestätigen ließ. Die Londoner Tageszeitung *The Times* zitierte hierzu ausführlich amerikanische Zeitungen.

Sicherlich gibt es ein gewisses Maß an Enttäuschung, dass eine Nachrichtenübermittlung, so denkwürdig in allen ihren Auswirkungen, so fade in ihrer Substanz gewesen sein soll. Es sind bloße Formeln, die man in jedem Ratgeber des Briefschreibens findet. Es wurde – zumindest auf dieser Seite des Wassers – erwartet, dass dieses Ereignis – das außerordentlichste in der modernen Geschichte – dadurch herausgehoben würde, dass man große Gedanken äußerte, die für immer mit dem Brückenschlag zwischen beiden Welten verbunden bleiben würden, als eine ständige Erinnerung an dieses Ereignis und seine herausgehobene moralische Bedeu-tung.[48]

Der amerikanische Präsident Buchanan feierte in seiner Antwort auf die Grußadresse von Königin Viktoria die technische Großtat mit religiösem Pathos.

Möge der atlantische Telegraf unter dem Segen des Himmels ein Band ewigen Friedens und ewiger Freundschaft zwischen den verwandten Nationen sein und ein Werkzeug, von der gött-lichen Fürsehung bestimmt, um Religion, Gesittung, Freiheit und Recht in der ganzen Welt zu verbreiten.«[49]

---

47 Die Presse vom 15.08.1858, S. 3 – Der Walfisch, der das Kabel zu zerstören drohte, war neben der Möwe, die an der Teerbeschichtung des Kabels festklebt und mit einem Todes-schrei in die Tiefe gezogen wurde, offensichtlich ein beliebtes Thema zur anekdotischen Auflockerung der Berichterstattung über die Kabelverlegung. (Vgl. Morgen-Post vom 22.08.1858, S. 3)

48 Hier The New York Courier and Enquirer zitiert nach The Times vom 30.08.1858, S. 7 – Originaltext: »There will doubtless be a certain degree of disappointment that a communica-tion so memorable in all ist associations should be so so utterly jejune in substance. It is a mere form of word, such as can be found in any ›Complete Letter Writer‹. It was expected, on this side of the water at least, that the occasion – the most extraordinary in modern history – would be signalizes by the utterance of some grand sentiment that should for ever remain associated with this co-linking of the two worlds, and serve as a perpetual reminder of the event, and of its exalted moral significance.« (The Times 30.08.1858, S. 7 –Übersetzung W.-R. Wagner)

49 Morgen-Post vom 27.08.1858, S. 1

Wie die zeitgenössischen Berichterstatter anmerken, reagiert nicht nur Königin Viktoria zurückhaltender als in Nordamerika erwartet. Im Rückblick auf das Jahr 1858 konstatiert eine englische Zeitschrift:

> Vom englischen Volk wurde die Vollendung dieses großen Unternehmens mit einem ruhigen, aber tiefen Gefühl der Befriedigung begrüßt. [...] In Amerika war die Begeisterung der Bürger selbst in den innersten Gemeinden dieses riesigen Gebietes grenzenlos.[50]

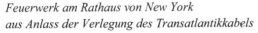

Feuerwerk am Rathaus von New York
aus Anlass der Verlegung des Transatlantikkabels

In New York erreichte das »Kabelfieber« mit den Feierlichkeiten am 1. September 1858 seinen Höhepunkt.

> Unsere Stadt hat niemals einen allgemeineren Festtag erlebt. Alle Geschäfte ruhten und die Leute beteiligten sich entweder als Teilnehmer oder als Zuschauer an dem großen Freudenfest. Auf dem Broadway drängte sich vom frühen Morgen bis nach Mitternacht eine mannigfaltige Menge, die auf wenigstens eine halbe Million Leute geschätzt wurde. Die militärischen und zivilen Umzüge waren sehr beeindruckend und der Fackelumzug der Feuerwehrleute die brillanteste Schaustellung dieser Art, die wir je gesehen haben.[51]

Nach den Plänen des Vereinigten Festkomitees der Stadt New York sollte dieser Tag überall in Amerika und Europa als Gedenktag für den Fortschritt der Menschheit

---

50 Chronicle 1858, S. 138 (Übersetzung W.-R. Wagner)

51 Originaltext: Our city has never witnessed a more general holiday. All kinds of business affairs were suspended, and the peopble gave themselves up, either as actors or spectators, to the grand jubilee. Broadway was thronged from early morning until after midnight with a miscellaneous crowd, estimated at not less than half a million of people. The military and civic processions were very imposing, and the grand torchlight parade of he firemen was the most brilliant display oft he kind we have ever seen. (The Illustrated London News 25.09.1858, S. 296 – Übersetzung W.-R. Wagner)

gefeiert werden. Dieser Enthusiasmus konnte weder durch die Zurückhaltung in der alten Welt erschüttert werden noch durch die Tatsache, dass die erste transatlantische Telegrafenverbindung zum Zeitpunkt der Feierlichkeiten bereits nicht mehr arbeitete. Die Isolierung des Kabels hatte den Belastungen in der Tiefe des Ozeans nicht standgehalten. Für den offiziellen Chronisten der New Yorker Feierlichkeiten war dies jedoch nur ein momentaner Rückschlag.

> Das Ergebnis war der klare Beweis, dass die technische Großtat, Meere und Ozeane mit Hilfe telegrafischer Kabel zu überqueren, vollbracht werden kann. Tatsächlich ist bereits der Anstoß gegeben worden, das telegrafische Nachrichtennetz in alle Teile der Welt auszudehnen, wodurch der Raum zu Nichts wird und die Nationen mit engeren Banden der Brüderlichkeit zusammengehalten werden, wodurch die Aussicht besteht, das Heraufkommen der Zeit zu beschleunigen, in der alle Menschen in Einigkeit zusammenleben werden, und es keine Kriege und Kriegsgerüchte mehr geben wird.[52]

Bei den Feierlichkeiten in New York wurde der technische Fortschritt in der Festpredigt des Bischofs von New Jersey als Erneuerung und Wiederholung des Pfingstwunders besungen. Durch das Transatlantikkabel sei die Sprachverwirrung von Babel rückgängig gemacht worden. Der technische Fortschritt wurde als Erfüllung der Heilsgeschichte gepriesen.

> ›Ehre sei Gott in der Höhe und Frieden auf Erden allen Menschen, die guten Willens sind.‹ Dies war die Botschaft der Engel an die Hirten auf den Feldern von Bethlehem, als der Mensch gewordene Heiland der Welt im Stall in der Krippe lag. Dies war die Botschaft der Engel durch den Atlantischen Telegrafen, an ihre westlichen Söhne, und dies soll die anglo-amerikanische Botschaft an alle Enden der Welt sein: ›Ehre sei Gott in der Höhe und Friede auf Erden und den Menschen ein Wohlgefallen.‹[53]

Konservative Zeitungen wie die *Neue Preußische Zeitung (*bekannt als *Kreuzzeitung)* sahen es als »Blasphemie« an, wenn amerikanische »Prediger« das Kabel als »segensvoll« bezeichneten.[54] Insgesamt bewahrte man, wie aus den Zeitungsberichten zu schließen ist, deutliche Zurückhaltung gegenüber dem New Yorker »Kabelfieber«.

---

52 Originaltext: The result has been the clear demonstration, that the feat of crossing the seas and large oceans by means of telegraphic Cables can be accomplished, and already the impetus that has been given to the extension of telegraphic communication in all parts oft he world – thus annihilating space and drawing the nations together in closer bonds of brotherhood – promises fair to hasten the coming of that time when all men shall dwell together in unity, ans wars and rumors of wars shall cease to be. (McClenachan 1863, S. ii – Übersetzung W.-R. Wagner)

53 Originaltext: This was the message oft he angels to the shepherds on the plain of Bethlehem, when the incarnate Saviour oft he world was cradled in the manger. This was the message oft the angels, by the Atlantic Telegraph, to their western sons; and this shall be the Anglo-America message to the ends oft he whole earth, ‚Glory be to God on high, and on earth peace, good-will towards men. (McClenachan 1863, S. 72 – Übersetzung W.-R. Wagner)

54 Die Presse vom 03.09.1858, S. 2

Obwohl noch immer nicht geklärt sei, an welcher Stelle das Kabel Schaden gelitten hat

> [...] wird jenseits des Ozeans drauf losgejubelt, daß das Gejauchze bis in die alte Welt her-
> übertönt. New-York besonders hat die Feier in Permanenz erklärt. Die Straßen der Stadt pran-
> gen mit Fahnen und Blumengewinden und auch die Schiffe im Hafen haben hochzeitliche
> Gewänder angelegt. Festlichkeit folgt auf Festlichkeit, Gastmahl auf Gastmahl und so wird's
> noch lange über den 1. September hinausdauern, an welchem Tage die Hauptfeier stattfindet.
> [...] Daß die New-Yorker Geschäftsleute bei dem großen Festzuge das Nützliche mit dem
> Enthusiasmus verbinden werden, konnte man übrigens schon aus der letzten Illumination er-
> sehen, wo der Kabel-Jubel in vielen Fällen die Form einer sehr lauten Reklame angenommen
> hatte.[55]

Diese Zurückhaltung in bestimmten Kreisen mag damit zusammenhängen, dass bei aller religiösen Überhöhung der transatlantischen Kabellegung und der Rede vom Weltfrieden die technische Großtat zugleich immer als »angelsächsischer Sieg für das Christentum« und die Verlegungen des Kabels als eine »Hochzeit« zwischen England und Amerika bezeichnet wurde.

---

55 Morgen-Post vom 17.09.1858: Der transatlantische Telegraph, S. 2

1859 – »ZUR SIGNATUR DER GEGENWART GEHÖRT DIE HOCH GESTEIGERTE UND SICH IMMER MEHR STEIGERNDE BILDERPRODUCTION«[56]

Ein Streifzug in die Bilderwelt. [...] In diesem kleinen Büchlein werden die zahllosen Bildwerke, welche gegenwärtig die Schaufenster unsrer Städte und die Blätter unsrer illustrirten Zeitungen füllen, einer sittlichen Kritik unterworfen. Was würde Herr Oldenberg erst gesagt haben, wenn er die Bilder gesehen hätte, die vor vierzig bis fünfzig Jahren an den städtischen Schaufenstern und sogar auf dem Lande an allen Jahrmarktständen zur Schau gestellt wurden. Von den Dosenstücken, kleinen Bildern auf Uhren ec. und auch großen Bilderbogen, wie sie damals ganz öffentlich feil geboten wurden, hat das heutige Publikum keinen Begriff mehr. Im Vergleich damit sind alle unsere modernen Illustrationen keusch und unschuldig zu nennen, ausgenommen die, welche nicht zur Schau gestellt, sondern nur insgeheim verkauft werden, wie in neuester Zeit namentlich die obscönen Bilder für Stereoskope, in welchen Paris unermeßliche Geschäfte macht.
Morgenblatt für gebildete Stände 1859[57]

Friedrich Oldenberg, Seelsorger und Inspektor am »Rauhen Haus«, einer 1832 gegründeten diakonischen Einrichtung für verwahrloste und verwaiste Kinder in Hamburg, verfasst in den Jahren 1856 und 1857 in den *Fliegenden Blättern aus* dem Rauhen Haus einen Beitrag mit dem neutral klingenden Titel »Ein Streifzug in die Bilderwelt«. Auf der ersten Seite dieses Artikels ist die Rede davon, dass zur »Signatur der Gegenwart [...] die gesteigerte und sich immer mehr steigernde Bilderproduction« gehöre. [58] Wenn der Autor einige Seiten später von der »sündfluthartigen Verbreitung« von Bildern spricht, wird deutlich, dass es sich hier um eine Streitschrift gegen die »sich immer mehr steigernde Bilderflut« handelt.[59]

Auf welche Resonanz Oldenbergs Warnungen vor der Bilderflut stießen, zeigt sich daran, dass 1859 ein Nachdruck des Artikels notwendig wurde, weil die »Nachfrage nach den genannten Nummern der Fliegenden Blätter von der Verlagshandlung nicht mehr befriedigt werden konnte, [...]«.[60]

Zur Überproduktion an Bildern tragen nach Oldenberg Kalender, Zeitschriften und Journale – explizit wird die in Leipzig erscheinende *Illustrirte Zeitung* genannt – sowie Plakate und Anschlagzettel bei. Nicht nur Druckerzeugnisse hat Oldenberg im Blick,

---

56 Vgl. Wagner 2019, S. 123–125
57 Literaturblatt (Morgenblatt für gebildete Stände) vom 16.02.1859, S. 55
58 Oldenberg 1859, S. 1
59 Ebd. S. 12
60 Ebd. Vorwort

wenn er über die steigende Bilderflut und über »die Frechheit, mit der die Unkeusch-heit in Illustrationen sich breit macht«, klagt. Hier geht es ebenso um »Galanteriewa-ren«, also modische Accessoires wie Puderdosen, Parfümfläschchen oder Knöpfe, so-wie »Pfeifenköpfe und Tabaksdosen«, die überall »feilgeboten« würden.[61]

Mikroskop=Porträts

Seine Klage zielt hier auf die vielfältigen Verfahren und Reproduktionstechniken zur Verzierung von Emaille, Porzellan, Glas und Materialien aller Art mit Bildern, die im Laufe des 19. Jahrhunderts entwickelt wurden. Überall im Straßenbild stößt Oldenberg auf »Schlachtreihen von Bildern, die Auge, Herz und Beutel der Schauenden zu er-obern trachten«.[62] Sein Hauptaugenmerk richtet sich jedoch auf die Zeitungen. Die im Zuge der Gewerbefreiheit gewachsene Konkurrenz unter den Tagesblättern werde, so Oldenberg, durch Illustrationen ausgetragen. (MG 1868)

Daß die Illustrationen in ihnen eine wichtige Rolle spielen, weiß Jedermann. Haben doch nicht wenige derselben ihre weite und gewinnbringende Verbreitung hauptsächlich ihnen zu dan-ken. Das lesende Publikum begehrt dieselben so sehr, daß ein Unterhaltungsblatt ohne Illu-stration beinahe um deßwillen schon zu Obskurität verdammt ist. Der Grund hiervon liegt nicht nur in der großen Leichtigkeit, mit welcher der fast überall und mit großem Erfolge an-gewandte Holzschnitt sich vervielfältigen läßt und damit auch der Journalistik zu billigem Dienste sich erbietet, sondern auch in andern Verhältnissen, von denen zugleich der Charakter jenes journalistischen Holzschnittes wesentlich bedingt erscheint.

Irren wir nicht, so steht die überüppige Production auf dem Gebiet der Tagesliteratur in nahem Zusammenhang mit der überhand nehmenden Auflösung des Familienlebens. Ein in steigen-dem Maaße zunehmender Theil der jugendlichen und männlichen Bevölkerung findet immer weniger seine Heimath in der Familie und sucht sie immer mehr im Gasthause.[63]

---

61 Ebd. S. 14 f.
62 Ebd. S. 4
63 Ebd. S. 21 f.

Die illustrierten Blätter »machen die ganze Welt zur Wachtparade, zur Promenade, zur Komödie und zum Tummel- und Bummelmarkt der müßigen Schaulust«[64], kritisiert Oldenberg. Jene Journalistik sei

> so bankerott, daß sie nur noch durch die Illustration sich am Leben erhält; je abgezehrter ihr Gehalt wird, um so breiter muß das Bild sich vordrängen, damit das häßliche Deficit der Geistesleerheit solch ein armes Blatt nicht ganz ruinire. Daher das Mißverhältniß zwischen Text und Illustration in diesen Blättern; der Text wird Nebensache, das Bild Hauptsache; die Albernheit des Textes wird übersehen, wenn nur die Illustration piquant ist. Aber piquant muß sie sein, recht von der Art, den verwöhnten Gaumen des Bürgers der Restaurationen zu stacheln und mindestens sein Auge zu fesseln. Wie bequem ist das Bild, auch dem Halbschlafenden, dem interesselos Blätternden, dem Trägen und Uebersättigten ohne die lästige Arbeit des Lesens einen flüchtigen Genuß zu geben! Und darauf allein hat ein großer Theil unserer journalistischen Illustration es abgesehen.[65]

Um die Flut »gottvergessener Afterkunst«[66] einzudämmen, wünscht sich Oldenberg die Bildung von Vereinen, um derartige Bilderhefte und Bilderbogen »in Städten und Dörfern, wo sie nur gefunden werden, aufzukaufen und zu verbrennen«.[67] Größere Verbreitung erhofft sich Oldenberg dagegen für Kupferstiche, Lithographien und Holzschnitte mit »evangelisch-christlichen Darstellungen«, wie sie von Vereinen wie dem »Verein für religiöse Kunst in der evangelischen Kirche« oder dem »Verein zur Verbreitung biblischer Bilder« gefördert werden.[68]

Eingebrannte Porträts auf Porzellangegenständen

64 Ebd. S. 27
65 Ebd. S. 29
66 Ebd. S. 108
67 Ebd. S. 37
68 Ebd. S. 79 und 83

1860 – PHONOGRAPH UND MIKROPHON »HABEN EINEN NEUEN UND UNERWARTETEN WEG FÜR PHYSIKALISCHE FORSCHUNGEN ERÖFFNET«[69]

> Um [...] die Gestalt der unserem Ohre hörbaren Schallwellen dem Auge anschaulich zu machen, hat man verschiedene Instrumente erdacht, welche man Phonographen, Phonautographen, Vibrographen oder Vibroautographen, und die durch selbe erhaltenen Zeichnungen, Phonogramme, Vibrogramme, Tonschrift nennt.
>
> *Klagenfurter Zeitung 1863*[70]

Um 1860 entwickelten Édouard-Léon Scott de Martinville und Rudolph König vermutlich das erste funktionierende Tonaufzeichnungsgerät, einen »Membran-Phonoautograph« oder »Panphonograph«,

welcher zugleich dadurch höchst merkwürdig ist, daß er im Wesentlichsten mit dem Baue des Ohres übereinstimmt. Derselbe besteht aus einem hohlen, paraboloidischen Körper mit einer weiten Oeffnung am hinteren Ende, während die vordere kleinere Oeffnung im Brennpunkt des Paraboloids mit einer zarten Membran überspannt ist, als welche die feinen Blasen von Hasen, Kaninchen, dann Hausenblase, Goldschlägerhäutchen, feines Briefpapier, Collodium u. dgl. dienen können. Je zarter das Häutchen, desto empfindlicher wird der Apparat.

Zum Schreiben verwendet man ein sehr kleines, elastisch steifes und biegsames Vogelfederchen, welchem eine Schweinsborste, an die es geleimt wurde, als Träger dient. Dieses Federchen wird nun an dem Schreibcylinder die Anzahl der Schwingungen der Membran und mittelbar des ursprünglich tönenden Körpers notiren. [...]

Die mit diesem Apparate gezeichneten Wellen – und wenn aus der Kombination zweier verschiedener Töne hervorgegangene Schraubenlinien, bei welchen man im Anfange gegen die Mitte ein allmäliges Anschwellen, sowie gegen das Ende ein Abnehmen bemerkt, können zur Bestimmung der Tonhöhe dienen.[71]

---

69 Originaltext: »Le téléphone, et plus encore le phonographe et le microphone, ont ouvert une voie nouvelle et inattendue aux investigations de la physique.« (Schneebeli 1878, S. 79) – (Übersetzung W.-R. Wagner)

70 Payer 1863, S. 1174

71 Ebd. S. 1174 – »Hausenblase« ist die Bezeichnung für Fischleim. Es handelt sich um die »innere Haut der Schwimmblase des Hausen und anderer Störarten«. (Brockhaus' Konversations-Lexikon, 14. Vollständig neubearbeitete Auflage, Bd. 8, Leipzig, Berlin und Wien 1893, S. 882) Bei der im Zitat als Membran genannten Goldschlägerhaut, handelt es sich um »das bei der Fabrikation von Blattgold [...] gebrauchte, von Fett gereinigte, auf einen Rahmen gespannte und getrocknete oberste Häutchen des Blinddarms der Rinder«. Brockhaus' Konversations-Lexikon, 14. Vollständig neubearbeitete Auflage Bd. 8, Leipzig, Berlin und Wien 1893, S. 135. Bei der Herstellung des Blattgoldes werden bei der »Goldschlägerei« die Goldplättchen bei den letzten beiden Arbeitsvorgängen durch die »Goldschlägerhaut«

Von Koenig konstruierter Phonoautograph von Scott

Die Bezeichnung »Phonautograph«, zu Deutsch »Schallselbstschreiber«, ordnet diese Entwicklung in die Reihe »selbstschreibenden Apparate« und damit in den Kontext der wissenschaftlichen Weltaneignung des 19. Jahrhunderts ein, in der sich alle Anstrengungen darauf richteten, Verfahren zu entwickeln, »um die Natur für sich selbst sprechen zu lassen«. (MG 1847) Für das wachsende Interesse an der Untersuchung akustischer Phänomene sowie an Sprachaufzeichnungen spricht, dass 1863 auf der »Londoner Kunst- und Industrieausstellung viele phonographische Apparate in sehr vorzüglicher Weise vertreten waren«.[72]

Sprachaufzeichnungen waren für die Sprachwissenschaften von hohem wissenschaftlichem Interesse, weil damit Sprache als physikalisch-akustisches Schallereignis sichtbar gemacht werden konnte. Es ging den Wissenschaftlern darum, durch die Aufzeichnung und Sichtbarmachung der flüchtigen sprachlichen Phänomene eine experimentelle Basis für die Linguistik zu schaffen.

> Die Tonschriften oder Phonogramme, welche man durch die in gedrängter Kürze besprochenen Tonschreibapparate erhält, und welche bei Anwendung verschiedener Tonerreger verschieden gekrümmte Kurven zeigen, geben nicht nur bezüglich der Bestimmung der Tonhöhe, sondern auch bezüglich der Formen der Schwingungskurven sehr interessante Aufklärungen.«[73]

Die Betrachtung der nur einige Millimeter großen, als Schallkurven in das berußte Papier eingeritzten Schwingungen konnte nur mit der Lupe erfolgen bzw. wurden die aufgezeichneten Schallkurven fotografiert, vergrößert und vervielfältig, um die wissenschaftliche Auswertung und Diskussion der Schallphänomene möglich zu machen. So kann der Verfasser eines 1878 in den *Archives des sciences physiques et naturelles* veröffentlichten Beitrags über seine Versuche mit dem Phonautographen feststellen:

---

getrennt. (Brockhaus' Konversations-Lexikon, 14. Vollständig neubearbeitete Auflage Bd. 3. Leipzig, Berlin und Wien 1892, S. 83)

72 Payer 1864, S. 134

73 Payer 1864, S. 172

Die Möglichkeit, das gesprochene Wort automatisch aufzuschreiben und mechanisch zu reproduzieren, ist Realität geworden. Nach diesen schönen Erfindungen war es natürlich, dass das Studium der Schwingungen, die durch die Geräusche der menschlichen Stimme erzeugt werden, neuen Aufschwung erhielt.[74]

Aufzeichnungen der Schallkurven der Vokale mit dem Phonoautographen

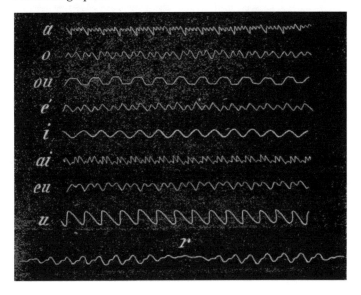

---

74 Originaltext: »La parole prononcée, écrite automatiquement, et reproduite mécaniquement, est devenue une réalité. Après ces belles inventions, il était naturel que l'étude des vibrations produites par les sons de la voix humaine, prît un essor nouveau.« (Schneebeli 1878, S. 79 – Übersetzung W.-R. Wagner)

Mediengeschichten 1861-1870

1861 – SIBIRISCHES GRAPHIT UND ZEDERNHOLZ AUS FLORIDA FÜR BLEISTIFTE AUS NÜRNBERG

> Auch in der Fabrikation von Bleistiften ist Baiern weit voran; es sind hier namentlich die Firmen Faber, neuerdings Grossberger und Kurz, welche die halbe Welt mit diesem Artikel versorgen und die früher berühmtere englische Bleistiftproduction vielfach in Schatten gestellt habe.
>
> *Illustrirter Katalog der Londoner Industrie-Ausstellung von 1862*[1]

Hundert Jahre, nachdem der »zünftige Bleistiftmacher und Bleiweißschneider« Kaspar Faber 1761 im Dorf Stein bei Nürnberg mit der »Fabrikation der Bleistifte« begonnen hatte, war – nicht zuletzt durch das unternehmerische Gespür seines Enkels Lothar von Faber – aus dem kleinen Handwerksbetrieb ein Weltmarktführer für Blei- und Buntstifte geworden. »Industrieausstellungen sind die Meilenzeiger des Fortschritts«, heißt es im *Illustrirten Katalog der Londoner Industrie-Ausstellung von 1862*, aus dem die eingangs zitierte Aussage über die Fortschritte in der Bleistiftproduktion in Bayern stammt. Auf die Bedeutung der Bleistiftproduktion geht schon einige Jahr zuvor der *Jahresbericht der Kreis-Gewerbe- und Handels-Kammer von Mittelfranken* ein und hebt dabei die führende Stellung der Firma Faber besonders hervor.

[Als] einen der wichtigsten Zweige auf diesem Gebiete in unserem Kreise müssen wir die Bleistiftfabrikation anführen, die, nach dem Vorbilde Fabers in Stein, immer neue, rasch emporblühende Etablissements hervorruft, einen tüchtigen Arbeiterstand heranbildet und hierdurch sich in unser Terrain fest eingebürgert hat. Der Absatz in diesem Fabrikat ist bei dem lobenswerthen Bestreben, immer Besseres zu liefern, ein noch stets zunehmender, nicht nur, daß ganz Europa einen Theil seines Bedarfs aus unserm Kreise deckt, sondern besonders auch Amerika und auch die übrigen Welttheile, soweit nur die Civilisation dringt, beziehen von diesem Artikel in immer größern Massen.[2]

---

1 o. V. 1863, S. 255
2 Fränkischer Kurier vom 23.02.1860, S. 1

Die Herstellung von Bleistiften hatte zwar in Nürnberg eine Tradition, die bis zum Anfang des 18. Jahrhunderts zurückreichte, doch nahm unter »den Gegenständen der deutschen Industrie [...] die Bleistiftfabrikation anfänglich eine sehr bescheidene Stelle ein«.[3] Seit der Entdeckung eines hochwertigen Graphitvorkommens in Borrowdale um 1664 waren Bleistifte aus englischer Produktion von einer unübertroffenen Qualität. (MG 1834)

Von welcher Bedeutung diese Grube und die damit verbundene Bleistiftfabrikation für England war, beweist die Thatsache, daß es die englische Regierung für nothwendig hielt, den Export von Graphit in einer anderen Form, als der von Bleistiften, auf das Strengste zu verbieten.[4]

Dies änderte sich noch nicht grundlegend, als Ende des 18. Jahrhunderts in Frankreich erfolgreich Versuche unternommen wurden, Bleistiftminen durch die Mischung von Graphit mit Ton und anderen Materialien herzustellen. Dabei ging es zum einen darum, sorgfältiger mit dem kostbaren Rohstoff Graphit umzugehen, »weil man die bei der Fabrikation [...] entstehenden Bruchstücke und Abfälle, selbst den Staub zur Bildung einer neuen Masse benüzen kann«. Zum anderen konnten diese Bleistifte je nach dem Mischungsverhältnis der Bestandteile »härter und weicher gemacht werden«[5], um unterschiedlichen Anforderungen zu genügen.

Diese modernen Herstellungsverfahren fanden in den Nürnberger Bleistiftfabriken nur langsam Eingang. Als Lothar Faber 1839 nach dem Tode seines Vaters die Leitung der Fabrik übernahm, war der Zustand der Fabrik »ein höchst unbefriedigender; sie beschäftigte kaum noch zwanzig Arbeiter«.[6] Nichts sprach dafür, dass seine Firma in wenigen Jahren Weltgeltung erlangen sollte.

Nach einer kaufmännischen Ausbildung in Nürnberg hatte Lothar Faber sich während eines dreijährigen Aufenthaltes in Paris sowie während einer Reise nach London mit den modernen Herstellungsverfahren und mit zeitgemäßen Vertriebsformen vertraut gemacht. Nach seiner Rückkehr nach Nürnberg »galt es, alle eingesogenen Ideen über das Wesen der Industrie zu verwerthen und verwirklichen«.[7]

Lothar Faber verbesserte die Qualität der Produkte und erweiterte das Sortiment. Als Neuerung führte er ein, dass alle Bleistifte mit dem Firmennamen gekennzeichnet wurden. Nicht zuletzt investierte er in den Ausbau der Handelsbeziehungen,

so bereiste er selbst ganz Deutschland, Rußland, Oesterreich, Belgien, Holland, Frankreich, England, Italien und die Schweiz, knüpfte mit allen bedeutenden Städten des In- und Auslandes direkte Handelsbeziehungen an, die bei der fortwährenden Verbesserung seines Fabrikates ihm bald eine befriedigende Abnahme und eine immer steigende Nachfrage verschafften, bedeutend genug, um sich über die beschränkte Sphäre lokaler Interessen zu erheben.[8]

---

3   Frühling 1865, S. 148
4   Ebd. S. 148
5   Polytechnisches Journal Bd. 8/1822, S. 254
6   o. V. 1873, S. 22
7   Ebd. S. 12
8   Frühling 1865, S. 150

1849 gründete Lothar Faber eine Niederlassung in New York, deren Leitung er seinem jüngeren Bruder Eberhard übertrug. Agenturen wurden u.a. in Paris und London gegründet.

Die Fabrik fuhr inzwischen unermüdet fort, an der Vervollkommnung ihrer Produkte zu arbeiten, und es gelang ihr auch, durch vollständige Beherrschung des Materials so viele Härtegrade zu erzeugen und ein so bedeutendes Assortiment herzustellen, dass keinerlei Bedürfniss auftaucht, welches bei der grossen Auswahl der Fabrikate nicht seine Befriedigung fände.[9]

In der Zwischenzeit war es zu einem für die weitere Entwicklung der Faberschen Bleistiftproduktion entscheidenden Ereignis gekommen. Schon lange hatte man nach einem Ersatz für die sich erschöpften Graphitvorkommen in der Cumberlandgrube gesucht. 1847 gelang es Jean-Pierre Alberti, einem französischen Kaufmann, Pelzhändler und Mineralogen, in Sibirien ein unvergleichlich größeres Graphitvorkommen zu entdecken, das in der Qualität mit dem Graphit aus England vergleichbar war. Nach den notwendigen Absprachen mit der russischen Regierung suchte Alberti nach Möglichkeiten,

das neu entdeckte Material der Bleistiftfabrikation nutzbar zu machen. Nach der gewonnenen Ueberzeugung, dass die Faber'sche Fabrik die grösste jetzt existirende sei, und die meiste feine Waare in die civilisirte Welt versende, wandte er sich an sie mit dem Vorschlag zu einem Vertrag, in dessen Folge er seinen Graphit zur Fabrikation von Bleistiften nur an sie allein abgeben würde.[10]

Graphitbergwerk in Sibirien　　*Bleistiftfabrik in Stein*

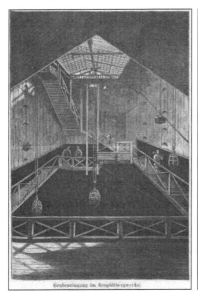

9　o. V. 1873, S. 15
10　Ebd. S. 16

Die hohe Qualität des Graphits und dessen Kombination mit bayerischem Ton ermöglichten erstmals die Fertigung von Bleistiften in 16 reproduzierbaren Härtegraden, die unter dem Namen »Polygrades« in den Handel kamen und auf der Londoner Weltausstellung im Jahr 1862 gefeiert wurden. Für die Qualität der Bleistifte aus der Faber'schen Fabrik spielte die Niederlassung in New York eine wichtige Rolle. Über diese Niederlassung sicherte sich das Unternehmen in Nürnberg den notwendigen Nachschub an Holz von der in Florida wachsenden »Bleistiftzeder« für die Ummantelung der Bleistiftminen.

Wie wichtig die »weichzuschneidenden Deckhüllen des Bleies« für die Qualität »der besten Stifte« waren, wird deutlich, wenn man sich vergegenwärtigt, dass die Nutzung eines Bleistifts häufiges Nachspitzen erfordert. Hierfür war ein astlocharmes, weiches und nicht splitterndes Holz, wie es die sogenannte »Bleistiftzeder« liefert, erforderlich. In den Anweisungen zum technischen Zeichnen finden sich Hinweise, wie »Der Bleistift muss schlank gespitzt sein und sorgfältig immer wieder geschärft werden; mit stumpfem Blei ist ein präcises Zeichnen nicht möglich.«[11]

Bei der Arbeit mit den damaligen Zeichengeräten, wie dem Pantographen oder Storchenschnabel, war es zudem wichtig, den Bleistift so anzuspitzen, dass sich die Spitze immer exakt in der Stiftmitte befand. Da sich diese Anforderungen an Präzision kaum bei freihändigem Nachspitzen mit einem Federmesser erfüllen lassen, war es verständlich, dass immer wieder neue Verfahren und Apparate auf den Markt kamen, um das Anspitzen zu erleichtern. Zusätzlich finden sich konkrete Anweisungen für welche »Art des Gebrauchs« man welche Härtegrade zu verwenden hat.

Hardtmutz oder A. W. Faber No. 5 für Achsen, Mittellinien und geometrische Theilungen, No. 4 für in kleinem Maassstabe auszuführende Zeichnungen, No. 3 für gewöhnliche Werkstatt-Konstructions-Zeichnungen, No. 2 für Freihandskizzen und Aufschriften [12]

Das sich immer weiter auffächernde Sortiment der Firma Faber liefert einen Hinweis auf die differenzierter werdenden Anforderungen an den Bleistift als Zeichen- und Schreibgerät in allen gesellschaftlichen Bereichen. So finden sich im Angebot der Firma A. W. Faber neben den in der Anzeige angesprochenen Berufsgruppen auch Tischler- und Zimmermannsstifte, Försterstifte oder Correspondenzkartenstifte, die eine »feine und unverlöschliche Schrift« gestatten oder Telegraphen-Blaustifte, die »vollkommen allen Anforderungen der Telegraphenbeamten« entsprechen.[13]

---

11 Weyde/Weickert 1889, S. 15
12 Ebd. S. 14 f.
13 o. V. 1873, S. 22 ff.

1862 – »SPRECHENDE KARTEN« STATT TROCKENER STATISTIKEN[14]

> Geht man von der großen Ausweitung der statistischen Forschung in unseren Tagen aus, dann verspürt man die Notwendigkeit, die Ergebnisse in weniger trockneren, nützlicheren und schneller zugänglicheren Formen als in Zahlen wiederzugeben. Von daher hat man verschiedene Darstellungsformen entwickelt, wozu u.a. auch meine grafischen Tabellen und meine figurativen Karten zählen.
> Indem ich der Statistik eine bildliche Richtung gab, folgte ich der allgemeinen Tendenz zu grafischen Darstellungen.
>
> *Charles-Joseph Minard 1862[15]*

Dieses Zitat stammt aus einem 1862 unter dem Titel *Des tableaux graphiques et des cartes figuratives von* Charles Joseph Minard veröffentlichten Text. Minard ordnet hier Bestrebungen zur visuellen Aufbereitung statistischer Informationen in einen größeren zeitgeschichtlichen Zusammenhang ein. Die visuelle Aufbereitung statistischer Informationen ist nach ihm eine Reaktion auf die »Ausweitung der statistischen Forschung« – und der damit einhergehenden Fülle von Daten – und entspricht der auf allen Gebieten zu beobachtenden Tendenz, die Informationsvermittlung durch Illustrationen zu unterstützen. (MG 1859; MG 1868)

Zum Zeitpunkt dieser Veröffentlichung befindet sich Charles Joseph Minard, der ehemalige »Inspecteur général des ponts et chaussées« – also der Chef der im Staatsdienst im Bereich Brücken-, Straßen-, Kanal- und Deichbau tätigen Ingenieure – schon seit einigen Jahren im Ruhestand. Mit seinem Namen verbindet man heute vor allem die erst 1869 entstandene *Figurative Karte der fortschreitenden Mannverluste der französischen Armee im Rußlandfeldzug.*

Diese Grafik veranschaulicht vor dem Hintergrund einer stark vereinfachten Landkarte den Weg der napoleonischen Armee in den Jahren 1812/13 von der polnisch-russischen Grenze bis nach Moskau und ihren Rückzug. Es wird jedoch nicht nur die Route nachvollziehbar, sondern es geht vor allem um die Dezimierung der Armee in wenigen Monaten von 422.000 auf 10.000 Mann. Diese Hauptaussage wird grafisch durch die kontinuierlich abnehmende Breite der sich auf Moskau zu bzw. zurück an die russisch-polnisch bewegenden »Pfeile« visualiert – und hierzu findet sich in der Legende der Grafik die präzise Information, dass die Reduzierung des Pfeiles um einen

---

14 Minard 1862, S. 4 – Minard spricht von »mes cartes parlantes«.

15 Originaltext: »La grande extension donnée de nos jours aux recherches statistiques a fait sentir le besoin d'en consigner les résultats sous des formes moins arides, plus utiles et d'une exploration plus rapide que les chiffres; de là les représentations diverses qui ont été imaginées, et entre mes tableaux graphiques et mes cartes figuratives. En donnant à la statistique une direction figurative, j'ai suivi l'impulsion générale des esprits vers les représentations graphiques.« (Minard 1862, S. 1 – Übersetzung W.-R. Wagner)

Millimeter für die Dezimierung der Armee um 10.000 Mann steht. Die Ortsnamen in der Karte stehen mit diesen Verlusten in Verbindung. Am unteren Rand der Karte sind die Temperaturdaten im Verlauf des Rückzugs eingetragen.[16]

Darstellung der Verluste der französischen Armee im Rußlandfeldzug

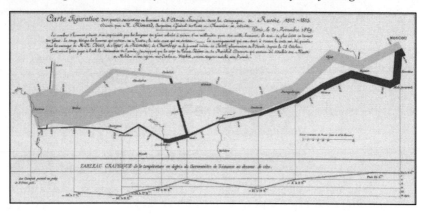

Minards »Carte figurative« gilt bis heute als ein kaum zu überbietendes Beispiel für eine gelungene »Infografik«. Seine Methode zur Visualisierung statistischer Daten fand schon früh Anerkennung. 1878 spricht der französische Physiologe Étienne-Jules Marey dieser visuellen Darstellung der Dezimierung der napoleonischen Armee eine »brutale Eloquenz« zu, mit der die Geschichtsschreibung nicht mithalten könne.[17]

Für die Visualisierung des Verlaufs des napoleonischen Russlandfeldzuges griff Minard auf Darstellungstechniken zurück, die er während seiner langjährigen beruflichen Tätigkeit für die Darstellung von Warenströmen, Personenverkehr, Nutzung von Eisenbahnen und Kanälen entwickelt hatte.[18] Für Minard sollen seine »grafischen Darstellungen und figürlichen Karten« es ermöglichen, »dass die Proportionen numerischer Zahlenverhältnisse – soweit möglich – durch das Auge unmittelbar beurteilt werden können.«[19] Für Marey hat Charles Joseph Minard diese Darstellungstechniken zu einem »Système Minard« perfektioniert.[20]

---

16 Die zeitliche Zuordnung von Verlusten während des Rückzugs und der Entwicklung der Temperaturen suggeriert einen ursächlichen Zusammenhang. Ob die »Mannverluste« während des Rückzugs so eindeutig mit dem russischen Winter zu erklären sind, wäre aus heutiger Sicht sicherlich in Frage zu stellen.

17 Marey 1885, S.73

18 Minard hatte in ähnlicher Form den verlustreichen Verlauf des Kriegszugs von Kyros dem Jüngeren »La retraite des dix milles« sowie den Zug Hannibals von Nordafrika über die Alpen in einer »carte figuratife« visualisiert. (Marey 1885, S. 73)

19 Originaltext:»Le principe dominant qui charactérise mes tableaux graphiques et mes cartes figuratives est de faire apprécier immédiatement par l'oeil, autant que possible, les proportions des résultats numériques.« (Minard 1862, S. 2 – Übersetzung W.-R. Wagner)

20 Marey 1885, S. 76

Minard selbst geht darauf ein, dass man überall auf Abbildungen stoße. Das träfe auf Anzeigen über Immobilienangebote ebenso zu wie auf Berichte über Kriminalfälle oder belletristische Literatur. Selbst wissenschaftliche Texte kämen nicht mehr ohne Abbildungen der behandelten Gegenstände aus. Inwieweit er diese generelle Tendenz zur Illustration und Visualisierung kritisch sieht, bleibt offen. Für seine Visualisierung statistischer Erhebungen nimmt er offensichtlich in Anspruch, dass sie den Nutzen von Statistiken erhöhen, weil sie so schneller und leichter zu verstehen seien.[21]

Auf welchen Wegen Reisende in öffentlichen Fahrzeugen zwischen Dijon und Mulhouse verkehren – 1845

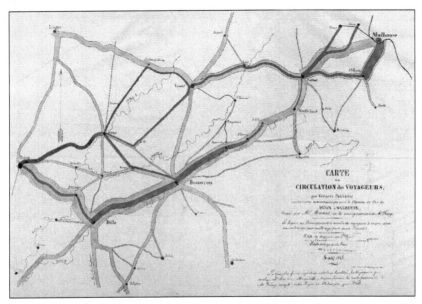

Insbesondere seien grafische Darstellungen für die Entscheidungsfindung bei Planungen hilfreich. Er erwähnt in diesem Zusammenhang die Planung der Eisenbahnlinie zwischen Dijon und Mulhouse. Für die Diskussion über dieses Projekt habe er zweihundert Exemplare einer von ihm entworfenen Karte an alle Beteiligten, also Abgeordnete, Ingenieure usw., verteilen lassen.[22] Aus dieser Karte, die keine einzige Zahl enthalten habe, sei so eindeutig hervorgegangen, welche Route für die geplante Eisenbahnlinie zu wählen sei, dass sich weitere Diskussionen erübrigt hätten. Die Vorteile eines solchen Vorgehens seien so überzeugend gewesen, dass andere Ingenieure sie

---

21 Originaltext: »Enfin l'illustration envahi tout, et en rendant la statistique figurative, j'ai satifait le besoin du jour, mais n'ai-je fait que sacrifier au goût de l'époque et n'ai-je pas contribué à augmenter l'utilité et à abréger le temps des études statistiques? C'est ce dont on pourra juger si l'on veut lire les pages suivantes. (Minard 1862, S. 1 – Übersetzung W.-R. Wagner)

22 Originaltext : Carte de la circulation des voyageurs par voitures publiques sur les routes de la contrée où sera placé le chemin de fer de Dijon à Mulhouse, 1845 Minard 1862

bei Planung weiterer Eisenbahnstrecken übernommen hätten.[23] Eine solche Karte mit einer ausgesprochen begrenzten Zielsetzung in zweihundert Exemplaren per Kupferstich zu vervielfältigen wäre viel zu zeit- und kostenaufwendig gewesen. Mit der Lithografie stand seit Anfang des Jahrhunderts eine vergleichsweise schnelle und unkomplizierte Drucktechnik für die Anfertigung einer begrenzten Anzahl von Kopien zur Verfügung. (MG 1818)

Einem Sitzungsprotokoll der »k. k. statistischen Centralcommission« in Wien vom 7. Juli 1865 ist zu entnehmen, dass das »Systeme Minard« nicht nur in Frankreich Anerkennung kann.

> Weiter bringt Se. Excellenz der Präsident die von der Direction für administrative Statistik ausgeführten figurativ-statistischen Karten zur Vorlage, welche nach dem Muster der von Minard in Paris entworfenen […] den Transitoverkehr des österreichischen Zollgebietes in den Jahren 1845 und 1863 darstellen. Die Versammlung zollt diesen Karten, welche die Beurtheilung numerischer Verhältnisse mit einem Blicke ermöglichen, ihren vollen Beifall und beschließt die Aufnahme derselben in das Bulletin der Centralkommission für 1865.[24]

Wie sehr Minard mit seinem Ansatz zur Visualisierung statistischer Erhebungen dem »Zeitgeist« entgegen kam, macht ein Bericht über die 1878 in Paris stattgefundene Weltausstellung deutlich. In dem Bericht wird hervorgehoben, dass »diesmal die graphischen Tableaux eine viel hervorragendere Rolle gespielt [haben], als je zuvor«:

> die mannigfachsten Thatsachen wurden auf diese Weise der Anschauung und dem Verständnis näher gerückt. Vom Pulsschlag des einzelnen Menschen und seinen Athembewegungen im gesunden und kranken Zustande bis zur Nationalität, Religion und Moral bei ganzen Völkern reichten die graphischen Darstellungen; sie zeigten uns ebenso den Holzzuwachs der Bäume wie das Erträgniß der Felder unter verschiedenen Culturen und in verschiedenen Ländern; sie versinnlichten die Erzeugung von Kohle und Eisen, von Gold und Silber, gleich wie die Bewegung der Arbeitslöhne und die Schichten des Wohlstandes; sie zeigten endlich die rein materiellen Veränderungen, welche Industrie, Handel und Verkehr im Leben der Staaten bewirken, mit einer unwiderlegbaren Logik. Noch niemals, wir wiederholen es, hat man diesem Anschauungsmittel ein so weites Feld eingeräumt, wie bei dieser letzten Gelegenheit.[25]

---

23 Minard 1862, S. 2 f.
24 Wiener Zeitung vom 18.07.1865, S. 173
25 Neumann-Spallart 1878, S. 261 f.

1863 – DIE PHOTOGRAPHIE ALS »HÜLFSMITTEL MIKROSKOPISCHER FORSCHUNG«

> Die mikroskopische Photographie wird [...] in den Händen von Fachphotographen kaum eine Zukunft haben, sie muss in die Hände des mikroskopischen Forschers selbst übergehen, ein Hülfsmittel der mikroskopischen Technik werden.
>
> *Joseph von Gerlach 1863*[26]

Schon früh wurden mikroskopische Befunde gezeichnet. Bei Zeichnungen stellte sich jedoch immer die grundsätzliche Frage nach der Objektivität der Abbildungen. In der zweiten Hälfte des 19. Jahrhunderts schienen mit der Kombination von Mikroskopie und Fotografie diese Schwierigkeiten überwunden.[27]

Mit seinem 1863 veröffentlichten Buch *Die Photographie als Hülfsmittel mikroskopischer Forschung* wendet sich der Anatom und Histologe Joseph von Gerlach an seine »Fachgenossen« mit der Aufforderung, die Photographie »mehr und mehr für mikroskopische Zwecke zu verwerthen«.[28]

Wie Gerlach in der Einleitung zu seinem Buch hervorhebt, sei mit der Fotografie eine der »häufigsten Ursachen mikroskopischer Irrungen, nämlich die, dass der Beobachter seine subjective Ansicht über die Deutung des mikroskopischen Bildes, fast ohne es selbst zu ahnen, in die Zeichnung hineinträgt, vollkommen beseitigt«. Die Diskussion mikroskopischer Beobachtungen könne sich jetzt auf die Deutung des »objectiv« fixierten Bildes konzentrieren.[29]

Gerlach will mit seinem Buch eine konkrete Anleitung zum Fotografieren »mikroskopischer Objecte« liefern. Dass er sich mit dieser Anleitung unmittelbar an seine »Fachgenossen« wendet, hat einen »fachlichen« Grund. Für ihn wird die »mikroskopische Photographie [...] nur in den Händen des Mikroskopikers von Fach nutzbringend für die Wissenschaft werden«.[30]

Daher betont Gerlach, dass man die Schwierigkeiten des Fotografierens immer noch überschätze. Fotografieren sei inzwischen so einfach geworden, »dass in wenigen Tagen Jeder, der nur einige Geschicklichkeit und Handfertigkeit besitzt, wie sie heut zu Tage der Mikroskopiker notwendig haben muss, sich genügend mit derselben vertraut machen kann«.[31]

---

26 Gerlach 1863, S. 5

27 Vgl. Wagner 2013, S. 231 f.

28 Gerlach 1863, S. V – »Der Apparat von Gerlach [...] besteht nur aus dem Mikroskop und einer demselben aufgesetzten Camera obscura. Die Camera d wird von einem hölzernen, den Mikroskoptubus umgebenden Rohre g getragen. Der über dem Kasten d ersichtliche Trichter a enthält eine vergrössernde Linse, um eine möglichst genaue Einstellung des Bildes auf der matten Scheibe zu erzielen.« (Stein 1885–1888, S. 172)

29 Gerlach 1863, S. 1

30 Ebd. S. 5

31 Ebd. S. 5

Aufgiessen des Collodiums auf die Glasplatte

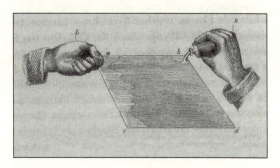

Eintauchen der Glasplatte in das Silberbad

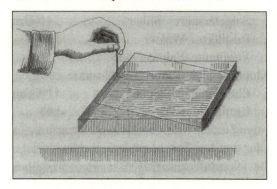

Bevor Gerlach mit seinen technischen Ausführungen beginnt, geht er näher darauf ein, worin für ihn der wissenschaftliche Wert von Mikrofotografien zu sehen ist. Für die Illustration »grösserer mikroskopischer Werke« hält Gerlach »die jetzt gebräuchlichen Chlorsilbercopien« nicht geeignet. Dies sei so aufgrund des »hohen Werthes des angewandten Materials, der Edelmetalle Silber und Gold, als wegen der weitaus grösseren Arbeitskraft, welche die photographische Vervielfältigung gegen andere derartige Verfahren in Anspruch nimmt«.[32]

Außerdem sei der wissenschaftliche Wert beschränkt aufgrund der »Ungleichheit der Abdrücke«, die selbst bei größter Aufmerksamkeit bei der erforderlichen Anzahl von Kopien nicht zu vermeiden sei. Noch seien Verfahren zur fotolithografischen Vervielfältigung nicht so weit entwickelt, dass durch sie »alle Feinheiten des Negativs« wiedergegeben werden könnten.[33] Für den »Mikroskopiker« seien sie jedoch von »höchstem Werth«.

Denn einmal kann man nach solchen Copien viel leichter und genauer zeichnen und zeichnen lassen, dann macht es keine besondere Mühe, einige Dutzend solcher Copien eines interessanten Negativs anzufertigen, welche man an Fachgenossen versenden und diese dadurch weit unmittelbarer an einer Beobachtung Theil nehmen lassen kann, als dies durch Beschreibung

---

32 Ebd. S. 68
33 Ebd. S. 68 f.

oder Zeichnung möglich ist. Besonders werden dann solche Copien wichtig, wenn es sich um ganz neue und aussergewöhnliche Beobachtungen handelt.[34]

Gerlach's Photomikroskop

Neben dem Gewinn für die Förderung der Wissenschaft haben Mikrofotografien nach Gerlach einen besonderen Wert für den Unterricht.

Es macht nämlich an sich schon auf den Anfänger einen viel mehr Vertrauen erweckenden Eindruck, wenn man demselben eine von der Natur selbst gelieferte Abbildung, als eine durch Zeichnung entstandene, vorlegen kann. Ferner ist es, was mir besonders wichtig erscheint, dem Lehrer, der photographische Abbildungen seiner conservirten Schulpräparate hat, möglich, den Zuhörer vor der Demonstration unter dem Mikroskop an der Photographie über die bei jedem Präparate in Betracht kommenden Detailverhältnisse zu verständigen, wodurch derselbe schon voraus unterrichtet ist, worauf er bei der Beobachtung eine Aufmerksamkeit hauptsächlich zu lenken hat.[35]

---

34 Ebd. S. 69 f.
35 Ebd. S. 70

1864 – »DER LEIERKASTEN MUß DEN NIEDRIGSTEN VOLKSSCHICHTEN GEGENÜBER IN ALLER WAHRHEIT ALS EIN LEHRER, EIN ERZIEHER BETRACHTET WERDEN«[36]

> Wohl kein wichtiges Ereigniß geht vorüber, das nicht auf dem Leierkasten seinen Wiederhall fände. Namentlich Schleswig-Holstein mußte seiner Zeit in ganz unbeschreiblicher Weise herhalten und der Refrain: ›Wir reichen Dir die Bruderhand‹ wurde von früh bis spät in solchem Eifer gedudelt, daß man darüber hätte wahnsinnig werden können.
> *Die Gartenlaube 1865*[37]

Die Verbreitung patriotischer Stimmungen im Umfeld des deutsch-dänischen Krieges 1864 durch die von Drehorgelspielern verbreiteten Melodien und Texte führte in bestimmten Kreisen offensichtlich zum Nachdenken über die bisherige Abwertung dieses Unterhaltungs- und Informationsangebotes. In einem zeitgenössischen Konversations-Lexikon findet sich folgende Beschreibung der Drehorgel.

> Die Leierorgel, der Leierkasten oder die Drehorgel ist eine kleine, in einem Kasten befindliche Orgel ohne Klaviatur, aber inwendig mit einer Walze versehen, welche von außen durch eine an der Seite befindliche Kurbel umgetrieben wird. Auf dieser Walze befinden sich kleine Stifte, die durch Berührung die Ventile öffnen und die darüber befindlichen kleinen Holzpfeifen ertönen lassen.[38]

Um 1860 war es durchaus nicht naheliegend, im Leierkasten einen »Volkserzieher« zu sehen. Wenn in den Zeitungen die Rede von Drehorgeln war, geschah dies zumeist in einem negativ besetzten Kontext. In der Zeitschrift *Der österreichische Soldatenfreund* wurde darüber geklagt, dass sich der »Nationaldank« für »hilfsbedürftige Veteranen« darin erschöpfe, sie mit »einer verstimmten Drehorgel« auszustatten.[39]

Der Text zu einer entsprechenden Karikatur in den *Fliegenden Blättern* lautet: »›Denkst Du daran?‹ so orgelt Tag für Tag vorm Thor der Invalide, alt und krank; für seiner Jugend Muth und Müh' und Plag' ward ihm der Stelzfuß und – ein Kreuz zum Dank.«[40]

In einer anderen Zeitung wird die Situation ähnlich eingeschätzt. Bevor man zum »Bettelstab« greife, »nimmt man statt des Stabes eine Flöte, eine Harfe, eine Geige, eine Drehorgel, man handelt Musik für Almosen ein«.[41] Der sarkastische Kommentar

---

36 R. 1865, S. 672
37 Ebd. S. 672
38 Lemma Leierorgel, S. 351
39 Oesterreichischer Soldatenfreund 24.12.1853, S. 821
40 Fliegende Blätter Nr. 1112/1866, S. 140
41 Die Presse vom 25.05.1855, S. 4

zur Karikatur eines »glücklichen« Drehorgelspielers in den *Fliegenden Blättern*:
»Seh'n Sie, wenn der Mann nicht Musik gelernt hätte, müßt' er jetzt betteln geh'n!«[42]

Invalide mit Leierkasten

Im Dezember 1867 druckt die in Graz erscheinende *Tagespost* in ihrem Feuilleton das
Kapitel »Die Kunst auf der Straße« aus dem im selben Jahr veröffentlichten Buch *Von
der Kunst im täglichen Leben* des evangelischen Theologen und Volksschriftstellers
Emil Frommel ab. Die Drehorgel, so klagt Frommel,

> könnte den Volksgesang heben, eine Art Stereotyp-Auflage guter Musik, ein musikalischer
> Telegraph für eine neue, gute Melodie werden, um sie schnell in's Volk zu bringen. Aber was
> ist's jetzt? Da spielt uns der alte Blinde mit seinem zahnlosen Weibe, die in verbundenem
> Kopfe die Hände unter der Schürze dasteht, zu ihrem und unserem Elend die jämmerlichen
> italienischen Arien und Tänze. Und diese Drehorgel ist oft das einzige Instrument, das die
> Leute hören. Diese Drehorgeln, die sich ununtersucht überall aufpflanzen dürfen, sind mit ih-
> rem zum Theile liederlichen Weisen die Zwangsimpfungen eines schlechten Geschmacks un-
> mittelbar in's Blut unseres Volkes.[43]

Die *Musik-Zeitung* zitiert zustimmend eine Meldung aus Stettin über polizeiliche Auflagen für die Drehorgelspieler:

> Den Drehorgel- (Leierkasten- oder wienerisch: Werkel-) Spielern ist von Seiten der Polizei
> aufgegeben worden, ihre Instrumente von 3 zu 3 Monaten stimmen zu lassen, und die betref-
> fende Bescheinigung bei sich zu führen. (Wäre auch in Wien sehr zu empfehlen. D. R.)[44]

---

42 Drehorgelspieler Bettler Fliegende Blätter Nr. 1303/1870, S. 7
43 Frommel 1867, S. 3
44 Deutsche Musik-Zeitung Nr. 11/1860, S. 88

Empfohlen werden Regelungen, die das Spielen in den Häusern an Wochen-, Sonn-
und Feiertagen zeitlich stark einschränken und sogar das Drehorgelspiel verbieten,
wenn nur eine Wohnpartei sich dagegen ausspricht.[45] Hinzu kommt Kritik an der Qualität der Darbietungen. Da verwundert es erst einmal, dass 1865 in dem illustrierten
Familienblatt *Die Gartenlaube* ein Artikel mit der Überschrift »Der Leierkasten als
Volkserzieher« erscheint, in welchem dem Leierkasten eine »culturgeschichtliche Bedeutung« zugesprochen wird.[46] Die »culturgeschichtliche Bedeutung« erlange der Leierkasten, weil die Stücke, die mit ihm vorgetragen werden, »die vollständigste Popularität« erreichen. Wenn Frommel in den durch die Drehorgelspieler verbreiteten Stük-
ken eine »Zwangsimpfung« mit schlechtem Geschmack beklagt, will der Autor der
Gartenlaube die Popularität des Leierkastens ausnutzen, um durch die Verbreitung *von*
»guten und volksthümlich gedichteten Liedern, namentlich nationalen und patriotischen Inhalts« den Leierkasten zum »Volkserzieher« zu machen.

Dem aufmerksamen Beobachter wird, wohl in allen Theilen unseres großen deutschen Vaterlandes in gleicher Weise, eine eigenthümliche Erscheinung auffallen. Wir meinen das gleichsam epidemische Auftreten eines volksthümlichen Lieblingsliedes aller Welt. Dasselbe verbreitet sich, meistens von einer großen Stadt ausgehend, strahlenförmig über ganze Provinzen,
ja Länder, bis in die entlegensten Dörfer und Flecken derselben, wird von Alt und Jung in
rastlosem Eifer gesungen und verschwindet dann wieder – um von einem neuen verdrängt zu
werden. […]
[…] der Leierkasten muß den niedrigsten Volksschichten gegenüber in aller Wahrheit als ein
Lehrer, ein Erzieher betrachtet werden. Aus seinen politischen Liedern entnimmt der Bube
seine ersten Begriffe und Anschauungen von der Welt: er zieht im Geiste mit hinaus nach
Schleswig-Holstein und ruft mit seinen Beinchen auftrampelnd: ›Up ewig ungedeelt!‹ An den
Liebesliedern des Leierkastens entflammen sich die ersten heißen und süßen Gefühle im Her-
zen des jugendlichen Dienstmädchens und willig wird auch der so sauer erworbene Groschen
noch für die ›fünf neuen Lieder‹ dahingegeben, um die lieblichen Worte sorgfältig nachstudi-
ren zu können.
Leider ist aber der Leierkasten in neuerer Zeit vollständig in die Fußstapfen des Volkstheaters
getreten, hat sich fast ausschließlich der Posse zugewandt und ist daher, fast überall, ebenso
wie die Bühne, im Stadium des ›höheren Blödsinns‹ angelangt. […]
An die Humanität und Einsicht aller wahren Volksfreunde appellirend, mache ich auf diesen
argen Mißstand nicht blos aufmerksam, sondern füge auch eine dringende Mahnung hinzu.
Meines Erachtens ließe sich nämlich unendlich Segensreiches stiften, wenn in jeder Stadt
wohlmeinende und befähigte Männer zusammentreten und Vereine gründen möchten, welche
sich die Aufgabe stellen: *die volkserziehenden Leierkasten, in billigster Weise, immer mit guten und volksthümlich gedichteten Liedern, namentlich nationalen und patriotischen Inhalts,
zu versehen.*

Ergänzt wird der Aufruf durch den Vorschlag, die *Gartenlaube* als »Vereinigungs-
punkt für diese Bestrebungen« zu nutzen: »[…] man wolle daher nur überall baldmög-
lichst zusammentreten und durch häufige Mittheilungen an das allverbreitete Blatt das
gewiß sehr wichtige Werk zur recht vielseitigen Erfüllung bringen«.

---

45 Der Zwischen-Akt vom 19. Oktober 1862, S. 3
46 Im Folgenden R. 1865, S. 672

1865 – DIE EINFÜHRUNG DER POSTKARTE AUS VOLKSWIRTSCHAFTLICHER SICHT

Es steht vielleicht zu erwarten, daß die Postkarte allmählich zur entschiedenen Herrschaft gelangen wird. Entspricht dieselbe doch aufs Evidenteste dem Grundcharakter unserer Gegenwart, welche in Betreff aller Verkehrsmittel möglichste Raschheit, Billigkeit und Kürze gebieterisch erheischt. Wie ließen sich diese Forderungen auf dem Gebiete des schriftlichen Gedankenaustausches wohl vollständiger zur Erfüllung führen, als durch die Postkarte?!

Die Mission der Correspondenzkarte 1874[47]

Auf der fünften deutschen Postkonferenz 1865 in Karlsruhe hatte der königlich preußische Delegierte Heinrich Stephan einen Plan für die Einführung einer »Correspondenzkarte« vorgestellt, mit der er »den Briefschreibern das Zusammenkneipen des Papieres, das Stecken desselben in den Umschlag, das Schließen und Siegeln und außerdem einen Theil der Beförderungsgebühr ersparen wollte«.[48]

Zuerst eingeführt wurde die Postkarte 1869 in Österreich-Ungarn. Entscheidend dazu beigetragen hatten die publizistischen Aktivitäten von Emanuel Herrmann, einem Professor für Nationalökonomie und Enzyklopädie an der Militärakademie in Wiener Neustadt. Preußen und die anderen deutschen Staaten folgten 1870 dem Beispiel Österreichs.

Feldpost-Correspondenzkarte aus dem Dtsch.-Franz. Krieg 1870/71

---

47 Kruschwitz 1874, S. 258
48 Deutsches Volksblatt vom 02.10.1889, S. 2

Ursprünglich hatte man in der Postkarte eine Art »Brieftelegramm« für die Erleichterung der Geschäftskorrespondenz gesehen. Dabei muss man bedenken, dass in der damaligen Zeit die Postzustellung selbst sonn- und feiertags und zumindest in größeren Städten bis zu dreimal täglich erfolgte.

Die Einführung der Postkarten kam einem Streben nach Rationalisierung und Modernität entgegen. So wirbt Herrmann im Januar 1869 im *Abendblatt* der *Neuen Freien Presse* mit volkswirtschaftlichen Argumenten für diese »neue Art der Correspondenz mittelst der Post«.[49]

Herrmann rechnet detailliert vor, welcher Rationalisierungsgewinn mit der Einführung der Postkarte erzielt werden kann. Da Zeit Geld ist, werden als »Positionen, die kostenmäßig zu Buche schlagen« und damit in die Rechnung eingehen müssen, der »Geschäftsgang, um das Briefpapier sammt Couverts einzukaufen«, die Aufbewahrung des Papiers, »Herrichten desselben zum Schreiben, Falten, Zusammenlegen nach dem Schreiben«, das Schreiben selbst und schließlich »die Arbeit des Siegelns und Aufgebens« aufgeführt.[50]

Rationalisierungsgewinn durch Einführung der Postkarte

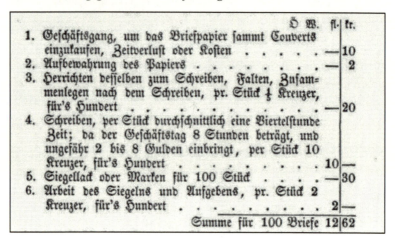

In seinen Berechnungen geht Herrmann davon aus, dass sich die Kosten für die hundert Millionen Briefe, die während eines Jahres in Österreich geschrieben wurden, auf nahezu zwanzig Millionen Gulden belaufen. Ein Drittel dieser Briefe entfalle auf entfalle auf Benachrichtigungen, deren Inhalt »selten etwas Anderes als die gewöhnlichsten Notizen oder Gratulationen u.s.w. enthält«. Für diese diese einfachen Benachrichtigungen sei weder ein Briefumschlag noch ein Siegel erforderlich. Hier könne man mit der Postkarte eine »Art Posttelegramm« schaffen und so einen erheblichen Teil der Kosten einsparen, ohne den Briefverkehr zu beeinträchtigen.

> Wie groß wäre aber die Ersparniß an Briefpapier, Couverten, Schreib- und Lese-Arbeit, wie
> groß wäre die Zeitersparniß bei einer solchen Einrichtung! […] Dies alles bliebe weg, man

---

49 Vgl. Wagner 2019, S. 83–85

50 Herrmann 1872, S. 75

könnte sich, wie man ja schon lange bei dem Telegramme zu thun gewohnt ist, auf die unumgänglich nothwendigen Ausdrücke beschränken. Wir besäßen in Bälde eine eigene Telegramm-Briefsprache, [...]![51]

Bei der Einführung der Postkarte musste eine Reihe von Entscheidungen getroffen werden. Leitender Gesichtspunkt war dabei, »die Manipulation der Postbeamten hinsichtlich der Postkarten so einfach und gleichmäßig als möglich zu machen«.[52] Die gesamte Gestaltung der Postkarte erfolgte unter diesem Gesichtspunkt. Dazu zählten die Wahl eines »möglichst kleinen und für den Postbeamten handsamen Formats«, die Vorgabe von Feldern für die Angaben über Empfänger und Absender sowie ein fester Platz für das eingedruckte Postwertzeichen, um das Abstempeln zu erleichtern. Von vornherein verzichtete man darauf, wie beim Telegramm das Porto nach Umfang der Mitteilung zu staffeln bzw. die Länge der Mitteilung zu begrenzen, da dies zu einem unüberschaubaren Arbeitsaufwand geführt hätte.

Würde man dem correspondirenden Publicum überlassen, die Größe, Stärke, Farbe, Zusammenlegung und Adressirung der Postkarte zu bestimmen, so würde der individuelle Geschmack und die zufällige Lage jedes Einzelnen gar bald eine solche Mannigfaltigkeit von Formaten, Stärken und Faltearten, von Aufschriften und Benutzungsweisen erzeugen, daß die Manipulation im Postdienste dadurch erschwert würde.[53]

Die Postkarte mit ihrer ungewohnten Form der »offenen Mitteilung« stieß anfangs auf Vorbehalte. In einer Anmerkung auf der Rückseite der Postkarte lehnte die Post jegliche Verantwortung für den Inhalt der Mitteilung ab, da man sich bewusst war, dass eine durchgehende Kontrolle der Inhalte nicht möglich sein würde.

Schließlich sei hier noch mit wenigen erläuternden Worten jener Bestimmung der obigen Verordnung gedacht, wonach die Karten dann von der Beförderung auszuschließen sind, wenn wahrgenommen wird, daß hiermit Unanständigkeiten, Ehrenbeleidigungen oder sonst strafbare Handlungen beabsichtigt werden. Diese Bestimmung ist ein nothwendiges Correctiv für jene Fälle, wo die Karten zu injuriösen oder unsittlichen Mittheilungen mißbraucht werden wollen, die eben, weil sie offen durch die Hände der Postbediensteten laufen, für den Adressaten sehr verletzend sind und häufig zu Collisionen mit den bestellenden Individuen Anlaß geben würden.[54]

51 Herrmann 1872, S. 76
52 Ebd. S. 79
53 Ebd. S. 79
54 Ebd. S. 88 f.

1866 – »WETTER IST WEDER ZUFALL NOCH WILLKÜR, SONDERN GESETZ«[55]

> Die meisten Meteorologen sind Aerzte oder Lehrer der Physik oder der Astronomie, also Leute, die einen anderen, die ganze Lebenskraft absorbirenden Beruf haben und die Wetterbeobachtung nur nebenher, im Vorbeigehen machen können, so daß für jeden Tag oft nur eine, höchstens aber einige Messungen vorliegen. Eine richtige, die Wetterwissenschaft fördernde Beobachtung müßte ununterbrochen geschehen.
> *Illustrirte Deutsche Monatshefte 1873*[56]

»In dieser Sachlage«, so fährt der Verfasser des hier zitierten Artikels »Neues aus der Meteorologie« aus dem Jahre 1873 fort, sei es im letzten Jahrzehnt »durch das Bedürfniß erzwungen« an verschiedenen Orten zur Entwicklung »selbstregistrirender Instrumente« gekommen.

An diesen Arbeiten beteiligte sich u.a. Pater Angelo Secchi. Der Direktor der vatikanischen Sternwarte in Rom entwickelte in den Jahren 1857 bis 1866 einen Barometrographen, also ein Barometer mit »selbstthätigem Registrirapparat«, bei dem »die tägliche barometrische Curve mit aller wünschbaren Genauigkeit« aufgezeichnet wurde.[57] Mit diesem 1867 auf der Weltausstellung in Paris ausgestellten »sehr vollkommenen meteorolog. Regstrirapparat« zog er besondere Aufmerksamkeit auf sich.

> Der Meteorograph von Secchi bildet ein gewichtiges Stück, einen wahren Schatz der Wissenschaft in der gegenwärtigen allgemeinen Industrie-Ausstellung zu Paris. Dieser merkwürdige Apparat registrirt continuirlich in automatischer Weise alle Aenderungen des Luftdrucks, der Temperatur, des Feuchtigkeitszustandes der Luft nebst der Menge des gefallenen Regens, Richtung und Geschwindigkeit des Windes ec.[58]

Für seine Erfindung erhielt Secchi den großen Preis der Weltausstellung und wurde zum Ritter der Ehrenlegion ernannt. In den zahlreichen Veröffentlichungen zu dem von Secchi entwickelten Metereographen wird zum Teil detailliert beschrieben, wie die Messungen der verschiedenen meteorologischen Instrumente aufgezeichnet werden, »denn Secchi's Combination ist vielfach originell«.

Auch wenn in einem Bericht in der *Neuen Freien Presse* vom Juli 1867 erläutert wird, die »ungemein sinnreichen Einrichtungen«, wodurch das kontinuierliche Registrieren der von den Instrumenten gelieferten meteorologischen Daten erreicht wird, könnten »im Detail nur vermittelst Abbildungen verdeutlicht werden«, bemüht sich der Verfasser dieses Berichtes, einen Überblick über die von Secchi entwickelten Verfahren zu vermitteln.[59]

---

55 Reis 1873b, S. 523
56 Ebd. S. 528
57 Secchi 1857, S. 128
58 Secchi 1867, S. 497 – Fußnote 93
59 Lemma Secchi, S.519

Es handelt sich darum, die Veränderungen, welche in den einzelnen meteorologischen Instrumenten vorgehen – also das Steigen und Fallen des Quecksilbers, die Ausdehnung oder Zusammenziehung eines Metalldrahtes, die Umdrehung der Windfahne, den Fall des abrinnenden Regenwassers – zur Bewegung jener Hebel oder Zeiger zu verwenden, an deren Ende die Schreibstifte befestig sind, und zugleich diese Zeiger so anzuordnen, daß sie alle neben einander gegen dieselbe Tafel in angemessenen Abständen sich bewegen. Bei zwei Instrumenten ist dies auf sehr einfachem mechanischen Wege möglich – nämlich beim Barometer und bei dem Metalldraht, durch dessen Ausdehnung die Wärme gemessen wird. [...] alle anderen Apparate aber übertragen ihre Bewegungen mittelst Elektricität auf die Bleistiftträger. Es sind gleichsam Schreibtelegraphen, deren Absendungsort das meteorologische Instrument (Windfahne, Robinson'sche Windschalen, trockenes oder nasses Thermometer, Regensammler) ist, während die Empfangsstationen alle neben einander an der zu beschreibenden Tafel liegen. [...] Es macht einen eigenthümlichen Eindruck, das Spiel aller dieser Zeiger zu beobachten, die Tag und Nacht als Secretäre der Natur fungiren; [...].[60]

Vorderansicht des Meteorographen von Secchi

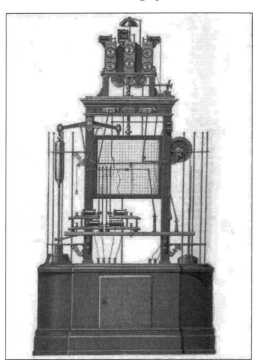

Der Gegenstand der Meteorologie entzieht sich der gewöhnlichen Methode der Naturforschung, da er »dem Experiment unzugänglich« ist.[61] Um die Meteorologie auf das Niveau der anderen Naturwissenschaften zu heben, ist man daher auf die selbsttätig registrierenden Zeiger und Bleistifte angewiesen. So erklärt sich, warum die Rede

---

60 Z. 1867, S. 4
61 Reis 1873a, S. 399

davon ist, dass Secchi einen Meteorographen von »wirklich universeller Leistung« in Paris ausgestellt habe. Die von Secchi entwickelte »Maschine«

> schreibt keine Zahlen auf, sie zeichnet auf eine Papiertafel mit weichen Faberbleistiften (BBBBB) kleine gleiche oder ungleiche parallele Striche, welche zusammen geschlossene Figuren bilden, oder sie zieht mit ähnlichen Bleistiften geschwungene oder krumme Linien, Curven, deren Hin- und Herbiegungen die Größe der betreffenden Witterungserscheinungen erkennen lassen, kurz sie notirt das Wetter nicht arithmetisch, sondern graphisch, nach einer Methode, welche in allen exacten und technischen Wissenschaften schon seit geraumer Zeit mit dem größten Nutzen verwendet wird, schon manches Naturgesetz zu Tage gefördert hat [...].
>
> Der Meteorograph ermöglicht aber nicht nur eine bedeutende Zeitersparniß, sondern er giebt auch noch den genauen Verlauf jeder Wettererscheinung an; [...] man kann also aus einer solchen Linie herauslesen, was man sonst nur finden könnte, wenn man ununterbrochen Tag und Nacht vor dem Barometer scharf beobachtend stehen bliebe und jeden Augenblick das Beobachtete aufzeichnen würde, eine Aufgabe, die wohl kein Mensch auch nur einen Tag lang leisten könnte. Außerdem ist leicht aus einer solchen Curve der höchste und der tiefste Stand, das Maximum und das Minimum einer Wettergröße, sowie der Augenblick dieses äußersten Standes abzulesen; [...]. Endlich ist man mittelst der graphischen Darstellung im Stande, leicht den mittleren Werth einer meteorologischen Größe zu finden und zwar mit nahezu absoluter Genauigkeit, während jede sporadische, wenn auch noch so regelmäßige Beobachtungsweise nur mit annähernder Wahrscheinlichkeit die Mittelwerthe berechnen läßt; und diese Mittelwerthe sind es ja, aus denen sich die Gesetze, wie auch die gesetzmäßigen Ausnahmen der Gesetze, und hierdurch die Ursachen der Wettererscheinungen ergeben. [...] Von besonderem Werthe wird der Secchi'sche Apparat dadurch, daß sämmtliche Wettergrößen auf eine Tafel neben einander gezeichnet werden, wodurch der Zusammenhang derselben, die Abhängigkeit einer Erscheinung von der anderen ins Auge springt, und so manche Fingerzeige auf die gemeinschaftlichen Ursachen möglich werden.[62]

Aufzeichnung des Barometerstandes

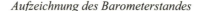

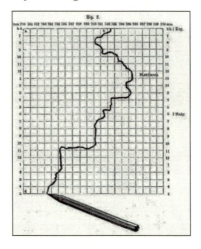

---

62 Reis 1873c, S. 531 u. S. 534 f.

1867 – ANNONCEN ALS »HUMUSBODEN« DER ZEITUNGEN

> [Die Annonce ist] Gegenstand der größten Aufmerk-
> samkeit des geschäftstreibenden Publikums geworden.
> Durch die Verausgabung von Millionen wird die Ver-
> breitung der Kenntniß bekräftigt, welch' eine Bedeu-
> tung in der massenhaft verbreiteten in der beharrlich
> fortgesetzten Annonce liegt. Ist sie ja doch der Haupt-
> bestandtheil der ›Inserate‹ und zu einem guten Theil
> der Humusboden, auf welchem große und kleine Jour-
> nale sich emporhalten müssen.
>
> *Karl Knies 1857*[63]

Der Nationalökonom Karl Knies, aus dessen Abhandlung *Der Telegraph als Verkehrsmittel* dieses Zitat stammt, liefert dort die Begründung, warum »die Annonce erst in
der neuesten Zeit bedeutsam hervortritt«. In Zeitungen und Zeitschriften über das Angebot von Waren und Dienstleistungen zu informieren und zu werben, machte solange
keinen Sinn, wie Käufer und Verkäufer in räumlicher Nähe zueinander lebten. Dies
änderte sich mit der Aufhebung des Zunftwesens und anderer Restriktionen und mit
der durch die Gewerbefreiheit möglich gewordene Ausweitung der Märkte.[64]

Die zunehmende Bedeutung der Annoncen für die Gewerbetreibende und für die
Zeitungs- und Zeitschriftenverlage führte in der 2. Hälfte des 19. Jahrhunderts zur
Gründung von Anzeigen-Expeditionen. Mit diesem Begriff bezeichnete man Agenturen, die in eigenem Namen und auf eigene Rechnung Anzeigenaufträge von Werbe-
treibenden an die Medienträger weitergaben. Für ein nach französischen und englischen Vorbildern entwickeltes Geschäftsmodell steht die von Rudolf Mosse 1867 gegründete Annoncen-Expedition.[65]

Seit 1864 hatte Mosse für ein Anzeigenblatt gearbeitet, das der illustrierten Familienzeitschrift *Die Gartenlaube* beigelegt wurde. Als Anzeigenakquisiteur, der durch
das Land reiste, begriff er schnell, wie man mit Werbung Geld verdienen konnte, und
gründete 1867 seine Zeitungs-Annoncen-Expedition, die er zu einem selbst nach heutigen Vorstellungen ausgesprochen modernen Unternehmen ausbaute.

Großen Anteil an seinen geschäftlichen Erfolgen hatte dabei die jährliche Veröffentlichung eines Zeitungs-Katalogs. Über diesen Katalog wurden deutschsprachige
Zeitungen und Fachzeitschriften aus Deutschland, Österreich-Ungarn, der Schweiz
und dem Ausland erfasst. Die Zeitungen wurden in einem alphabetischen Ortsregister
mit Angaben zur Einwohnerzahl und politischen Tendenz der Zeitung (regierungs-
freundlich, nationalliberal, sozialdemokratisch usw.) aufgeführt. Die Fachzeitschriften
wurden alphabetisch nach Sachgebieten und Adressatengruppen sortiert. Im Anzeigenteil des Zeitungs-Katalogs konnten die Zeitungen und Zeitschriften selbst um Anzeigenkunden werben.

---

63 Knies 1857, S. 52
64 Ebd. S. 52 f.
65 Vgl. Wagner 2019, S. 223–226

Der neueste Zeitungs-Katalog

Rudolf Mosses Annoncen-Expedition kümmerte sich nicht nur um das Einwerben von Anzeigen, sondern bot darüber hinaus ihren Anzeigenkunden mit der Beratung bei der Auswahl des Werbeträgers und der Gestaltung der Inserate einen »Rundum-Service« an. Wie andere Annoncen-Expeditionen »pachtete« Rudolf Mosse zum Teil den kompletten Inseratenteil verschiedener Zeitungen. Mosse versprach seinen Kunden, bei »größeren Insertions-Ordre's« für die Aufnahme von positiven Erwähnungen der beworbenen Produkte im redaktionellen Teil der Zeitungen zu sorgen. Bei diesen sogenannten »Reklameinseraten« handelte es sich im heutigen Sprachgebrauch um »redaktionell getarnte Werbung«.[66]

Die ›Reclame‹ kam in Frankreich um 1821 auf. Sie erhielt den Namen davon, daß gleichzeitig mit der bezahlten Ankündigung für den Anzeigentheil eine lobende Besprechung des Angekündigten, welche auf jene verwies, den Zeitungen eingesendet und die Aufnahme dieser Empfehlung zur Bedingung des Einrückens oder der Bezahlung für die Anzeige gemacht wurde.[67]

Zeitungs-Annoncen-Expedition von Rudolf Mosse

---

66 Wuttke 1875, S. 392

67 Ebd. S. 16 f.

Den Nutzen der Annoncen-Expeditionen für den einzelnen Geschäftsmann stellt der Historiker Heinrich Wuttke in seiner *Geschichte des Zeitungswesens* nicht in Abrede. Die zunehmende Abhängigkeit der Verlage von den Annoncen-Expeditionen sieht er dagegen ausgesprochen kritisch.

Mit dieser Dienstfertigkeit war eine Wendung für die Tagespresse gegeben und die Verhältnisse verschoben sich. Die für den Dienst der Zeitungen bestimmten Anzeigegeschäfte gewannen nämlich einen übergreifenden Einfluß auf den Gang und die Haltung des Zeitungsgeschäfts selbst. Denn anders als die bunte Menge, welche was sie bekannt machen will, der Zeitung zuträgt, steht ihrem Besitzer ein einziger Inhaber, wenn auch nicht sämmtlicher, so doch der allermeisten und namentlich beinahe aller von auswärts einlaufenden Anzeigen gegenüber. Wie sollte nicht der Eigentümer der Zeitung in die Nothwendigkeit gerathen auf ihn geschäftliche Rücksichten zu nehmen? Vielleicht erstrecken seine Rücksichten sich noch weiter über das rein Geschäftliche hinaus, vielleicht muß er sogar sich Vorschriften auflegen lassen. Der Zeitungsbesitzer hat zu bedenken, wie leicht es dem Inhaber des Anzeigegeschäfts fällt, ganze Reihen von Anzeigen vermöge des Rathes, den er den Bringern derselben ertheilt, seinem Blatte abwendig zu machen.[68]

Erfolg durch Annoncen

---

68 Ebd. S. 390

1868 – DIE ILLUSTRATION ALS HEBEL
DER VOLKSBILDUNG

> Im Mittelpunkt der Gunst des Publicums stehen gegenwärtig die Zeitschriften mit Illustrationen. Die Bedeutung der Illustration in der modernen Journalistik ist eine unermeßliche, immer noch steigende. Alle möglichen Fachzeitungen bringen erläuternde und erklärende Bilder zum Text, doch nicht nur das, weit mehr will die Erfindung eigner ›Illustrirter Zeitungen‹ sagen, die nicht eine bestimmte Tendenz, Lebens- und Berufsrichtung vertreten, sondern das ganze öffentliche Geschehen und Sein wiederspiegeln. Obenan steht unter denselben die ›Illustrirte Zeitung‹ von J. J. Weber in Leipzig; sie war die erste und lange auch die einzige in ihrer Art, und soviel Concurrenzen später ihr erwuchsen, sie hat sich von keiner überflügeln und besiegen lassen.
>
> *Deutsche Journalistik 1866*[69]

Die *Illustrirte Zeitung* erhob seit ihrer Gründung den Anspruch, ihrer Leserschaft wöchentlich Nachrichten »über alle Ereignisse, Zustände und Persönlichkeiten der Gegenwart, über Tagesgeschichte, öffentliches und gesellschaftliches Leben, Wissenschaft und Kunst, Musik, Theater und Mode« zu bieten.[70] Die Zeitung solle eine »›Illustrirte Chronik der Zeit‹ und gleichsam ein Universallexikon« sein.[71] Im Rückblick auf die ersten 25 Jahre ihres Bestehens verweist die Redaktion 1868 mit Stolz darauf, dass mit der Veröffentlichung von über 25.000 Illustrationen ein Beitrag dazu geleistet worden sei, »die Cultur in weitere Kreise zu tragen«.

> Die eingehendsten Schilderungen werden nur halb verstanden, ohne das Bild der Oertlichkeit, wo sie sich zutrugen, vor Augen zu haben. Nur wenn man Karten, Pläne, Gebäude, Landschaften, Kunstwerke, Maschinen, Geräthe, mit einem Worte die beschriebenen Gegenstände in treuem Bilde vor sich sieht, wird die Kenntniß der Dinge klar und haftet fest in der Vorstellung und in der Erinnerung.[72]

Da das redaktionelle Konzept, auf die »Illustration als Hebel der Volksbildung« zu setzen, nicht überall auf Zustimmung stieß, ging die Redaktion in einer der folgenden Ausgaben der Illustrierten ausführlich auf die Vorbehalte gegen die »periodische Illustrationsliteratur« ein. (MG 1859) Diese programmatischen Ausführungen lassen sich als Entgegnung auf Streitschriften wie der von Friedrich Oldenberg lesen, in denen die

---

69 Znaimer Wochenblatt vom 06.05.1866, S. 200 f.

70 Vgl. Wagner 2019, S. 126–129

71 Illustrirte Zeitung Nr. 1279 vom 04.01.1868, S. 6

72 Illustrirte Zeitung Nr. 1279 vom 04.01.1868, S. 5

»sündfluthartige Verbreitung« von Bildern nicht nur beklagt, sondern zum aktiven Kampf gegen die »überüppige« Bilderproduktion aufgerufen wird.

Einweihung der Franz-Josef-Brücke in Prag

Nicht ohne eine gewisse Emphase hat man darauf hingedeutet, daß die periodische Illustrationsliteratur den Geschmack des Publikums, zum Schaden seiner Verstandsbildung, allzu sehr auf die Anschaulichkeit richte, daß das Streben nach Belehrung in den Hintergrund gedrängt werde von der inhaltsleeren Sucht nach bloßer Befriedigung der Neugier, man hat von einem Ueberwuchern des Textes und seines Gedankenstoffes durch die Illustration gesprochen, ja diese geradezu eine Feindin jedes ernsthaften Studiums genannt. [...]
Gewiß gibt es viele Leser – wenn man sie noch so nennen darf – welche die Illustrirte Zeitung hauptsächlich der Bilder wegen in die Hand nehmen; aber diese werden ohne diese Bilder vielleicht gar nichts von dem sonstigen Inhalt erfahren, weil ihnen überhaupt das Interesse an geistiger Beschäftigung mangelt; ja es steht mit Wahrscheinlichkeit zu vermuthen, daß erst durch die auf ihre Anschauung wirkenden Abbildungen gerade ihr Interesse geweckt und ihre Aufmerksamkeit auf den beschreibenden Text hingelenkt wird.

Weiter wird in dem Artikel ausgeführt, »die tiefbedeutsame Aufgabe, welche die Illustration zu erfüllen berufen ist«, sei es,

auf umfassendste Weise das, was Wissenschaft und Kunst früher nur der Minorität bevorzugter Geister darzubieten vermochte, im edelsten Sinne des Wortes zu popularisiren, d.h. zum Gemeingut der Nation zu machen; umfassend nicht nur in Hinblick auf den dargebotenen Stoff, sondern auch in Beziehung auf die Masse der diesen Stoff Empfangenden und in sich Aufnehmenden. [...]
Was die Illustration als Element der ästhetischen Volksbildung betrifft, so kann dieser Punkt nicht hoch genug angeschlagen werden. Wie weit sich auch die Werke der Architektur, Plastik

und Malerei über ihre bescheidene Schwester, die Holzschneidekunst, erheben mögen, so fehlt ihnen doch, abgesehen davon, daß sie sich nur auf die wenigen großen Städte concentriren und auch dort nur einer ausgewählten Zahl verständnißvoller Kunstfreunde tiefern Genuss gewähren, gerade jenes außerordentliche Wirkungsmoment des populären Interesses, welches die Illustration allen Klassen der Gesellschaft und aller Orten so vertraut macht. Wenn wir Bauwerke, Statuen, Gemälde als den Luxus des gebildeten Kunstgefühls weniger bezeichnen dürfen, so kann die Illustration mit Recht das tägliche Brot für den künstlerischen Geschmack des Volkes genannt werden. Ja, für jene höher stehenden Künste ist gerade die Illustration die thaetigste Dienerin; Tausende erfahren erst durch die Abbildungen in der Illustrirten Zeitung von dem Vorhandensein der großen Künstler und ihrer Werke und lernen dieselben kennen und achten.[73]

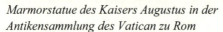

Marmorstatue des Kaisers Augustus in der Antikensammlung des Vatican zu Rom

---

73 Illustrirte Zeitung Nr. 1305 vom 04.07.1868, S. 3–4

1869 – »MENDELEJEW IST IN DER CHEMIE DAS, WAS LEVERRIER IN DER ASTRONOMIE GEWESEN«

Der in der wissenschaftlichen Welt rühmlichst bekannte Gelehrte Mendelejew ist der Begründer des ›periodischen Gesetzes der Elemente‹, durch welches der Chemie ganz neue Forschungsgebiete sich erschlossen haben. Indem dieser Forscher eine grosse Zahl von Thatsachen der neueren Chemie gruppirte, gelangte er zur überaus wichtigen Erkenntniss, dass es nicht bloss möglich sei, auf Grund jener Thatsachen die Existenz einer ansehnlichen Anzahl bisher unbekannter Elemente vorauszusehen, sondern auch ihre wichtigen chemischen und physikalischen Eigenschaften voraus zu bestimmen und zugleich anzugeben, unter welchen Bedingungen und nach welchen Methoden dieselben entdeckt werden könnten. Diese Vorausbestimmung der Elemente hat einige Analogie mit der Vorausberechnung der noch nicht entdeckten Planeten, welche in den nicht wissenschaftlichen Kreisen ein allgemeines Staunen hervorrief. Mendelejew ist in der Chemie das, was Leverrier in der Astronomie gewesen, […].

Rundschau für die Interessen der Pharmacie, Chemie und verwandter Fächer[74]

Der französische Mathematiker und Astronom Leverrier und der russischen Chemiker Mendelejew gelangten beide durch theoretische Überlegungen zu wichtigen Entdeckungen auf ihren Gebieten. Leverrier berechnete 1846 aufgrund der Unregelmäßigkeiten in den Bahnen der Planeten Jupiter, Saturn und Uranus die Position, auf der sich ein bis dahin unbekannter Planet befinden musste. Den Astronomen der Königlichen Sternwarte in Berlin gelang es, aufgrund dieser Berechnung den Planeten Neptun mit ihrem Teleskop zu identifizieren. (MG 1856)

Der russische Chemiker Mendelejeff veröffentliche 1869 eine Zusammenstellung aller bekannten Elemente nach der Größe ihrer Atomgewichte. Aus dieser Zusammenstellung lassen sich, nach Mendelejeff, »allgemeinere Folgerungen ableiten«, u.a.:

1. Die nach der Grösse des Atomgewichts geordneten Elemente zeigen eine stufenweise Abänderung in den Eigenschaften.
2. Chemisch-analoge Elemente haben entweder übereinstimmende Atomgewichte (Pt, Ir, Os), oder letztere nehmen gleichviel zu (K, Rb, Cs).
3. Das Anordnen nach den Atomgewichten entspricht der *Werthigkeit* der Elemente und bis zu einem Grade der Verschiedenheit im chemischen Verhalten, z.B. Li, Be, B, C, N, O, F.

---

74 N.F.P. 1881, S. 32

4. Die in der Natur verbreitetsten Elemente haben *kleine* Atomgewichte und alle solche Elemente zeichnen sich durch Schärfe des Verhaltens aus. Es sind also typische Elemente und mit Recht wird daher das leichteste Element H als typischer Maßstab gewählt.[75]

Ueber die Beziehungen der Eigenschaften zu den Atomgewichten der Elemente

					Ti = 50	Zr = 90	? = 180
					V = 51	Nb = 94	Ta = 182
					Cr = 52	Mo = 96	W = 186
					Mn = 55	Rh = 104,4	Pt = 197,4
					Fe = 56	Ru = 104,4	Ir = 198
				Ni = Co = 59	Pd = 106,6	Os = 199
H = 1					Cu = 63,4	Ag = 108	Hg = 200
	Be = 9,4	Mg = 24	Zn = 65,2	Cd = 112			
	B = 11	Al = 27,4	? = 68	Ur = 116	Au = 197?		
	C = 12	Si = 28	? = 70	Sn = 118			
	N = 14	P = 31	As = 75	Sb = 122	Bi = 210?		
	O = 16	S = 32	Se = 79,4	Te = 128?			
	F = 19	Cl = 35,5	Br = 80	J = 127			
Li = 7 Na = 23	K = 39	Rb = 85,4	Cs = 133	Tl = 204			
	Ca = 40	Sr = 87,6	Ba = 137	Pb = 207			
	? = 45	Ce = 92					
	?Er = 56	La = 94					
	?Yt = 60	!Di = 95					
	?In = 75,6]	Th = 118?					

Der Vergleich mit dem Astronomen Leverrier bezieht sich jedoch auf eine weitere Folgerung, die Mendelejeff aus seiner Zusammenstellung ableitete. Unter Punkt 6 hält Mendelejeff fest: »Es lässt sich die Entdeckung noch vieler *neuen* Elemente vorhersehen, z.B. Analoge des Si und Al mit Atomgewichten 65 75.«[76] Für einige dieser nach seinem Ordnungssystem theoretisch anzunehmenden Elemente ließ Mendelejeff Lükken.

Mendelejew hat die beobachteten Gesetzmäßigkeiten dazu benützt, um die Eigenschaften bis dahin unbekannter, aber aus theoretischen Gründen möglicher Elemente, aus jenen der im Schema benachbarten vermuthungsweise vorauszusagen. So hat er insbesondere eine eingehende Beschreibung dreier Elemente, welche zur Zeit der Abfassung seiner Abhandlung noch nicht gefunden waren, gegeben und auch die Eigenschaften der Verbindungen dieser Elemente mit einer Sicherheit vorausgesagt, welche nach Victor Meyers treffendem Vergleiche an Le Verriers Prognose des noch ungesehenen Planeten Neptun erinnert.[77] Im Dezember 1886 übernimmt die *Allgemeine Zeitung* einen Bericht der *Berliner Post* über das »neueste Element ›Germanium‹«.

---

75 Mendelejeff 1869, S. 405

76 Ebd. S. 406

77 Pribram 1891, S. 3 – Lothar Meyer veröffentlicht 1869 eine Abhandlung mit dem Titel Die Natur der chemischen Elemente als Function ihres Atomgewichts. »Er stellt in dieser unabhängig und ziemlich gleichzeitig mit Mendelejew das periodische System der Elemente auf, das heutzutage jedem Chemiker geläufig ist.« (Nachruf auf Lothar Meyer in Allgemeine Zeitung, Beilage vom 12.06.1895, S. 7)

Die Chemie feiert jetzt einen ähnlichen Triumph, wie die Astronomie am 23. September 1846, als es dem Observator der Berliner Sternwarte, Galle, gelang, an demjenigen Punkte des Himmelsgewölbes den äußersten Planeten unseres Sonnensystems, Neptun, aufzufinden, an welchem der geistvolle Leverrier auf Grund seiner Untersuchungen über die Bewegung des Uranos einen unbekannten Planeten vermuthet hatte. So hatte Mendelejew vor anderthalb Jahrzehnten das periodische Gesetz aufgestellt, daß die Eigenschaften der Elemente sich in periodischer Abhängigkeit von ihren Atomgewichten befinden. Er hatte an diese Hypothese sehr kühne Folgerungen geknüpft, die sich auf die Vorausbestimmung der Eigenschaften noch unentdeckter chemischer Elemente bezogen. Auf Grund dieses Gesetzes hatte er die Existenz eines neuen, noch unentdeckten Elements vermuthet, welches mit Silicium, Titan, Zirkonium, Zinn u.a. zu einer Familie gehört und eine Reihe ganz bestimmter Eigenschaften besitzen würde. Dieses zu entdeckende Element nannte Mendelejew »Ekasilicium«. Nun ist es vor kurzem Hrn. Clemens Winckler gelungen, in einem bei Freiberg i. S. vorkommenden Mineral, dem Argyrodit, ein neues Element zu entdecken, welches er Germanium nannte. Nachdem die Untersuchung über das Atomgewicht, die chemischen Verbindungen und das specifische Gewicht des neuentdeckten Elements ausgeführt worden sind, hat sich in der That die Uebereinstimmung zwischen dem Germanium und dem hypothetischen Ekasilicium ergeben, nachdem auch bereits früher Beobachtungen der Eigenschaften der kurz zuvor entdeckten Elemente Gallium und Scandium die Voraussagen Mendelejews bestätigt hatten.[78]

Das »Periodensystem der Elemente« ist ein idealtypisches Beispiel für die Funktion, die Visualierungspraktiken im Prozess der Erarbeitung von Wissen und bei der Vermittlung von Wissen spielen, da es hierbei nicht um bloße die Auflistung der bekannten Elementen geht, sondern es sich vielmehr um die Visualisierung gedanklicher und theoretischer Annahmen handelt.

Tabelle des Systems der Elemente nach Mendelejeff

Allgemeine Formel der a) Wasserstoffverbindungen b) höchsten Salze bildenden Oxyde	Gruppe I R_2O	Gruppe II RO	Gruppe III R_2O_3	Gruppe IV RH_4 RO_2	Gruppe V RH_3 R_2O_5	Gruppe VI RH_2 RO_3	Gruppe VII RH R_2O_7	Gruppe VIII RO_4
Reihe 1	H—1							
2	Li—7	Be—9,4	B—10,9	C—12	N—14	O—16	F—19	
3	Na—23	Mg—24	Al—27,0	Si—28	P—51	S—32	Cl—35,5	
4	K—39,1	Ca—40	Sc—44	Ti—50,25	V—51,2	Cr—52,45	Mn—55	Fe—56 Co—58,6 Ni—58,4
5	Cu—63,6	Zn—65	Ga—69,9	Ge—72,32	As—74,9	Se—79	Br—80	
6	Rb—85,4	Sr—87,3	Y—89,6	Zr—90	Nb—94	Mo—96		Ru—103,5 Rh—102,7 Pd—106,5
7	Ag—107,66	Cd—111,7	In—113,4	Sn—117,35	Sb—119,6	Te—126	I—127	
8	Cs—133	Ba—137	La—139	Ce—141,2	Di—145			
9				Er—166				
10			Yt—173,01		Ta—182	W—184		Os—190,3 Ir—192,5 Pt—194,3
11	Au—196,2	Hg—200	Tl—204	Pb—207	Bi—207,0			
12				Th—231,9	U—240			

78 Allgemeine Zeitung vom 09.12.1886, S. 5029

1870 – »MAN RUFT EIN CORPS DURCH DEN TELEGRAPHEN HERBEI. MAN COMMANDIRT DURCH DAS SPRACHROHR DER ELEKTRICITÄT«[79]

> Wie sich die Eisenbahnen schon seit mehrern Jahren als wichtiger Factor der modernen Kriegführung geltend gemacht haben, indem sie Truppen, Pferde und Kriegsmaterial mit bis dahin unbekannter Schnelligkeit und ohne die Leiden und Anstrengungen des Marsches in Sonnenbrand und Schneesturm für die Truppen bis dicht an die Schlachtfelder heranführten, so beginnt in neuster Zeit auch die Telegraphie, die Schwester des Eisenbahnwesens, Proben ihrer Feldtüchtigkeit abzulegen. Es muß selbst dem Laien klar sein, wie wichtig einem commandirenden Generale die rascheste Ueberkunft seiner Befehle und die ununterbrochene Correspondenz mit detaschirten Abtheilungen zur präcisen Ausführung seiner Maßnahmen sein muß. In der elektrischen Telegraphie ist das Mittel, vorläufig wenigstens in den vielversprechendsten Anfängen, gegeben, diesen Anforderungen besser zu entsprechen, als es durch Signale, verabredete Zeichen und Entsendung von Adjutanten und Ordonnanzen geschehen kann, […].
>
> *Illustrirte Zeitung 1870[80]*

Diese und ähnliche Äußerungen zur militärischen Bedeutung der »Feldtelegraphie« können sich zum Zeitpunkt ihrer Veröffentlichung noch nicht auf die aktuellen Erfahrungen im Deutsch-Französischen Krieg von 1870/71 beziehen.[81] Die Telegraphie wurde jedoch schon seit dem Krimkrieg von 1853 bis 1856 in militärischen Auseinandersetzungen zur Nachrichtenübermittlung und Koordinierung der militärischen Aktionen eingesetzt. Preußen begann 1854 damit, die »elektrische Feld-Telegraphie in die Organisation der preußischen Armee« einzufügen.[82]

Der nächste Zweck der Feld-Telegraphie besteht darin, die einzelnen Korps einer operirenden Armee mit dem Hauptquartiert, oder mehrere kooperirende Armeen unter einander in telegraphische Verbindung zu setzen, welche, nach Maßgabe der Bewegungen der Truppenkörper, bald hergestellt und bald wieder fortgenommen werden muß. Zu dem Ende werden vorbereitete, leichte Baumaterialien zur flüchtigen Herstellung von Luftlinien und vollständige Stationseinrichtungen, sowie die zur Bedienung der Apparate erforderlichen Beamten auf Wagen mitgeführt. Die aus diesen Wagen gebildeten Kolonnen müssen im Stande sein, sich an den

---

79 Illustrirte Zeitung Nr. 1415 vom 13.08.1870, S. 123
80 Weber 1870, S. 71
81 Die französische Kriegserklärung an Preußen erfolgte am 19. Juli 1870.
82 Archiv für die Artillerie- und Ingenieur-Offiziere des deutschen Reichsheeres 1875, S. 97

marschirenden Truppen vorbei auf und nöthigenfalls neben den Straßen schnell zu bewegen und derart zu organisieren, daß sie nach Bedürfniß in einzelnen Theilen selbständig operiren können.[83]

Die Anwendung des Telegraphen im Felde

Wie nicht anders zu erwarten, wurde »ein so völlig neues und unbekanntes Institut, wie die Feld-Telegraphie es war, zunächst mit einigem Misstrauen bei der Armee aufgenommen«.[84] Wie der folgende Hinweis aus einem Artikel im Jahr 1870 deutlich macht, war dabei ein Umlernen auf allen Ebenen notwendig.

Wird demnächst bei der Instruction dem Soldaten der Schutz der Leitung zur Pflicht gemacht, so wird er in der Telegraphenstange ein nothwendiges Mittel für die Sicherheit und die Erfolge der Armee und nicht, wie es vielfach vorgekommen, ein willkommenes Material für sein Wachtfeuer erblicken.[85]

1870 heißt es noch, nach der »unzweifelhaft nahe bevorstehenden Beseitigung« von »mancherlei Schwächen« würde die Feldtelegraphie »unter die wirksamsten Werkzeuge der Kriegsführung unserer Zeit zu rechnen sein«.[86] 1884 kommt der in den

---

83 Der Kamerad: österreichisch-ungarische Wehr-Zeitung vom 06.08.1871, S. 2 – Unter »Luftlinie« wird »ein einzelner Draht ohne Rücksicht auf dessen Unterstützung vermittelst eines Gestänges oder etwaiger Aufhängevorrichtung verstanden«.

84 Archiv für die Artillerie- und Ingenieur-Offiziere des deutschen Reichsheeres, S. 133

85 Illustrirte Zeitung Nr. 1415 vom 13.08.1870, S. 123

86 Weber 1870, S. 72

Kriegen von 1864, 1866 und 1870/71 für die Feldtelegraphie verantwortliche General-Telegraphendirektor Franz von Chauvin dann zu folgender Einschätzung: »Die elektrische Telegraphie bildet einen unentbehrlichen Faktor in der heutigen Kriegsführung und wird mit dem Anwachsen der Armeen immer mehr an Bedeutung gewinnen.«

Und wie könnte es anders sein, da sie den Nachrichtenverkehr, auf welchen die Heeresleitung den größten Werth legt, mit staunenerregender Schnelligkeit und viel sicherer, als durch Adjutanten und Ordonnanzen im feindlichen Feuer irgend möglich ist, zu jeder Zeit vermitteln kann.

Alle strategischen, die Schlachten vorbereitenden Maßnahmen der obersten Heeresleitung – mögen die Schauplätze, auf welchen die Bewegungen größter Heeresmassen vor sich gehen, noch so ausgedehnt sein – unterstützt die elektrische Telegraphie durch ihren blitzschnellen Dienst in einer früher nie geahnten Weise.

Auch in der Schlacht selbst gewährt sie der obersten Leitung und den Heerführern unschätzbare Hülfe, indem sie durch schleunige Beförderung von Befehlen und Meldungen nicht allein den geistigen Verkehr zwischen den verschiedenen Kommandostellen erhält, sondern auch folgerichtig zur Realisirung der militärischen Konzeptionen nicht unwesentlich beiträgt. Sie vermittelt mit einem Worte die Einheit des Zusammenwirkens von Gedanke und That bei Ausführung der von langer Hand vorbereiteten strategischen Entwürfe in allen Phasen und Situationen des Kampfes, sowie nach Beendigung desselben, sei es zu Verfolgung der Besiegten, sei es für den eigenen Rückzug. [87]

---

87 Chauvin 1884, S. 2

Mediengeschichten 1871-1880

1871 – DAS MILITÄR-BRIEFTAUBENWESEN UND DIE MIKROFOTOGRAFIEN

> Die Verwendung der Taube zum Depeschendienst ist eine sehr alte, allein erst durch die Belagerung von Paris 1870/71 wurde die Bedeutung dieses wichtigen, wohlfeilen und relativ zuverlässigen Nachrichten-Dienstzweiges wieder allen Staaten nahe gerückt, denn die französische Hauptstadt war während der Belagerung fast ausschließlich auf solche Nachrichten aus der Provinz angewiesen, welche ihr durch Brieftauben zugeführt wurden. [...] In allen größeren europäischen Staaten warf man sich denn auch sogleich nach dem Krieg von 1870/71 auf die Ausnutzung der mit den Pariser ›Improvisationen‹ erzielten Erfahrungen. Zunächst handelte es sich darum, die zum Depeschendienst geeignetsten Taubenracen herauszufinden; [...].
> *Berliner Tageblatt 1892[1]*

Aufgrund der Erfahrungen aus dem deutsch-französischen Krieg wurde in Deutschland das Militär-Brieftaubenwesen als ein »nicht unwichtiger Theil der Landesvertheidigung dem Militär-Telegraphendienst« unterstellt. Brieftaubenstationen mit jeweils durchschnittlich 500 Tauben befanden sich in Köln, Würzburg, Metz, Straßburg, Mainz, Königsberg, Posen und Thorn.[2]

Bei den Kaisermanövern im Herbst 1889 hatten zum ersten Mal Brieftauben privater Züchter unter Beweis gestellt, dass das Militär-Brieftaubenwesen durch sie im Krieg verstärkt werden könnte, falls die Telegrafen- und Telefonleitungen vom Feind zerstört sein sollten.[3] Der Einsatz von Brieftauben erschien zu einer Zeit, als an die drahtlose Nachrichtenübertragung noch nicht zu denken war, militärisch interessant, weil in der Planung eines zukünftigen Krieges der Verteidigung von Festungen eine wichtige Rolle zukam.

---

1 Berliner Tageblatt Nr. 181 vom 08.04.1892, S. 1
2 Allgemeine Zeitung vom 29.05. 1885, S. 2156
3 Allgemeine Zeitung vom 26.12.1889, S. 5497

So stand am 19. Februar 1895 auf der Tagesordnung des Bundesrats in Berlin die erste Beratung des Gesetzentwurfs, »betreffend den Schutz der Brieftauben und des Brieftaubenverkehrs im Kriege«.[4]

Ziel des Gesetzes war die Förderung des »Militär-Brieftaubenwesens«. Brieftauben, die von ihren Züchtern auf den von der Militär- und Marineverwaltung gewünschten »strategischen Fluglinien«[5] ausgebildet worden waren und im Kriegsfall dem Militär-Telegraphendienst zur Verfügung gestellt werden konnten, sollten wie die Militärtauben auf den Innenseiten der beiden Flügel einen Stempel mit dem kaiserlichen Wappen erhalten und den denselben Schutz wie die Militärtauben genießen.[6]

Die Übermittlung von Nachrichten durch Brieftauben an sich war nicht neu. Seit der Belagerung von Paris kamen jedoch moderne Techniken zur Erstellung und zur Entschlüsselung der Depeschen zum Einsatz.

Über mikroskopische Fotografien[7] ließen sich umfangreiche Depeschen so verkleinern, dass sie von Tauben – zumindest bei günstigen Witterungsverhältnissen – schneller transportiert wurden, als dies zu der damaligen Zeit mit Schnellzügen möglich gewesen wäre. Eine im Gefieder der Brieftaube befestigte »Depeschenfeder« konnte »in mikroscopisch-photographischer Verkleinerung acht Octavseiten« enthalten.[8] Vergrößert und verschriftlicht wurden die Mikrodepeschen mit Hilfe der Laterna Magica.

Vergrößerung der mit der Taubenpost angekommenen Depeschen

---

4   Allgemeine Zeitung vom 07.04. 1895, S. 6

5   Berliner Tageblatt Nr. 181 vom 08.04.1892, S.1

6   Allgemeine Zeitung vom 07.04.1895, S. 6

7   Unter »mikroskopischen Fotografien« verstand man »mikroskopisch kleine Bilder großer Gegenstände« im Unterschied zu »Mikrofotografien«, bei denen es sich um »fotografische Aufnahmen der vergrößerten Bilder mikroskopisch kleiner Gegenstände« handelt. (Vgl. Vogel 1863, S. 35)

8   Allgemeine Zeitung vom 29.05.1885, S. 2156

Sicherstellen musste man nur, dass die Ankunft der Taube an ihrem Zielort unverzüglich wahrgenommen wurde. Notwendig war dies, weil es keinen Zeitplan und keine Möglichkeit der Ankündigung für das Eintreffen der Taubenpost geben konnte. Hier musste die Technik und Organisation des Militär-Brieftaubenwesens durch ein auf Züchterwissen basierendes Training der Tauben ergänzt werden.

Diese Brieftauben haben die Eigenthümlichkeit, sich nicht vorher auf den Schlag zu setzen, sondern bei ihrer Ankunft mit dem Schnabel gegen das gesperrte Gitter des Taubenschlages zu stoßen. Sobald dieser Stoß erfolgt, wird eine Kugel ausgelöst, das Gitter fällt herunter und setzt eine Mechanik in Thätigkeit, welche mit einer Klingel im Zimmer des Wärters in Verbindung steht, welche die Ankunft der Taube anzeigt. Hierauf werden von dem diensthabenden Officier die unter den Schwanzfedern befindlichen Depeschen abgelöst. [9]

Die Idee, mikroskopische Fotografien für den Transport umfangreicher Depeschen einzusetzen, stammte von dem französischen Fotografen René Dagron. Dieser hatte in den 1850er Jahren mit großem geschäftlichem Erfolg mikroskopische Fotografien in Schmuckstücke integriert.

Die Entwicklung von dieser Geschäftsidee zu den Mikrodepeschen für die Militär-Brieftaubenpost mag kurios erscheinen, kann aber als ein typisches Beispiel für die Anwendungsoffenheit von Medien gelten. In einem Bericht von Hermann Wilhelm Vogel über *Die Photographie auf der Londoner Weltausstellung 1862* findet sich folgender Absatz über die Mikrofotografie.

Mikroskopische Bilder trefflicher Art sind schon seit längerer Zeit, vorzugsweise in England angefertigt worden. Zu deren Besichtigung gehörte jedoch immer ein besonderes ziemlich voluminöses Instrument. Dragon war der erste, der auf den Gedanken kam, mikroskopische Bilder mit ganz kleinen Linsen zu combiniren, und so das separate Mikroskop entbehrlich zu machen. So schuf er Combinationen von Linsen und Bildern, die zusammen so klein sind, dass sie in Knöpfen, Ringe, Lorgnetten, Nadeln etc. gefasst werden können [...]. Die mikroskopischen Photographieen wurden schnell beliebt, verbreiteten sich bald über die ganze civilisirte Welt und werden jetzt so massenhaft verlangt, dass Dragon in seinem eigens dafür eingerichteten Atelier gegen 150 Arbeiter beschäftigt. [10]

Dragons Schmuckstücke mit Mikrofotografien verloren, so Vogel in einem späteren Artikel, schnell wieder ihre Popularität, »als man sie zu obszönen Darstellungen mißbrauchte«. [11] So berichtete das *Salzburger Kirchenblatt* im Juli 1862 von drei Hausierern, »welche Cigarrenspitzen zum Verkaufe anboten, in denen sich unter einer linsengroßen Loupe obscöne Bilder befinden«. [12]

Vogel erkannte schon damals, dass diese »Art der Photographieen«, die »jetzt nur Kuriositäten« sind, »einst von enormer Wichtigkeit [...] zur Beförderung geheimer Depeschen« werden könnten. »In einem Rockknopfe, in den Falten des Gewandes, ja im Haar liessen sich die wichtigsten Mittheilungen in dieser Form verstecken, aller

---

9   Ebd. S. 2156
10 Vogel 1863, S. 35 f.
11 Ebd. S. 435 f.
12 Salzburger Kirchenblatt vom 10.07.1862, S. 221

Visitation spottend.«[13] 1878 dachte Vogel, inzwischen Inhaber des Lehrstuhls für Photochemie an der Berliner Gewerbeakademie, an eine völlig andere Verwendung von Mikrofotografien.

Bald dürften solche mikroskopische Bildchen noch für andere Zwecke Wichtigkeit erlangen. Das Material unserer Bibliotheken wächst mit rapidester Schnelligkeit. Schließlich reicht der Raum des größten Etablissements nicht mehr aus, alle Bücher zu beherbergen. Hier dürfte es sich dann empfehlen, wenig gelesene Werke durch mikroskopische Reproduction auf einen kleineren Raum zu reduciren. Man könnte in dieser Weise den Inhalt eines ganzen Bandes in eine Octavseite bringen und solche mit Hilfe der Laterna Magica ebenso leicht lesen, wie das Originalbuch.[14]

---

13 Vogel 1863, S. 37
14 Vogel 1878, S. 4362

1872 – CELLULOSEPAPIER: EIN WICHTIGER FORTSCHRITT IN DER PAPIERFABRICATION[15]

> Durch die Anwendung der Cellulose ist das Papier heute in vorzüglicher Güte und zu einem Preise zu haben, der gegen den früher gezahlten in gar keinem Verhältnisse steht; auf diese Weise ist das Holz indirekt zu einem wichtigen Förderungsmittel der Kultur geworden, wenn man als Maßstab für die Intelligenz eines Volkes den jährlichen Papierverbrauch nimmt.
>
> *Buch der Erfindungen 1898*[16]

Wenn in den 1870er Jahren in Zeitungen und Zeitschriften über neue Verfahren, Papier aus Cellulose herzustellen, berichtet wird, ist dabei oft die Rede von der *Aschaffenburger Weißpapierfabrik*. In den 1872 von Philipp Dessauer gegründeten Zellstoffwerken sei zum ersten Mal »im Großen« das Problem gelöst worden, aus Holz »ohne den mindesten Zusatz von Hadern ein für nahezu alle Zwecke brauchbares Papier herzustellen«.[17] Hier habe man Gelegenheit,

> den erwähnten Prozeß zu verfolgen, der selbst in unserer kunstfertigen Zeit noch einige Bewunderung verdienen dürfte: wie nämlich ein Haufen Holz früh Morgens aus dem Wald frisch hereingefahren, Abends als Papier in die Druckerei oder Färberei wandert, und zwar als ein anerkannt gutes und kräftiges Papier.[18]

Von der Qualität des in dem »Aschaffenburger Etablissement« produzierten Papiers könne sich jeder überzeugen, »da das Druckpapier der ›Frankfurter Zeitung‹ schon geraume Zeit der dortigen Weißpapierfabrik entnommen wird«.[19]

Zwar spielte der 1840 von *Friedrich Gottlob Keller erfundene Holzschliff* nach der Entwicklung geeigneter Maschinen eine wichtige Rolle, um die steigende Nachfrage nach Papier zu befriedigen. Allerdings, so heißt es einschränkend in einer Veröffentlichung über die Papier-Industrie, so bedeutungsvoll der durch »Zerschleifen von Holz erzeugte Papierstoff« geworden sei, »so kann er doch nur als ein Surrogat des Hadernstoffes deshalb angesprochen werden, weil die Fasern dieses Materials zu kurz, nicht genügend filzbar sind und deshalb kein haltbares Gewebe geben können«.[20]

Als Nachteile bei den »aus Holzschliff ganz oder zum Theil hergestellten Papieren« werden neben ihrer verhältnismäßig großen Brüchigkeit ihr schnelles Vergilben genannt. Auch wenn die »Holzstofffabrikation als ein wichtiger, in großartigem Maßstab betriebener Industriezweig erscheint, […] ist die Holzstofffabrikation nur der Vorläufer für die weit werthvollere Cellulosefabrikation«.

---

15 Polytechnisches Journal Bd. 204/1872, S. 341
16 Pliwa 1898, S. 94
17 Wochenschrift des Gewerbe-Vereins der Stadt Bamberg vom 17.09.1876, S. 94
18 Wochenschrift des Gewerbe-Vereins der Stadt Bamberg, 10.09.1876, S. 92
19 Wochenschrift des Gewerbe-Vereins der Stadt Bamberg vom 17.09.1876, S. 95
20 Weber 1874, S. 21

Die Cellulosefabrikation beruht darauf, daß man dem zerkleinerten Holz die incrustierenden Materien durch Auskochen mit ätzenden Laugen unter hohem Druck entzieht. In diesen Laugen lösen sich nämlich nach und nach alle incrustierenden Stoffe auf, während zuletzt die reine Cellulose unverändert übrig bleibt. Man verwendet hierzu vorzugsweise das Holz von den Stämmen und Ästen der Nadelholzbäume (Tanne, Fichte, Kiefer), welches eine feiner- und längerfaserige Cellulose liefert als das Holz der belaubten Bäume.[21]

Lokales und aus dem Kreise

1870 trägt eine Meldung über eine Versammlung von Papierfabrikanten in der *Illustrirten Zeitung* die Überschrift »Eine Noth für das Preßgewerbe ist der steigende Mangel an Papierstoff«. Gefordert wurde auf der Versammlung, »sachverständige Männer nach Südamerika und der Westküste von Afrika [zu] senden, um die dort vorhandenen Faserstoffe zu untersuchen«.[22] Der gestiegene Papierverbrauch erfordere, neue Rohstoffe für die Herstellung von Papier zu nutzen. Während sich für den Papierverbrauch pro Kopf um das Jahr 1800 in Deutschland die Angabe von 0,5 Kilo findet, wird 1873 für Deutschland der Pro-Kopf-Verbrauch bei einer Verdopplung der Bevölkerung auf 8 Pfund veranschlagt.[23] 1884 ist in einem Bericht über den weltweiten »Papierconsum«[24] die Rede davon, dass die Hälfte der Papierproduktion für den Druck verwendet wurde. Insbesondere der »Consum des Papiers für Zeitungen« sei dabei in den letzten Jahren um ein Drittel gestiegen.[25]

Papierstoff-Fabrikation aus Holz auf chemischem Wege

---

21 Illustrirte Zeitung Nr. 1669 vom 26.06.1875, S. 498

22 Illustrirte Zeitung Nr. 1406 vom 11.06.1870, S. 455

23 Rudel 1873, S. 2

24 Allerdings ist berücksichtigen, dass dabei immer nur die Rede von dem »europäischen Papier aus Hadern-, Stroh-, Holz-, Jute-, Maulbeer-, Esparto- und Kartoffelfasern« ist. (Rudel 1873, S. 2)

25 Neue Freie Presse vom 13.05.1884, S. 2

1873 – PHYSIOLOGISCHER ANSCHAUUNGSUNTERRICHT IM DIENSTE DER AUFKLÄRUNG

Unsere Abbildung zeigt, wie sich auf der Wandfläche des Spectatoriums eine der interessantesten Demonstrationen Czermak's darstellt: das Bild des lebendig schlagenden Froschherzens, im Schattenriß an zwei Meter groß, läßt bei seinen pulsirenden, bis zum allmählichen Absterben fortgesetzten Bewegungen ein Detail der Contractionen der Herzabschnitte erkennen, von dem man bisher kaum eine genügende Vorstellung hatte.

Illustrirte Zeitung 1873[26]

Im November 1869 trat der österreichische Physiologe Johann Nepomuk Czermak sein Amt als ordentlicher Honorarprofessor an der Universität Leipzig an. In seiner Antrittsvorlesung bezeichnete er es, als seine »besondere Aufgabe die Hilfsmittel der physiologischen Demonstration in einer bisher noch nicht erreichten Vollkommenheit und Ausdehnung auszubilden und herbeizuschaffen, um – wenn dies gelungen wäre – den Versuch zu ermöglichen die Physiologie zum ersten Mal in wirklich allgemein-fasslicher, auf unmittelbarer Anschauung basirter Darstellung zu behandeln.«[27] Für die Realisierung dieses Ziels erbaute er auf eigene Kosten ein physiologisches Privatlaboratorium und Amphitheater.[28] Das Auditorium wurde durch seine vielfältigen Demonstrationsmöglichkeiten zu einem »Spectatorium«. Die Projektionen erfolgten aus einem Raum gegenüber der Projektionswand über die Köpfe der Zuschauer hinweg. Für »thierisch-elektrische, thermo-elektrische u.s.w. Demonstrationen« wurde ein Spiegelgalvanometer in dem Raum aufgestellt. Über das »Spiegelchen des Galvanometers« konnte ein »scharfes Reflexbild auf eine an der Projectionswand angebrachte große Gradeintheilung« geworfen werden, um selbst kleinste Bewegungen zu erkennen.

Außer diesen Demonstrationen ließen sich aus diesem Raum transparente Glasbilder, z.B. mit fotografischen Abbildungen anatomischer Präparate, mit Hilfe zweier Kameras projizieren. Diese Kameras geben, so schreibt der zeitgenössische Berichterstatter, »große, äußerst scharfe Bilder, die sich auch, wenn nöthig, nach Art der Dissolving views, zur gegenseitigen Deckung bringen lassen«.[29] Daneben stand noch eine Fülle anderer Anschauungsmittel zur Verfügung. All dies war nicht Selbstzweck, diente nicht der Unterhaltung, sondern ergab sich aus der »Eigenthümlichkeit des Gegenstandes«.

Es liegt vielmehr in der Eigenthümlichkeit des Gegenstandes, dass die so mannigfaltigen und dem gewöhnlichen Sinne so unzugänglichen und fremdartigen Vorgänge, um deren Erkenntniss und Erklärung sichs handelt, sowie die Methoden und Hilfsmittel, welche die

26 H. P. 1873, S. 307
27 Czermak 1873, S. 3
28 Vogel 1878, S. 422
29 H. P. 1873, S. 307

physiologische Forschung zur Erreichung ihrer Ziele anwendet, der unmittelbaren Anschauung der Zuhörer im Detail dargeboten werden müssen, wenn sie, zu innigem Verständnis gebracht, jene aufklärenden und veredelnden Wirkungen in den Geistern hervorbringen und hinterlassen sollen, welche von der eingehenden Beschäftigung mit der modernen Physiologie sicher zu erwarten sind.[30]

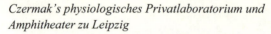

Czermak's physiologisches Privatlaboratorium und Amphitheater zu Leipzig

Der »physiologische Anschauungsunterricht« war für Czermak von zentraler Bedeutung, weil nach seiner Auffassung

keine andere Wissenschaft im Stande sein [dürfte] in wirksamerer Weise die wahre Aufklärung zu fördern, als eben die heutige Physiologie, welche im Sinne der mechanischen Weltanschauung alle die dunklen und in ihren Consequenzen die freie Forschung hemmenden Vorstellungen von der Existenz und Wirksamkeit einer besonderen mysteriösen ›Lebenskraft‹ erfolgreich bekämpft und aufzuhellen sucht.[31]

Physiologie sollte nach Czermak daher »ein integrirendes Element des höheren Bildungsganges, wie ihn die Universität zu bieten und zu vermitteln hat«, werden. Czermak wollte jedoch, wie er in seiner Rede zur Eröffnung seines Amphitheaters erklärt, über die Universität hinaus ein breites Publikum ansprechen.

Selbstverständlich dachte ich dabei auch an gebildete und eine allgemeine Bildung anstrebende Männer aller Stände – selbst wenn sie ihre Universitätsstudien längst hinter sich hätten oder vielleicht auch niemals eine Universität bezogen haben sollten, – ja – unter Umständen und gewissen Einschränkungen selbst an ein gebildetes Damenpublikum.[32]

---

30 Czermak 1873, S. 10

31 Ebd. S. 5

32 Ebd. S. 4

1874 – DER VENUSDURCHGANG UND DIE PHOTOGRAPHIE ALS »HÜLFSMITTEL« DER ASTRONOMIE

> Die Photographie, die dienstwillige Schwester der
> Kunst, arbeitete bei dieser Gelegenheit für die Astro-
> nomie und wurde beim diesmaligen Venusdurchgang
> eins der wichtigsten Hülfsmittel für die gelehrten Be-
> obachter. Die großen Sternkundigen früherer Jahrhun-
> derte, die überdies mit der Unzulänglichkeit ihrer op-
> tischen Instrumente zu kämpfen hatten, könnten ihre
> Collegen von heutzutage um eine Gehülfin beneiden,
> deren Mitwirkung so viel zur Sicherung des Erfolgs
> beiträgt.
>
> *Illustrirte Zeitung 1875*[33]

Bei einem Venusdurchgang befindet sich der Planet Venus in gerader Linie zwischen
Erde und Sonne, so dass sein »Durchgang« über die Sonnenscheibe verfolgt werden
kann. Venusdurchgänge ereignen sich nur in großen zeitlichen Abständen, dann aber
zweimal im Abstand von 8 Jahren nacheinander. Das Hauptinteresse an einer genauen
Beobachtung des Venusdurchgangs lag in der Möglichkeit, den Abstand zwischen
Erde und Sonne als »Grundmaß der kosmischen Entfernungen« zu berechnen.[34] Die
Ermittlung dieses Abstandes wird möglich,

> wenn man den Venusdurchgang auf zwei günstig gewählten möglichst entfernten Stationen
> auf der Erde gleichzeitig beobachtet, damit aus der Vergleichung beider Beobachtungen, deren
> Unterschied, d.h. die der Entfernung der Beobachter entsprechende parallaktische Verände-
> rung der Venus während des Durchgangs hergeleitet werden kann.[35]

Bei den Venusdurchgängen in den Jahren 1761 und 1769 war man wegen der »Un-
vollkommenheit der Meßapparate und der Uhren« sowie aufgrund der teilweise
schlechten Beobachtungsbedingungen zu keinen verlässlichen Ergebnissen gelangt.
Umso intensiver bereitete sich die internationale Wissenschaftsgemeinschaft seit den
1860er Jahren auf den Venusdurchgang des Jahres 1874 vor. Aus der Perspektive der
beteiligten Nationen ging es dabei nicht zuletzt um den Nachweis der eigenen wissenschaftlichen und technischen Leistungsfähigkeit. So wird in den Protokollen der *Commission du Passage de Vénus* hervorgehoben, Frankreich sei seit hundert Jahren auf
dem Gebiet der Astronomie führend gewesen, es gelte jetzt zu zeigen, dass man diese
Position immer noch mit Recht beanspruche.[36] Von der Beobachtung der Venusdurchgänge in den Jahren 1874 und 1882 erhoffte man »bei der erlangten Vorzüglichkeit der
Meßapparate und der Uhren und bei dem planmäßigen Zusammenwirken von

---

33 Illustrirte Zeitung Nr. 1660 vom 24.04.1875, S. 307

34 Dem entspricht die Bezeichnung »l'unité fondamentale des distances célestes«, die man in
    französischen Veröffentlichungen findet. (Flammarion 1874, S. 156)

35 Grazer Zeitung vom 16.01.1873, S. 1

36 Commission du Passage de Venus, 63. Séance du 29.06.1874, S. 354

Astronomen fast aller Culturvölker die sichersten Grundlagen zur Berechnung der Sonnenentfernung«.

Berechnung des Abstandes zur Sonne während eines Venusdurchgangs

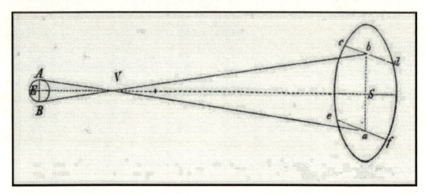

Bei den deutschen Venus-Expeditionen wurden folgende Instrumente und Apparate »vorzugsweise bei der Beobachtung des Durchgangs 1874« eingesetzt:

> Heliometer, starke Sehrohre (z.B. vier gleiche Fraunhofer, geliehen aus dem Physikalischen Cabinet der Berliner Universität, dem k. Mathematisch-Physikalischen Salon zu Dresden und aus den Observatorien zu Bremen und Lilienthal), Passageinstrumente, Universalinstrumente, Pendeluhren, Chronometer, meteorologische und magnetische Instrumente und spektroskopische und photographische Apparate.[37]

Hoffnungen setzte man vor allem auf die Fotografie, die dazu benützt werden sollte, die Positionen von Sonne und Venus »für bestimmte Zeitpunkte in Bildern zu fixiren, aus denen nachträglich Distanz und Positionswinkel durch scharfe Messungen abzuleiten sind, während man bei dem letzten Paar von Venusdurchgängen (1761 und 1769) blos directe Beobachtungen anstellen konnte«.[38]

Allerdings lässt sich die Sonnenscheibe aufgrund der hohen Lichtintensität nicht direkt fotografieren. Um die Voraussetzung für die systematische Beobachtung der Sonnenaktivitäten durch fotografische Aufnahmen zu schaffen, hatte man in den 1860er Jahren einen Photoheliographen entwickelt. Beim Photoheliographen benützte man einen Spiegel, über den das Bild der Sonne über ein vergrößerndes Okular in ein

---

37 Illustrirte Zeitung Nr. 1592 vom 3.01.1874, S. 20 – »Das Heliometer, astronomisches Meßfernrohr mit einem aus zwei durch Mikrometerschrauben stellbaren (halbkreisförmigen) Hälften bestehendes Objectiv, [...], dient zu Messungen der Abstände des Mittelpunkts der Venus vom Mittelpunkt der Sonnenscheibe, des Randes der Venus vom Rande der Sonne, und ermöglicht namentlich auch die Messung der größten Annäherung des Venusmittelpunkts an den Sonnenmittelpunkt. Aus den Ergebnissen werden die Lagen der Sehnen, die parallaktische Verschiebung u.s.w. berechnet. Zu gleichem Zweck werden photographische Augenblicksbilder für bestimmte Zeitmomente aufgenommen.« (Beilage zur Illustrirten Zeitung Nr. 1592 vom 3.01.1874, S. 19)

38 Holetschek 1880, S. 178

Fernrohr und von dort auf eine im Brennpunkt der Linse platzierte lichtempfindliche Platte reflektiert wird. Der Spiegel wurde mit einem Uhrwerk entsprechend der Erdrotation bewegt, damit das Aufnahmegerät nicht bewegt und erschüttert werden musste. Mit dem Einsatz der Fotografie würde, so der französische Astronom Hervé Faye, endlich der fehleranfällige Beobachter überflüssig und »sein Auge und Gehirn durch eine lichtempfindliche Platte, die mit einem elektrischen Telegraphen verbunden ist, ersetzt«. Der dadurch erzielte Fortschritt seit nahezu vergleichbar mit der Anwendung des Fernrohrs als Messinstrument vor zweihundert Jahren.[39]

Für die Beobachtung des Venusdurchgangs hatte der französische Astronom Jules Jannsen das Prinzip des Photoheliographen weiterentwickelt. In den Protokollen der *Commission du Passage de Vénus* wird der von Janssen entwickelte Apparat, mit dem man automatisch mehrere Aufnahmen machen konnte, als eine Art »umgekehrtes Phenakistiscop« bezeichnet.[40] (MG 1826)

Den seit lange her angewandten astronomischen Instrumenten wird sich dieses Mal ein neu konstruirter, sinnreicher Apparat zugesellen: der Janssen'sche Photographie-Revolver, der durch ein Uhrwerk bewegt, in jedem Sekundenzehntel das genaue Bild des Vorganges an der Sonne photographisch fixiren wird. Und so ist zu hoffen, daß unter dem Datum des heutigen Tages eines der wichtigsten Ergebnisse der himmlischen Wissenschaft in die Geschichte eingetragen wird. Wir werden endlich den sicheren Maßstab gewonnen haben, die unendlichen Weiten des Universums zu messen.[41]

Der Janssen'sche Photographie-Revolver

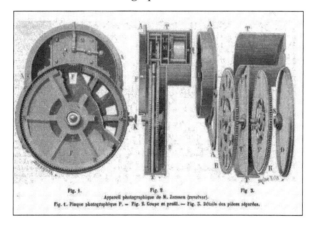

Fig. 1.   Fig. 2.   Fig. 3.
Appareil photographique de M. Janssen (revolver).
Fig. 1. Plaque photographique P. — Fig. 2. Coupe et profil. — Fig. 3. Détails des pièces séparées.

---

39 Vgl. Faye 1870, S. 228: Voilà ce qu'a produit enfin, dans ces derniers temps, l'idée simple mais féconde de supprimer l'observateur et de remplaces son oeil et son cerveau par une plaque sensible reliée à un télégraphe électrique. C'est, dans le système des observations modernes, un progrès presque comparable à celui qui a été réalisé, il y a deux siècles, par l'application des lunettes aux instruments de mesure.«

40 Originaltext: »un appareil de son invention, espèce de phénakistiscope renversé« (Commission du Passage de Venus 1874, S. 358)

41 A. H. 1874, S. 2

Es ging Jules Janssen darum, mit dieser schnellen und automatischen Abfolge von Aufnahmen die für die Berechnung des Abstandes zwischen Sonne und Erden entscheidenden Momente des Venusdurchgangs, den Eintritt und Austritt der Venus in die Sonnenscheibe, exakt zu fixieren. Da diese Momente mit Einzelaufnahmen nur zufällig festgehalten werden konnten, löste der »photographische Revolver« kurz vor dem Eintritt in die Sonnenscheibe bzw. dem Austritt der Venus in sehr kurzen Zeitabständen eine Serie von Aufnahmen aus und registrierte zugleich den Zeitpunkt der einzelnen Aufnahmen.[42] Diese Konstruktion funktionierte bei den Vorführungen so überzeugend, dass Janssens »photographische Revolver« auch auf den britischen Stationen für die Beobachtung des Venusdurchgangs eingesetzt wurden.

Die damit verbundenen Hoffnungen erfüllten sich jedoch nicht. In der Autobiografie von George Biddell Airy, dem Direktor des Royal Greenwich Observatory, finden sich entsprechende Anmerkungen. Die Leistung der »photograpischen Revolver« sei im Vergleich zu der direkten Beobachtung und den üblichen fotografischen Aufnahmen eher zweifelhaft.[43] Insgesamt seien die Ergebnisse der Fotografie enttäuschend. »Viele der Aufnahmen erschienen bei der Betrachtung mit dem Auge gut, verlören aber alle Deutlichkeit und Schärfe, sobald man sie unter dem Mikroskop ausmessen wolle.«[44] Für die Bobachtung des Venusdurchgangs im Jahre 1882 empfahl Airy daher, sich auf eine einfache Beobachtungen mit Teleskopen und Messungen mit dem Mikrometer zu beschränken.[45]

Zu einer ähnlichen Einschätzung gelangt Wilhelm Valentiner, der als Leiter der deutschen Expedition den Venusdurchgang am 9. Dezember 1874 auf der Station Tschifu in China beobachtet hatte, wenn er bezogen auf den Venusdurchgang im Jahre 1882 schreibt:

[Die Vorbereitungen] wurden natürlich durch die Erfahrungen aus dem Jahre 1874 beeinflußt und geleitet; und hier kann gleich zuerst als wesentlich angeführt werden, daß man fast allseitig das photographische Verfahren nicht wieder in den Arbeitsplan aufnahm, weil der durch dasselbe erzielte Erfolg nicht den Erwartungen entsprach. Bei dem Aufschwung, den die Photographie in ihrer Anwendung auf die Astronomie in der allerneuesten Zeit genommen hat und welcher den Platten eine ganz unerwartete Empfindlichkeit und Schärfe gegeben hat, bleibt immerhin noch der Beweis zu führen, daß die mikrometrische Ausmessung auf der Platte an Genauigkeit der direkten astronomischen Beobachtung gleich steht oder ihr doch nicht wesentlich unterlegen ist.[46]

---

42 Janssen 1873, S. 295 ff.

43 Airy 1896, S. 308

44 Originaltext: »The results from photography have disappointed me much. [...] Many photographs, which to the eye appeared good, lost all strength and sharpness when placed under the measuring microscope.« (Airy 1896, S. 323) – Übersetzung W.-R. Wagner)

45 Originaltext: »For observing the Transit of Venus of 1882, the general impression appears to be that it will be best to confine our observations to simple telescopic observations or mircometer observations [...]. (Airy 1896. S. 325 – Übersetzung W.-R- Wagner)

46 Valentiner 1887, S. 47

Festzuhalten blieb also: »Obwohl die meisten Aufnahmen als gelungen zu bezeichnen sind, treten die Mängel derselben doch bei der Ausmessung grell hervor, indem die Ränder unter dem Mikroskop allmälig in undeutliche Schatten verschwimmen, [...].«[47] Die Aufnahmen mit dem »photographischem Revolver« erbrachten beim Venusdurchgang 1874 zwar nicht die gewünschten Ergebnisse, der Physiologe Étienne-Jules Marey wurde jedoch durch Janssens »photographischem Revolver« zur Entwicklung seiner »chronophotographischen Flinte« angeregt, die es ihm ermöglichte, Bewegungsstudien bei Vögeln im freien Flug zu betreiben.[48] (MG 1892)

Beobachtung des Venusdurchgangs mit dem photographischen Revolver von Janssen

47 Holetschek 1880, S. 179 f.
48 Marey selbst wies auf die Rolle, die Janssens »astronomischer Revolver« für die Entwicklung seiner »chronophotographischen Flinte gespielt hat, wiederholt hin: »J'émettais alors l'idée d'un fusil photographique à répétition analogue au revolver astronomique imaginé par mon confrère M. Janssen pour observer le dernier passage de Vénus.« (Marey 1882, S. 326)

1875 – PRODUKTION TAXONOMISCHER DATEN MIT HILFE DER FOTOGRAFIE

> Will [der Reisende] nicht lediglich für sich selbst sehen, sondern hofft er aus dem Gesehenen für weitere Kreise einen bleibenden Nutzen, einen Fortschritt in der Erkenntnis zu schaffen, so ist es nothwendig, dass er, wo Beschreibung nicht ausreicht, Belege beibringt, welche als materieller Anhalt dem Unkundigen die directe Anschauung zu ersetzen vermögen und gleichzeitig als Correctiv für die subjective Auffassung des Reisenden dienen können. Solchen Anforderungen entsprechen aber photographische Aufnahmen am allerbesten.
>
> *Gustav Fritsch 1875*[49]

In einem Beitrag zu einem Sammelband *Anleitung zu wissenschaftlichen Beobachtungen auf Reisen – Mit besonderer Rücksicht auf die Bedürfnisse der kaiserlichen Marine* beschreibt Gustav Fritsch, Gründungsmitglied der Berliner Gesellschaft für Anthropologie, Ethnologie und Urgeschichte, wie anthropologische Aufnahmen konstruiert werden müssen, damit sich aus ihnen taxonomische Daten gewinnen lassen.[50]

Die zeichnerischen Darstellungen von Personen fremder Nationen seien aus anthropologischer Sicht bis auf einen kleinen Bruchteil unbrauchbar. Auf alle Fälle müsse man sie mit »größtem Mißtrauen« betrachten. Dies ergäbe sich schon allein aus der Tatsache, dass es kaum möglich sei, »ein widerwilliges, scheues Individuum« so lange zum Stillsitzen zu bewegen, wie es für die Anfertigung eines Porträts erforderlich sei. Daraus folgt für Fritsch: »Für die Herstellung zuverlässiger Abbildungen fremder Völkerstämme zu allgemeiner Vergleichung ist die Anwendung der Photographie daher als unumgänglich nöthig zu bezeichnen.«[51]

Damit diese Abbildungen zur »allgemeinen Vergleichung« geeignet sind, reicht es nicht aus, sich auf die Detailgenauigkeit der fotografischen Abbildung zu verlassen. Fritsch gibt daher genaue Anleitung, wie man vorzugehen habe, um die »allgemeine Vergleichung« bei physiognomischen Aufnahmen zu gewährleisten. Er unterscheidet dabei zwischen »Aufnahmen von ganzen Figuren und solchen, wo der Kopf die Hauptsache darstellt«. Dabei sei die »Bildung des Kopfes, die Verhältnisse der einzelnen Theile des Gesichtes für die vergleichende Anthropologie von dem höchsten Interesse«. (MG 1841)

> [...] Man wähle bei der Aufnahme stets gerade Projectionen, d.h. man nehme jeden Kopf in möglichst genau gestellter Vorder- und Seitenansicht auf, bei natürlicher Haltung, während gleichzeitig auch die Camera horizontal gestellt und in solche Höhe über den Erdboden gebracht wird, dass die Verlängerung der optischen Axe des Objectivs ungefähr durch die Mitte

---

49 Fritsch, 1875, S. 605
50 Vgl. Wagner 2013, S. 214–218
51 Fritsch 1875, S. 606

des Kopfes geht. Das Neigen der Visirscheibe, wie es sonst zur Erreichung grösserer Schärfe in vorspringenden Parthieen des Bildes u.s.w. häufig Anwendung findet, ist für den vorliegenden Zweck unzulässig, da es die räumlichen Verhältnisse verändert.

Die geraden Projectionen sind zu wählen, weil man dadurch am meisten von uncontrollirbaren perspectivischen Verkürzungen befreit wird und gleich gelagerte Theile verschiedener Bilder in directe Vergleichung ziehen kann.[52]

Brustbilder   *Aufnahmen der germanischen »Race«*

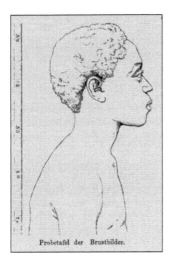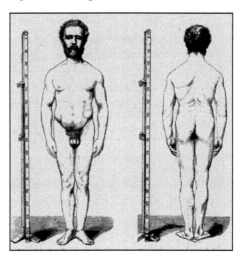

Damit unterscheiden sich anthropologische Aufnahmen deutlich von künstlerischen Porträts. Porträtaufnahmen in exakter Vorder- und Seitenansicht entsprechen nicht den Vorstellungen künstlerisch ambitionierter Fotografen, seien jedoch ideal für anthropologische Zwecke. Alles ist dem Ziel untergeordnet, vergleichbare Aufnahmen zu erstellen. So soll man für die Beleuchtung »einen weissen oder wenigsten recht hellen Hintergrund« wählen.

> Man erhält so ein Bild, dem zwar nicht die sanfte, angenehme Lichtwirkung eigen ist, wie man sie sonst von einer Photographie verlangt, das aber leicht messbare Umrisse zeigt und sich bequem durch eine andere graphische Methode vervielfältigen lässt.[53]

»Allgemeine Vergleichung« bedeutet für Fritsch im Prinzip Messbarkeit. Um diese Messbarkeit zu gewährleisten, empfiehlt es sich »bei der Aufnahme zugleich eine Maaseintheilung mit zu photographiren, die im gleichen Verhältnis erscheint wie das Modell«.[54]

> Die Schwierigkeit durch directes Messen am Lebenden correcte Daten über die Verhältnisse der einzelnen Theile zu gewinnen, macht es ausserordentlich wünschenswerth, genau

---

52 Ebd. S. 607
53 Fritsch 1875, S. 608
54 Fritsch 1875, S. 608

messbare Photographien der ganzen Körper zu haben, wo man im Stande ist, sich über die als Ausgangspunkte der Messungen zu benutzenden Stellen mit anderen Forschern zu verständigen.[55]

Die Anleitungen, wie man Resultate erzielt, »die den wissenschaftlichen Anforderungen entsprechen und eine möglichst eingehende Vergleichung erlauben«, werden noch darüber hinaus präzisiert.[56]

Es findet sich der Hinweis, dass die »aufzunehmenden Körpertheile« möglichst entblößt sein sollten, um die »Klarheit und Messbarkeit« nicht durch Schmuckgegenstände oder Ähnliches zu beeinträchtigen.[57] Außerdem finden sich Überlegungen, welche Objektive man wählen soll, um einen Kompromiß zwischen der notwendigen kurzen Expositionszeit und der für eine optimale Messbarkeit erforderlichen Tiefenschärfe zu finden.

Aufgrund der »metrischen Genauigkeit«, die mit der Kamera erzielt werden kann, stand mit der Fotografie ein Medium zur Verfügung, mit dem sich exakte mathematische Daten gewinnen ließen. Vergleichbarkeit und Messbarkeit ermöglichen die Umwandlung der fotografischen Abbildungen in Zahlen, Tabellen und Statistiken und erlaubten so die Konstruktion von Typen.

Die Fotografie spielte in der Psychiatrie, Anthropologie und Kriminologie eine wichtige Rolle bei der Festlegung des Andersartigen, Fremden und des von der Norm Abweichenden, bei der Klassifizierung von Unterschieden.

---

55 Fritsch 1875, S. 610
56 Fritsch 1875, S. 606
57 Ebd. S. 607

1876 – »ZUR BEWÄLTIGUNG DES INNEREN LOCALEN TELEGRAPHENVERKEHRS GROßER HAUPTSTÄDTE WÜRDE SELBST DAS AUSGEDEHNTESTE NETZ ELECTRISCHER DRÄHTE NICHT IMMER AUSREICHEN«[58]

> Seit dem 1. December ist in Berlin die Rohrpost, d.h. die Brief- und Telegrammbeförderung mittels Luftdruck, in Betrieb und hat sich bis jetzt gut bewährt. Spätestens eine Stunde nach der Aufgabe befindet sich jede Rohrpostsendung in den Händen des Empfängers.
>
> *Illustrirte Zeitung 1876[59]*

Mit der Ende 1876 in Betrieb genommenen Rohrpost wurden in Berlin per »Rohrpost-Zug« Briefe, Karten und Telegramme in Eisenblechbüchsen zwischen 7 bzw. 8 Uhr früh bis 10 Uhr abends in viertelstündigen Abständen mit einer Geschwindigkeit von einem Kilometer pro Minute auf den sechs Hauptlinien durch die unterirdischen Röhren zwischen den 15 Rohrpoststationen befördert. Zur Erzeugung der »Betriebsluft« wurden sechs Dampfmaschinen benötigt. Die Kosten für die Anlage beliefen sich 2.75 Millionen Mark.

Jeder »Rohrpost-Zug« konnte 200 bis 300 »Poststücke« befördern. Das Gewicht der Einzelsendung durfte 10 Gramm nicht überschreiten. Die Gebühren für die Rohrpost waren »im allgem. geringer […] als bei Benutzung der Telegraphie und selbst der Eilbrief-Bestellung«.

Berliner Rohrpostnetz 1876

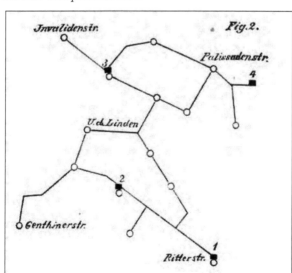

---

58 Deutsches Postarchiv 1873, 404

59 Illustrirte Zeitung Nr. 1746 vom 16.12.1876, S. 525

Bei Inbetriebnahme im Dezember 1876 hatte das Rohrpostnetz eine Gesamtlänge von 21 km. 1896 umfasste das Berliner Rohrpostnetz 52 Betriebsstellen mit einer Länge von ca. 110 km. Im ersten Jahre ihres Bestehens beförderte die Rohrpostanlage nur 1.361.000 Sendungen, zehn Jahre später (1886) gelangten schon 3.650.000 und im Jahre 1892 nahezu 5 Millionen Sendungen zur Aufgabe.[60]

Die Berliner Rohrpostanlage bewährte sich so gut, dass die oberste Post- und Telegraphenverwaltung sehr bald plante, »die Rohrpostanlagen auf Hamburg, Breslau, Dresden, Leipzig, Köln und andere bedeutende Städte auszudehnen«.[61] Wie 1873 in den *Beiheften zum Amtsblatt der Deutschen Reichs-Postverwaltung* in einem Bericht über die »Pariser Stadttelegraphie« ausgeführt wird, wurde der Aufbau von Rohrpostnetzen notwendig, weil zur »Bewältigung des inneren localen Telegraphenverkehrs großer Hauptstädte [...] selbst das ausgedehnteste Netz electrischer Drähte nicht immer ausreichen [würde]«.

Denn die Abtelegraphirung einer Depesche auch mit den relativ vollkommensten Apparaten erfordert immer eine gewissen Zeitaufwand, und bei einem Anhäufen zahlreicher Localtelegramme, wie es in derartigen Verkehrscentren unvermeidlich ist, würde der wichtigste Vorzug der telegraphischen Beförderung, die Schnelligkeit, nahezu eingebüßt werden. Hierin scheint die Grenze der sonst so staunenswerthen Leistungsfähigkeit des elektrischen Telegraphen zu liegen. Um den Verkehrsbedürfnissen solcher Städte zu genügen, muß ein anderes Beförderungsmittel helfend eintreten; es sind dies die Tuben-Leitungen zur Depeschenbeförderung vermöge des atmosphärischen Drucks im luftleeren Raume. Im Grunde genommen ist dies nur eine vervollkommnete Post; denn es werden, abweichend von dem Telegraphen, nicht blos die Worte, sondern die geschriebenen Depeschen selbst befördert.[62]

Die Notwendigkeit, die innerstädtische Kommunikation zu verbessern, ergab sich auch für die »junge Kaiserstadt« Berlin, deren Einwohnerzahl sich 1877 der Millionengrenze näherte.

In gleichem Schritt mit dem schnellen Wachsthum der Bevölkerung sehen wir die freie Entwickelung des öffentlichen Handels und Verkehrs unaufhaltsam sich entfalten und, unbeirrt durch zuweilen hemmend auftretende Mächte, rastlos weiter und vorwärts streben.

Der Bau der berliner Stadteisenbahn hat bereits begonnen, neue Linien der Pferdeeisenbahn sind in den bedeutendsten Straßen angelegt worden, und die am 1. December v. J. durch die Thatkraft des Generalpostmeisters ins Leben gerufene Rohrpost, mittels welcher jetzt Briefe und Telegramme mit einer Geschwindigkeit von 1000 Mtr. in der Minute in unterirdischen Röhren durch Berlin fliegen, sie legt ein gewichtiges Zeugniß von dem hohen Standpunkt des heutigen Maschinenwesens ab.[63]

---

60 Diese Angaben wurden zusammengestellt nach Berichten und Meldungen aus der Deutsche Bauzeitung Nr. 98/1876, S. 491, Uhland's Verkehrszeitung und Industrielle Rundschau Nr. 52/1896, S. 310

61 Illustrirte Zeitung Nr. 1748 vom30.12.1876, S. 569

62 Deutsches Postarchiv 1873, S. 404 f.

63 Hfs. 1877, S. 69

Die neue kaiserliche Rohrpost in Berlin zählte zu den »hochinteressanten Beispielen von der Vielseitigkeit und Wichtigkeit der Verwendung der atmosphärischen Luft«. Weitere Beispiele, die hierfür erwähnt wurden, waren der Einsatz von Pressluftbohrern in den Kohlegruben und beim Bau des Gotthard Tunnels, die Einführung einer »neuen Eisenbahnluftbremse« sowie die Entwicklung von Torpedobooten.[64] Die erfolgreiche »Verwendung der atmosphärischen Luft« inspirierte, wie die *Berliner Nationalzeitung* 1887 berichtete, Ingenieure zu Plänen für Großprojekte wie einer »pneumatischen Post zwischen England und Frankreich«.

In Frankreich taucht, da die Engländer von einem Tunnel zwischen Dover und Calais nichts wissen wollen, der Gedanke auf, hoch über das Meer eine riesige Rohrpost zwischen beiden nur 32 Kilometer entfernten Städten zu errichten. Dem Gedanken liegt die Abhilfe der auch bei uns häufig wiederkehrenden Klagen über Verspätungen oder gar Ausbleiben der englischen Post zu Grunde. Der Urheber des Projects, Ingenieur Arnandeau, beabsichtigt übrigens keineswegs die Anlage einer Rohrpost, wie eine solche für den localen Verkehr in den meisten Großstädten besteht, sondern eine Verbindung mittelst Röhren von einem Meter Durchmesser, die den ganzen Postverkehr vermitteln, ja einzelne, besonders eilige Reisende (?) hinüberschaffen sollen. [...] Außerdem will Arnandeau in der Röhre Telephondrähte unterbringen und damit die bisher unmögliche Fernsprechverbindung zwischen London und Paris zuwege bringen. [...] Soweit das nur auf 20 Millionen Mark veranschlagte Project, mit dessen Ausführung es allerdings noch gute Wege haben wird.[65]

Hauptzimmer eines Rohrpostamtes

---

64 Ebd. S.69

65 Zitiert nach Neue Freie Presse 02.08.1887, S. 6

1877 – DAS SCIOPTIKON, »EIN VERVOLLKOMMNETER PROJECTIONS-APPARAT«

Vorträge vor einem größeren gemischten Publikum gehören heutzutage zum geistigen Menu; man mag viel oder wenig von ihnen halten, sie werden gehalten und gehört, und man thut gut, aus einer Sache, die nun einmal an der Tagesordnung ist, zu machen was nur möglich ist. Diese Vorträge litten indessen an einer gewissen Einseitigkeit und ermangelten auch der Anschaulichkeit. Literatur und Geschichte mußten die Kosten decken, und wenn einmal auf Bilder rekurrirt wurde, so ging es nicht anders, als daß dieselben im Saal aufgehängt und von etlichen nach dem Vortrage angesehen wurden, also doch nichts halfen. Ein guter Projektionsapparat ermöglicht es nun, Bild und Wort zugleich, und zwar einer großen Versammlung wahrnehmbar zu machen. Es ist von einem Mondkrater die Rede – hier ist er, klar und handgreiflich, ein mikroskopisches Präparat soll gezeigt werden, hier ist es in 600,000 facher Vergrößerung.
Daheim 1880[66]

Die neue Laterna Magica

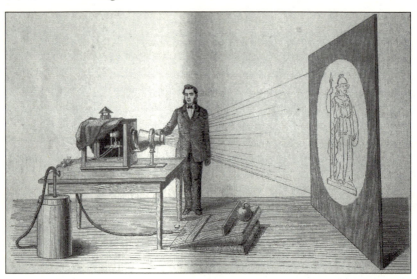

Allerdings, so stellte der Verfasser des hier zitierten Artikels aus der Familienzeitschrift *Daheim* fest, seien die für derartige Vorführungen erforderlichen Apparate und

---

66 M. A. 1880, S. 587

Bilder »für den Privatmann zu theuer und die Herstellung der Gase [als Lichtquelle] zu umständlich«. An diesem Punkte seien »die Amerikaner zu Hilfe gekommen«. Dieser Hinweis bezieht sich auf das »Sciopticon«, einen »vervollkommnete[n] Projektionsapparat für Unterricht und Unterhaltung«, für welchen normierte »Projektionsbilder» zur Verfügung standen. Dass dieser Projektionsapparat selbst für den Privatmann von Interesse sei, das könne man an den Annoncen in der *Illustrirten Zeitung* oder den Zeitschriften *Daheim* und *Ueber Land und Mee*r sehen, meint der Verfasser dieses Artikels.

Projektionsapparate, im Prinzip seit der von Athanasius Kircher am Ende des 17. Jahrhunderts eingesetzten Laterna Magica bekannt, sind gegen Ende des 19. Jahrhunderts auf dem Wege zum Massenmedium. Entscheidenden Anteil daran hatte neben einer handhabbaren Lösung für die Frage der Lichtquelle, die Entwicklung der Fotografie und der fotografischen Reproduktionsverfahren, wodurch es möglich wurde, Glasbilder in der erforderlichen Qualität, Anzahl und »zu billigem Preise« herzustellen.[67]

Schon einige Jahre zuvor findet sich in der *Österreichischen Badezeitung* ein Bericht über den von einem bekannten Wiener Fotografen entwickelten Projektionsapparat, der sich für Unterhaltungsangebote in Badeorten und Heilanstalten anbiete. Bei diesem Scioptikon handele es sich um eine verbesserte Laterna Magica.

Vervollkommneter Projections-Apparat

---

67 Vgl. Talbot 1876

Obzwar [das Scioptikon] berufen ist, in erster Linie für den Anschauungsunterricht in den verschiedenen Zweigen der Naturwissenschaft zu dienen, eignet sich dieselbe auch vollkommen als Unterhaltungsgegenstand für Familien, Vereine, Gesellschafts-Zirkel und für öffentliche Lokale. Das Scioptikon ist ganz vollkommen geeignet, durch bildliche Darstellung der verschiedenen Objekte in bedeutender Vergrößerung eine Stunde der angenehmsten Zerstreuung zu bieten.

Besonders empfiehlt sich das Scioptikon für Badeorte und Heilanstalten, in denen die für Unterhaltung und Zerstreuung besorgten Organe gar oft in Verlegenheit sind, auf welche Weise sie die ihrem Arrangeurtalente Anheimgegebenen vor Langeweile zu schützen vermögen.

Eigens für das Scioptikon angefertigte Bilder aus der Anatomie, Astronomie, Botanik, Geografie, Meteorologie, Mineralogie, Technologie und Zoologie, der speziellen Länder- und Völkerkunde, der plastischen Künste, der Wiener Weltausstellung ec. sorgen für die reichste Abwechslung.

Die Lichtstärke dieses Scioptikon ist so groß, daß eine künstliche Verfinsterung des Raumes, wo dasselbe aufgestellt wird, ganz und gar nicht nothwendig wird, es genügt, bei Tag die Fenstervorhänge herabzulassen und können des Abends ohne Beeinträchtigung des Effektes im gleichen Raum einige Lichter brennen, nur dürfen sie sich nicht in allzugroßer Nähe des auffangenden Schirmes befinden.

Zwei Petroleumlampen genügen, um mittelst des Scioptikons Bilder von 7 Centimeter Durchmesser in 50 bis 60facher Vergrößerung an die Wand zu zaubern.[68]

---

68 Österreichische Badezeitung vom 23.07.1876, S. 172

1878 – DIE TELEGRAPHIE ALS »WOHLTHAT DER STAATSEINRICHTUNG«

> In der Beratung über den Etat der Reichspost- und Te-
> legraphenverwaltung im Jahre 1896 erklärt der Gene-
> ralpostmeister Heinrich von Stephan, ›es wird mit der
> Zeit dahin kommen, daß jedes Dorf im Deutschen
> Reich seine eigene Post- und womöglich seine eigene
> Telegraphenanstalt hat, und damit wäre, man kann
> wirklich sagen, der ideale Zustand herbeigeführt.‹
> *Stenographische Berichte über die Verhandlungen des*
> *Reichstags 1896*[69]

Heinrich von Stephan konnte bei den Beratungen im Reichstag auf die Fortschritte
verweisen, die auf dem Wege zur Realisierung seiner Vision eines flächendeckenden
Zugangs zu Post- und Telegraphenanstalten bereits erzielt worden seien. Die Zahl der
aufgegebenen Telegramme im Deutschen Reich habe sich von 7 Millionen im Jahre
1870 auf 33 Millionen erhöht. Aus einer von ihm in Auftrag gegebenen Statistik gehe
hervor, dass sich die Nutzung der Telegraphie seit dieser Zeit geändert habe.[70]

> […] und ich kann sagen, ich habe eine Genugthuung darüber empfunden, daß es durch die
> Ermäßigung des Tarifs und die Vervollkommnung des Telegraphen gelungen ist, daß nun auch
> der kleine Mann immer mehr zum Telegraphiren fortschreitet, und daß die Telegraphie in der
> That ein volksthümliches Institut wird.[71]

Schon 1878 hatte Generalpostmeister von Stephan im Reichstag für den Ausbau des
Telegraphennetzes geworben, da nach seiner Vorstellung die Telegraphie als eine
»Wohltat der Staatseinrichtung« allen Bürgern in allen Orten zugutekommen sollte.

> Und nun vergegenwärtigen Sie sich einmal das Loos dieser einzelnen, vom großen Telegra-
> phennetz abgetrennten, bisher nicht mit Stationen beglückten Orte auf dem Lande, die meist
> auch entfernt sind von dem Eisenbahnnetz, wodurch ihren Bewohnern ja schon die Konkur-
> renzfähigkeit mit Handel und Gewerbe derjenigen Orte verkümmert wird, die sich des Vor-
> zugs jenes schnellsten Verkehrsmittel bereits erfreuen. Es werden an vielen dieser Landorte
> nicht unerhebliche Industrien betrieben […]; das alles verursacht ja doch einen erheblichen
> Verkehr in die Ferne, und in der heutigen Zeit bei der allgemein obwaltenden Konkurrenz, bei
> den wesentlichen Nachtheilen gegenüber denen, die sich im Besitz der vollkommeneren Ver-
> kehrsmittel befinden, ist es sehr schmerzlich für diejenigen, die entfernt von jenen Wohlthaten
> der Staatseinrichtung sitzen an einem Orte, der nicht durch Telegraphenleitungen mit der üb-
> rigen Welt verbunden ist. Nun die Familieninteressen! Wie viele der Familien auf dem Lande

---

69 Stenographische Berichte über die Verhandlungen des Reichstags – 19. Sitzung am
   20.01.1896, S. 418
70 Vgl. Wagner 2019, S. 232–234
71 Stenographische Berichte über die Verhandlungen des Reichstags – 19. Sitzung am
   20.01.1896, S. 421

haben ihre Kinder auf entfernte Schulanstalten schicken müssen, Gymnasien und Universitäten; ihre Söhne sind in der Armee u.s.w., und es können Fälle vorkommen, in welchen es sich dabei um die theuersten Interessen, um Ruhe der Seele, Leben und Tod handeln kann, in denen der schnellste Nachrichtenaustausch von entscheidendster Wichtigkeit ist. Nun schneidet der Telegraph, der vielleicht 80 Meilen weit reicht, etwa 3 Meilen von dem Ort ab; man brauchte nur einen Draht hinzuziehen, um seine Bewohner durch den Telegraphen mit der übrigen Welt in nähere Verbindung zu bringen. Denken Sie ferner, meine Herren, an die Fälle der eiligen Herbeirufung eines Arztes! Außer diesen entscheidenden Punkten dürften doch nun aber auch diejenigen Fälle wohl einen gewissen Anspruch auf Berücksichtigung haben, in denen es sich um die schnelle Erreichung desjenigen handelt, was mehr mit der Anmuth des Lebens in Verbindung steht. Es kommen Feste auf dem Lande vor; warum soll man bei diesen sich nicht mit dem Telegraphen die Annehmlichkeiten aus den großen Städten besorgen, warum soll der Gebirgsbewohner nicht die edlen Produkte des Meeres, die Seefische, Hummern und Austern möglichst frisch genießen können, und manches andere auf dem schnellsten Wege erlangen, z.B. Hochzeitsgeschenke, frische Blumensträuße, Geburtstagsangebinde?[72]

Der Feuertelegraph

> Beim Bäckermeister Hörl in Nonnthal, im Einnehmer-haus Nro. 2 und bei H. Surrer Nro. 40 in Riedenburg; beim Bäckermeister Höller in Mülln und beim St. Seba-stians-Mesner Hammer im städtischen Bruderhaus sind Stationen des Feuertelegraphen errichtet. Eine rothe Tafel mit der Aufschrift „Feuertelegraph" würde den Stations-ort immer im Gedächtnisse der Leute erhalten, weil sie im Vorübergehen durch das Auge immer an ihn erinnert würden.
>
> Ein Brand kann bei Tag und Nacht an diesen Stationen gemeldet werden. Diese geben die Meldung telegraphisch in die Wachstube des Rathhauses, von dort geht sie in die Feuer-Wachstube der Festung.

Für den Ausbau des Telegraphennetzes sprachen auch militärische Gründe. In den Debatten im Reichstag ging es aber im Wesentlichen – wie es heute heißen würde – um die Schaffung »gleichwertiger Lebensverhältnisse«. So dienten die Telegraphenanstalten im Bereich des deutschen Reichs-Postgebietes »auf dem platten Lande« als »Unfall-Meldestellen«, in denen durch die Aufstellung von »Weckvorrichtungen« selbst nachts Meldungen empfangen werden konnten.[73] Der Ausbau des Telegraphennetzes konnte in dieser Form erfolgen, weil im Unterschied zu den meisten anderen Ländern im Deutschen Reich die Post- und Telegraphendienste als staatliches Monopol betrieben wurden. Staatliche Monopolbetriebe sind freier in ihren Investitionsentscheidungen, da diese nicht ausschließlich nach wirtschaftlichen Gesichtspunkten getroffen werden. Daher Lenins »Sympathien« für die Deutsche Reichspost, die er in dem 1917 verfassten Text Staat und Revolution als »Muster sozialistischer Wirtschaft« bezeichnete.[74]

---

72 Stenographische Berichte über die Verhandlungen des Deutschen Reichstags – 24 Sitzung am 28.03.878, S. 569
73 Veredarius 1885, S. 318
74 Lenin 1967, S. 358

1879 – »DIE MODERNE WITTERUNGSKUNDE, INSBESONDERE DIE PRAKTISCHE SEITE DERSELBEN, IST GEWISSERMAßEN EINE TOCHTER DES TELEGRAPHENWESENS«[75]

> Die größten Fortschritte verdankt die Witterungskunde in den letzten Jahren der Einführung der sogen. synoptischen Wetterkarten, d.h. den graphischen Darstellungen gleichzeitiger Witterungszustände über einem etwas größern Theil der Erdoberfläche. Diese Karten wurden erst veranlaßt durch die Möglichkeit, mittelst telegraphischer Witterungsberichte meteorologische Daten von einer großen Anzahl von Stationen an einem Ort zu konzentriren.
> *Die Einführung der Witterungsprognosen in der Schweiz 1879*[76]

»Wetter« erlebt man. Über »Witterung« muss man Buch führen. Damit war die Meteorologie als »Witterungskunde« von Anfang an abhängig von den technischen Möglichkeiten im Bereich der Datenerfassung, der Datenverarbeitung und der Kommunikation.

Welchen Nutzen es bringen kann, Wetterdaten auf verschiedenen Stationen zu sammeln und telegraphisch weiterzuleiten, zeigte sich während des Krimkrieges. Am 14. November 1854 gerieten französische und britische Kriegsschiffe im Schwarzen Meer in einen schweren Orkan, bei dem nicht nur viele der Schiffe beschädigt wurden, sondern zudem Hunderte von Menschen umkamen.

Tage zuvor hatten Stürme im Westen Europas sowie in Österreich und Algerien schwer gewütet. Um herauszufinden, ob es sich hierbei um ein und dasselbe Wetterphänomen gehandelt hatte, erbat sich Urbain Leverrier, der Direktor der Pariser Sternwarte, von den »Meteorologen aller Länder« Berichte mit Daten über »den Zustand der Atmosphäre vom 12. bis 16. November«. Aus den eingehenden Daten ergab sich, dass der Sturm

in den Westhäfen Frankreichs, im biscayischen Meere, drei und einen halben Tag vor seinem Ausbruch im schwarzen Meere, zur Erscheinung gekommen war, daß der in dieser Zeit von 3 bis 4 Tagen von Westen nach Osten, über Land und Meer, mit stets zunehmender Heftigkeit fortschritt und seine größte Wuth im schwarzen Meere äußerte. [...]
Hätten damals Telegraphenverbindungen zwischen den Häfen der biscayischen, des mittelländischen und des schwarzen Meeres bestanden, so wären alle Schiffe, rechtzeitig gewarnt, ruhig im Hafen geblieben und hätten ihn nicht eher verlassen, als bis der Telegraph bessere Nachrichten brachte und der Sturm sich gelegt hatte. Man sieht hieraus, wie wichtig es für die Schifffahrt ist, eine telegraphische Correspondenzverbindung aller Seehäfen Europas und anderer Erdtheile herzustellen, die mit Europa durch den elektrischen Draht verbunden sind. Wir

---

75 W. v. B. 1881, S. 1617
76 Billwiller 1879, S. 5 f.

kennen zwar das Gesetz der Stürme noch nicht, aber durch fortgesetzte Beobachtungen auf den über die ganze Erde verbreiteten meteorologischen Stationen sind wir auf dem besten Wege, es kennen zu lernen.[77]

Als Konsequenz aus diesen Erfahrungen kündigte Leverrier am 1. April 1860 die Aufnahme einer »telegraphischen Correspondenz« zwischen den französischen Seehäfen zum Austausch meteorologischer Daten an. Nach den Vorstellungen Leverriers sollte diese »gegenseitige, telegraphische Correspondenz-Verbindung« nicht auf Frankreich beschränkt bleiben, sondern auf möglichst viele europäische Hafenstädte ausgedehnt werden.[78]

Thatsächlich gibt es kaum eine Wissenschaft die den Charakter des Internationalen ausgeprägter an sich trüge als die Meteorologie. Wind und Wetter kennen keine politischen Gränzen, sie machen überall ihre Herrschaft rücksichtslos geltend, und nur ein Zusammenwirken der verschiedensten Orte der Erde ermöglicht es ihre Bahnen zu erforschen und ihnen auf ihren Wegen gewissermaßen auf dem Fuße zu folgen.[79]

So wurde 1879 auf dem »zweiten allgemeinen Meteorologen-Congreß«[80] in Rom die »Internationale Meteorologische Organisation« gegründet und ein »internationales permanentes meteorologisches Comité« installiert, das sich jährlich versammelte, »um die Beobachtungen aller Länder conform und unter sich vergleichbar zu machen«.[81]
Für die Aktualität des Themas Meteorologie und Wetterprognosen spricht, dass 1879 in der Familienzeitschrift *Die Gartenlaube* eine dreiteilige Artikelreihe zu diesem Thema erschien.[82] Die dritte Folge der Artikelreihe über »Wetter-Prophezeiungen einst und jetzt« beschäftigt sich unter der Überschrift »Karten-Wahrsagung« mit den Fortschritten der Wettervorhersage, die durch die »Verbesserung der Beobachtungsinstrumente« (MG 1866) und durch die »Ausdehnung des elektrischen Telegraphennetzes« erzielt werden konnten.

Durch Verbesserung der Beobachtungsinstrumente, als da sind Windrichtungs- und Windstärkemesser, Luftfeuchtigkeits- und Regenmesser und viele andere Hülfsmittel, hat man den Meteorologen die mechanische Arbeit der Beobachtung mehr und mehr erleichtert, ja hier und da völlig abgenommen, denn man hat den Beobachter durch eine Art von Automaten ersetzt, der unermüdlich Tag und Nacht Alles, was im Luftkreise seiner Aufstellung vor sich geht, getreulich zu Papiere bringt. [...]

---

77 M. f. d. L. d. A. vom 07.11.1860, S. 1849 – Der Astronom Mädler, auf dessen Aufsatz über »Telegraphie und Naturwissenschaft« sich der Verfasser des hier zitierten Artikels inhaltlich stützt, formuliert mit Blick auf die Erkenntnis meteorologischer Gesetzmäßigkeiten den Grundsatz: »Alles Construiren a priori ist hier werthlos: wir brauchen Beobachtungen, zahlreiche, genaue, lang und beharrlich fortgesetzte, über ein möglichst weites Gebiet sich verbreitende.« (Mädler 1860, S. 145)

78 Ebd. S. 1849

79 W. v. B. 1880, S. 1897

80 Die Presse vom 11.04.1879, S. 9

81 o. V. 1880, S. 8

82 Sterne, Carus 1879

Die Ausdehnung des elektrischen Telegraphennetzes gab ein anderes Mittel zur Vervoll-kommnung. Hatte man bisher erst nachträglich die Einzeichnung der einzelnen Beobachtungs-elemente in Karten vornehmen können, so wurde damit der Versuch nahe gelegt, auf Grund der bei den Centralstationen eingehenden Berichte, sofort ein kartographisches Bild des an-dauernden Wetters zu entwerfen, um daraus eine klarere Vorstellung von dem Gange und den Veränderungen desselben zu gewinnen. So entstanden die sogenannten synoptischen Wetter-karten, das heißt Landkarten, in welche die auf einer großen Anzahl von Stationen beobachte-ten gleichzeitigen Temperaturen, Barometerstände, Windrichtungen, Niederschläge etc. ein-gezeichnet wurden. Ein besonderer Fortschritt wurde ferner im Verständnisse der Witterungs-erscheinungen erreicht, als man begann, die Orte mit zur selben Zeit gleichem Barometer-stande durch Linien gleichen Luftdruckes (Isobaren) mit einander zu verbinden.[83]

Durch die Möglichkeit, tägliche Wetterberichte in Form von Wetterkarten zu erstellen, wurde dieses Informationsangebot für Tageszeitungen interessant.

Graphische, insbesondere kartographische, Darstellungen finden schon seit längerer Zeit in der Meteorologie vielfache Anwendung, von der Ausdehnung aber, welche diese Anwendung heute gewonnen hat, hatte man sich vor einem Decennium wohl kaum träumen lassen. Für die Vorhersage der Witterung sind sie geradezu unentbehrlich. Selbst der Fachmann ist nicht im Stande, sich aus dem bloßen tabellarischen Wetterbericht ein klares Bild von dem über einem ausgedehnteren Gebiete herrschenden Witterungszustande zu verschaffen, er muß die Ueber-tragung in eine Karte zu Hülfe nehmen.[84]

In Europa nahm hier die *Times*, wie 1875 aus einer Meldung in der Zeitschrift *Vor-wärts,* dem Organ der österreichischen Gewerkschaft Druck und Papier, hervorgeht, eine Vorreiterrolle ein.[85] Die Redaktion der *Times* hatte »zum Zwecke schnellerer und allgemeinerer Verbreitung meteorologischer Beobachtungen eine eigenthümliche Neuerung« eingeführt.

Sie besteht in einem das mittlere Europa umfassenden Kärtchen, in welches die Temperatur, der Barometerstand und die Witterung in ihren Einzelheiten (durch Zahlen, Buchstaben und Zeichen) verzeichnet sind, so daß mit einem Blick der jeweilige Stand der Witterungs-

---

83 Sterne 1879, S. 584

84 W. v. B. 1881, S. 1618

85 In den Vereinigten Staaten waren nicht nur der Wetterdienst und die Nutzung der Telegra-phie anders organisiert, sondern vor allem eröffneten die geografischen Gegebenheiten bes-sere Möglichkeiten für Wetterprognosen. »Die Aufstellung von Wettervorhersagen in der Union ist einfach und leicht, da die Tief- und Hochdruckgebiete sehr gleichmäßige Bahnen haben. Trotz der großen Gegensätze im Witterungswechsel, namentlich in den Temperatur-verhältnissen, erweist sich die Witterung über größere Länderstrecke gleichartig, auch die Regenverteilung im Gebiete eines Tiefs ist weit gleichmäßiger gestaltet. Diese Gleichmä-ßigkeit der Bahnen und die Gleichartig der Witterung über große Landstrecken bedingt eine große Zuverlässigkeit und Einfachheit der Wettervorhersage; deshalb ist man namentlich in den östlichen Teilen der Vereinigten Staat in Folge der Möglichkeit, kommende Hoch- und Tiefdruckgebiete längere Zeit vorher zu erkennen, imstande, die Witterung auch mehrere Tage vorher anzusagen.« (Polis 1908, S. 665 f.)

verhältnisse in ganz Central-Europa übersehen werden kann. Die wechselnden Abänderungen werden von der Londoner Patent-Stereotypengießerei-Gesellschaft mittels eigener Gravirmaschine bewerkstelligt. Diese Maschine, von welcher die Herren Shanks und Johnson die Erfinder und Patentträger sind, soll äußerst einfach construirt sein und ihre Arbeit in unglaublich kurzer Zeit ausführen, so daß mittelst derselben das Illustriren täglich erscheinender Blätter in Aussicht gestellt wird.[86]

In Deutschland konnten Zeitungen, wie aus dem Tätigkeitsbericht der Deutschen Seewarte hervorgeht, seit dem Jahr 1878 einen täglichen telegrafischen Wetterbericht abonnieren. Da die Angaben dieses Wetterberichts nicht für die »Konstruktion von täglichen Wetterkarten« ausreichten, wurden diese Informationen durch ein »Isobarentelegramm« ergänzt. Dafür wurde die Europakarte in »144 Rechtecke« eingeteilt und »für jede Isobare so viele Rechtecke mit ihren Buchstaben im Telegramm aufgeführt, als zu deren Festlegung zu genügen scheinen.«[87] Eine Karte, in der die »sogenannten Isobaren oder Linien gleichen Luftdrucks« eingezeichnet sind, liefert Informationen über die Wetterlage, die tabellarischen Auflistungen von Wetterdaten nicht zu entnehmen sind.

> Verbindet man nämlich alle Punkte, welche gleiche Barometerstände haben, durch Linien, so sieht man zunächst, daß auf der einen Seite einer solchen Linie höherer Druck herrscht als auf der anderen; zieht man überdieß die Linien stets für die gleichen Druckdifferenzen, also z.B. für Barometerstände die sich um je 5 Millimeter unterscheiden, etwa für 750, 755, 760, 765, 770 u.s.w., so kann man aus der größeren oder geringeren Entfernung dieser Linien sofort entnehmen, ob man es mit einer kleineren oder mit einer beträchtlichen Störung des atmosphärischen Gleichgewichts zu thun habe.[88]

Die Veröffentlichung dieser Wetterkarten in den Abendausgaben der Tageszeitungen war aufgrund der »knapp zugemessenen Zeit« mit den »sonst gebräuchlichen Methoden der Vervielfältigung, wie Holzschnitt oder Zinkographie«[89] nicht möglich und »deshalb [mußten] erst neue Erfindungen speciell für diese Zwecke gemacht werden«.[90]

Neben berufsbezogenen Artikeln wie über die »Witterungs-Telegraphie im Dienste der Landwirthschaft«[91] sprechen die zahlreichen Meldungen zum Thema Wetterkarten, die sich in den Tageszeitungen dieser Jahre finden, für das öffentliche Interesse an dem neuen Informationsmedium. So berichtet die *Oesterreichische Badezeitung* im Juni 1878 aus Reichenhall, dass die in den Schaufenstern einer Buchhandlung ausgestellte Wetterkarte, »auf welcher nach telegraphischen Mittheilungen der deutschen Seewarte die Witterung ganz Mittel-Europa's durch farbige Scheiben, Zeiger u.s.w.

---

86 Vorwärts. Organ der Gewerkschaft Druck und Papier vom 01.10.1875, S. 4

87 Direktion der Seewarte 1878, S. 118

88 W. v. B. 1881, S. 1618

89 Bei einer Zinkographie werden Zeichnungen oder Schrift mit einer säurefesten Farbe auf die Metallplatte übertragen, die zu druckenden Teilen danach »hochgeätzt«, um die Metallplatte so in das Buchdruckverfahren integrieren zu können.

90 W. v. B. 1881, S. 1617

91 Die Presse vom 22.01.1879, S. 9

ersichtlich gemacht wird – stets ein Gegenstand von großem Interesse für die Kurgäste [sei]«.[92] Das *Berliner Tageblatt* veröffentlichte am 7. November 1881 zum ersten Mal in seiner Abendausgabe eine Wetterkarte. In der redaktionellen Notiz findet sich dazu folgende Anmerkung:

> Langdauernde Bemühungen und kostspielige Versuche haben uns endlich dahin geführt, unseren Lesern von nun an statt der bisherigen Wetterberichte täglich eine Wetterkarte vorlegen zu können, eine Karte, welche die Witterung, wie sie um die angegebene Stunde in ganz Europa herrscht, mit Klarheit, Uebersichtlichkeit und Vollständigkeit darstellt.

Wetterkarte vom 7.11.1871 im Berliner Tageblatt

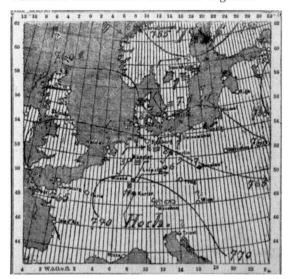

In Anzeigen warb das *Berliner Tageblatt* mit dem Hinweis, die Zeitung habe sich mit dem täglichen Abdruck einer Wetterkarte »den ungetheilten Beifall seiner Leser erworben«.[93]

Die Frage, welche Nutzen die Veröffentlichung einer Wetterkarte am Abend des jeweiligen Tages noch haben kann, beantwortet der Verfasser eines Beitrags zum Thema »Wetterkarten und Wetterprognosen« in der *Beilage zur Allgemeinen Zeitung* mit dem Hinweis, dass

> die Karten unter Zuhülfenahme der Himmelsschau, der Beobachtung des Ortsbarometers auch am andern Tage noch gestatten, auf die inzwischen eingetretene Veränderung zu schließen und so die Prognose bei einiger Uebung der neuen Situation entsprechend selbst zu stellen. Wenigstens findet die Beurtheilung der örtlichen Anzeichen durch die Karte vom vorhergehenden Tage noch bedeutende Unterstützung.[94]

---

92 Österreichische Badezeitung vom 09.06.1878, S. 99

93 Anzeige im Mährischen Tagblatt vom 18.03.1882, S. 8

94 W. v. B 1881, S. 1619

In anderen Veröffentlichungen wird jedoch auf die Kenntnisse hingewiesen, die erforderlich seien, um das neue Informationsmedium lesen zu können.

> Wenn man die Karten der letzten Tage vergleichend neben einander legt, so läßt sich die Tendenz des Wetters aus den Bewegungen der Minima der Isobaren bis zu einem gewissen Wahrscheinlichkeitsgrade vorauserkennen, zumal wenn die Minima in ihrer gewöhnlichen Richtung (von Westen nach Osten) vorwärts rücken, und es sich nicht um die Jahreszeit der Ueberraschungen (Nachwinter und Spätherbst) handelt, in welcher indessen die Vorherkenntniß der Witterung viel weniger wichtig ist, als z.B. im Sommer. Doch ist diese Wahrsagung aus den Karten durchaus keine leichte Kunst, die etwa Jeder üben könnte. Es gehört dazu vielmehr eine genaue Kenntniß der örtlichen Verhältnisse, namentlich in Gebirgsländern, und die Berücksichtigung vieler Einzelheiten, wie z.B. des herrschenden Sättigungsgrades der Luft mit Feuchtigkeit, der in den Karten gewöhnlich nicht verzeichnet steht. Daher erscheint auch der praktische Nutzen der Kartenveröffentlichung von einem problematischen Werthe, denn der durchschnittliche Zeitungsleser wird kaum im Stande sein, sich daraus einen einigermaßen sichern Schluß über die kommende Witterung abzuleiten.[95]

Bezug von Wetterkarte und Wetterbericht durch jede Postanstalt

Meteorologen wie Robert Billwiller, der Direktor der Schweizerischen Meteorologischen Zentralanstalt, sprachen den täglich veröffentlichten telegraphischen Witterungsberichten und Prognosen über die sachliche Information hinaus einen besonderen Bildungswert zu.

> In einer Zeit, wo statistische Erhebungen nach allen Richtungen und bis in alle Details gemacht werden, lohnt es sich wohl auch an und für sich, daß über die thatsächlichen Witterungsverhältnisse in weitem Umkreis das Publikum von Tag zu Tag unterrichtet wird. Hiedurch allein schon wird dem Aberglauben, der auf dem Gebiet der Witterungskunde ganz besonders üppige Blüthen treibt, entgegengewirkt; denn die Wetterberichte betonen fort und fort den natürlichen innern Zusammenhang der Witterungserscheinungen und lassen der Mystik keinen Raum.[96]

---

95 Sterne 1879, S. 585 f.
96 Billwiller 1879, S. 9

1880 – DAS MASSENMEDIUM PANORAMA, »EINE WUNDERLICHE VERMÄHLUNG VON KUNST UND BÖRSE«[97]

> Seitdem eine Gesellschaft am Leicester-Square in London ein Panorama der Schlacht von Balaklava ausgestellt, hat sich die Speculation der schönen Künste bemächtigt. Auf allen Punkten des Erdkreises sind betriebsame Köpfe mit der Idee aufgetaucht ein Panoramen-Geschäft zu etablieren. Alle Schlachtenmaler werden mit Bestellungen bestürmt.
>
> *Allgemeine Zeitung 1880*[98]

In der ersten Hälfte des 19. Jahrhunderts erfreuten sich Schaustellungen, die den Besuchern möglichst »getreue Abbildungen von merkwürdigen Gegenden, Orten und Denkmälern, welche man nicht leicht selbst zu sehen bekommt«,[99] großer Beliebtheit, waren dann letztlich aus der Mode gekommen.[100] (MG 1827) Nach dem Sieg über Frankreich wurde in Deutschland diese Art von Schaustellungen mit Rundgemälden, in denen Schlachten aus dem Krieg von 1870/71 dargestellt wurden, wieder aufgegriffen.[101] Allerdings, so bedauert der Verfasser eines Beitrags in der Zeitschrift *Kunst für alle*,

> [sei] die neueste großartige Entwicklung des Panoramas bei uns in Deutschland nicht durch die deutsche Schlachtenmalerei, sondern vielmehr, so unangenehm es uns klingen mag, durch das Großkapital und noch dazu durch außerdeutsches Kapital herbeigeführt worden […]. Ein reicher Holländer, ein Herr Diemont aus Arnheim war es, der zuerst dem Gedanken näher trat, durch deutsche Künstler die deutschen Kriegsthaten von 1870/71 im Rundbilde verherrlichen zu lassen.[102]

Mit dem Rundbild *Die Schlacht von Sedan* wurde 1880 das erste dieser Panoramen in Frankfurt am Main eröffnet. War das Rundbild *Die Schlacht von Sedan* auf Initiative eines niederländischen Geldgebers entstanden, so wurde der Bau des Nationalpanoramas in Berlin und die Entstehung des Rundbildes *Sturm auf St. Privat* von einer belgischen Aktiengesellschaft, der Société anonyme des Panoramas, finanziert. Zu dieser Unternehmensgruppe gehörte eine Reihe international bedeutender Panoramagesellschaften, über die der internationale Austausch von Rundbildern organisiert wurde.

Die belgische Société anonyme des Panoramas trat in Berlin, wie an anderen Orten, aus taktischen Rücksichten nicht selbst in Erscheinung, sondern stellte den Bauantrag über eine deutsche Tochtergesellschaft und beschäftigte einen deutschen Architekten, der »nach den konstruktiven Angaben belgischer Techniker« arbeitete.[103]

---

97 Allgemeinen Zeitung vom 09.07.1880, S. 2798

98 Ebd. S. 2798

99 Morgenblatt für gebildete Stände vom 01.06.1826, S. 174

100 Deutschen Bauzeitung Nr. 19/1881, S. 115

101 Vgl. dazu Wagner 2019, S. 149–158

102 Hausmann 1890, S. 258

103 F 1883, S. 613

Es entbehrt nicht einer gewissen Ironie, dass das Kapital für die mediale Feier patriotischer Großtaten aus dem Deutsch-Französischen Krieg durch anonym bleibende aus-
ländische Aktionäre aufgebracht wurde. Im patriotischen Überschwang nach dem Sieg
über Frankreich waren Rundgemälde, die Ereignisse aus diesem Krieg darstellten, in
Deutschland große Publikumserfolge

Darstellung des Sturms auf St. Privat im
Nationalpanorama in Berlin (1881)

[…] die Nation war entzückt, endlich einmal ihre Siege in einer ihrer Größe besser als bisher
angepaßten Form zu sehen und berauschte sich förmlich darin. Die bisher so verachtete
Schlachtenmalerei ward auf einmal die volkstümlichste aller Künste, und die ärmsten Bauern
scheuten tagelange Reisen nicht, um nur den Ort und das Bataillon zu sehen, wo ihre Söhne
gefochten.[104]

Die künstlerischen und architektonischen Effekte der Panoramen, in denen die deutschen Siege gefeiert wurden, waren darauf berechnet, die Zuschauer unmittelbar in das
Kampfgeschehen einzubeziehen. Dabei strebte man absolute Genauigkeit in der Wiedergabe der örtlichen Gegebenheiten des Schlachtfeldes und des militärischen Geschehens an. Welcher Aufwand für die Recherchearbeiten zur Vorbereitung eines Rundgemäldes getrieben wurde, geht aus einem Bericht in der Zeitschrift *Die Gartenlaube*
über die Eröffnung des Panoramas *Die Schlacht bei Mars la Tour* 1884 in Leipzig
hervor.

---

104 Pecht 1888, S.416

Nachdem der Plan für ein Schlacht-Gemälde festgestellt, begiebt der Künstler sich zuerst mit einigen ihn unterstützenden Malern in die Gegend des betreffenden Schlachtfeldes zur Aufnahme genauer Terrainstudien, die oft lange Zeit in Anspruch nehmen […]. Dann beginnt das Studium des kriegswissenschaftlichen Theils, des Generalstabswerkes und der Kriegsgeschichte der einzelnen Regimenter und dann die sehr ausgedehnte Correspondenz mit den gegenwärtigen und früheren Regimentschefs. Fragebogen circuliren nun bei den noch activen wie den bereits pensionierten Officieren, welche an der betreffenden Schlacht theilgenommen. Porträts hervorragender Führer oder Soldaten, die sich hervorgethan, wie z.B. für das Leipziger Panorama das Porträt Binkebank's, des von Freiligrath besungenen Trompeters, müssen beschafft, Farbe und Beschaffenheit der Pferde der einzelnen Regimenter oder mindestens der der Officiere müssen festgestellt werden. Jedem der betheiligt gewesenen Regimenter wird freigestellt, mitzutheilen, welch hervorragenden Zug von Tapferkeit aus ihrem Regimente der Darstellung besonders werth erscheint, und so fort.[105]

Die angestrebte reportagehafte Genauigkeit der Rundgemälde ging so weit, dass man den genauen Zeitpunkt für das dargestellte Schlachtengeschehen festlegte. So schildert, das von Anton von Werner geschaffene Panorama, »jenen Moment der Schlacht bei Sedan am Nachmittage des 1. Septembers 1870 zwischen 1 ½ und 2 Uhr«.[106] Dieser Anspruch, die örtlichen Gegebenheiten des Schlachtfeldes und des militärischen Geschehens genau wiederzugeben, führte dazu, dass von ein und derselben Schlacht unterschiedliche Rundgemälde geschaffen wurden, je nachdem welcher Beitrag einzelner Truppenteile am Sieg besonders herausgestellt werden sollte.

Das 1880 in Frankfurt am Main gezeigte Sedan Panorama von Louis Braun stellte die Leistung der süddeutschen Truppen in den Vordergrund. Für Berlin entwarf Anton von Werner 1883 ein Rundbild der Schlacht, in dem vor allem die militärischen Leistungen der Preußen gefeiert wurden. Bei dem 1886 unter der Leitung von Zeno Diemer für die Landesausstellung in Nürnberg geschaffenen Rundbild Die Erstürmung von Bazailles handelte es sich dagegen um »die künstlerische Verherrlichung einer bayerischen Heldenthat, welche der Vorläufer des entscheidenden Sieges von Sedan war«.[107]

Die Realisierung eines Panoramas als Illusionsraum mit seinen optischen und akustischen Effekten basierte auf modernen Techniken und Verfahren, wie in dem bereits zitierten Bericht in der Familienzeitschrift Die Gartenlaube am Beispiel des Leipziger Panoramas Die Schlacht bei Mars la Tour beschrieben wird. Am Entwurf für das Rundgemälde wurde »innerhalb eines aufrechtstehenden Cylinders, der genau ein Zehntel der Größe es künftigen Panoramas umfaßt, also 1,60 Meter hoch und 11,80 Meter lang ist«, gearbeitet. Auf die Wände dieses Zylinders wurde die Landschaft mit ihren Höhen, Wegen, Wäldern gezeichnet. Im nächsten Schritt zeichnete man die »genauen Contouren« der zuvor entworfenen Skizzen zum Schlachtgeschehen in die Landschaft ein.

[Danach] werden von dem Ganzen Pausen hergestellt, in welchen jedes Detail, scharf mit der Feder umrissen, klar ausgearbeitet ist. Diese Pausen werden dann, in 100 Quadrate eingetheilt,

---

105 Stein 1884, 738
106 G. S. 1884, S. 209
107 Zweites Morgenblatt Nr. 50 der Allgemeinen Zeitung vom 19.01.1887

auf Glastafeln photographiert und nun mit den sämmtlichen (oft gegen hundert) colorirten, metergroßen Studienbildern in das betreffende Panoramagebäude geschafft, wo inzwischen die 16 Meter hohe und 118 Meter lange, zur Aufnahme des Gemäldes bestimmte und bereits dreimal grundirte Leinwand in der Weise ausgespannt ist, wie der Beschauer später das Rundgemälde erblickt. Diese Leinwand wird nun gleichfalls in 100 Quadrate eingetheilt, welche also zehnmal größer als die von den Pausen auf die Glastafeln photographirten Quadrate sind; die Quadrate auf der Leinwand tragen dieselbe Nummer wie die auf den Glastafeln, welche nun als Objecte einer großen Camera obscura benutzt werden, mit deren Hülfe die ganze Composition in zehnmaliger Vergrößerung auf die Leinwand übertragen wird, eine Arbeit, die zwei geübte junge Künstler nicht weniger als sechs Wochen vollauf beschäftigt.

Ist die Uebertragung vollendet, so beginnt [...] die eigentliche Arbeit des Malens. Eine ganze Sammlung von Waffen, Uniformstücken, zerhackten Helmen, durchbohrten Harnischen ec. befindet sich als Hülfsmaterial in buntem Durcheinander nebst jenen vorher erwähnten colorirten, ganz ausgeführten Naturstudien im Panoramabau neben der Farbenkammer, welche mit ihren Hunderten von Pinseln aller Größe bis herab zu den kleinsten Haarpinseln eine eigene Bedienung erfordert. Rund um das Bild laufen eiserne Schienen, auf denen wie gewaltige Eisenbahnwagen die bis zu 16 Meter hohen Gerüste, welche den Malern als Standort dienen [...], hin- und hergeschoben werden. Man sieht: es ist neben der Arbeit des künstlerischen Schaffens auch eine nicht unwesentliche Anstrengung der physischen Kraft nothwendig, um die ungeheure Fläche der Leinwand mit dem Getümmel des Kampfes zu beleben. [...]

Ist dann nach etwa halbjähriger emsiger Arbeit endlich das Panoramabild vollendet, so beginnt der Anbau des natürlichen Vordergrundes.[108]

Künstlerische Individualität konnte sich schon allein deswegen nicht entfalten, weil bei der Größe der zu bemalenden Leinwände der einzelne Maler keinen Überblick behalten konnte, sondern auf Anweisungen aus der Mitte der Rotunde angewiesen war.

Der Physiologe und Physiker Hermann von Helmholtz hat in seinen Anfang der 1870er Jahre gehaltenen Vorträgen über das »Optische in der Malerei« einige der wahrnehmungspsychologischen Grundsätze formuliert, auf denen die Illusionswirkung eines Panoramas beruht. Wichtig ist dabei u.a. der Abstand des Betrachters zur Leinwand. Erst aus einem Abstand, wie er in einem Panoramagebäude für die Besucher vorgegeben ist, nimmt der Betrachter nicht mehr wahr, dass er auf ein zweidimensionales Bild ohne räumliche Tiefe blickt.[109] (MG 1851)

Ausführlich geht Helmholtz auf die Bedeutung der »Luftperspective« für die »Darstellung der Tiefenausdehnung« ein.[110] Eine Besprechung des Sturms auf St. Privat, die am Tage der Eröffnung des Nationalpanoramas im Berliner Tageblatt erschien, zeigt, dass diese wahrnehmungspsychologischen Erkenntnisse durchaus zum zeitgenössischen Wissensbestand zählten.

Was diese täuschende Wirkung hervorbringt, ist zunächst die meisterhafte, durch die feinsten Abtönungen erreichte Luftperspektive, sodann aber eine Verbindung der plastischen

---

108 Stein 1884, S. 739
109 Helmholtz 1903, S. 100
110 Ebd. S. 100

Wirklichkeit mit dem malerischen Schein, die so miteinander verschmolzen erscheinen, daß auch das geübteste Auge nicht mehr die Grenzlinien dieser beiden Elemente aufzufinden vermag.[111]

Das Malergerüst im Schlacht-Panorama

Die Kosten für Grundstückserwerb, Bau des Gebäudes und Gestaltung eines Rundgemäldes waren immens. Das für die Realisierung eines solchen medialen Großereignisses notwendige Kapital wurde mit einem entsprechend modernen Geschäftsmodell über Ausgabe von Aktien aufgebracht.[112]

Die international agierenden Panoramen-Gesellschaften sorgten für die erforderliche Standardisierung der Gebäude und der benutzten Leinwände, um den Austausch der Rundgemälde zu ermöglichen. So meldete die in Wien und Brünn erscheinende Tageszeitung *Die Presse* im August 1890 aus der »baierischen Hauptstadt«:

---

111   Berliner Tageblatt Nr. 91/1881, S. 7
112   Pecht 1888, S. 416

Nachdem die hiesige Panorama-Actien-Gesellschaft das Rundbild Schlacht bei Weißenburg vor einigen Wochen um 85.000 Mark an den Besitzer des Frankfurter Panoramas, den Holländer Diemont, verkauft hat, der die Schlacht bei Sedan von Frankfurt nach Newyork bringen ließ und dieses Bild dafür aufstellt, so ist München gegenwärtig ohne ein solches Rundbild und das für diese Ausstellungen erbaute Haus steht leer. Nach eifrigen Bemühungen um einen Ersatz ist es der Gesellschaft nun gelungen, das Wiener Gemälde: Reise des Kronprinzen Rudolf nach Egypten für eine Miethe von 20.000 Mark auf eine Sommersaison zu erhalten.[113]

Werbung für den Besuch von Schlachtenpanoramen

---

113 Die Presse vom 19.03.1890, S. 10

Mediengeschichten 1881-1890

1881 – DAS DEUTSCHE REICHSPOSTAMT »MUSSTE SOZUSAGEN DIE ›WERBETROMMEL‹ SCHLAGEN, UM DIE ERSTEN THEILNEHMER ZUM TELEPHONVERKEHR IN BERLIN ZU ERHASCHEN«[1]

Die am 12. Jänner I. J. eröffnete ›Fernsprech-Central-stelle‹ im Staats-Telegraphengebäude (Französische Strasse) gewinnt mehr und mehr an Beliebtheit. Die an diese ›Allgemeine Fernsprech-Einrichtung‹ ange-schlossenen Theilnehmer können jederzeit beliebig miteinander ›fernsprechen‹, desgleichen von ihrem Bureau, ihrer Wohnung aus Telegramme an die Cen-tralstelle behufs Weiterbeförderung dictiren. Die wei-teren Anschlüsse sind in der Herstellung begriffen; sie werden rüstig ihrer Vollendung entgegengeführt, und mit jedem neuen Anschluss mehrt sich der Nutzen und die Bedeutung der Allgemeinen Fernsprechanstalt auch für jeden einzelnen Theilnehmer. In Folge des günstigen Ergebnisses bei der Eröffnung des Betriebes haben sich sogleich mehrere Personen und Geschäfts-häuser veranlasst gesehen, sich auch als Theilnehmer in die betreffenden Listen der Reichstelegraphen-Ver-waltung eintragen zu lassen.
Oesterreichische Eisenbahn-Zeitung 1881[2]

Das »Bell'sche Telephon« wird in Deutschland von Anfang an als »Erfindung von der segensreichsten Wirkung« begrüßt.[3] Dies zeigt sich am Interesse der Reichspost an der neuen Erfindung, in der Resonanz in den auflagenstarken Familienzeitschriften sowie am öffentlichen Interesse an den in Berlin sofort angebotenen öffentlichen Vorführun-gen des Telefons. Die »segensreichsten Wirkungen« bezogen sich nicht ausschließlich auf die Erleichterung der Informationsweitergabe in der staatlichen Verwaltung und in

---

1   H. R. 1891, S. 608

2   Oesterreichische Eisenbahn-Zeitung vom 20.02.1881, S. 109

3   Wirth 1878, S. 266

wirtschaftlichen Unternehmen. Der Generalpostmeister Heinrich von Stephan verband mit der Einführung des Telefons von Anfang an Vorstellungen, die darüber hinausgingen. Für ihn bot das Telefon nicht nur die Möglichkeit zur Vernetzung von Telegrafenstationen und Postämtern, sondern er gab öffentlich bekannt, »daß er den Bau einer Stadtfernsprechanlage in der Reichshauptstadt beschlossen habe«.

Wenn diese Pläne Stephans anfangs als »Spielerei« abgetan wurden, so hängt dies mit spezifischen Anlaufschwierigkeiten für den Aufbau eines Telefonnetzes zusammen. Damit sind nicht in erster Linie technische Fragen gemeint. Die gab es, denn das »Verteilernetz«, wie man es schon von Gas und Wasser her kannte, musste erst zu einem »Vermittlungsnetz« weiterentwickelt werden, in dem alle Teilnehmer wechselseitig miteinander kommunizieren konnten. Daneben galt es rechtliche Fragen zu lösen, die sich z.B. bei der Führung der Telefonleitung über fremde Grundstücke und Dächer ergaben, sowie die Ängste zu zerstreuen, dass durch die Telefonleitungen bei Gewitter Blitze angezogen würden. Für alle diese Probleme fanden sich schrittweise Lösungen. Allerdings hatte man damit noch niemanden davon überzeugt, dass sich die Anschaffungskosten für einen Telefonapparat und die anfallenden Teilnehmergebühren tatsächlich lohnten, denn ein Telefonnetz wird erst dann attraktiv, wenn sich eine »kritische Masse« von Teilnehmern daran beteiligt. Daher ergriff Stephan die Initiative, um diese Hürde für die von ihm geplante »Stadtfernsprechanlage« zu überwinden. Am 15. Juni 1880 veröffentlichte das *Berliner Tageblatt* eine Bekanntmachung des Staatssekretärs des Reichspost-Amtes über die geplante Einrichtung einer »Fernsprechverbindung für Berlin«.

Um festzustellen, ob für Berlin ein Bedürfniß vorhanden ist, die Wohnungen, Geschäftslokale, Fabrikanlagen ec. solcher Personen, welche sich des Fernsprechers als Verkehrsmittel bedienen wollen, in entsprechende Verbindung zu bringen und jedem Theilnehmer die Möglichkeit zu gewähren, sich zu jeder Zeit mit jedem anderen Theilnehmer mittels des Fernsprechers in Vernehmen zu setzen, werden diejenigen Personen, welche eine Einrichtung der vorstehend erörterten Art wünschen sollten, vom Staatssekretär des Reichspost-Amtes aufgefordert, sich dieserhalb schriftlich, oder während der Dienststunden von 9 Uhr Vormittags bis 3 Uhr Nachmittags persönlich an das Telegraphen-Betriebsbureau des Reichs-Postamts […] zu wenden, welches die nähere Auskunft über die bezüglichen Einrichtungen sowohl, als auch über die Bedingungen der Theilnahme ertheilen wird.[4]

Zusätzlich ließ sich Stephan von der »Kaufmannschaft von Berlin« Personen benennen, die durch persönliche Kontakte Interesse für das Projekt wecken sollten.[5]

Der General-Postmeister Stephan mußte der widerstrebenden Geschäftswelt den Fernsprecher förmlich aufdrängen. Mit sanfter Gewalt bewog er zunächst einige Häupter der führenden Bankhäuser und industriellen Firmen Berlins, ihre Theilnahme an der Berliner Fernsprech-Anlage zu erklären, was unter Kopfschütteln und mehr aus Gefälligkeit als aus Überzeugung

---

4 Berliner Tageblatt vom 15.06.1880: Lokalnachrichten. Fernsprechverbindungen für Berlin, S. 4
5 Grosse 1917, S. 50 f.

von den etwa zu erwartenden Vortheilen geschah. [...] Trotzdem wurde die Anlage i. J. 1880 ausgeführt und am 12. Januar 1881 dem Verkehr übergeben.[6]

Vollmacht für Emil Rathenau

> „Berlin W, den 6. September 1880.
>
> Vollmacht.
>
> Herr Emil Rathenau, Eichhornstraße 5, hierselbst, wird hierdurch ermächtigt, wegen Benutzung der Fernsprechanlagen, welche von der Reichs-Postverwaltung für Berlin angelegt werden, mit den Teilnehmern aus dem Kreise des Publikums die erforderlichen Verhandlungen zu führen und die entsprechenden Verträge, vorbehaltlich der diesseitigen Genehmigung, abzuschließen.
>
> Reichs-Postamt II. Abteilung
>
> gez. Budde."

Dass die »maßgebenden Kreise Berlins, von vereinzelten Ausnahmen abgesehen, dem neuen Verkehrsmittel gegenüber lange Zeit kühl bis an's Herz« blieben[7], wird verständlich, wenn man sich vergegenwärtigt, dass der Nachrichtenaustausch über den normalen Postdienst hinaus, bereits über die »Stadttelegraphie« und die Rohrpost ausgesprochen effizient organisiert war. So ist für das Jahr 1869 die Rede davon, dass Postzustellungen bis zu zwölfmal täglich erfolgten.[8] (MG 1876) Der erfolgreiche Betrieb der »Stadtfernsprechanlage« sprach dann allerdings für sich. Ende Juni 1881 hatte sich die Zahl der Teilnehmer schon verdreifacht und es wurden 400 Telefongespräche pro Tag geführt. Neben den »Sprechstellen« in der Berliner Börse wurde im August 1881 die erste öffentliche Fernsprechstelle im Postamt Unter den Linden eingerichtet.[9] Um die Vorteile des Berliner Telefonnetzes herauszustellen, machte die *Vossische Zeitung* folgende Rechnung auf,

> Rechnet man jede verbundene Leitung im Durchschnitt nur 1½ km lang – in Wirklichkeit sind deren bis 13 km Länge vorhanden – so werden durch 400 Verbindungen 2 x 1200 = 2400 km Botengänge (hin und zurück) erspart. Nimmt man die Tagesleistung eines Boten auf 24 km an, so wird demnach die Dienstleistung von 100 Boten entbehrlich, die indessen auf den ganzen Tag verteilt sein müßte, während der Hauptfernsprechverkehr auf die Stunden von 9–2 Uhr fällt. Die Hauptsache bleibt aber für die Teilnehmer die Zeitersparnis. Diese beträgt für 2400 km täglich bei rund 15 Minuten Zeitaufwand für 1 km nicht weniger als 600 Stunden! Von welchem Vorteil es außerdem ist, im unmittelbaren mündlichen Verkehr die bei

---

6   Veredarius 1894, S. 286 f.

7   Hennicke 1886, S. 339

8   König 1869, S. 398

9   Grosse 1917, S. 56

Bestellungen durch andre und bei flüchtigen Notizen sonst vorkommenden Irrtümer und Miß-
verständnisse vermeiden zu können, vermag nur der Beteiligte im ganzen Umfang zu ermessen.[10]

1891 meldet dann die *Zeitschrift für Elektrotechnik* einen »geradezu beispiellos gross-
artigen Aufschwung des Telephonverkehrs in Berlin«. Keine Stadt »auf der ganzen
Erdenrunde« habe »heute nur annähernd derartig grosse Telephonanlagen« wie Berlin.
»Lassen wir [...] Zahlen sprechen; am 1. April 1881 wurden 33 Telephonanschlüsse
in Berlin in's Leben gerufen – Mitte Mai 1891, also wenig mehr als zehn Jahre später,
zählte man über 16.000.«[11] 1898 gab es dann alleine in Berlin 46.000 Telefonanschlüs-
sen, d.h. genauso viel wie in ganz Frankreich zusammen.

Fernsprecher für Sprechstellen

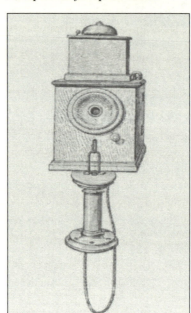

---

10 Vossische Zeitung vom 02.07.1881 – zitiert nach Gosse 1917, S. 54 f.
11 H. R. 1891, S. 608

1882 – »DAS PHOTOGRAPHISCHE BILD EINES MIKROSKOPISCHEN GEGENSTANDES IST UNTER UMSTÄNDEN WICHTIGER ALS DIESER SELBST«

> Die Mikrophotographie beschäftigt sich bekanntlich mit der Aufnahme mikroskopischer Präparate. Ganz besonderen Nutzen zieht aus der Mikrophotographie die Bacterienkunde. In gleichem Schritte mit der Entwicklung dieser während der letzten zwei Jahrzehnte hat die Mikrophotographie stetig an Bedeutung gewonnen. Außer den Bacteriologen machen sich noch besonders die pathologischen Anatomen die Mikrophotographie zu nutze.
> *Pharmazeutische Post 1894*[12]

Am 24. März 1882 hielt Robert Koch vor der Physiologischen Gesellschaft in Berlin einen Vortrag, in dem er über die Entdeckung des »Tuberkulose-Erregers« berichtete.[13] Seine Entdeckung erregte weltweit Aufsehen, wurde in wissenschaftlichen Kreisen aber auch angezweifelt.

Die Ansicht, dass Krankheiten durch »kleinste Lebewesen« übertragen werden, wurde schon länger vertreten. Die wissenschaftliche Beweisführung gelang jedoch erst mithilfe entsprechend leistungsstarker Mikroskope. So erklärt Koch 1890 in einem Interview mit dem Korrespondenten des *Newyork Herold:*

> Nein, die Welt muß mir nicht danken, den Herstellern moderner Mikroskope sollte man danken. Vor zehn Jahren war mit den damaligen Instrumenten der Bacillus der Tuberkulose nicht zu sehen. Mögen sie ihr gutes Werk fortsetzen und es wird nicht ein einziges bösartiges Thierchen, welches am Körper nagt, unsichtbar bleiben. Wenn die Aerzte nicht mehr im Dunkeln kämpfen müssen, werden sie mit besserem Erfolge kämpfen!![14]

Apparat für Mikrophotographie *Tuberkelbacillen*

 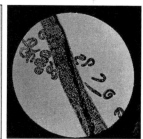

---

12 Pharmazeutische Post, S. 621
13 Vgl. Wagner 2004
14 Zitiert nach Fuldaer Zeitung vom 19.11.1890, S. 3

Um die Rolle des Mikroskops für die wissenschaftliche Diskussion zu verstehen, muss jedoch an die Stelle des isolierten Blicks auf technische Geräte und Verfahren das Interesse an den »Netzwerken« treten, in deren Rahmen Geräte und Verfahren ihr Potenzial zur Entfaltung bringen. Das Mikroskop eröffnet Einblicke in die Mikrowelten, doch die Befunde müssen festgehalten und zwar so gespeichert werden, dass sie ausgewertet, aber vor allem auch kommuniziert und in der Wissenschaft diskutiert werden können. Koch war einer der Wissenschaftler, die in der positivistischen Tradition des 19. Jahrhunderts daraufsetzten, dass sich in der Fotografie die Gegenstände »selbst zeichnen«. Aus Unzufriedenheit mit der Subjektivität von Zeichnungen entwickelte Robert Koch eine Kamera für Mikrofotografie.

Zeichnungen mikroskopischer Gegenstände sind fast niemals naturgetreu, sie sind immer schöner als das Original, mit schärferen Linien, kräftigeren Schatten als dieses versehen, und was macht nicht manchmal gerade eine schärfere Linie oder ein dunklerer Schatten an geeigneter Stelle aus, um dem Bilde eine ganz andere Bedeutung zu geben. Auf die Auswahl des Präparates kommt es ebenfalls bei der Zeichnung nicht an; denn auch von einem schlechten und selbst von einem nicht beweiskräftigen Präparat lässt sich eine correcte und scheinbar beweisende Zeichnung herstellen. Das ist nun selbstverständlich bei der photographischen Abbildung nicht möglich. Hier wird ja jeder Schatten des Präparates selbst als Bild festgehalten und der mikroskopische Gegenstand zeichnet sich selbst; [...].[15]

In Kochs wissenschaftlichen Veröffentlichungen werden Fotografien zum »primären Argumentationsobjekt« oder, um mit den Worten Robert Kochs zu sprechen: »Das photographische Bild eines mikroskopischen Gegenstandes ist unter Umständen wichtiger als dieser selbst.«[16] Die »photographische Platte« ist nach Koch der »Netzhaut des Auges« überlegen, weil sie »das mikroskopische Bild besser oder vielmehr sicherer wiedergibt, als es die Netzhaut des Auges zu empfinden mag.«

Die lichtempfindliche Platte ist gewissermaßen ein Auge, welches nicht durch helles Licht geblendet wird, welches nicht bei der anhaltenden Unterscheidung der geringsten Lichtunterschiede ermüdet und das nicht durch Glaskörpertrübungen oder andere Fehler behindert wird. Oft habe ich auf dem Negativ, wenn das Bild nur scharf eingestellt gewesen war, feine Objekte, z.B. feinste Geißelfäden gefunden, welche ich nachträglich nur mit äußerster Mühe und unter den günstigsten Beleuchtungsverhältnissen im Mikroskop erblicken konnte.
Feine Messungen sehr kleiner blasser Gegenstände, welche sich unmittelbar mit dem Mikroskop gar nicht ausführen lassen, können auf dem Negativ leicht und sicher vorgenommen werden. Manche Streitfragen über feinere Strukturverhältnisse werden vielleicht mit Hilfe der Photographie zu lösen sein, namentlich wenn statt der bisher üblichen blauen und roten Farben mehr von gelben, braunen oder solchen Farbstoffen, welche den chemisch wirksamen Teil des Spektrums nicht durchlassen, ein vorsichtiger Gebrauch gemacht wird. Weitere Versuche mit den letzteren Farben würden bestimmt auch für die Bakterienphotographie noch bessere Resultate gewinnen lassen, z.B. die Möglichkeit, Kanadabalsam-Präparate zu photographieren.[17]

---

15 Koch 1881, S. 11
16 Ebd. S. 11
17 Koch 1877, S. 33 f.

Deshalb formuliert Koch genaue Qualitätsanforderungen an die Erstellung wissenschaftlich verwendbarer »Photogramme«, woraus, entgegen der von Koch vertretenen Vorstellung, zu schließen ist, dass sich der »mikroskopische Gegenstand« ganz und gar nicht von »selbst zeichnet«.

Da geht es zum um die Herstellung und vor allem um das Einfärben der Präparate. So musste der verwendete Farbstoff die Bakterien anders einfärben als den Hintergrund. Nach Koch verdienen die Unterschiede in den »Färbungsvermögen der Bacterien« besondere Aufmerksamkeit, »da es nach den vorliegenden Erfahrungen nicht unmöglich erscheint, dass die eine oder die andere Bacterienart die jetzt gewöhnlich zur Anwendung kommenden Farbstoffe nicht annimmt«.[18]

Die Ergebnisse hängen auch von der Qualität des verwendeten Instruments, von der Beleuchtung und der Handhabung des Geräts ab. Es handelt sich also letztlich weniger um »Selbstbilder der Natur« als um Artefakte, die in einem mehrstufigen Verfahren entstehen, bei dem immer wieder Entscheidungen getroffen werden. Ein in der zitierten Abhandlung angeführter Streitfall belegt dies anschaulich.

In dem Streit ging es um die Frage, ob es sich bei einem Krankheitserreger, der in Indien und Europa zu finden ist, um dieselbe Art handelt, wie Koch es annahm, oder um zwei unterschiedliche Krankheitserreger, wie es sein wissenschaftlicher Kontrahent mit Messungen ihres Durchmessers belegt haben wollte. Dieser Streit ist insofern nicht »akademisch«, weil damit die Frage verbunden ist, ob es sich um dieselbe Krankheit handelt, auf die dieselbe Therapie anzuwenden ist. Koch akzeptiert die vorgelegten Beweise nicht, weil sie sich auf fehlerhaft hergestellte Fotografien stützten:

> Ein jeder Mikroskopiker weiss, dass, je enger die Beleuchtungsblende ist, um so dunkler und breiter die Contouren der Gegenstände erscheinen, und dass, wenn das Licht zu gleicher Zeit sehr intensiv ist, z.B., wie es wahrscheinlich bei Lewis der Fall gewesen ist, Sonnenlicht gebraucht wird, sofort die dunklen und breiten Ränder des Gegenstandes von den durch Interferenz entstehenden Farbensäumen umgeben werden. Weiter ist aber auch jedem mit den neueren Untersuchungsmethoden vertrauten Mikroskopiker bekannt, dass man gefärbte Bacterien nicht mit engen Blenden, sondern im Gegentheil mit möglichst weiten beleuchtet, unter Umständen die Blende ganz weglässt und diffuses Licht anwendet, um die Farbenwirkung vollständig auszunutzen und ganz scharfe, reine Umrisse zu sehen.[19]

Schon der Einsatz der Fotografie und die Rolle, die ihr zugemessen wird, sind eng an bestimmte wissenschaftliche Positionen und Annahmen gebunden. Koch vertrat die Auffassung, dass es verschiedene Bakterienarten gäbe. Diese Auffassung wurde zu dieser Zeit von anderen namhaften Forschern – zu denen u.a. Louis Pasteur zählte – nicht geteilt. Um seine Position wissenschaftlich zu untermauern, musste Koch den Nachweis unterschiedlicher Krankheitserreger erbringen. Fotografien waren hierbei in der wissenschaftlichen Diskussion stärkere Argumente als Zeichnungen. Die überragende Bedeutung, die Koch der Fotografie für die Wissenschaft zumisst, kann also nicht losgelöst von der von ihm vertretenen wissenschaftlichen Position betrachtet werden. Medieneinsatz erfolgt auch in diesen Bereichen theorie- bzw. interessengeleitet.

---

18 Koch 1881, S. 10
19 Ebd. S. 12

1883 – WIE KANN SICH DIE GESELLSCHAFT VOR »GEWOHNHEITSVERBRECHERN« SCHÜTZEN?

Wenn eine Person, die bereits ein oder mehrere Male verurteilt worden ist, wegen einer neuen Straftat festgenommen wird, liegt es in ihrem Interesse, ihren richtigen Namen zu verbergen. Diese Verschleierung der Identität ist anscheinend so häufig, dass die Wachen der Pariser Gefängnisse sehr oft ehemalige Gefangene erkennen, die zuvor unter anderen Namen verurteilt wurden, und von diesen bis zu sechs pro Tag zur Anzeige bringen. Um diese Betrügereien zu vermeiden, lässt die Polizei alle Verurteilten fotografieren. Diese Methode wurde jedoch bald illusorisch, da in fünf Jahren 50.000 Karten gesammelt worden waren und es fast unmöglich wurde, in dieser riesigen Sammlung erfolgreich nach dem Porträt eines bestimmten Individuums zu suchen.

Alphonse Bertillon 1883[20]

Die vom französischen Justizministerium veröffentlichte Kriminalstatistik für den Zeitraum 1826 bis 1880 ging von einem stetigen Anstieg der »Zahl der Rückfälligen« aus. »Im Jahr 1851 ergab die Statistik 33 Rückfällige auf 100 vor die Assisen gestellte Angeklagte; für die Periode von 1876–1880 war das bezügliche Ziffernverhältniß schon auf 48 : 100 angewachsen.«[21]

Der Identifizierung von Wiederholungstätern wurde in der öffentlichen und politischen Diskussion eine wichtige Bedeutung zugemessen. Unter dem Einfluss der »Kriminalanthropologie« sah man in Wiederholungstätern erblich vorbelastete Gewohnheitsverbrecher. Strafen seien für diese Gruppe demnach unwirksam. Nach der »kriminalanthropolog. Schule [hat] die Strafe ihren Grund nur in der Notwendigkeit einer Gegenwehr der menschlichen Gesellschaft gegen ein gemeingefährliches Wesen: den Verbrecher«.[22]

Als 1885 der Straftatbestand der Rückfallkriminalität im französischen Rechtssystem eingeführt wurde, sah dieses Gesetz aus kriminalanthropologischer Sicht

---

20 Originaltext: »Lorsqu'un individu qui a déjà subi une ou plusieurs condamnations est arrêté pour un nouveau délit, il a tout intérêt à cacher son nom véritable. Cette dissimulation d'identité est si fréquente, paraît-il, que les gardiens des prisons de Paris reconnaissent très souvent parmi les ›entrants‹ d'anciens détenus condamnés antérieurement sous d'autres noms, et en dénoncent jusqu'à six par jour. Pour éluder ces fraudes, la police fait photographier tous les condamnés; mais ce moyen n'a pas tardé à devenir illusoire, car en cinq années 50.000 cartes ont été réunies, et il est devenu presque impossible de chercher avec succès le portrait d'un individu dans cette immense collection.« (Bertillon 1883, S. 227 – Übersetzung W.-R. Wagner)

21 Juristische Blätter XI. Jg./1882, S. 431

22 Lemma »Kriminalanthropologie« 1894, S. 740

folgerichtig für Straftäter, die in einem bestimmten Zeitraum mehrfach rückfällig geworden waren, die Verbannung in eine der französischen Strafkolonien in Übersee vor, da man darin den besten Schutz der Gesellschaft vor Gewohnheitsverbrechern sah. Damit standen die Gerichte vor dem Problem, Wiederholungstäter zu identifizieren, denn seit 1832 war in Frankreich die physische Markierung von Kriminellen durch Brandmarkung gesetzlich verboten.

In einer Zeit, in der sich Öffentlichkeit und Gerichte immer wieder mit Fällen von Rückfallkriminalität und anarchistischen Gewalttaten beschäftigten, fand es der französische Kriminalist und Anthropologe Alphonse Bertillon »befremdend«,

> dass, während seit langem unter dem Namen Hippologie Spezialwerke bestehen für die richtige und genaue Beschreibung von Form und Farbe des Pferdes, unseres Wissens dagegen bis heute noch keine methodische Abhandlung existiert über die Kennzeichnung des Menschen?[23]

Die von den Polizeibehörden angelegten Sammlungen von Fotografien vorbestrafter Personen erwiesen sich zur Identifizierung der Wiederholungstäter kaum nützlich. »Die Porträtphotographie kommt dem Erinnerungsvermögen nur bedingt zu Hilfe, und bei der Durchsicht von mehreren tausend Bildern wird die Agnoscirung ganz unzuverlässig.«[24] Daher hatte sich die »Pariser Polizeipräfectur veranlaßt gefunden«,

> den ihr im Jahr 1883 unterbreiteten diesfälligen Abhilfsvorschlägen des berühmten Physiologen Dr. Alfons Bertillon beizupflichten und behufs Verwirklichung derselben ein eigenes Institut unter dem bezeichneten Titel ›laboratoire de signalements‹ mit beträchtlichen Kosten errichtet, welches dem Zwecke der Constatirung der Personsidentität der in den Polizeiarrest Eingebrachten in trefflichem Maße gerecht wird und dessen Leitung dem Erfinder der Abhilfsmethode selbst, Dr. Bertillon, anvertraut wurde.[25]

Nach Bertillon muß »jedes Identificirungssystem zwei Bedingungen entsprechen [...], der Untrüglichkeit der Kennzeichen und der Möglichkeit, sie derart zu verzeichnen, daß das Aufsuchen des mit ihnen Behafteten leicht und einfach möglich wird«.[26] Bertillons »Abhilfsvorschläge« bestanden zum einen darin, »daß die photographischen Aufnahmen nach genauer Vorschrift erfolgen und gleichzeitig eine Körpermessung und Personenbeschreibung vorgenommen wird«.[27]

Gemessen wurde die Körperlänge, die Spannweite der Arme, die Sitzhöhe, Kopflänge, Kopfbreite, Länge des rechten Ohrs, Breite des rechten Ohrs, Länge des linken Fußes, des linken Mittelfingers, des kleinen Fingers sowie des linken Vorderarms. Die Vorschriften gingen bis zur Vorgabe von Regeln zum Ablesen und dem Diktieren der Messergebnisse.

---

23 Bertillon 1895a, S. XII
24 Lentner 1886, S. 487
25 Dr. G. R. 1889, S. 342
26 Hoegel 1895, S. 349
27 Lentner 1886, S. 487

Die standardisierte Vermessung der Person war notwendig, weil sich weder Fotografien noch besondere Kennzeichen in einer Registratur systematisch erfassen lassen.[28] Das von Bertillon entwickelte System basierte auf der statistisch belegten Annahme, dass sich Menschen in ihren körperlichen Abmessungen eindeutig unterscheiden.

Das Ansetzen des Ohrmessers

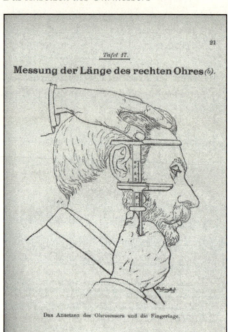

Es ist eine bekannte Thatsache, dass es nicht möglich ist, in der ganzen Pflanzenwelt zwei ganz gleiche Blätter zu finden, da sich die Natur nie wiederholt. Und so ist es auch bei den Menschen: auch hier finden wir niemals ganz gleiche Organe; je sorgfältiger wir vergleichen, desto mehr Unterschiede werden wir finden, äusserlich und innerlich, im Knochenbau, in der Muskulatur, im Zuge der Adern, physiologische Verschiedenheiten in der Bewegung, im Gesichtsausdruck, in gewissen Besonderheiten in der Form und in der Absonderung einzelner Körperorgane u.a.m.[29]

Mit der standardisierten Vermessung der Personen war noch nicht gewährleistet, dass man gezielt nach den Daten einer bestimmten Person suchen bzw. zwei Datensätze miteinander vergleichen konnte. Deshalb fand die Bertillonage als »Identificirungssystem« ihre zentrale Ergänzung in einem Ablagesystem für die gesammelten Daten, das einen gezielten Zugriff auf einzelne Datensätze zuließ. Voraussetzung hierfür war die exakte Durchführung der Messungen, denn »jede größere Unrichtigkeit einer Messung läßt den Gemessenen in der Registratur verschwinden«.[30]

---

28 Bertillon 1895a, S. LXII
29 Ebd. S. XXI)
30 Hoegel 1895, S. 350

Grundlage für den Aufbau der Registratur war das von dem belgischen Statistiker Quetelet postulierte »Naturgesetz«, nach dem die Verteilung von Körpergrößen in einer Bevölkerung wie alles, »was lebt, wächst oder vergeht«, einer Normalverteilung folgt, die mittleren Größen also häufiger anzutreffen sind als die extremen Werte.[31] (MG 1835)

Bertillon legte für jeden Straftäter eine Karteikarte an. Auf dieser Karteikarte befanden sich neben den Fotografien des Straftäters seine anthropometrische Beschreibung sowie standardisierte Notizen. Diese Karten organisierte Bertillon in einer umfassenden, nach statistischen Überlegungen aufgebauten Kartei. Am Beispiel der Registratur für männliche Kriminelle wird in einem Artikel in den *Juristischen Blättern* 1895 beschrieben, wie sich nach Bertillons System die ca. 200.000 Messungen der Pariser Polizeipräfektur in überschaubare, immer kleiner werdende Teilmengen aufgliedern lassen.

Das Gedächtnisbild

Die Messungen der erwachsenen Männer werden [...] zuerst nach drei Größen der Kopflänge (klein, mittel und groß) eingetheilt, welche so gewählt werden, daß in jede Art erfahrungsgemäß ungefähr ein Drittel Aller kommt, wobei natürlich der Spielraum der mittleren (185 bis 190 Millimeter) ein kleiner wird. Jede dieser drei Abtheilungen zerfällt wieder in drei Kopfbreiten, jede dieser in drei Mittelfingerlängen, so daß schon 27 Abtheilungen mit nur mehr je etwa 3300 Beschreibungen gewonnen sind. Von da weg erfolgt die Untertheilung in je drei Fußlängen, Vorderarmlängen, Körpergrößen, Kleinfingerlängen, endlich werden die auf etwa

---

31 Bertillon 1895a, S. XXXVIII

60 Beschreibungen gesunkenen Abtheilungen noch nach Farbe der Augen und Ohrenlänge untergetheilt.

Das Nachschlagen erfolgt nun derart, daß die Beschreibung des im Register Aufzusuchenden nach obiger Reihenfolge in der Registratur bis in die letzte Unterabtheilung verfolgt wird.[32]

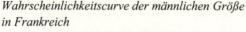

Wahrscheinlichkeitscurve der männlichen Größe
in Frankreich

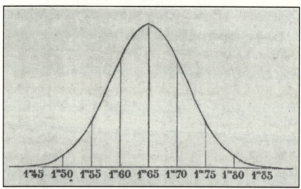

Eine Beschreibung des von Bertillon entwickelten »anthropometrischen Signalement« in einem anderen Beitrag in den *Juristischen Blättern* schließt mit der Feststellung: »So stellen sich auch auf diesem so außerordentlichen wichtigen Gebiete gleichwie in so vielen anderen Wissenschaften Ziffern und Maße als die zuverlässigsten Anhaltspunkte dar.«[33]

Das Interesse an der Einführung eines derartigen Identifikationsverfahrens ging über die Bekämpfung von Anarchismus und Kriminalität weit hinaus. Nicht nur Ernst von Sury, Professor für gerichtliche Medizin an der Universität Basel, der das von Bertillon verfasste Lehrbuch ins Deutsche übersetzt hatte, warb für eine möglichst vollständige Erfassung der Bevölkerung, weil dadurch der »soziale Verkehr« in vielen Bereichen erleichtert würde, denn »die Feststellung der körperlichen Persönlichkeit, der unleugbaren Identität eines Erwachsenen entspricht in unserem modernen Kulturleben den mannigfaltigsten Bedürfnissen«.[34]

> In erster Linie ist diese Methode für criminalistische Zwecke bestimmt, [...]. Es ist aber klar, daß sich dieselbe auch für weitere Kreise nützlich erweisen muß, in socialer, juristischer, forensisch-medicinischer ec. Hinsicht, sobald es sich darum handelt, Zweifel über die Identität einer Person mit einer andern Person zu beseitigen. Natürlich ist hierbei Vorbedingung, daß ein jeder Bürger sein Signalement polizeilich fixiren läßt. So empfiehlt es sich, an Stelle der bisher allgemein üblichen Ausdrücke auf Beglaubigungsschreiben, Urkunden, Reisepässen, Militärpapieren, Lebensversicherungsacten, Steckbriefen ec. das Bertillon'sche System in Anwendung zu bringen. Für medicinisch-forensische Zwecke wird das Verfahren sich praktisch bewähren beim Aufgreifen eines Unbekannten (entwichenen Geisteskranken, von Schlage

---

32 Hoegel 1895, S. 349
33 Dr. G. R. 1889, S. 343
34 Sury 1895, S. V

Getroffenen, Bewußtlosen und anderer mehr), beim Opfer eines Verbrechens, eines Selbst-
mörders, eines Verunglückten, beim Auffischen einer Leiche und ähnlichem. Ganz besonders
aber ist die Bertillonage zu verwerthen in Fällen, wo man bei der Feststellung einer Persönlichkeit auf einzelne Gliedmaßen oder einen decapirten Rumpf angewiesen ist, also bei Eisen-
bahnzusammenstößen, Explosionen, Ueberschwemmungen, nach einem Gefecht ec.[35]

Wenige Jahre nach ihrer Einführung als standardisiertes anthropometrisches Messverfahren wurde die Bertillonage durch die Identifizierung von Personen durch die Dak-
tyloskopie abgelöst. Mit der Tätererkennung durch Fingerabdrücke war schon länger
experimentiert worden, aber erst der britische Naturforscher Francis Galton führte den
Nachweis, dass sich Individuen durch Fingerabdrücke unterscheiden lassen und entwickelte ein praktikables Verfahren zur Klassifizierung von Fingerabdrücken.[36]

Anhand der zur Identifizierung herangezogenen Merkmale eines Fingerabdrucks
konnte ein effektives Dokumentationssystem aufgebaut werden, das nicht nur den
schnellen Abgleich von Fingerabdrücken ermöglicht, sondern den schnellen Informa-
tionsaustausch zwischen verschiedenen Dienststellen über Telegraf und Telefon zuließ.

Die Fotografie trat bei diesem Verfahren in den Hintergrund, spielte jedoch weiterhin eine Rolle, wenn es um die Vervielfältigung und Vergrößerung der Abdrücke
ging. Der Fingerabdruck wurde zwar mechanisch abgenommen, aber man benötigte
Kopien, um ein Netz von Fingerabdrucksammlung mit einer Zentralkartei aufzubauen
bzw. Fingerabdrücke auszutauschen, um Täter zu identifizieren. Hierzu konnte man,
wenn man schnell eine größere Anzahl von Fingerabdrücken benötigte, auf lithographische Verfahren zurückgreifen.

---

35 Allgemeine Zeitung vom 07.08.1894. Beilage, S. 6
36 Vgl. Galton 1892

1884 – DIE HOLLERITH'SCHE MASCHINE »BERECHTIGT ZU DER ERWARTUNG, DAß DIESELBE VON GROSSEM EINFLUSSE AUF DIE MATERIELLEN FORTSCHRITTE DER STATISTIK UND DER SOCIALWISSENSCHAFTEN ÜBERHAUPT SEIN WIRD«[37]

Die Maschine von HOLLERITH erinnert in gewisser Beziehung an den mechanischen Webstuhl von JAC-CARD. Wie dieser die Maschine zwingt, das durch gelochte Karten repräsentirte Muster anzuerkennen und zu reproduciren, so kann auch die Maschine von HOL-LERITH ihre Arbeit erst beginnen, nachdem die Ergebnisse der Zählung in einer solchen Weise umgeschrieben sind, dass die Maschine sie lesen und weiter verarbeiten kann.

Prometheus 1894[38]

Herman Hollerith, ein US-amerikanischer Ingenieur, meldete 1884 ein Patent für die Datenspeicherung und -verarbeitung per Lochkarten an. In dieser Zeit arbeitete er für das United States Census Bureau, also für die Bundesbehörde, die für die Durchführung von Volkszählungen zuständig war.

Holleriths »elektrische Zählmaschinen« wurden für die Volkszählung im Jahre 1890 in den Vereinigten Staaten eingesetzt.»An die Stelle der schriftlichen Ausfüllung treten bei der Hollerith'schen Maschine Lochungen der Zählkarten, welche den verschiedenen Rubriken der Bevölkerungsaufnahme entsprechen. Diese Lochungen werden von den Beamten mittels eines Hebels, beziehungsweise einer daran befestigten Nadel ausgeführt.«[39]

Hollerith-Lochkarte aus dem Jahre 1895

37 Die Presse vom 29.09.1891, S. 3

38 S. 1894, S. 184

39 Bukowinaer Rundschau vom 19.08.1890, S. 2

Der Locher

Verständlich wird das Interesse der amerikanischen Behörde am Einsatz »elektrischer Zählmaschinen«, weil sich der »Census« der Vereinigten Staaten wesentlich von den europäischen »Volkszählungen« unterschied,

> es handelt sich bei demselben nicht blos um eine Ermittlung des vorhandenen Menschenbestandes, sondern es wird damit zugleich – teils in Verbindung mit der Personenermittlung, teils unabhängig von derselben durch besondere Nachforschung – eine weitgehende Ermittlung solcher Thatsachen, unter Einbeziehung zeitlich zurückgreifender Feststellungen, versucht, welche die sozialen Verhältnisse mannigfaltigster Art klarzulegen geeignet sind. Die Ergründung wirtschaftlicher Verhältnisse nimmt dabei einen hervorragenden Platz ein. Was bei uns besonderen Landwirtschafts-, Gewerbe- und sonstigen Produktions- wie Verkehrsstatistiken überwiesen ist, wird in den Vereinigten Staaten mit dem Census in Verbindung gebracht.«[40]

In den amerikanischen Zeitungen wird in den Berichten über den Census des Jahres 1890 die Beschleunigung der Bearbeitung und Auswertung der Ergebnisse bei gleichzeitigen erheblichen Kosteneinsparungen hervorgehoben.

> Sobald […] der Fragebogen in einer Schrift vorliegt, welche die eigentliche Zählmaschine zu lesen vermag, kann diese ihr Werk beginnen. Mit einem einzigen Hebel liest die Maschine […] alle Angaben der Zählkarte und bucht sie, ohne dass ein Fehler sich einschleichen könnte. Dies kommt auf folgende Weise zu Stande. Wie in der Abbildung deutlich zu sehen ist, wird durch den Hebel ein ganzes System von elastisch befestigten Stiften niedergedrückt. Wo nun diese in dem untergelegten Kärtchen auf ein Loch treffen, da durchdringen sie dasselbe, wo aber volles Papier ihnen entgegensteht, werden sie gehoben, indem sie sich auf das Papier stützen. […] Nun entspricht aber in der Metallplatte, auf der das Kärtchen liegt, jedem Stift ein Grübchen, welches einen Tropfen Quecksilber enthält. Auch ist jeder Stift und jedes Grübchen mit einem elektrischen Leitungsdraht verbunden. Wo also ein Loch im Kärtchen das

---

40 Mayr 1890, S. 680 f.

Eindringen des Stiftes in das Quecksilber gestattet, da wird ein elektrischer Strom geschlossen, welcher die Räder eines der Zählwerke auslöst, welche in der gleichen Anzahl am Apparate angebracht sind, in der Fragen zur Beantwortung stehen. Es gelingt so bei einiger Uebung leicht, 1000 bis 1200 Kärtchen pro Stunde zu verarbeiten und ihre sämmtlichen Angaben gewissenhaft zu verbuchen.[41]

Die Zählmaschine

Die Zählmaschinen beschleunigen nicht nur die Bearbeitung und Auswertung der Ergebnisse, sondern sie werden, so die Erwartung, maßgeblichen Einfluss »auf die materiellen Fortschritte der Statistik und der Socialwissenschaften« haben. Wie in einem Bericht über eine Sitzung des *Internationalen statistischen Instituts* hervorgehoben wird, ermöglicht »eine Relais-Anlage und eine ganz besonders sinnreiche Vorrichtung für die Gruppirung der Zählkarten […] eine fast unbeschränkte Combination der Daten«.[42]

> Die Statistik erkennt ihre Hauptaufgabe darin, die gewonnenen Zahlen in einen gewissen Zusammenhang unter sich zu bringen. So genügt es z.B. nicht bloss zu wissen, wie viele Menschen in der ganzen Bevölkerung verheirathet sind, sondern es ist viel interessanter zu erfahren, wie sich das Verheirathetsein auf die verschiedenen Lebensalter, Geschlechter,

---

41 S. 1894, S. 185
42 Wiener Zeitung vom 21.09.1891, S. 3

Beschäftigungen, Wohnsitze u. dgl. vertheilt. Auch hier weiss unsere Maschine Rath. Es ist nämlich durch geeignete Verbindung der Leitungsdrähte verschiedener Zählwerke mit einander möglich, dieselben dazu bringen, dass sie nur gemeinsam arbeiten. Man kann z.B. durch eine solche Combination ein Zählwerk so einstellen, dass es Verheirathetsein nur dann registrirt, wenn gleichzeitig auch das Kärtchen das Alter der Person zu 25 Jahren angiebt, ein zweites Zählwerk reagirt bloss auf Verheirathete von 30 Jahren u.s.w. So können von den gleichen Karten die verschiedensten statistischen Combinationen abgelesen werden.[43]

In *Prometheus*, der *Illustrirten Wochenschrift über die Fortschritte in Gewerbe, Industrie und Wissenschaft*, schließt der Beitrag über »Die statistischen Maschinen von Hollerith« mit einer geradezu hymnischen – über den Nutzen für Volkszählung hinausgehenden und zukünftige Entwicklung einschließenden – Bewertung der Hollerith'sche Maschinen.

Man wird zugestehen müssen, dass die beschriebenen Apparate zu den sinnreichsten gehören, welche je erdacht worden sind, und wird mit Staunen erkennen, wie ausserordentlich weit die Unterstützung selbst geistiger Menschenarbeit durch Maschinen getrieben werden kann.[44]

---

43 S. 1894, S. 185 f.
44 Ebd. S. 186

1885 – PHOTOS FÜR DAS TOURISTISCHE SKIZZENBUCH

> Wenn die bunten Bilder des menschlichen Lebens im schnellen Wechsel an uns vorrüberrauschen, wer hätte da nicht schon gewünscht, diesen oder jenen Augenblick zurückzuhalten, dem treulosen Gedächtniss einen Anhalt zu geben, um sich in späterer Zeit die bemerkenswerthe Situation wieder vergegenwärtigen zu können! Wer hätte nicht schon erlebt, das in einem lieben Gesicht ein für den Beschauer vielleicht nie wiederkehrender Ausdruck auftauchte, den zu fixieren für ihn ein Herzenswunsch gewesen wäre!
>
> *Ueber einige neue Apparate zur Geheimphotographie 1888*[45]

Als Reiseandenken konnte man Fotografien schon lange kaufen. Der *Baedeker* versorgte nicht nur in Venedig die Reisenden mit den nötigen Informationen: »Buchhandlungen, deutsche: H. F. Münster, auch Leihbibliothek, am Marcusplatz; Colombo Coen, auch Photographien [...]. Photographien bei Naya, am Marcusplatz, Ansichten von Venedig bis zu den grössten Formaten (70x90 cm); Ponti, gleichfalls am Marcusplatz, und andere.«[46]

Ende der 1880er Jahre bot man zwar speziell konstruierte »Touristen-Apparate« an und die Werbung lockt mit dem Versprechen »Leichtes Erlernen ohne Vorkenntnisse«. Allein der Blick auf die Apparate und die dazu notwendigen Stative zeigt, dass mit dem Fotografieren noch ein erheblicher Aufwand verbunden war.

Touristen-Apparat in Kabinettform

---

45 Fritsch 1888, S. 177
46 Baedeker 1882, S. 215

Eine Reihe von Kameras, die unter Bezeichnungen wie »photographische Revolver«
oder »Detectiv-Camera« angeboten wurden, versprach, dafür geeignet zu sein, schnell
und unbemerkt eine Situation im Bild festzuhalten. Beim Entwicklungsstand der »Mo-
mentphotographie« entsprachen die Resultate jedoch kaum den Erwartungen, auch
wenn der Verfasser eines Artikels über »Geheimes Photographieren« in der Zeitschrift
Die Gartenlaube ausführt, »unsere Erlebnisse, die Punkte, die wir besucht haben«,
könne man in »hübschen Miniaturphotographien« wiedergeben.[47]

Ähnlich zurückhaltend äußert sich ein Autor im *Jahrbuch für Photographie und
Reproduktionstechnik für das Jahr 1887*, denn es »dürfte allen bisher vorgelegten tragbaren Apparaten, d.h. solchen Apparaten, welche ohne Stativ in Gebrauch kommen,
der Vorwurf gemacht werden, dass dieselben keine brauchbaren Resultate liefern.«[48]

Krügener's Taschenbuch-Camera

Positiver beurteilt der Autor jedoch den 1885 von einem Amateur aus Brüssel entwik-
kelten »photographischen Hut«, eine Kamera, die »sich der Kunst, der Wissenschaft,
der Unterhaltung und der Polizei sehr verdienstlich machen [könne]«.[49]

Das photographische Trockenverfahren, welches den Photographen von der Nähe einer chemischen Hexenküche unabhängig macht, ferner die Erfindung der mit einer lichtempfindlichen Bromgelatine-Schicht überzogenen Papptafeln, die dereinst vielleicht die theuren und
schweren Glasplatten verdrängen werden, endlich die vielen Apparate zu schnellen Aufnahmen in Gestalt von Opernguckern, Gewehren und Pistolen – alle diese Momente haben der
touristischen Photographie, wie wir sie nennen möchten, einen ungeheuren Aufschwung gegeben. Es vermögen jetzt Reisende, Künstler, Berichterstatter, Gelehrte und Militärs ohne weitere Vorkenntnisse und ohne sonderliche Mühe die interessanten Gegenstände, die sich ihnen

---

47 Falkenhorst 1888, S. 579
48 Campo 1887, S. 113
49 Campo 1887, S. 117

auf ihren Wanderungen darbieten, sofort photographisch zu fixiren. Die lichtbeschienenen Platten nehmen sie mit nach Hause, und sie lassen dieselben alsdann von einem geübten Photographen in Ruhe entwickeln, bzw. vergrößern, falls sie es nicht vorziehen, das Geschäft höchsteigenhändig zu besorgen. Den Bedürfnissen der touristischen Photographen kommt der vorstehend abgebildete, von dem Belgier J. de Reck[50] erfundene photographische Hut noch mehr entgegen, als die oben erwähnten vervollkommneten Apparate. Derselbe besteht, wie ersichtlich, aus einem gewöhnlichen Filzhut, welcher einen Miniaturapparat zu photographischen Aufnahmen in seinem oberen Theile birgt. Die Linse des Apparats liegt der kleinen Oeffnung H. gerade gegenüber, die nichts Auffälliges hat, da man an Hüten vielfach ein Luftloch anbringt. Ebenso wenig auffällig ist die Schnur C. mit welcher der Tourist den Verschluß des Apparates nach erfolgter Aufnahme bewirkt, und die vorn an der Krempe angeordnete Lorgnette L, deren Glas bis auf das Mittelquadrat B. geschwärzt ist, und welche den auf die Platten festgebannten Gegenstand angiebt. Sehr schöne Bilder wird man freilich mit diesem Apparate nicht erhalten; doch dürften sie nicht allzu hohen Ansprüchen genügen. Die Aufnahmen sollen ja nur gewissermaßen das Skizzenbuch ersetzen.[51]

Der photographische Hut

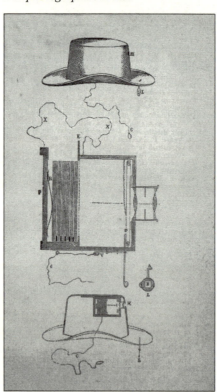

---

50 Als Erfinder des »photographischen Huts« wird in der Gartenlaube ein »J. de Reck«, im Jahrbuch für Photographie und Reproduktionstechnik und in anderen Publikationen dagegen ein »J. de Neck« genannt!

51 Muyden 1885, S. 771

1886 – PHOTOGRAPHIE UND HIMMELSKUNDE: »EINE WAHRHAFTE ASTRONOMIE DES UNSICHTBAREN BEGINNT.«

Die photographische Platte ist in der Aufnahme und Wiedergabe der kleinsten Sterne sogar dem beobachtenden Auge direkt überlegen, indem sie noch Objekte zeigt an Stellen des Himmels, wo man auch mit den kraftvollsten Ferngläsern überhaupt nichts mehr sieht. […] Eine wahrhafte Astronomie des Unsichtbaren beginnt. Himmelskörper, die unserem unmittelbaren Anblick auf ewig ein Schleier verhüllt, treten in den Kreis der Wahrnehmbarkeit, ja, zeichnen selbst ihr Bild. Das aber ist der höchste Triumph des menschlichen Geistes, daß er im wahren Sinne des Wortes die Natur zwingt, ihm ihre Geheimnisse zu offenbaren; daß ein Lichtstrahl, der in der Tiefe des Weltraums seinen Ursprung nahm zu einer Zeit, als vielleicht noch keines Menschen Fuß die Erde betreten hatte, heute auf einer Tafel selbst Umriß und Gestalt des Weltkörpers entwirft, von dem er einst vor Myriaden von Jahren ausging!

Die Gartenlaube 1886[52]

Als François Arago der Akademie der Wissenschaften in Paris 1839 einen ersten Bericht über das von Louis Daguerre entwickelte fotografische Verfahren erstattete, hob er als Physiker und Astronom besonders die zu erwartenden neuen Erkenntnisse und Fortschritte auf dem Gebiet der Astronomie hervor. Mit einiger Berechtigung wurde damals die Frage gestellt, ob Arago hier nicht zu viel versprochen habe. (MG 1839) Wie berechtigt diese Zweifel waren, zeigt sich, wenn man Berichte aus dem Jahre 1886 über »Photographie und die Himmelskunde« liest.

Damit Aragos Erwartungen eingelöst werden konnten, mussten einerseits erst Aufnahmetechniken mit Trockenplatten an die Stelle der Daguerreotypie bzw. der Naßplatten treten. Andererseits erforderte die Langzeitbelichtung für derartige Aufnahmen die Entwicklung spezieller Teleskope.

Gegen Ende des 19. Jahrhunderts arbeitete man in den großen Sternwarten dabei mit Riesenteleskopen wie dem in der Abildung zu sehenden »Photographischen Refraktor in parallaktischer Aufstellung«. Dabei handelt es sich um zwei nebeneinander liegende Linsenfernrohre, die auf den Himmelspol ausgerichtet sind. Das eine dieser Teleskope dient der visuellen Beobachtung des Sternenhimmels, das parallel dazu montierte zweite Teleskop ermöglicht fotografische Aufnahmen.

Fotografische Aufnahmen des Sternenhimmels erfordern Langzeitbelichtungen. Die in der Abbildung erkennbare »parallaktische Montierung« ist daher notwendig,

---

52 Klein 1886, S. 129

um die Teleskope über einen längeren Zeitraum dem scheinbaren Lauf der Sterne langsam und gleichmäßig nachzuführen.

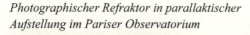

Photographischer Refraktor in parallaktischer
Aufstellung im Pariser Observatorium

Man darf behaupten, daß die neuesten und bedeutendsten Entdeckungen im Gebiet der Himmelskunde der Photographie zu danken sind. Hat doch ein bedeutender Astronom kürzlich den Ausspruch gethan, daß man nunmehr die Beobachtung der Himmelserscheinungen der lichtempfindlichen Platte des Photographen überlassen könne. Gegenwärtig sind wohl alle bedeutenden Sternwarten mit photographischen Apparaten ausgerüstet. In allen Weltteilen werden von den astronomischen und physikalischen Beobachtungsstätten aus womöglich täglich Sonnenphotographieen abgenommen und die wichtigsten Teile der Milchstraße, sowie der meisten Sternbilder sind mittels photographischer Aufnahmen in getreuester Weise bis herab zu den nur mit den stärksten Fernröhren sichtbaren Sternen fünfzehnter Größe auf Sternkarten wiedergegeben worden.

Der eine solche Karte benutzende Astronom kann sicher sein, dass bis herab zur fünfzehnten Größe kein Stern vergessen worden ist, während das stärkste Fernrohr höchstens noch das Glimmen von Sternen sechzehnter Größe wahrnehmen läßt. Eines der besten Instrumente für Sternenphotographie besitzt jetzt die Pariser Sternwarte und es besteht dieses Instrument aus zwei nebeneinander in einem weiten viereckigen Rohre vereinigten, nur durch eine Scheidewand getrennten starken Fernröhren, wovon das eine zum Beobachten und Richten, das andere aber zur Aufnahme des photographischen Bildes dient. Es kann damit das Bild eines Himmelsfeldes von fünf Grad im Quadrat aufgenommen werden, wobei man die Gradeinteilung des Himmels sich gleich derjenigen des Erdglobus zu denken hat. Auf einer solchen Karte sind beispielsweise dreitausend Sterne abgebildet, wovon nur zwei mit bloßem Auge sichtbar sind, welches bei scharfem Blick noch Sterne fünfter bis höchstens sechster Größe wahrnehmen kann. Außer zwei sind also alle Sterne dieser Karte zwischen sechster und fünfzehnter Größe. Zur photographischen Aufnahme der kleinsten ist eine Zeit von anderthalb bis zwei Stunden nötig, während die Bilder der größten Sterne sich schon in einem Bruchteil Sekunde entwickeln. Es werden sogenannte Bromgelantintrockenplatten benutzt, deren Empfindlichkeit so weit gesteigert werden kann, daß sie das Bild eines Blitzstrahles von 1/200 Sekunde Dauer noch deutlich wiedergeben. Es folgt daraus, daß man mit solchen Platten auch eine abgeschossene Flinten- oder Kanonenkugel auf ihrem Fluge durch die Luft abbilden kann. Von sehr großer Bedeutung ist auch die photographische Abbildung der Sternenlichtspektra.[53] (MG 1815)

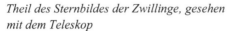
Theil des Sternbildes der Zwillinge, gesehen mit dem Teleskop

---

53 Schwartz 1886, S. 351

1887 – »NEBEN DER SCHNELLIGKEIT DES ARBEITENS IST DIE HERVORRAGENDE REPRODUCTIONSFÄHIGKEIT DES TYPE-WRITERS VON GROßER BEDEUTUNG.«

In einer Zeit, in welcher auf allen Gebieten industrieller und gewerblicher Thätigkeit Maschinen an Stelle der menschlichen Handarbeit getreten sind oder diese wenigstens auf ein Minimum reducieren, sie verringern, vereinfachen, in einer solchen Zeit ist es nicht zu verwundern, wenn man auch mit Maschinen schreibt. Maschinen lassen uns den Ocean durchqueren, Maschinen befördern uns auf Schienensträngen in die entferntesten Gegenden; mit Maschinen näht man; warum sollte man nicht auch mit Maschinen schreiben?
Kaufmännische Zeitschrift 1887[54]

Bereits 1714 wurde in England ein Patent für eine Schreibmaschine angemeldet. Diese Maschine wurde allerdings nie gebaut, obwohl dem Bau keine technischen Probleme entgegenstanden. Dies wird an den technisch viel aufwendigeren Uhren deutlich, die man zu dieser Zeit baute.

Die Beschäftigung mit dem »mechanischen Schreiben« im 18. Jahrhundert war jedoch nicht die Marotte eines einzelnen Bastlers. Mit der Einführung und Ausbreitung der kaufmännischen Buchführung wurden Abschriften notwendig. Das Abschreiben der Schriftstücke war zeitaufwendig. Dieses Problem löste James Watt, der eher als Erfinder der Dampfmaschine bekannt ist, 1780 mit der Erfindung einer Kopierpresse. Damit ließ das gesellschaftliche Interesse an »Schreibmaschinen« erst einmal wieder nach.

In der Mitte des 19. Jahrhunderts entstand mit der Entwicklung der Telegrafie eine Lücke in der Übermittlung von Informationen. Die Mitteilungen mussten aus einem speziellen Kodiersystem in die allgemein verständliche Schriftsprache übertragen werden. Ein guter Schreiber kam per Hand höchstens auf 30 Wörter pro Minute. Das Schreiben mit der Hand hielt nicht mehr Schritt mit dem Tempo der neuen Übermittlungstechniken. Der Systemzwang, die entstandene »Übermittlungslücke« zu schließen, belebte das Interesse am maschinellen Schreiben. In Amerika hatte sich »die Anwendung von Schreibmaschinen beim Aufnehmen von Telegrammen sehr rasch ausgebreitet«.

Sie ist zuerst etwa 1884 von der *Associated Press* versucht worden und seit 1890 wird die Schreibmaschine in allen Aemtern der *United Press* und der *Associated Press* ausschliesslich benutzt. Vor Einführung der Schreibmaschine umfasste der »Nachtbericht« etwa 8000 Wörter für jede Leitung und das ganze Tagewerk etwa 18000, jetzt ersterer etwa 14000, letzterer etwa 30000 Wörter. Während ein Arbeiter erster Klasse etwa 40 Wörter in der Minute zu geben vermag, kann man erfahrungsgemäss mehrere Stunden hindurch schwer mehr als 30 oder 35 mit der Feder oder einem Stifte nachschreiben. Der Dienst der Pressvereinigung in New York

---

54 Weiß 1887, S. 3

verlangt 20 bis 30 Abschriften, welche früher mittels eines Eisen- oder Achatgriffels und zwischengelegten Farbeblättern auf Seidenpapier hergestellt wurden. Der angestrengte Dienst machte dabei die Telegraphisten bald krank und dienstunfähig. Mittels der Schreibmaschine vermag man leicht 70 Wörter in der Minute zu schreiben und bei einer kleinen Abänderung kann die Maschine leicht 30 Abdrücke liefern.[55]

Nicht nur die beschleunigte Übermittlung von Nachrichten durch die Telegrafie, sondern die Entwicklung der Stenografie als Protokolliertechnik förderte ebenfalls das Interesse an schnelleren Schreibmethoden. Solange das Stenogramm in Langschrift übersetzt werden musste, entstand hier durch die Grenzen der Handschrift ein Engpass. Das wachsende Interesse an der Stenografie im 19. Jahrhundert hängt wiederum mit einer Reihe anderer gesellschaftlicher Entwicklungen zusammen, u.a. mit dem Entstehen parlamentarischer Regierungssysteme. (MG 1834)

Gleichzeitig veränderten sich mit der Ausdehnung der Märkte Anforderungen an den Schriftverkehr. Es wurde mehr geschrieben, auch über Ländergrenzen hinweg, und die Korrespondenzpartner wechselten häufig. Je mehr und schneller geschrieben werden musste, je weniger man mit seinen Korrespondenzpartnern vertraut war, desto mehr behinderte die individuelle Ausprägung der Handschrift das schnelle Lesen und Überfliegen von Schriftstücken. Die Entwicklung vereinfachter Kurrentschriften (»geläufiger Schriften«) löste das Problem einer schnell zu schreibenden und schnell zu lesenden Verkehrsschrift nur unbefriedigend. Außerdem blieb weiterhin das Problem der Abschriften oder Kopien bestehen, die insbesondere im kaufmännischen Bereich, aber nicht nur dort erforderlich waren. Eine Lösung hierfür bot die Schreibmaschine, denn, wie 1886 in einem Vortrag im Wiener kaufmännischen Verein über die »Remington-Schreibmaschine und ihre praktische Bedeutung« ausgeführt wurde, ist neben »der Schnelligkeit des Arbeitens […] die hervorragende Reproductionsfähigkeit des Type-writers von großer Bedeutung«.

Derselbe vereinigt in sich alle Arten der Vervielfältigung.

Er ersetzt die Copirpresse, Hektograph, Ciclostyle, Autographie.

Die Erzeugnisse der Maschine sind erstlich mit der Presse copirbar.

Bei Benutzung eines besonderen Farbbandes kann die Schrift auf bekanntem Wege mittels des Hektographen in 40 bis 50 Exemplaren vervielfältigt werden.

Die Verwendung eines eigenen Bandes gestattet, die Schrift direct auf Stein zu übertragen und in bekannter autographischer Manier schnell und schön in Tausenden von Exemplaren zu reproduciren.

Eine dem Remington-Typewriter eigene äußerst praktische Vervielfältigung ist die mittelst Durchdruck. Das heißt, man legt statt eines weißen Bogens deren 10, 20, und mehr in die Maschine, indem man zwischen dieselben doppelt gefärbtes Farbpapier legt. Der Anschlag eines Letters setzt sich vermöge seiner durch den tiefen Niedergang der Tasten bedingten Vehemenz und der Härte des Typen durch alle 20 Lagen fort, so daß ein Anschlag den Letter 20- bis 25mal zum Abdruck bringt.

Für die tägliche Praxis ist diese Vervielfältigung von größtem Nutzen.

Man schreibt ein Circular, ein Avis, eine Information ec. unter Verwendung dünneren Papiers mit der Maschine einmal und erhält sofort 20 bis 25 absolut übereinstimmende Exemplare.

---

55 Polytechnisches Journal Bd. 287/1893, S. 216

Ein Circular, auf einer Seite etwa vier bis fünfmal geschrieben, kann dementsprechend in wenigen Minuten in 100 bis 200 Exemplaren hergestellt werden.

Dies sind die hervorragendsten Vortheile dieser praktischen Maschine.[56]

Original-Remington-Standard Nr. 7/1898

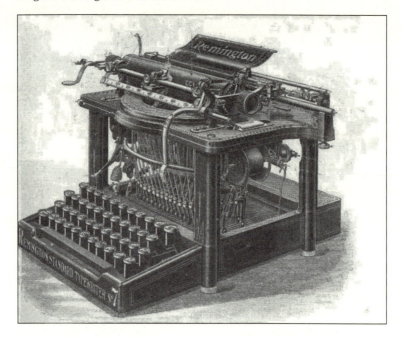

1888 – ILLUSTRATIONEN MÜSSEN »IM GESCHÄFTLICHEN INTERESSE EIN BISCHEN LÜGEN«[57]

> Wenn aber ein Schlachtenmaler der Gegenwart oder Zukunft etwa die englischen Blaujacken (Matrosen) darstellen wollte, wie sie im Transvaalkrieg zum Kampfe ziehen, so müßte er sie, horribile dictu, auf allen Vieren kriechend, man verzeihe das sehr harte Wort, wie – ›Paviane‹ malen. Denn in dieser, nichts weniger als heldenhaften Haltung treten nunmehr die ›Beherrscher der Wogen‹ die Söhne des stolzen Albion den Buren gegenüber. [...] Unser Bild ist keineswegs eine burenfreundliche Erfindung, sondern ist nach einer authentischen englischen Momentphotographie gezeichnet.[58]
>
> *Welt Blatt 1899*[59]

In der Ausgabe vom 15. März 1884 veröffentlichte die *Illustrirte Zeitung* zwei »photographische Momentbilder« von einem Kaisermanöver. Unter Momentaufnahmen verstand man in dieser Zeit Aufnahmen, in denen Bewegung festgehalten wurde. Die Bilder vom Kaisermanöver wurden in der Rubrik »Polytechnische Mittheilungen« veröffentlicht und besprochen, weil der Druck der Momentaufnahmen hier zum ersten Mal ohne den Zwischenschritt von Zeichnungen über fotografisch und chemisch hergestellte Klischees gemeinsam mit dem Text erfolgt war. Dieses 1882 von Georg Meisenbach unter der Bezeichnung Autotypie als Patent angemeldete Verfahren eröffnete die Möglichkeit zur massenhaften Vervielfältigung von Fotografien.

Durch die Erfindung der höchst empfindlichen Gelatineplatten, die fast gleichzeitig mit der der photographischen Hochdruckplatten zusammenfällt, haben sich der Photographie neue wichtige Bahnen eröffnet. Ihre Devise heißt jetzt ›Schnelligkeit‹ in jeder Beziehung, sowol bezüglich der Aufnahmen als auch ganz besonders in der Vervielfältigung; das alte Collodium- und Copirverfahren wird in dieser Hinsicht gegenwärtig ebenso weit übertroffen wie die Postkutsche von der Eisenbahn.[60]

Der Abdruck von »photographischen Momentbildern« nach dem »Meisenbach'schen Hochdruckverfahren« blieb vorerst auf diese Vorstellung des Verfahrens in den »Polytechnischen Mittheilungen« beschränkt. Ansonsten spielen Fotografien in den Ausgaben der *Illustrirten Zeitung* aus dem Jahre 1884 lediglich eine Rolle als Vorlagen für die Abbildung von Gemälden, Landschaften und Porträts zeitgenössischer Personen. Das Medium Fotografie setzt zu diesem Zeitpunkt vor allem neue Maßstäbe für die

---

57 Bayer 1888, S. 3

58 Der Text bezieht sich auf eine Illustration, in der dargestellt wird, wie englische Matrosen vor den »sicher treffenden Scharfschützen der Buren« Deckung suchen.

59 Welt Blatt vom 29.12.1899: Die englischen ›Blaujacken‹ vor dem Feinde, 3. Bogen des ›Neuigkeits-Welt-Blatt‹, S. 2

60 Illustrirte Zeitung Nr. 2124 vom 15.03.1884, S. 225

Authentizität von Abbildungen und schärft den Blick für die Grenzen der bisherigen Illustrationsverfahren. Dies wird auch deutlich an den immer genauer werdenden Angaben zur Herkunft der Illustrationen.

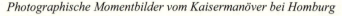

Photographische Momentbilder vom Kaisermanöver bei Homburg

Bei Illustrationen von planbaren Großereignissen werden die »Spezialzeichner« genannt, die vor Ort Skizzen und Zeichnungen als Vorlagen angefertigt haben. Bei anderen Illustrationen findet sich zusätzlich zum Namen der Künstler der Hinweis »nach dem Leben« oder »nach der Natur« gezeichnet. Bei Berichten von exotischen Schauplätzen wird das Bestreben, den Nachweis für die Zuverlässigkeit der abgedruckten Illustrationen zu erbringen, besonders deutlich. So findet sich in einem Beitrag über einen Aufstand im Sudan die Erläuterung, dass die Vorlagen für die Illustrationen nach »Angaben des entkommenen Dieners des Majors v. Seckendorff« gezeichnet wurden.[61] An anderen Stellen wird auf Fotografien von Expeditionsteilnehmern als Vorlage für die erstellten Illustrationen verwiesen. Grundsätzliche Vorbehalte gegenüber der »Illustration, die im abhetzenden Dienste des sogenannten Ernstes der Zeit steht«, meldet der Schriftsteller und Kunstkritiker Josep Bayer im Feuilleton der *Neuen Freien Presse* an.

Die Xylographen unserer illustrierten Zeitungen fixieren mit unermüdlicher Eilfertigkeit die brühwarmen Ereignisse vom letzten Datum. Ihre nächste Aufgabe ist es, der sinnlichen Vorstellungsträgheit der Zeitungsleser nachzuhelfen, nicht aber ihnen ein urkundliches Bild des Factums zu geben, was in den meisten Fällen gar nicht geleistet werden kann. [...] Und was hiebei das Bedenklichste ist: die Kunst, welche die ehrlichste sein sollte, weil sie direct der Natur verpflichtet ist, sie lernt lügen, ja sie muß im geschäftlichen Interesse ein bischen lügen. Auch auf dem Schauplatze des Ereignisses kann der Reporter mit der Zeichenmappe, der

---

61 Illustrirte Zeitung Nr. 2125 vom 22.03.1884, S. 242

vielberufene ›Spezial-Artist‹, ohne eine gewisse Anschauungsschablone nicht fertig werden; selbst die flinkste Sehkraft wäre dem Wettlauf mit dem rein Momentanen nicht gewachsen. Das Illustrations-Gewissen ist denn mit der Zeit ziemlich lax geworden. Das große Reiterge-fecht, von welchem das letzte Telegramm berichtete, muß möglichst rasch gebracht werden. Warum nicht? Nach den gegebenen Terrainverhältnissen, nach der von den Manövern her be-kannten Kampfweise der beiden Kriegsparteien dürfte das ganz so beiläufig ausgesehen ha-ben. Dieses ›So beiläufig‹ ist dann das Sujet der Illustration. Ganz ebenso, wenn es sich um das Bild einer Regatta, einer Illumination, eines pomphaften Empfanges a.h. Gäste, eines Fest-banketts zu irgend einer Säkularfeier ec. handelt.[62]

Das Zitat stammt aus einem in der *Neuen Freie Presse* erschienenen Beitrag von Jo-seph Bayer über Illustrationen in den großen Wochenzeitungen. In der Zeitschrift *Der Kunstwart* wird ein längerer Auszug aus diesem Beitrag durch folgenden Hinweis er-gänzt: »Ein gutes Beispiel zu Bayers Ausführungen boten in jüngster Zeit zwei Dar-stellungen des gleichen Gegenstandes, die trotz der tiefernsten Veranlassung ein Lä-cheln abnötigten. Es sollte das Senken der kaiserlichen Fahne auf dem Palais nach dem Tode Wilhelm des Ersten geschildert werden. In der ›Gartenlaube‹ geschah das Senken durch einen Lakaien, in ›Über Land und Meer‹ durch einen Mann von der Garde du corps!«[63]

Lakai senkt die Fahne

Leibgardist senkt die Fahne

62 Bayer 1888, S. 3
63 Der Kunstwart 1887–1888, S. 193

1889 – LUDOLF WALDMANNS KAMPF GEGEN DIE FABRIKANTEN DER »MECHANISCHEN MUSIKINSTRUMENTE«

> Wir stehen im Zeichen der wunderbarsten Erfindun-
> gen, und wie ihrer Zeit die Nähmaschine siegreich das
> Feld behauptete, wie nach und nach das electrische
> Licht die Gasanstalten verdrängt, wie das Telephon
> dem Telegraphen den Platz streitig macht, woran,
> ebenfalls die oberflächliche Menge beim Bekanntwer-
> den der Erfindung nicht glaubte, sogar zweifelnd lä-
> chelte, wie noch unlängst beim Erscheinen des ›Pho-
> nographen‹, ebenso werden die verschiedenen Berufs-
> zweige auf musikalischem Gebiet nach und nach über-
> flüsssig und durch maschinelle Thätigkeit ersetzt wer-
> den.
> *Ludolf Waldmann 1893[64]*

Ludolf Waldmann, ein Komponist und Verleger, führte um 1889 erfolgreiche Prozesse gegen die Fabrikanten der »mechanischen Musikinstrumente«. Dieser Kampf war für ihn ein Beitrag zur »Lösung einer hochwichtigen sozialen Frage« und war, wie er es sah, von »höchstem Interesse für die ganze musikalische Welt!«. Dass es sich bei Waldmann um einen erfolgreichen Komponisten handelte, geht aus einer Meldung über einen Drehorgel-Kongress in Berlin hervor. Wie berichtet wird, klagten die Lei-erkastenmänner über ihre sich verschlechternde Einkommenssituation. Schuld daran sei, dass immer mehr Abspielorte »unzugänglich gemacht« würden, aber auch,

> daß das Nachlassen der Operette den ›Geschäftsgang mittels der Leier wesentlich ungünstiger
> gemacht hätte‹ und daß in den vorhandenen Melodien gar kein ›Zug‹ läge; der einzige Kom-
> ponist, welcher ihnen noch Geld einbringe, sei Ludolf Waldmann, dessen Melodien, wie der
> Redner statistisch nachwies, zwei bis drei Jahre auf der ›Walze‹ gehalten werden könnten.[65]

Waldmanns Kampf für den Schutz der Urheberrechte richtet sich nun nicht gegen die herkömmlichen Drehorgeln, sondern gegen die

> seit mehreren Jahren weit verbreiteten ›mechanischen Musikwerke‹, die modernen Leierka-
> sten, als da sind: Ariston, Orpheus, Herophon, Manopan, Symphonion, Phönix, Clariophon
> ec. ec., auf welchen man vermittelst aufgelegter, durchlochter Scheiben, Teller oder Streifen
> von Pappe, Holz oder Metall (sogenannte Notenblätter mit Lochschrift), Musik macht?!
> Abgesehen davon, daß die Construction dieser Instrumente und das System der für dieselben
> zu benützenden Notentafeln mit ›Lochschrift‹, keineswegs neueren Datums, sondern auf eine
> früher gemachte Erfindung zurückzuführen ist, fanden diese, indessen vervollkommneten In-
> strumente bei den ›Musikliebenden‹ in der ganzen Welt, eine willkommene Aufnahme und

---

64 Waldmann 1893, S. 13

65 Zeitschrift für Instrumentenbau Bd. 9 1888/89, S. 276

bildete sich sehr bald, neben der colossalen Anzahl der ›Musiktreibenden‹ in Folge der massenhaften Herstellung und Verbreitung der genannten Instrumente, eine lawinenartig anwachsende, über den ganzen Erdboden sich ausdehnende Gemeinde der ›Musikdrehenden‹!‹[66]

Diese »modernen Leierkasten« unterscheiden sich von den früheren Drehorgeln dadurch, »daß man nunmehr (im Gegensatz zu den früher gefertigten Drehorgeln, deren Repertoire ein sehr beschränktes gewesen,) in Folge ihrer practischeren Construction, auf ein und demselben Instrument tausende verschiedener Musikstücke ableiern kann, ohne das innere Werk zu berühren, einfach durch Auflegen und Abnehmen sogenannter Noten«.[67]

Nach der bis dahin gültigen Rechtsauffassung wurden »die Fabrikation und der Verkauf von Instrumenten, welche zur mechanischen Wiedergabe von Musikstücken dienen, die aus geschützten Werken entnommen sind, nicht als Thatbestand der musikalischen Nachbildung darstellend, angesehen«.[68] Diese Rechtsposition hatte die Schweiz in internationalen Abkommen zum Schutz ihrer wirtschaftlich bedeutenden Spieldosen-Industrie durchgesetzt.

Mit dem Aufkommen »mechanischer Musikinstrumente«, auf denen ein unbeschränktes Repertoire abgespielt werden konnte, ergab sich für Waldmann die Notwendigkeit für den »Schutz des geistigen Eigenthums« zu kämpfen, da die Komponisten und Verleger in ihrer Existenz bedroht seien, »wenn das Verlagsrecht der Musikalien-Verleger von den Industriellen als ›vogelfrei‹ behandelt werden dürfte und der Schutz des geistigen Eigenthums sich nicht ›mit‹ auf die Herstellung der Noten-Lochschrift erstreckte«.[69]

Waldmann's gewonnene Prozesse

Manopan

Novität

66 Waldmann 1889, S. 3
67 Ebd. S. 4
68 Ebd. S. 8
69 Ebd. S. 13

Waldmann setzt sich vor Gericht mit seiner Auffassung durch, dass die »Noten-Schei-ben« bzw. die »zusammenlegbaren oder gegliederten Streifen […] mit Lochschrift«, auf denen die Steuerinformationen für die mechanische Wiedergabe von Musikstücken enthalten sind, der »althergebrachten Notenschrift« gleichzusetzen seien. »Ein Theil eines Instrumentes, den man nach Belieben verändern oder entfernen könne, ohne das Ganze zu schädigen, sei kein wesentlicher Bestandtheil desselben.«[70] Bei den Noten-Scheiben und Streifen mit Lochschrift handele es sich also um den Nachdruck von Musikstücken, die nur mit Zustimmung des »Originalverlegers« erfolgen dürfe.

Für Waldmann ist dieser Sieg vor Gericht gerade angesichts der zu dieser Zeit stattfindenden qualitativen Entwicklung auf dem Markt der »mechanischen Musik-werke« wichtig. Die Wirkung der neuen »Clavier-Automaten« ist nach ihm »in der That eine frappante zu nennen, denn die Fertigkeit und Geläufigkeit dieser Claviermaschinen ist eine solch vollendete und exacte, wie sich deren nur wenige Clavierkünstler rühmen könne«.[71]

---

70 Ebd. S. 17
71 Waldmann 1889, S. 13

Mediengeschichten 1891-1900

1891 – »AM ABEND ABER HERRSCHT EIN GEWALTIGES GEDRÄNGE BEI DER UEBERTRAGUNG DER OPER AUS FRANKFURT, NOCH MEHR ABER DER AUS MÜNCHEN«[1]

> Wäre die telephonische Tonübertragung keine Thatsache, so möchte man geneigt sein, sie für ein Erzeugnis der Phantasie zu halten. Sie ist aber eine Realität und dabei dennoch so überraschend und anziehend, daß wir jedem, dem sich die Gelegenheit bietet, raten, das Anhören von Telephonkonzerten nicht zu versäumen.
> *Daheim-Beilage 1884*[2]

Ein »gewaltiges Gedränge« herrschte bei den telefonischen Opernübertragungen, die 1891 auf der Internationalen Elektrotechnischen Ausstellung in Frankfurt am Main allabendlich stattfanden. Die Ausstellung stand in einer Reihe von »elektrotechnischen Special-Ausstellungen, wie solche bereits in den Jahren 1881, 1883, 1884, 1888 in Paris, London, München, Königsberg, Wien, Turin, Philadelphia stattgefunden [hatten]«.[3] Über eine Million zahlender Besucher nahm in Frankfurt die Gelegenheit wahr, sich über die »Dienstbarmachung der Elektricität für die Zwecke der menschlichen Cultur« zu informieren.[4]

Zum ersten Mal wurde auf der Ausstellung in Frankfurt die Fernübertragung von aus Wasserkraft gewonnener elektrischer Energie über eine Strecke von 170 km demonstriert. Berichte in Zeitungen warben u.a. für den Besuch von »Werkstätten«, in denen Werkzeugmaschinen mit elektromotorischem Antrieb vorgeführt wurden. Hier werde der Beweis geliefert, »daß wir in Bezug auf billige Kraftversorgung, namentlich für Kleingewerbe in einen neue Aera eingetreten sind und auf industriellem Gebiet einen Umschwung zum Besseren entgegengehen«.[5] Wohl eher das Laufpublikum sollte durch die Abteilungen angesprochen werden, in der die Besucher »telephonische Musikübertragungen« miterleben konnten,

---

1 Klaußmann 1891, S. 23
2 Stinde 1884, S. 274
3 Vorwort zum Officiellen Katalog der Ausstellung, S. XVIII
4 Stephan 1891, S. 507
5 Fuldaer Zeitung vom 15.08.1891

so insbesondere: vom westlichen Musikpavillon der Ausstellung nach der Gondel des Fessel-
ballons, von Bockenheim nach den automatischen Hörstellen auf dem Ausstellungsplatz, ferner von dem Musiksaal der Frankfurter Infanteriekaserne, von der Bühne des Frankfurter
Opernhauses, vom Wiesbadener kgl. Schauspielhaus und von dem Münchener kgl. Hof- und
National-Theater nach den schallsicheren Kojen der Halle für Telegraphie und Telephonie auf
dem Ausstellungsplatz.[6]

Im Hörkabinett der Philharmonie zu Berlin

Schon 1881 auf der ersten Internationalen Elektrizitätsausstellung in Paris war ein von
dem französischen Ingenieur Clément Agnès Ader entwickeltes System zur Übertragung von Opern- und Theateraufführungen vorgestellt worden. Die telefonischen Musikübertragungen auf den Ausstellungen dienten in erster Linie dazu, einem möglichst
breiten Publikum die Leistungsfähigkeit des Telefons, des »Wunderkinds der Elektrotechnik«[7], zu demonstrieren. Dazu war die Übertragung von Musik geeigneter als Telefongespräche zwischen Personen, die sich eigentlich nichts zu sagen hatten. Diese
Vorführungen stießen auf großes Interesse.

An allen größeren Orten, wo elektrische Ausstellungen stattfanden bildete die telephonische Musikübertragung einen Hauptanziehungspunkt und da jedes Orchester
und jedes Instrument als Musikquelle dienen konnte, handelte es sich hauptsächlich
um die Einrichtung der von fremden Geräuschen und Lärm möglichst unbehelligten
Hörkabinette.[8]

In einer Ankündigung der Internationalen Elektrotechnischen Ausstellung in
Frankfurt am Main vermutet der Verfasser, dass »Uebertragungen vom Frankfurter
Opernhaus, vom Wiesbadener Theater etc. in der Ausstellung keinen besonderen Ein-
druck mehr machen«. Das kenne man bereits aus Berichten über das Theatrophon in
Paris. »Ein ander Ding ist es aber, wenn der erstaunte Hörer auf dem Frankfurter

---

6 Vorwort des Officiellen Katalogs S. VI
7 Prometheus. Zeitschrift für Technik, Wissenschaft und Industrie Nr. 93/1891, S. 646
8 Stinde 1884, S. 274

Ausstellungsplatz eine Aufführung der Münchener Hofoper mittels des Telephons zu hören bekommen wird.«[9]

Wie man aus einem Bericht über die laufende Ausstellung dann erfährt, waren tatsächlich die abendlichen Opernübertragungen aus München eine besondere Attraktion. Ein »reiner Genuß« seien diese Opernübertragungen zwar nicht, man müsse diese vielmehr als Versuche nehmen, die

> ganz unzweifelhaft dereinst noch zu einem sehr schönen Resultat führen dürften. Bewahrheitet sich die Nachricht, daß Edison auch noch die Möglichkeit gefunden hat, die schauspielerischen Vorstellungen auf weite Entfernungen hin elektrisch sichtbar zu machen, dann wird vielleicht die Zeit gekommen sein, in der in jedem Lande nur ein einziges Centralopern- und Schauspielinstitut besteht, von dem aus durch Leitungen alle einzelnen Orte und alle einzelnen Wohnungen mit dem nothwendigen Quantum von Schauspiel- und Operngenüssen versehen werden können.[10]

---

9   J. H. 1891, S. 286
10 Klaußmann 1891, S. 24

1892 – MIT DER CHRONOPHOTOGRAPHIE BEWEGUNGEN AUF LINIEN UND PUNKTE REDUZIEREN

> [...] die Darstellung unbeweglich ruhender Objecte, zur Vollendung ist sie erst durch die Photographie gebracht worden, deren Bild den Gegenstand im zartesten Detail wiedergiebt und dabei jeder beliebigen Vergrösserung und Verkleinerung fähig ist, mit einer Genauigkeit, wie sie jedem andern Verfahren unerreichbar bleibt. [...] Sollte der Apparat der Photographen sich nicht irgendwie der Zahl jener Registrir-Apparate anreihen lassen, welche das Natur-Phänomen uns auch da übermitteln, wo der Stoff in fortwährender Bewegung, die Kräfte in fortwährender Thätigkeit begriffen sind? Diese Frage lässt sich heutzutage mit Ja beantworten, und wir hoffen zu zeigen, dass die Photographie, richtig verwendet, geeignet ist, uns über all' die Bewegungen auf's Genaueste zu unterrichten, denen das Auge nicht folgen kann, weil sie entweder zu schnell oder zu langsam oder zu verwickelt sind.
>
> *Étienne-Jules Marey 1893*[11]

Als der französische Physiologe Étienne-Jules Marey 1892 seine bereits ein Jahr zuvor in einer Zeitschrift erschienene Abhandlung »La photographie du mouvement« als selbständige Veröffentlichung herausgibt, hatte er schon mehr als zehn Jahre mit verschiedenen fotografischen Techniken zur Bewegungsanalyse experimentiert.

Marey wird zu den Pionieren der Filmtechnik gezählt. Diese Einschätzung trifft zu, insofern sie sich auf seinen Beitrag zur Lösung der mit dem Filmantrieb verbundenen mechanischen Probleme bezieht.[12] Als Wissenschaftler war Marey an Film und Kino nicht interessiert, da hier, wie er sagte, lediglich Dinge gezeigt würden, die man mit dem Auge direkt wahrnehmen könne.[13] Ihm ging es vielmehr um Aufzeichnungsverfahren, mit deren Hilfe die Grenzen der »mangelhaften Sinneswahrnehmungen« überschritten werden konnten.

Diese Apparate sind nicht allein dazu bestimmt, den Beobachter manchmal zu ersetzen und ihre Aufgaben in diesen Fällen mit unbestreitbarer Überlegenheit zu erfüllen; sie haben darüber hinaus auch ihre ganz eigene Domäne, wo niemand sie ersetzen kann. Wenn das Auge aufhört zu sehen, das Ohr zu hören und der Tastsinn zu fühlen oder wenn unsere Sinne uns

---

11 Marey 1893, S. 2 f.

12 Im Folgenden handelt es sich um die Übernahme von Passagen eines Textes »Étienne-Jules Marey, ein Wissenschaftler, der nebenbei zum Filmpionier wurde« des Verfassers, der als Beitrag in Horst Hischer »Mathematik – Medien – Bildung«, Wiesbaden: Springer Spektrum 2016, S. 65 – 71 veröffentlicht wurde.

13 Vgl. Marey 1899, VII

trügerische Eindrücke vermitteln, dann sind diese Apparate wie neue Sinne von erstaunlicher Präzision.[14]

Seit Beginn seiner wissenschaftlichen Karriere befasste sich Marey mit dem Thema »Bewegung«. So entwickelte er verschiedene Mess- und Registrierverfahren, u.a. Puls- und Herzschreiber, die mit einem Schreibstift und gleichmäßig bewegter Papierwalze arbeiteten. Neben der Analyse von Bewegungen innerhalb von Körpern beschäftigte er sich ebenso mit der Bewegung von Körpern, wie dem Marschrhythmus von Soldaten oder dem Flügelschlag von Tauben. Auch zur Erforschung dieser Phänomene setzte er Aufzeichnungsgeräte ein, durch die die Daten der untersuchten Bewegungsabläufe festgehalten und dargestellt werden konnten.

Auf die Fotografie wurde Marey im Zusammenhang mit seinen Untersuchungen zu den verschiedenen Gangarten des Pferdes, die er 1873 veröffentlichte, aufmerksam.[15] Bei diesem schon lange kontrovers diskutierten Thema ging es darum, ob sich beim Galopp zeitweise alle vier Beine des Pferdes in der Luft befinden. Die Daten für die Abbildungen, in denen die jeweilige Position von Beinen und Hufen in allen Momenten der verschiedenen Gangarten gezeigt wird, hatte Marey in aufwendigen Versuchsanordnungen gesammelt. So wurden Pferde mit vier »Experimentalschuhen« ausgestattet. Diese Experimentalschuhe hatten eine luftgefüllte Kammer in der Sohle, die über einen Gummischlauch mit einer Schreibtrommel, die vom Reiter auf dem Rücken des Pferdes gehalten wurde, und einem Stift verbunden war. Beim Auftreten auf den Boden wurde die Luft aus der Kammer herausgepresst und bewegte Schreibtrommel und Stift.

*Aufzeichnung der Hufabdrücke auf
einer Schreibtrommel*

---

14 Marey 1878, S. 108 –Originaltext:»Non seulement ces appareils sont destinés à remplacer parfois l'oberservateur, et dans ces circonstances s'acquittent de leur rôle avec une supériorité incontestable; mais ils sont aussi leur domaine propre où rien ne peut les remplacer. Quand l'œil cesse de voir, l'oreille d'entendre, et le tact de sentir, ou bien quand nos sens nous donnent de trompeuses apparances, ces appareils sont de sens nouveaux d'une étonnante précision. (Marey 1878, 108 – Übersetzung W.-R. Wagner)

15 Marey 1873, S. 144–186

Die schematische Darstellung der Gangarten des Pferdes anhand dieser Aufzeichnungen fand der kalifornische Millionär und Pferdeliebhaber Leland Stanford nicht überzeugend. Er beauftragte Eadweard Muybridge, einen renommierten Fotografen, die Bewegungsabläufe mithilfe der Fotografie eindeutig zu klären.

Muybridge positionierte für seine Bewegungsstudien mehrere Kameras an einer Reitbahn. Mit seinen 1877 veröffentlichten Bewegungsstudien erbrachte er den fotografischen Beweis, dass sich beim galoppierenden Pferd zeitweise alle vier Beine in der Luft befinden.

Diese Reihenaufnahmen waren für Marey als Physiologen enttäuschend, da sich aus ihnen keine exakten Bewegungsabläufe rekonstruieren ließen. Sie weckten jedoch sein wissenschaftliches Interesse an der Fotografie, zumal er nach einem adäquaten Mess- und Registrierverfahren für Untersuchungen des Vogelflugs suchte, um die Entwicklung von Flugapparaten voranzubringen. Seine bisher praktizierten Aufzeichnungsverfahren waren dazu nicht geeignet, da sie Kontakte zwischen dem Objekt und dem Aufzeichnungsgerät voraussetzten.

Damit die Fotografie zu einem für Bewegungsanalysen nützlichen wissenschaftlichen Werkzeug werden konnte, musste Marey eine Verschlusstechnik und einen Transportmechanismus entwickeln, durch die der Lichteinfall auf Bruchteile einer Sekunde verkürzt werden konnte.

Angeregt durch den »Photographie-Revolver«, den der französische Astronom Jules Jannsen zur Beobachtung des Venusdurchgangs konstruiert hatte, entwickelte Marey eine »chronophotographische Flinte« für die Untersuchungen von Vögeln im freien Flug. (MG 1874)

Mareys chronophotographische Flinte

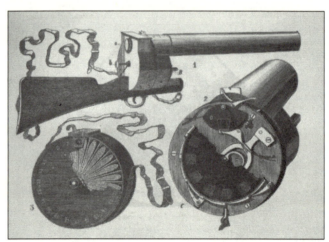

Bei der »chronophotographischen Flinte« kommt ein Uhrwerk zum Einsatz, um die Trommel mit ihren Scheiben in eine intermittierende Bewegung zu versetzen, die notwendig ist, um den Lichteinfall vom Objektiv auf die lichtempfindliche Platte durch die auf den Scheiben angebrachten Schlitze so zu steuern, dass auf der Platte nacheinander Bilder aufgenommen werden können. Mit Hilfe dieses Apparates konnten die einzelnen Phasen des Flugverhaltens von Vögeln mit 10 bis 12 Aufnahmen pro

Sekunde bei einer Belichtungszeit von einer 1/720 Sekunde festgehalten werden, ohne in die Bewegungsabläufe verändernd einzugreifen.

Neben der »chronophotographischen Flinte« experimentierte Marey noch mit anderen Aufzeichnungsverfahren. Im Gegensatz zu Muybridge arbeitete er bei seinen Untersuchungen nur mit einer Kamera und einem Objektiv. Um die verschiedenen Phasen der Bewegungsabläufe festzuhalten, belichtete er die Platte mehrmals. Bei sehr schnellen Bewegungen überlagerten sich jedoch die Aufnahmen auf der Platte.

Um bei der gewünschten schnellen zeitlichen Abfolge der Aufnahmen die Bewegungen analysieren zu können, kleidete er daher seine Versuchspersonen schwarz und markierte z.B. nur das Bein, den Oberschenkel und den Arm auf der der Kamera zugewandten Körperseite mit hellen Streifen und Punkten.

Versuchsperson mit
reflektierenden Streifen

Unter solchen Umständen lassen sich von demselben Gegenstande auf eine einzige Platte in der Secunde nicht nur zehn, sondern hundert verschiedene Aufnahmen bringen, ohne dass man die Schnelligkeit der Scheibendrehung zu steigern brauchte. Man muss dann nur statt des Schlitzes in der Scheibe deren zehn in genau gleich weiten Abständen anbringen.

Dadurch wurden die Körperpartien, die unwichtig waren, auf dem Foto unsichtbar, während die Bewegungen der Körperteile, die man untersuchen wollte, auf helle Linien und Punkte reduziert abgebildet wurden.[16]

Um Hindernisse zu überwinden, auf die er in Verfolgung seiner wissenschaftlichen Absichten stieß, leistete Marey noch einen weiteren technischen Beitrag zur Entwicklung der Filmtechnik. In einem Bericht an die Akademie der Wissenschaften vom 15. Oktober 1888 beschreibt er die Grenzen, auf die er mit der »photochronographischen Methode« gestoßen sei. Zwar sei es möglich, die Veränderungen eines Objekts, das sich mehr oder weniger schnell bewegt, in einer Abfolge von Momentaufnahmen festzuhalten. Falls sich das Objekt jedoch nur sehr langsam oder sogar nur auf der Stelle

---

16 Eder 1886, 187 f.

bewege, ließen sich die einzelnen Bilder nur unzureichend voneinander unterscheiden oder überlagerten sich völlig. Daher, so führte er vor der Akademie aus, beschäftige er sich in letzter Zeit mit Versuchen, für Serienaufnahmen ein langes mit einer lichtempfindlichen Schicht überzogenes Papierband zu verwenden. Keine vierzehn Tage später konnte er vor der Akademie einen solchen »Film« vorführen, auf dem es ihm gelungen sei, eine Serie von 20 Bildern pro Sekunde aufzunehmen.

Der dafür verwendete Apparat könne das Papierband 1 Meter pro Sekunde transportieren, schneller als es zurzeit für seine Untersuchungen nötig sei. Würde man die Aufnahmen machen, während das Band an dem geöffneten Verschluss vorbei bewegt wird, erhalte man nur völlig unscharfe Bilder. Mit Hilfe einer Vorrichtung, die mit einem Elektromagneten arbeitet, sei es ihm gelungen, das Papierband während der Belichtung für 1/5000 Sekunde anzuhalten. So erhalte man Bilder mit der wünschenswerten Schärfe. Da Längenangaben kontinuierlich mitaufgezeichnet wurden, ermöglichte die zeitliche Taktung der Belichtung eine genaue Analyse der Bewegungen von Menschen und Tieren.

Durch Chronophotographie auf helle Linien reduzierte Aufnahme eines Läufers

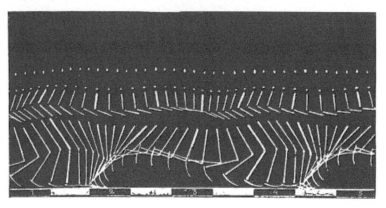

Die Chronophotographie betrachtete Marey als die perfekteste Anwendung der »graphischen Methode«. Mit der Chronophotographie konnte er Phänomene sichtbar machen, die das Auge nicht wahrnehmen kann und die Ergebnisse gleichzeitig exakt registrieren und anhand der Aufzeichnung auswerten. Einen besonderen Vorzug der Chronophotographie sah Marey darin, mit ihrer Hilfe sowohl großräumige und komplizierte Bewegungsabläufe als auch Bewegungen aufzeichnen zu können, die zu schwach sind, um von selbst eine Aufzeichnung in Gang zu setzen.[17]

Ein weiterer Vorteil sei, dass sich die Ergebnisse der verschiedenen Mess- und Registrierverfahren als Kurven in einer grafischen Darstellung so zusammenfassen lassen, dass die einzelnen Messergebnisse zeitlich einander zugeordnet, verglichen und ausgewertet werden können.[18]

---

17 Marey 1894, S. 804
18 Marey 1894, S. 804

1893 – »DIE PHOTOGRAPHISCHE AUFNAHME VON WOLKEN HAT FÜR DIE METEOROLOGIE DIE GRÖSSTE BEDEUTUNG UND IST FÜR DIE MALEREI VON HÖCHSTEM INTERESSE«[19]

> Zwischen Regenschauern sieht man oft die federige Schichtwolke theils als graue und weiße Nebelschichte, theils in Flocken und dickern Massen vereinigt, große Theile des Himmels bedecken. Oft besteht diese Bedeckung auch aus verwaschenen Federwolken, die sich nur hier und da zu federigen Schichtwolken ausgebildet haben. Allemal ist es ein Zeichen fortdauernd regnigten Wetters, wenn eine solche Schichte über den Haufenwolken steht, die als Regenschauer unter ihr fortziehen.
>
> *Beiträge zur Witterungskunde 1820*[20]

Wolken sind flüchtige Gebilde, die ihre Form und Farbe ständig verändern. Diese Naturphänomene können mit »unbewaffneten Auge« beobachtet werden. Allerdings stellt sich das Problem, wie die Beobachtungen verallgemeinert werden können, wie man also über das, was man sieht, mit anderen, die es nicht gesehen haben, kommunizieren kann.

Um eine solche Verständigung über das Phänomen Wolken zu ermöglichen, veröffentlichte 1803 der britische Apotheker und Naturforscher Luke Howard einen Vorschlag für eine Klassifikation der unterschiedlichen Wolkenformationen. Für die drei von ihm identifizierten Grundtypen führte er die bis heute üblichen Begriffe Cirrus, Cumulus und Stratus ein. Goethe widmete Luke Howard zum »Ehrengedächtniß« ein Gedicht. Darin heißt es:

> Die Welt ist so groß und breit,
> Der Himmel auch so hehr und weit,
> Ich muß das alles mit Augen fassen,
> Will sich aber nicht recht denken lassen.
> Dich im Unendlichen zu finden,
> Mußt unterscheiden und dann verbinden;
> Drum danket mein beflügelt Lied
> Dem Mann der Wolken unterschied.[21]

Bis weit ins 19. Jahrhundert hinein hielt man eine über Luke Howards Vorschlag hinausgehende exakte und allgemein gültige Klassifikation von Wolken für kaum möglich, da sprachliche Beschreibungen keine genauen und eindeutigen Vorstellungen von komplexen Wolkenformationen liefern können. Auch Zeichnungen konnten aufgrund

---

19 Schmidt 1893, S. 209
20 Brandes 1820, S. 306
21 Goethe Werke 1896, S. 39

der komplexen und sich schnell verändernden Formen keine eindeutigen Bilder lie-fern.[22]

Wolkenformationen nach Heinrich Wilhelm Brandes (1820)

In der Frühzeit der Fotografie waren die Belichtungszeiten für das flüchtige Phänomen Wolken zu lang und die fotosensiblen Schichten überempfindlich für Blau, so dass sich Wolken – bei den notwendigen kurzen Belichtungszeiten – vor dem Himmel nicht ge-nügend abhoben. Erst nachdem seit 1870 orthochromatische Platten mit weitgehend farbwertrichtigen Eigenschaften auf den Markt kamen, war diese mediale Begrenzung aufgehoben. Die Fotografie erhielt damit »für die Meteorologie die grösste Bedeu-tung«. Der englische Wolkenforscher Ralph Abercromby konnte dann auf zwei zwi-schen 1885 und 1887 unternommenen Weltreisen mit Hilfe der Fotografie den Beweis erbringen, dass überall auf der Erde die Grundformen der Wolken identisch sind.

Die angestrebte internationale Standardisierung der Wolkenbeobachtung setzte je-doch voraus, dass alle Wetterstationen weltweit über einen »Wolkenatlas« als Instru-ment zur Klassifizierung verfügten. So lange man Fotografien nicht drucktechnisch in den Atlanten reproduzieren konnte, war die Herstellung allerdings so teuer, dass man die Atlanten nur in einer beschränkten Anzahl auflegen konnte. Der Physiker K.E.F. Schmidt beschäftigt sich im Jahrbuch für Photographie und Reproductionstechnik für das Jahr 1893 mit der Bedeutung von Wolkenaufnahmen für die Meteorologie und Malerei.

---

22 Erklärung zur Darstellung der Wolken auf der Abbildung 1 (Brandes 1820, S. 412)
    g) Verschiedene Formen federiger Schichtwolken, wie sie zwischen Regenschauer erschei-nen.
    h) Gethürmte Haufenwolken.
    i) Eine gethürmte Haufenwolke, die in die Regenwolke übergeht.

In der Meteorologie sind es hauptsächlich die Cirrus-, Cirrostratus- und Cirrocumulus-Wolken, die für photographische Aufnahmen das Hauptinteresse in Anspruch nehmen.

Die Cirruswolken bildenden Partikelchen geben bei der feinen Vertheilung der sie bildenden Materie den zartesten Regungen der Luftströmungen nach und verschaffen uns daher ein getreues Bild der Luftbewegungen in Richtung und Stärke.

Die oft sehr schnelle Veränderung der Gestalt der Wolken macht nun eine genaue Verfolgung der Verhältnisse durch Zeichnung oder Notirung unmöglich. Die Photographie hingegen, welche in ausserordentlich kurzer Zeit (1/10 bis 1/3 Secunde) Aufnahmen grösserer Wolkenpartien ermöglicht, gibt uns für diesen Zweck die günstigsten Mittel zur Registrirung an die Hand.

Fertigen wir dann eine Reihe von Aufnahmen in bestimmten Zeitintervallen an, so haben wir ein klares Bild der Luftbewegungen im Grossen und können auch durch Vergleich der Einzelpartien auf den verschiedenen Platten die weniger ausgedehnten Luftströmungen in ihrem Gange verfolgen.

Eine bedeutende Erweiterung und Vervollkommnung der Kenntnisse würden wir durch gleichzeitige Aufnahmen mit zwei etwa 1 oder 2 km entfernten Apparaten erlangen, indem wir dann auch die absoluten Geschwindigkeiten aus den Bildern feststellen könnten.

Die Apparate würden mit Vertical- und Horizontalkreis zu versehen sein, die in ähnlicher Weise wie beim Theodoliten Winkelbestimmungen ermöglichten. Systematisch in dieser Weise durchgeführte Aufnahmen würden unsere Kenntnisse über die Luftströmungen in diesen hohen Regionen in fruchtbringendster Weise erweitern.

Auch für manche andere wichtige Frage scheint mir die photographische Methode Resultate zu versprechen, z.B. für die nähere Kenntniss der Wolkengestaltung beim Aufsteigen eines Gewitters und den Verlauf der Wolkenbildung während der Annäherung desselben. In gleicher Weise dürfte meiner Vermuthung nach mit Rücksicht auf die Wetterprognose eine photographische Festlegung der Gruppirung und Gestaltung der Wolken am Abendhimmel nicht ohne Aussicht sein.

Auch für die Malerei ist die Aufnahme von Wolken von hohem Interesse. Die Gestaltung und Gruppirung der Wolken trägt oft, namentlich in der Ebene, ausserordentlich zur Stimmung in der Landschaft und zur Erhöhung ihrer Schönheit bei.

Wie oft findet man aber auf den Gemälden diesen Punkt entweder vernachlässigt oder gänzlich entstellt und verfehlt, indem entweder Verstösse gegen die Beleuchtungsverhältnisse gemacht oder die Grösse und Gestalt der Wolken unnatürlich wiedergegeben wurden. Die photographische Aufnahme schöner Wolkengruppen würde dem Künstler nach dieser Richtung dankbare Anregung geben. [23]

---

23 Schmidt 1893, S. 209 f.

1894 – DAS »SCHISEOPHON« MACHT »AUF ETWAIGE IM EISEN EINGESCHLOSSENE BLASEN UND UNGANZE STELLEN DURCH DEN KLANG AUFMERKSAM«[24]

Die zuverlässige Entdeckung von fehlerhaften Stellen im Innern der für Maschinentheile bestimmten Metallblöcke, besonders des heute so vielseitig verwendeten Gussstahls, schon vor der Bearbeitung ist von der grössten Bedeutung. Trotz aller Vorsicht lässt es sich oft nicht vermeiden, dass durch ungleichmässige Abkühlung im Inneren des Materials Poren, Risse und Hohlräume entstehen, welche die gänzliche Unbrauchbarkeit von oft sehr kostspieligen Constructionstheilen zur Folge haben können, und besonders, wenn sie erst bei der Bearbeitung entdeckt werden, grosse Verluste an Geld und Arbeit verursachen.

Ein neuer Apparat für Materialuntersuchung 1894[25]

Der Bericht über den neuen »Apparat für Materialuntersuchung« in der Zeitschrift *Prometheus*, laut Untertitel eine *Illustrirte Wochenschrift über die Fortschritte in Gewerbe, Industrie und Wissenschaft*, passt in eine Zeit, in der nicht nur in Fachzeitschriften für Ingenieure und Chemiker Meldungen über die Einrichtung von Materialprüfungsanstalten und die Entwicklung von Materialprüfungsverfahren und -maschinen zu finden sind.

Dem Stichwort »Materialprüfung« in *Meyers Konversations-Lexikon* aus dem Jahre 1896 ist zu entnehmen, dass die Notwendigkeit der Materialprüfung darauf zurückzuführen war, dass »die Unredlichkeit im geschäftlichen Verkehr eine bedenkliche Höhe« erreicht hatte. Hier geht es vor allem um »Feststellung der Eigenschaften in qualitativer und quantitativer Beziehung, von welchen die Brauchbarkeit, Anwendbarkeit, Dauer, Haltbarkeit oder der Gebrauchswert in gesundheitlicher, ökonomischer und konstruktiver Hinsicht abhängt«. (MG 1856)

Letztlich ging es bei der Materialprüfung jedoch nicht allein um Betrug und Fälschungen, sondern die Errichtung von »Prüfungsanstalten« wurde erforderlich, da durch die Verwendung neuer Materialien und Verfahren neu aufkommende Sicherheitsfragen geklärt werden mussten.

Diese Anstalten haben die Aufgabe, Versuche im allgemeinen wissenschaftlichen und öffentlichen Interesse anzustellen und auf Grund von Aufträgen der Behörden und Privaten Prüfungen vorzunehmen. Das Bedürfnis nach solchen Prüfungen entstand mit der Zunahme der Erzeugung und Verwendung des verschiedensten Baumaterials gegen die Mitte dieses Jahrhunderts und bbesonders mit dem Emporblühen der Eisenindustrie, des Eisenbahnwesens und der Eisenbautechnik.[26]

---

24 Leitmeritzer Zeitung vom 14.03.1891, S. 287
25 Wilda 1894, S. 777
26 Lemma Materialprüfung 1896, S. 1042

Bezogen auf die hier angesprochenen Bereiche der »Eisenindustrie, des Eisenbahnwesens und der Eisenbautechnik« eröffnete das von dem Ingenieur Louis de Place konstruierte »Schiseophon« eine wichtige Möglichkeit der Materialprüfung. Das Schiseophon

gestattet innere Fehler im Constructionsmaterial zu erkennen, namentlich in Schienen, Achsen, gewalzten Trägern u. dergl. Zum Erkennen solcher Fehler, die nicht nahe der Oberfläche liegen, und nicht etwa schon bei der Bearbeitung zu Tage treten, war man ausschließlich auf den Klang angewiesen. Bei tief im Innern liegenden Stellen versagt jedoch selbst das feinste Gehör.[27]

Das Schiseophon im Gebrauch. Links das Arbeitszimmer,
rechts das Hörzimmer

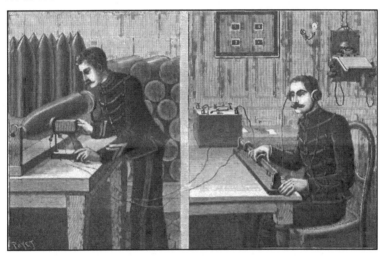

Der Apparat besteht »aus einem kleinen pneumatischen Beklopfer, mit dem das Stahl- oder Eisenstück auf seiner ganzen Oberfläche untersucht wird«.

Der Beklopfer ist mit einem Telephon verbunden, in dessen Stromkreis ein Mikrophon eingeschaltet ist. Zur Untersuchung gehören zwei Beobachter, der eine hat den Beklopfer zu führen, der andere hat mittelst des Telephons die durch das Klopfen hervorgebrachten Töne zu prüfen. Die Beobachtenden sind in elektrischer Verbindung mit einander, befinden sich aber in getrennten Räumen, so daß die durch den Klopfer erzeugten Töne den ›Blasensucher‹ in keinerlei Weise stören können. Bei Anwendung des Instrumentes bringt also der eine Beobachter das Telephon an sein Ohr; so lange die Töne normal klingen, ist es gut, sobald sich aber irgend ein anderer ungewöhnlicher Ton, der sich vollkommen genau von dem Normalton unterscheidet, vernehmen läßt, gibt er sofort das Zeichen, markiert also damit nicht nur das Vorhandensein einer Blase, sondern auch die Stelle derselben. Jeder Maschinen- oder Bauingenieur, der einerseits zu seinen Konstruckzionen unbedingt vollständig blasenfreies Eisen (wir erinnern in

---

27 Zeitschrift für Elektrotechnik 1895, S. 488

erster Linie an Dampfkessel) oder blasenfreien Stahl braucht, andererseits die Schwierigkeiten kennt, die im Innern der Eisen- und Stahlstücke eingeschlossenen Blasen zu entdecken, wird die große Tragweite dieser neuen Erfindung nicht verkennen. [28]

Berichte über »zuverlässige Resultate« bei der Erprobung des Schiseophons führten zur Einschätzung, hier scheine ein Instrument erfunden worden zu sein, »dass mit grossem Nutzen eine empfindliche Lücke bei der Beurtheilung von Materialien auszufüllen geeignet ist«.[29] Diese Erwartungen erfüllten sich offensichtlich jedoch nicht. In der Brockhaus-Ausgabe des Jahres 1908 findet sich zum Schiseophon lediglich der Hinweis, es sei in Frankreich zeitweilig zur »Feststellung von unganzen oder Fehlstellen, besonders in Geschützrohren« benutzt worden. [30][31]

---

28 Leitmeritzer Zeitung vom 14.03.1891, S. 287
29 Wilda 1894, S. 778
30 Lemma Materialprüfungsmaschinen 1908, S. 658
31 Heute wird Ultraschall zur zerstörungsfreien Materialprüfung eingesetzt.

1895 – »DER KINETOGRAPH WIRD FÜR DAS AUGE DAS SEIN, WAS DER PHONOGRAPH FÜR DAS OHR IST«

> Man wird eine Oper, ein Lustspiel, eine Person zu glei-
> cher Zeit sehen und hören und man wird die Gesten der
> Schauspieler fixiren können und verhindern, daß sie
> der Nachwelt verloren gehen.
> *Die Presse 1893*[32]

Wie die Zeitungen berichteten, führte Edison 1893 Besuchern in seinen Werkstätten in New York den Kinetographen als seine neueste Erfindung vor. Zwei Jahre später, 1895, melden die Zeitungen, dass der »wundervolle Edison'sche Kinetoskop […] von zwei Franzosen, den Herren A. und L. Lumière noch verbessert worden [ist]«.[33] Die Patentanmeldung sei erfolgt und die ersten Vorführungen hätten bereits in Paris stattgefunden. »Der neue Apparat ist Kinetomatograph benannt. Die Bilder werden bei demselben auf eine große Fläche, z.B. eine Wand geworfen, sodaß eine größere Anzahl Zuschauer die Bilder gleichzeitig besichtigen kann.«[34] Ein Jahr später beginnt ein Bericht über »Lebende Photographien« im *Grazer Tageblatt* mit der Feststellung: »Es fängt an, unheimlich zu werden.«

Die Röntgen'schen X-Strahlen durchdringen bekanntlich feste Körper und veranschaulichen das, was sonst dem Auge unsichtbar ist. Edison und zu gleicher Zeit zwei Franzosen, August und Louis Lumière, haben die ›lebendige Photographie‹ in den Dienst der Menschheit gestellt, was nicht weniger sagen will, als daß durch einen Apparat mit unheimlicher Genauigkeit lebende Vorgänge aller Art zur Ansicht gebracht werden können. So wie also der Phonograph die Stimmen von Personen getreulich wiedergibt, so gestattet der Chronophotograph, wie die Erfinder ihren Apparat nennen, die Bewegungen von Menschen, Vorgänge auf der Straße, den Vogel im Fluge, kurz, jede Bewegung eines Körpers naturgetreu zu reproduciren.

Die Idee des Apparates ist nicht neu; sie lag schon unter dem Namen ›Zootrop‹ und ›Phraxinoskop‹ bekannten Spielen zugrunde, bei welchen die einzelnen, durch Schnellphotographie festgehaltenen Phasen der Bewegung eines Menschen, eines Pferdes oder eines Hundes durch Rotation in solch schneller Reihenfolge, und zwar hell erleuchtet, dem Auge vorgeführt wurden, daß die Intervallen gar nicht zum Bewußtsein kamen und so eine Bewegung in

---

32 Die Presse vom 11.05.1893, S. 14

33 Der möglicherweise irritierende Wechsel in der Begrifflichkeit in diesem Text erklärt sich durch die Übernahme der in den zitierten Quellen jeweils benutzen Begriffe. Die Wiener Zeitung sieht in der Fülle der unterschiedlichen Namen, »welche sämmtlichen Apparaten dieses Zweckes gegeben wurden«, einen Hinweis auf den »wunderbaren Erfolg« der ursprünglich von Edison und den Gebrüdern Lumière entwickelten Apparate. Für alle »Anschlusserfindungen« wurde ein eigener Name benutzt, um dadurch auf die Originalität der Weiterentwicklung hinzuweisen. In dem kurzen Beitrag unter Vermischtes werden in der Wiener Zeitung mehr als 50 verschiedenen Begriffe aufgeführt, von Kinegraph über Phototrop bis Pictorialograph. (Wiener Zeitung vom 31.12.1897, S. 12)

34 Wiener Montags-Post vom 04.11.1895, S. 5

die andere übergeht. Die Beständigkeit der hellen Eindrücke auf die Netzhaut des Auges läßt in allen Apparaten die Bilder beweglich erscheinen.

Aber welcher Unterschied zwischen diesen primitiven Apparaten und dem Chronophotograph! Die außerordentlichen Fortschritte auf dem Gebiet der Photographie machen es möglich, mit diesem Apparate alles, was sich vor der Camera abspielt, in den denkbar kleinsten Theilbewegungen zu erfassen und auf einen hautartigen Streifen zu bannen, der sich in einem lichtdicht verschlossenen Kasten vertical entrollt. Letzterer ist mit einem Objectiv versehen, das sich in bestimmten Intervallen öffnet und schließt.

So entsteht denn eine Reihe durch die Stillstände scharf von einander abgesetzter Bilder, die unter sich nur geringe Abweichungen von einander zeigen, in ihrer Gesammtheit aber die lebendigsten Scenen wiedergeben. In nicht weniger als 15 Theile zerlegt der Apparat die Bewegung einer Secunde: der Collodiumstreifen nimmt also, sich aufrollend in einer Secunde 15 Bilder auf; um die Bewegung von einer Minute festzustellen, braucht er 900 Photographien, wozu ein 18 Meter langer Streifen von 3 Centimeter Breite erforderlich ist.

In derselben Weise bringt der Chronograph das, was er aufgefangen, zur Schau. Von elektrischem Bogenlicht hell bestrahlt, rollt sich der Collodiumstreifen durch einen Präcisionsmechanismus mit ruckweisen Bewegungen auf. Der Apparat arbeitet dabei so schnell, daß man meint, er stände still und zeige nur ein einziges lebendiges Bild auf dem gespannten Leinwandrahmen.[35] (MG 1892)

Vorführungen der lebenden Photographien

Das Programm, das dem Publikum bei den Vorführungen »Lebender Photographien« geboten wurde, war vielseitig und auf den Ort und Anlass abgestimmt. Im Redoutensaal des Theaters in Graz bereiteten »Bilder aus dem entlegensten Weltverkehr« dem Publikum »wirklich köstliches Vergnügen«[36], während auf der Berliner Gewerbeausstellung, folgt man den Zeitungsberichten, die Aufnahmen repräsentativer Anlässe im Mittelpunkt des Programmangebots standen.

Man sieht z.M. die Ankunft des Kaisers in Frankfurt a. M. oder den Krönungszug in Moskau ganz so wie es hergegangen ist, als spielte es sich hier in diesem Augenblicke in der Wirklichkeit vor uns ab. Oder wir sehen die Wachtparade Unter den Linden aufziehen, voran den Menschenschwarm, dann die Musik, alles wie es in Natura leibt und lebt. Aus dem Kölner Dom strömt die Menschenmenge, man grüßt sich, die Kleider flattern vor einem Windstoß. Kurz, es kann nicht natürlicher sein, nur die Farbe fehlt noch. Auch diesen Fehler wird man

---

35 Grazer Tagblatt vom 27.10.1896, S. 2
36 Grazer Tagblatt vom 27.10.1896, S. 2

beseitigen und dann ist die Möglichkeit gegeben, historische Momente der Nachwelt genau so zu zeigen, wie sie gewesen sind.[37]

Wie groß das Interesse am Kinetographen und Phonographen war, zeigt sich daran, dass in der 1891 auf Initiative von Wilhelm Liebknecht gegründeten Arbeiterbildungsschule Veranstaltungen angeboten wurden, in denen diese technischen Apparate vorgeführt und ihre Funktionsweise erklärt wurden.

Besichtigung des Kinetographen und Phonographen

1896 – »RÖNTGEN'SCHE PHOTOGRAPHIEN SIND KEINE ABBILDUNGEN BELEUCHTETER OBERFLÄCHEN, SONDERN TRANSPARENZPRODUCTE, SCHATTENRISSE MEHR ODER WENIGER DURCHSTRAHLTER MASSEN«[38]

> »Würzburg, 10. Jan. Professor Dr. Röntgen erhält wegen seiner Entdeckung aus allen Theilen der Welt Telegramme und Briefe.«[39]
>
> »Würzburg, 11. Jan. Tel. Professor Röntgen erhielt eine Einladung des Kaisers, morgen Nachmittag im kgl. Schloß zu Berlin einen Vortrag über seine neueste Erfindung zu halten.«[40]
>
> »Berlin, 13. Jan. Der Kaiser überreichte gestern nach dem Vortrag des Professors Röntgen aus Würzburg demselben persönlich den Kronen-Orden 2. Klasse.«
>
> *Allgemeine Zeitung im Januar 1856*[41]

Bei Experimenten mit Kathodenstrahlen hatte Wilhelm Conrad Röntgen am 8. November 1895 die später nach ihm benannten Röntgenstrahlen entdeckt. Er selbst verwendete für diese neuen und unbekannten Strahlen die Bezeichnung X-Strahlen.[42]

Da die »photographischen Trockenplatten sich als empfindlich für die X-Strahlen erwiesen«, konnte Röntgen die Fotografie bei seinen Experimenten zur Durchlässigkeit verschiedener Materialien einsetzen, um eine Kontrolle für den flüchtigen Eindruck am Leuchtschirm zu haben und um die Wirkung der neuen Strahlen, die er in Berichten an Fachkollegen beschreibt, an Aufnahmen belegen zu können.[43] Die Entdeckung neuer und unbekannter Strahlen hätte über einen engen Kreis von Physikern hinaus auf keinen Fall eine vergleichbare, sofortige Aufmerksamkeit auf sich gezogen, ohne die von Röntgen als »Schattenbilder« bezeichneten fotografischen Abbildungen, die, wie er selbst sagte, »mitunter einen ganz besonderen Reiz« boten.[44] Die Wiener Tageszeitung *Die Presse* berichtete am 5. Januar 1896 auf Seite 1 über diese »sensationelle Entdeckung«.

> In den gelehrten Fachkreisen Wiens macht gegenwärtig die Mittheilung von einer Entdeckung, welche Professor Rontgen in Würzburg gemacht haben soll, große Sensation. Wenn sich dieselbe bewährt, wenn die hierauf bezüglichen Mittheilungen sich als begründet erweisen, so hat man es mit einem in seiner Art epochemachenden Ergebnisse der exacten Forschung zu thun, das sowol auf pysikalischem wie auf medicinischem Gebiete ganz merkwürdige Consequenzen bringen dürfte. [...] Wie die gewöhnlichen Lichtstrahlen durch Glas gehen, so gehen diese

---

38 Allgemeine Zeitung, Beilage vom 15.01.1896, S. 6
39 Allgemeine Zeitung vom 11.01.1896, S. 3
40 Ebd. S. 3
41 Allgemeine Zeitung vom 13.01.1896, S. 4
42 Röntgen 1896, S. 4
43 Ebd. S. 6
44 Ebd. S. 11

neuentdeckten von den Crookes'schen Röhren ausströmenden Strahlen durch Holz und auch durch – Weichtheile des menschlichen Körpers. Am überraschendsten ist nämlich die durch den erwähnten photographischen Proceß gewonnene Abbildung von einer menschlichen Hand. Das Bild enthält die Knochen der Hand, um deren Finger die Ringe frei zu schweben scheinen. Die Weichtheile der Hand sind nicht sichtbar.

Im lebenden Körper photographiertes Handskelett (nach Prof. Röntgen)

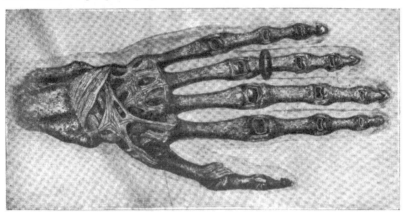

Einige Proben dieser sensationellen Entdeckung circulieren in Wiener Gelehrtenkreisen und erregen in denselben berechtigtes Staunen.«[45] Weiter ist in der Meldung die Rede davon, die bisherigen »knappen Angaben« über die Entdeckung des Würzburger Gelehrten klängen »wie ein Märchen oder wie ein verwegener Aprilscherz«. Es sei »angesichts einer so sensationellen Entdeckung schwer, phantastische Zukunftsspeculationen im Style Jules Verne von sich abzuweisen«.

> Aber – wer im Anfang dieses Jahrhunderts gesagt hätte, das Enkelgeschlecht werde von der Kugel im Fluge getreue Bilder fertigen und mit Hilfe eines elektrischen Apparates Zwiegespräche über den großen Ocean hin und wider führen können, hätte sich auch dem Verdachte ausgesetzt, dem Irrenhause entgegenzureifen.[46]

In der Abendausgabe der *Allgemeinen Zeitung* vom 24. Januar 1896 findet sich ein ausführlicher Bericht über einen Vortrag, den Professor Dr. Röntgen am Vortag in der Physikalischen Gesellschaft in Würzburg über »seine neuen Strahlen« gehalten hatte.

> Anwesend waren Vertreter der Generalität und des Officiercorps, sowie zahlreiche Professoren und zu Hunderten die Studenten. Professor Röntgen, der sichtlich erregt und angegriffen schien, eröffnete sein Vortrag mit der Bemerkung, daß er die heutige, öffentliche Aussprache für seine Pflicht halte, denn seine Arbeit sei noch im Stadium der Demonstrationsversuche und es sei zweifelhaft, ob die Versuche gelingen werden. [...] er selbst verdanke seine Entdeckung dem Zufall. ›Durch Zufall sah ich, daß die Strahlen durch gefärbtes Papier, dann

45 Die Presse vom 05.01.1896, S. 1 f.
46 Ebd. S. 2

durch Blech, durch Schreibhefte gingen, aber ich glaubte noch immer an ein Spiel blinder Täuschung. Da kam ich auf die Photographie. Der Gedanke konnte praktisch verwerthet werden, die Versuche gelangen.‹ Sodann begann der Vortragende, seine Ausführungen mit höchst interessanten Demonstrationen zu belegen, er ließ die Strahlen durch Blech, Blei, Papier, endlich auch durch die eigene Hand dringen. Platin erwies sich als renitent. Redner hat zuletzt durch eine Thüre photographiert, aber die Wirkung ist durch den bleiha ltigen Anstrich beeinträchtigt worden. – Auf Anforderung des Prof. Dr. Röntgen hin, läßt sodann Geheimrat v. Kölliker (der berühmte Anatom) seine Hand photographieren. Die photographische Platte wird auf die Hand geschnallt, die Hand selbst auf einen durchlochten kleinen Schemel gestützt, unter dem sich der strahlenspendende Apparat befindet. Hr. v. Kölliker hält in dieser Position eine tiefergreifende Ansprache, betont, daß er 48 Jahre lang der Physikalischen Gesellschaft angehöre (deren Ehrenpräsident er jetzt ist), daß er aber noch keiner so interessanten Sitzung beigewohnt habe, wie der heutigen. Die Ansprache schloß mit einem Hoch auf Prof. Röntgen, in welches begeistert eingestimmt wurde. Sodann schlägt v. Kölliker vor, die Strahlen in Zukunft Röntgen'sche Strahlen zu benennen. Bei der Discussion fragt v. Kölliker in ›egoistischem Interesse an‹, wie Röntgen sich zu der Möglichkeit stelle, seine Entdeckung der Medicin und der Anatomie dienstbar machen zu können. Er nimmt Bezug auf die letzten Zeitungsnachrichten über gelungene Versuche dieser Art in Krankenhäusern u.s.w. Prof. Röntgen erklärt sich gern bereit, mit Hülfe der Chirurgie seine Forschungen fortzusetzen, einstweilen habe ihm die Zeit gefehlt, aber er glaube wohl, auch auf diesem Gebiet etwas leisten zu können.[47]

Photographische Aufnahme einer Hand mittels Roentgenstrahlen

---

47 Allgemeine Zeitung vom 24.01.1896, S. 4

1897 – DIE LINOTYPE-SETZMASCHINE ALS »EISERNER COLLEGE«?[48]

In besseren anglo-amerikanische täglichen Zeitungen begegnet man immer häufiger einer Bekanntmachung in eigner Sache ungefähr folgenden Inhalts: ›Die gesammten Druckeinrichtungen dieses Blattes. 60 Kasten Brodschriften[49] nebst Regalen (ein gefüllter Doppelsetzkasten enthält ungefähr 50 Pfund Schrift), drei Cylinderpressen, eine Falzmaschine u.A.m., wird mit Einschluss der sechspferdigen Dampfmaschine in Folge der Einführung der Linotype-Setzmaschine und des Rotationsdruckes preiswert verkauft u.s.w. u.s.w.

Buchdrucker-Zeitung 1895[50]

Die Technik des Buchdrucks hatte sich durch die Einführung der Schnellpressen und Rotationsmaschinen grundlegend verändert. Dagegen war die Satzherstellung seit den Tagen Gutenbergs so gut wie unverändert geblieben. Beim Handsatz steht der Setzer

vor dem Schriftkasten, in dem für jeden Buchstaben ein besonderes Fach vorhanden ist. Die am häufigsten gebrauchten Buchstaben und Schriftzeichen liegen in entsprechender Anzahl zunächst in größeren Fächern, die weniger vorkommenden weiter entfernt in geringerer Anzahl in kleineren Fächern. Der Schriftsetzer muß nun mit großer Handfertigkeit nach dem vorliegenden Text auf dem Winkelhaken die Buchstaben zu Wörtern, Sätzen und Zeilen zusammenreihen.[51]

Setzregal und Setzkasten   *Antiquakasten für deutschen Satz*

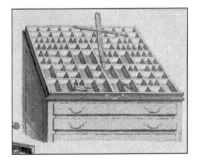

---

48 Überschrift »Der eiserne College und der bleierne Redacteur« in der Österreichisch-Ungarischen Buchdrucker-Zeitung Nr. 5/1895, S. 54 – Es handelt sich dabei um den Nachdruck eines bereits 1894 in der Papier-Zeitung erschienenen Artikels.

49 Brodschriften nannten die Setzer zu Bleisatzzeiten die Schriftarten bzw. -größen für den Mengensatz, mit dem sie im Akkord ihr Brot verdienten.

50 K. 1895a, S. 54

51 Beyer 1910, S. 14

Die Diskrepanz zwischen der Leistungssteigerung beim Druck und der unveränderten Technik des Handsatzes zeigt sich im unterschiedlichen Personalbedarf. Nach einer Statistik aus dem Jahre 1897 kamen im Deutschen Reich »auf 4478 Drucker 22.720 Setzer, d.h. etwa auf je 6 Setzer ein Drucker«.[52] Durch die Anschaffung größerer Maschinen konnte man wohl in denkbar kürzester Zeit, besonders in den Zeitungs-druckereien, auch Riesenauflagen bewältigen, dagegen blieb die Handsetzerei auf ihrem alten Stand stehen.

Viele Versuche wurden gemacht, um trotzdem die Leistung der Setzer mit jenen der Drucker in Einklang zu bringen. Besonders im Zeitungsbetrieb war es oft erforderlich, letzte Nachrich-ten, Parlamentsberichte, rasch noch zu setzen, um sie vielleicht noch am gleichen Tage veröf-fentlichen zu können. Da half man sich denn damit, das Manuskript zu teilen und jedem Setzer nur ein kleines Stück zu geben – nicht immer zum Vorteil der Genauigkeit. Oder man stellt Vorleser an, die gleich mehreren Setzern den Text diktieren mußten. Im ganzen konnte dies jedoch nur ein Notbehelf sein, um den Redaktionsschluß einer Zeitung möglichst hinausschie-ben zu können. Auch hatte dieses Mittel den Nachteil, daß ein Zeitungsverleger, der seinen Lesern immer das Neueste bieten wollte, zur Bewältigung der spät einlaufenden Nachrichten eine große Zahl Setzer halten mußte, die er für die übrige Tageszeit kaum beschäftigen konnte, aber doch dafür entlohnen mußte. […]
Zusammenfassend läßt sich sagen, daß allen diesen Bestrebungen ein größerer bleibender Er-folg nicht beschieden war, so eifrig man auch hier noch in diesem Jahrhundert nach einer Lösung suchte. Indessen beweisen alle diese Versuche, wie sehr eine maschinelle Satzbe-schleunigung ›die Setzmaschine‹ dem Gewerbe fehlte.[53]

Die von Ottmar Mergenthaler, einem aus Deutschland in die USA ausgewanderten Uhrmacher, entwickelte Linotype-Setzmaschine wurde seit 1886 in Serie gebaut und in Zeitungsdruckereien der nordamerikanischen Großstädte eingesetzt. Wie die im Eingangszitat erwähnten Anzeigen über den Verkauf der »gesammten Druckeinrich-tung« deutlich machen, verdrängten in Amerika die Setzmaschinen schon Anfang der 1890er den Handsatz in den großen Zeitungsverlagen. Anders klingt eine Einschätzung der Entwicklung in Deutschland durch den Verleger Albert Gerstenberg. Er schreibt in seiner 1892 veröffentlichten Abhandlung *Die moderne Entwickelung des deutschen Buchdruckgewerbes in statistischer und sozialer Beziehung*:

Die Technik, namentlich des Setzereibetriebes, welche die bei weitem größte Personenzahl beschäftigt, ist im großen und ganzen noch wesentlich dieselbe wie in alten Zeiten. Ob sie überhaupt im modernen Sinne fabrikmäßig zu entwickeln ist, kann nur die Zukunft lehren.[54]

Diese Einschätzung wird durch eine Statistik für das Deutsche Reich aus dem Jahre 1895 bestätigt, in der zwar eine Vielzahl von Maschinen aufgezählt werden, die in der Buchdruckerei verwendet werden, in der aber »noch keine einzige mechanische Ein-richtung zur Beschleunigung des Setzens« auftaucht.[55]

---

52 Ebd. S. 18
53 Ebd. S. 18 f.
54 Gerstenberg 1892, S. 19
55 Beyer 1910, S. 18

Nur auf den ersten Blick war die Problemlage in Deutschland und in Amerika vergleichbar. Die Leistung des einzelnen Handsetzers blieb immer mehr hinter der Geschwindigkeit zurück, mit der gedruckt werden konnte. Ein wichtiger Grund, warum sich die Setzmaschinen jedoch in Amerika früher und schneller verbreiteten als in Deutschland, war der Mangel an gelernten Schriftsetzern in Amerika. Bei Schriftsetzern handelte es sich um eine qualifizierte Gruppe von Handwerkern, die nicht nur über »große Handfertigkeit«, sondern auch über einen hohen Bildungsstand verfügen musste. Ein Setzer musste die Rechtschreibung und Zeichensetzung beherrschen, Ausdrucksfehler bereinigen können und belesen sein, um in den oft unleserlichen handschriftlichen Manuskripten die Namen von Personen aus Politik, Kultur und gesellschaftlichen Leben entziffern zu können. Mindestens »oberflächliche Kenntnis der klassischen Sprachen und einige Vertrautheit mit den modernen Sprachen« wurden ebenfalls erwartet.[56] Beim ausgesprochenen Mangel an derartigen Fachkräften mussten in Amerika außergewöhnlich hohe Löhne bezahlt werden. 1889 lagen die Löhne für Setzer in Amerika daher bis zum Fünffachen höher als in Deutschland.[57]

Linotype-Setzmaschine

Hinzu kamen noch andere spezifisch deutsche Verhältnisse, die der Einführung von Setzmaschinen entgegenstanden. So wurden in Deutschland im Unterschied zu Amerika zwei Druckschriften, Fraktur und Antiqua, verwendet und bei der Gestaltung von Inseraten war es üblich, mit Auszeichnungsschriften zu arbeiten, also Teile des Textes durch abweichende Schriftgestaltung hervorzuheben. Beiden Anforderungen kam die Linotype-Setzmaschine nicht entgegen. In Deutschland wurde die Linotype-Setzmaschine zum ersten Mal 1897 auf der Sächsisch-Thüringischen Industrie- und Gewerbe-Ausstellung in Leipzig »als viel bewunderte und viel kritisirte Neuheit« vorgeführt.[58]

Am dichtesten umlagert findet man [im Ausstellungsbereich des graphischen Gewerbes] stets den Raum, wo die Setz- und Schriftgießmaschinen ausgestellt und meist auch in Thätigkeit

---

56 Ebd. S. 19 f.
57 Ebd. S. 45
58 Allgemeinen Zeitung vom 13.08.1898, S. 5

sind. Das schwere Problem, den Handsatz durch die Arbeit der Maschine abzulösen, wurde vollkommen erst bewältigt, als Mergenthaler in Cincinati das Setzen und Abgießen der Zeilen in einer einzigen Maschine vereinigte. Die Linotype, von der Mergenthaler-Setzmaschinenfabrik, Berlin, [...] hat sich ihres Preises und auch wohl der Neuheit wegen in Deutschland noch kein großes Feld erobern können, während im Auslande schon 5000 Maschinen dieser Art, die Arbeit von 20- bis 25.000 Setzern verrichtend, im Betriebe sind. Die großen amerikanischen Blätter können Linotype so wenig entbehren, daß die ersten Zeitungen New-Yorks je 50 bis 70 Exemplare besitzen. Hier in Leipzig gehört ihre Arbeit, die übrigens ebenso gut dem Werk- als dem Zeitungsdruck genügt, zum Interessantesten, was die Ausstellung bietet. Die Maschine setzt keine Typen, sondern Matrizen, die durch das Spiel der Tasten zu Zeilen vereinigt werden, und dann durch einen Hebeldruck automatisch ausgeschlossen, abgegossen und wieder in die Matrizenbehälter zurückgeführt werden. Da mit Ausnahme des Tastenanschlages alle Arbeiten mit Kraftbetrieb vollzogen werden, so bringt es ein geübter Arbeiter an der Linotype auf 8000 bis 10000 Buchstaben in der Stunde, so daß sich die Maschine trotz ihres hohen Preises durch die Ersparung von vier Setzern verhältnismäßig schnell bezahlt macht.[59]

Die Berichte über die Industrie- und Gewerbe-Ausstellung im Jahr 1897 zeigen, auch in Deutschland verfolgte man die Entwicklung von Setzmaschinen aufmerksam. Das Interesse am Einsatz der Maschinen wuchs nach deutlichen Lohnerhöhungen für Setzer und den dadurch gestiegenen Kosten für den Handsatz sowie nach Verbesserungen an der Linotype-Setzmaschine. In dem Beitrag der *Buchdrucker-Zeitung*, aus dem das einleitende Zitat stammt, schreibt der Autor, die Anzeigen über den Verkauf »gesammter Druckeinrichtungen« wären für ihn Hinweise »auf eine gewonnene Schlacht mehr auf dem Siegeszug der Setzmaschine und eine weitere Niederlage bei der grossen Retirade der organisirten Schriftsetzter-Legionen«.[60] Die Schriftsetzer seien trotz ihres hohen Organisierungsgrades nicht in der Lage, den Siegeszug der Setzmaschine aufzuhalten, so dass der Linotype-Maschine »eher der Name Revolutionär statt College zukommt«.[61] Den Schriftsetzern und ihrem Widerstand gegen die Einführung der Setzmaschinen setzte man das Argument entgegen, »bedeutende technische Neuerungen« hätten »stets das Kulturleben der gesitteten Völker befruchtet«. So sei »ein neuer Aufschwung der ganzen Buchdruckerkunst [zu erwarten], der nicht weniger, sondern noch mehr fleißige Hände braucht, als bisher?«.[62] Eine neue Beschäftigungsmöglichkeit sah man z.B. in den neu entstehenden »Hausfachblättern«, denn aus Amerika wurde berichtet,

dass die grossen Finanz-, Handels- und Industrie-Etablissements sich ihre eigenen Druckereien einrichten werden. Alle Anzeichen sprechen dafür, dass dies in grossem Massstabe schon bald geschehen wird. Zu dieser Massregel wird zunächst nicht etwa die Frage der Verbilligungder Druckarbeiten den Hauptbeweggrund liefern, sondern es werden Erwägungen viel tiefliegenderer Natur den Ausschlag geben.[63]

59 Volkswirthschaftliche und Handels-Beilage zur Allgemeinen Zeitung Nr. 183 vom 04.07.1897, S. 1

60 K. 1895a, S. 54

61 Ebd. S. 55

62 Allgemeinen Zeitung vom 13.08.1898, S. 6

63 K. 1895b, S. 67

1898 – »DIE ANSICHTSPOSTKARTE GEHÖRT ENTSCHIEDEN ZU DEN CHARAKTERISTISCHEN MERKMALEN UNSERER ZEIT«[64]

> Als ›Generalpostmeister‹ Stephan die Einführung der Postkarte ins Werk setzte, hat er schwerlich daran gedacht, daß er damit einen ganz neuen Zweig der graphischen Industrie ins Leben rufen würde; wir meinen die ›Ansichtskarte‹. Aus kleinen Anfängen heraus hat sich diese eigenartige Industrie zu einer Macht entwickkelt, welcher niemand, der eine Reise thut, entrinnen kann.
>
> *Die Gartenlaube 1895*[65]

Nach der »amtlichen Poststatistik« wurden im Jahre 1896 »im Reichspostgebiet 467 Millionen Postkarten« und damit »30 Millionen mehr als im Vorjahre befördert«. Diese Steigerung wird 1898 in einem Artikel »Ueber das Sammeln von Ansichtskarten« im *Rosenheimer Anzeiger* im Wesentlichen auf die »Gewohnheit der Versendung von Ansichtspostkarten« zurückgeführt, »die während der letzten Jahre eine überraschende Ausdehnung gefunden hat«.[66]

Im selben Jahr beschäftigt sich auch das Feuilleton der *Allgemeinen Zeitung* mit der »Geschichte der Ansichtspostkarten« bzw. übernimmt einen »nicht uninteressanten Beitrag« aus der *Schlesischen Zeitung*. Zur wachsenden Beliebtheit der Ansichtskarten habe, so heißt es hier, nicht zuletzt »die Mannichfaltigkeit der technischen Vervielfältigungsarten« beigetragen. Hierzu zählten »Licht-, Aquarell- und Bunddrucke, Holzschnitte und Radirungen, Kreidedrucke, Lithographien, Photolithographien und Prägedrucke«.[67]

In den Zeitungen finden sich Meldungen über die Versendung von Ansichtspostkarten, die einen derartigen Umfang angenommen hätten, »daß Sortier-Beamte und Briefträger bereits mit Bangen dem Anbruche der eigentlichen Reise-Saison entgegensehen«.[68]

An Montagen, welche auf schöne Sonntage folgen, ist es geradezu staunenswerth, welche große Zahl nicht bloß an größerem Plätzen, sondern auch an kleineren Orten die Briefträger zur Bestellung auf ihren Dienstgängen mit sich schleppen. Gewöhnlich mehr als ein Drittel mehr Zustellungen haben an solchen Tagen diese Leute zu bewältigen und die Folge hievon ist, daß sie nur zur Bestellung dieser freundlichen Grüße natürlicherweise geraume Zeit länger brauchen, als ihnen vorgeschrieben.[69]

---

64 Rosenheimer Anzeiger vom 19.11.1898, S. 4
65 Die Gartenlaube H. 20/1895, S. 340
66 Rosenheimer Anzeiger vom 09.01.1898, S. 2
67 Allgemeine Zeitung. Abendblatt vom 01.09.1898, S. 2
68 Rosenheimer Anzeiger vom 17.04.1898, S. 2
69 Rosenheimer Anzeiger vom 13.09.1898, S. 5

Das neue Medium Ansichtspostkarte löst ein alle Stände übergreifendes Sammelfieber
aus.

> Wie man Albums hat für Photographien, für Postmarken und Stempel, so beginnt man in un-
> serer sammellustigen Zeit nun auch die illustrirten Postkarten in hübschen Umschlägen zu
> vereinigen und ziert damit den Tisch. Deutschland, Oesterreich-Ungarn, die Schweiz, Italien,
> Frankreich, Belgien, Holland, Dänemark – sie alle müssen ihren Tribut hierzu liefern. Manche
> Sammler bilden Abteilungen nach Ländern und Provinzen, andere unterscheiden zwischen
> Schwarzdruck, Buntdruck ec. Hoffentlich übt dieser neue Sammlersport die gute Rückwir-
> kung aus, daß von seiten der Industrie immer mehr Wert auf die künstlerische Ausführung der
> Ansichtskarten gelegt wird.[70]

Ansichtskartentausch wünschen einzugehen

---

70 Die Gartenlaube H. 20/1895, S. 340

Kritische Zeitgenossen wie der Schweizer Schriftsteller Alfred Beetschen sprechen angesichts der Flut von »illustrirten Postkarten« von einer »Postkartenpest«. [71] Andere beklagen, dass die Ansichtskarte den Brief verdränge. [72] Dem gegenüber stehen Überlegungen, wie sich die Ansichtskarte in die bestehende Kommunikationslandschaft einfügt und diese zugleich verändert.

Das Sammeln von Bildern war früher ein Vorrecht der Reichen und Wohlhabenden. Das ist wohl begreiflich, denn die Bilder, die man früher allein sammeln konnte, seien es nun Oelgemelde oder Kupferstiche, Radirungen oder Holzschnitte sind mehr oder minder kostspielig und es gehört auch eine Kennerschaft dazu, damit man nicht für theueres Geld minderwerthige Blätter einhandelt. Ein gewisser Wandel wurde hier schon durch die Photographie geschaffen, welche die Reihe der Sammler immerhin sehr erweiterte. Die Möglichkeit des Sammelns aber in die weitesten Kreise zu tragen, das blieb erst der Ansichtspostkarte vorbehalten. Die Ansichtspostkarte gehört entschieden zu den charakteristischen Merkmalen unserer Zeit. Längst sind die Zeiten vorbei, da man einander seitenlange Herzensergüsse schrieb und die Neuigkeiten durch Brief von Ort zu Ort colportirt wurden. Die Gegenwart aber steht im Zeichen des Verkehrs. Die Neuigkeiten braucht kein Mensch mehr durch Briefe weiter zu befördern, dafür sorgen der Telegraph, der Fernsprecher und die Zeitungen; und für seitenlange Herzensergüsse sentimentalen Gedankens fehlt es an Zeit und Lust. Jetzt huldigt man dem Grundsatze, daß Zeit Geld und Kürze des Geistes Würze sei, und die Postkarte ist hiefür der sprechende Ausdruck. Die Ansicht aber hebt die Postkarte in ein höheres künstlerisches Gebiet und macht sie zu einem würdigen Gegenstande des Sammelns, auch abgesehen von dem Werthe, den wir etwa der Mittheilung an sich beimessen. Man spottet viel über die Manier der Deutschen überall, wo sie hinkommen, Postkarten mit Ansichten zu versenden. Indeß mit Unrecht. Denn diese Seite ist doch nur ein Ausfluß freundlichen Gedankens an die, welche zu Hause bleiben mußten; wir wünschen ja nur, daß auch Angehörige und Freunde wenigstens im Bilde das Schöne mitgenießen, das uns vor Augen steht; und senden wir ihnen von Ort zu Ort, wohin unsere Reise führt, Bild und kurzen Bericht, so erleben sie sozusagen zu Hause unsere Reise mit. Wollte man hiefür ganze Briefe beanspruchen, so könnten die Angehörigen meistens nur gleich auf Reiseberichte verzichten, denn dann fehlt bei der gegenwärtigen Art des Reisens meistens die Zeit. Kommt der Reisende aber nach Hause und findet er seine Ansichtspostkarten wohlgeordnet vielleicht in einem der neuerdings üblichen Postkartenalbums gesammelt vor, so hat er den schönsten Anhalt, angesichts derselben seine Reise in Gedanken nochmals zu durchleben und sich das Gesehene im Gedächtniß zurückzurufen. Diese Art, Postkarten zu sammeln, welche wirklich ihren Zweck gedient haben, erscheint uns sinnreich. [73]

Häufig wird auch die Bedeutung der Ansichtskarten als »Bildungsmittel« hervorgehoben, »denn durch die Anschauung von Land und Leuten, die sie gewährt, trägt sie nicht unwesentlich dazu bei, den geistigen Horizont des Empfängers zu erweitern«. [74] In einem Aufsatz über *Die Ansichtskarte im Dienste des geographischen Unterrichts* liest man:

---

71 Beetschen 1897, S. 1
72 Allgemeine Zeitung. Abendblatt vom 01.09.1898, S. 2
73 Rosenheimer Anzeigen vom 19.11.1898, S. 3 f.
74 Allgemeine Zeitung. Abendblatt vom 01.09.1898, S. 2

Ebenso wie die Kunst ist auch die Wissenschaft durch die Ansichtskarte in weite Kreise getragen worden. Abgesehen davon, daß sie durch treffliche Bildnisse geschichtliche Persönlichkeiten und Reproduction alter Städtebilder den geschichtlichen Sinn anregte, daß sie, z.B. durch die vorzüglichen Darstellungen von Alpenblumen, wie sie besser kein botanisches Werk bieten kann, der naturgeschichtlichen Anschauung mannigfaltig diente, hat sie sicher der Geographie, insonderheit der Landeskunde, das Interesse vieler zugewandt. Der Wert der Ansichtskarte als Bildungsmittel ist sogar von den Regierungen anerkannt worden, wenigstens hat die sächsische Regierung Preisausschreiben erlassen, die darauf abzielten, die landschaftlichen Schönheiten des Königreichs Sachsen auf diesem Wege bekannt zu machen. Die erschienenen Serien bieten eine künstlerische Bildersammlung zur Heimatkunde.[75]

Gut-Fern-Gruß an alle Sportsgenossinnen[76]

---

75 Stübler 1900, S. 357
76 Der Begriff »Sport« steht in dieser Zeit allgemein für Zeitvertreib und Vergnügen.

1899 – GUTTAPERCHA UND DIE »BRENNENDE KABELFRAGE«

> London, 16. Okt. ›Transvaal ist vollständig isolirt‹, so schreibt triumphirend die ›Pall Mall Gazette‹ und führt dann weiter aus: ›Es heißt, die Buren hätten an verschiedenen Stellen die Telegraphendrähte abgeschnitten. Nun, unsre Truppen werden sie schon wieder erneuern. Was aber wichtiger ist, das ist die Thatsache, daß die Buren selbst abgeschnitten, vollständig isoliert sind, nicht bloß nach Krügers roher Methode des Durchschneidens der Drähte. Wir haben nämlich zur Kontrole der Kabelmeldungen einen Zensor in Aden installirt und einen anderen in Kapstadt, und so kann Krüger nicht ein einziges Telegramm an seine Freunde in Europa senden, wenn wir nicht wollen.‹ […] Man versteht die hämische Freude des englischen Chauvinistenblattes sehr wohl. Die Thatsache, daß wir ganz und gar auf englisches Kabelmeldungen über den Krieg angewiesen sind, haben wir schon mehrfach bedauernd betont.
>
> *Allgemeine Zeitung vom 19.10.1899*[77]

Um 1900 umfasste das »Gesamtkabelnetz der Welt« 300.000 Kilometer. Davon waren etwa 200.000 Kilometer in englischem Besitz. Das deutsche Telegrafennetz hatte dagegen nur eine Länge von 6000 Kilometern.[78] Die wirtschaftliche und politische Bedeutung des englischen Kabelmonopols wurde nicht zuletzt nach Ausbruch des 2. Burenkriegs im Jahre 1899 spürbar. »Der Krieg in Südafrika«, schreibt die in Wien erscheinende *Arbeiter-Zeitung*,

> hat eine für alle Kolonialmächte hochwichtige Frage aufgerollt, deren Lösung mit der Zukunft der Kolonien im innigsten Zusammenhang steht. Und diese Lösung wird ausschließlich nur darin gefunden werden können, daß jede europäische Kolonialmacht gezwungen sein wird, in den Besitz eigener unterseeischer Kabel zu gelangen.[79]

Da unterseeische Telegrafenleitungen nur mit Guttapercha ausreichend isoliert werden konnten, wurde Guttapercha mit der zunehmenden Bedeutung der Telegrafie für den internationalen Nachrichtenverkehr zu einem strategisch wichtigen Rohstoff.

Bei Guttapercha handelt es sich nach dem *Brockhaus* um den »eingetrockneten Milchsaft eines Baumes (Isonandra gutta), welcher vorzüglich an den Ufern der Meerenge von Malakka, auf Borneo, in Signapore und den benachbarten Gegenden

---

77 Zweites Morgenblatt Nr. 290 der Allgemeinen Zeitung vom 19.10.1899, S. 5
78 Vgl. Supf 1900, S. 236
79 Arbeiter Zeitung vom 03.12.1899, S. 4

vorkommt«.[80] Werner Siemens[81] war es, der als er erster die »Verwendbarkeit der Guttapercha als Isolationsmittel« für Telegrafenleitungen erkannt und »Maschinen konstruiert, isolierende Hüllen aus diesem Stoff auf Leitungsdrähte zu bringen«.[82]

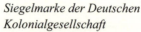

Siegelmarke der Deutschen Kolonialgesellschaft

Strategisch wichtig wurde Guttapercha als Rohstoff insbesondere mit Blick auf das englische »Kabelmonopol«. Die Deutsche Kolonialgesellschaft berät daher auf ihrer Hauptversammlung im Jahr 1900 über einen Antrag, »die vom Kolonial-Wirtschaftlichen Komitee geplante Guttapercha- und Kautschukexpedition nach den Südseekolonien zwecks Studium in Holländisch- und Britisch-Indien und Einführung der Guttapercha- und Kautschuk-Großkultur in deutschen Kolonien thatkräftig zu unterstützen.« Begründet wird dieser Antrag mit Blick »auf die aus politischen und wirtschaftlichen Gründen brennende Kabelfrage und die damit im engsten Zusammenhange stehende Guttaperchafrage«.[83]

Tiefsee-Kabel vom Jahre 1865

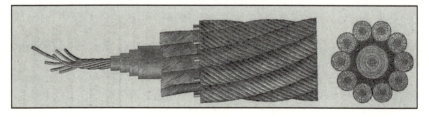

---

80 Lemma Guttapercha 1877, S. 840
81 1888 wurde Werner von Siemens durch Kaiser Friedrich III. in den Adelsstand erhoben.
82 Wilke 1893, S. 434
83 Deutsche Kolonialzeitung Nr. 20 vom 17.05.1900, S. 210

Auch der Gründer und Vorsitzender des Kolonialwirtschaftlichen Komitees Karl Supf, wirbt in einem Artikel in der *Deutschen Kolonialzeitung* für die Unterstützung der Guttapercha- und Kautschukexpedition mit dem Hinweis darauf,

> welch eminent wirtschaftlicher und politischer Vorteil daraus erwachsen würde, wenn es deutscher Wissenschaft und deutscher Beharrlichkeit mit Unterstützung der Deutschen Kolonialgesellschaft gelänge die Großkultur des einzigen Isolationsmittels für unterseeische Kabel, der Guttapercha, in deutschen Kolonien einzuführen und den Handel dieses wichtigen Produktes allmählich wenigstens teilweise in deutsche Hände zu leiten.[84]

Die Berichte über die Auswirkungen des britischen »Kabelmonopols« unterstützten die Bemühungen der Kolonialbewegung, auf die Bedeutung der Kolonien für die unabhängige Versorgung des Deutschen Reiches mit Rohstoffen aufmerksam zu machen. Wie öffentlichkeitswirksam dabei die »Guttaperchafrage« aufgegriffen wurde, zeigt die Bekanntgabe eines Preisausschreibens auf der Hauptversammlung der Kolonialgesellschaft in Koblenz.

Preis für Auffindung der ersten wildwachsenden Guttaperchapflanzen in deutschen Kolonien

Preisausschreiben.

Gelegentlich der Hauptversammlung der Gesellschaft d. J. zu Koblenz hat ein hochherziger Kolonialfreund, welcher nicht genannt zu sein wünscht, die Summe von ℳ 3000 für eine in den Kolonien zu lösende wirtschaftliche Aufgabe zur Verfügung gestellt, für welche gemeinnützige Handlung ich dem Spender hierdurch im Namen der Gesellschaft verbindlichen Dank ausspreche.

Im Einvernehmen mit dem Spender wird folgendes Preisausschreiben veröffentlicht:

Preis von ℳ 3000 für Auffindung der ersten wildwachsenden Guttaperchapflanze in deutschen Kolonien, welche für Kabelzwecke brauchbares Guttapercha liefert, und Ueberführung derselben nach den botanischen Versuchs-Stationen einer oder mehrerer Kolonien bezw. nach der Botanischen Zentralstelle für die Kolonien in Berlin.

---

84 Supf 1900, S. 236 f.

1900 – DRAHTLOSE TELEGRAPHIE: »DIE PRAKTISCHE DURCHFÜHRUNG DIESER VOLLSTÄNDIG FESSELLOSEN VERSTÄNDIGUNG AUF WEITE ENTFERNUNG WIRD ABERMALS EINEN GEWALTIGEN FORTSCHRITT UNSERER ZEIT BEDEUTEN, DEN SIE DER WISSENSCHAFT ZU VERDANKEN HAT«

> Passiren Borkum Leuchtschiff in Entfernung von halber Meile. Marconi-Apparate arbeiten tadellos. Die erste Verbindung wurde 35 Seemeilen von Borkum hergestellt. An Bord Alles wohl. Engelbart, Capitän.
> *Neues Wiener Tagblatt vom 3. März 1900*[85]

Dieses Telegramm sendete der Schnelldampfer *Kaiser Wilhelm der Große* laut einer Zeitungsmeldung am 28. Februar 1900 bei der Ausfahrt nach New York durch die am selben Tag eröffnete Station für drahtlose Telegraphie auf der Insel Borkum an den Norddeutschen Lloyd.

Nachdem der Norddeutsche Lloyd von der Regierung die Erlaubnis erhalten hatte, Apparate für drahtlose Telegraphie auf dem Feuerschiff Borkum und der Insel Borkum aufzustellen, hatte die Gesellschaft die »Einführung der drahtlosen Telegraphie an Bord der grossen Passagierdampfer« beschlossen, »um den Dampfern die Möglichkeit zu geben, auf See untereinander und mit Stationen drahtloser Telegraphie an der Küste in Verbindung zu treten«.[86]

Das Leuchtschiff Borkumriff mit der Einrichtung für drahtlose Telegraphie

Das Leuchtschiff *Borkumriff* mit der Einrichtung für drahtlose Telegraphie.

---

85 Neues Wiener Tagblatt vom 03.03.1900, S. 4
86 Zeitschrift für Elektrotechnik Nr. 16/1900, S. 192

Die Voraussetzung hierfür hatte der Physiker Heinrich Hertz 1886 mit der Entdeckung der elektromagnetischen Wellen geschaffen. Hertz hatte im Experiment elektromagnetische Wellen erzeugen können und »ihm war der Nachweis gelungen, daß sich die Elektrizität im Aether fortpflanzt wie das Licht, daß sie aufgefangen und reflectiert werden kann wie der Schall, daß man die Wellenbewegungen mit sogenannten Resonatoren so beobachten kann wie die Fortbewegung des Lichtes und des Schalles.«

Wie es in der zitierten Zeitungsmeldung heißt, war es nun »Sache der wissenschaftlichen Forschung«, aus dieser Entdeckung »die weiteren Consequenzen zu ziehen und für die Praxis die Richtschnur zu geben«.[87]

Zu den Physikern und Technikern, die sich mit der praktischen Anwendung dieser Entdeckung beschäftigten, zählte der Italiener Guglielmo Marconi. 1896 melden die Zeitungen, Marconi habe »eine praktische Anwendung dieses Prinzips versucht, welche ganz neue und bewunderungswürdige Resultate zutage förderte«.[88] Es ging dabei um Marconis Versuche mit der »Telegraphie ohne Draht«, die er im italienischen Marineministerium durchgeführt hatte.

Im dritten Stockwerke des Ministeriums befand sich das Aufgabeamt des Telegraphen, im ersten Stockwerke das Empfangsamt. Die beiden Apparate waren durch keinen Leitungsdraht verbunden, sondern durch die Wände und Decken des Gebäudes vollständig von einander getrennt. Nun wurde oben mit Hilfe der Morse-Maschine das Telegramm: ›Ministero della Marina‹ aufgegeben. Der zwei Stockwerke weiter unten aufgestellte Apparat empfieng das Telegramm und fertigte es richtig in Morse'schen Zeichen aus. Die Äußerungen des Erfinders lassen erkennen, daß sein Apparat auf einer Entdeckung des deutschen Gelehrten Heinrich Hertz beruht. [...] Der deutsche Gelehrte vermochte die Fernwirkung der elektrodynamischen und Inductions-Vorgänge bis auf eine Distanz von 20 Meter nachzuweisen. Marconi hat bisher nur solche Experimente vorgeführt, in den Aufgabe- und Empfangsapparat wenige Meter von einander entfernt waren. Er versichert jedoch, daß es ihm gelungen sei, in England 14 Kilometer weit zu telegraphieren, und hofft, seine Apparate in dem Maße zu vervollkommnen, daß es möglich werde, mit ihnen von England nach Amerika zu telegraphieren. In einer Unterredung erklärte Marconi, daß sein Apparat schon in der jetzigen Gestalt mit Vorteil zur Verhinderung von Schiffszusammenstößen bei Nebel verwendet werden könne. Schiffe, die mit seinem Apparate ausgerüstet sind, würden sich gegenseitig ihre Annäherung anzeigen, wenn sie noch mehrere Kilometer weit von einander entfernt sind. Desgleichen könnten die Leuchtthürme besser durch elektrische, als durch Lichtwellen den mit seinem Apparate ausgerüsteten Schiffen die Nähe der gefahrdrohenden Küste bemerkbar machen.[89]

Zwar waren noch viele theoretische und praktische Fragen zu klären. Räumt doch Marconi selbst ein, dass er noch nicht genau wisse, »welches wissenschaftliche Gesetz dem drahtlosen Telegraphen zugrunde liege«.[90] Seine Versuche lieferten jedoch den Beweis, dass die Erfindung für die Schifffahrt von großem Wert sein würde. Daher lag es nahe, dass die italienische und englische Kriegsmarine die Durchführung seiner Versuche maßgeblich unterstützten. Auch Kaiser Wilhelm II., mit seiner Aufgeschlos-

87 Die Presse vom 12.11.1889, S. 2
88 Grazer Volksblatt vom 19.12.1896, S. 3
89 Grazer Volksblatt vom 15.07.1897, S. 10
90 Ebd. S. 10

senheit gegenüber technischen Entwicklungen und seinem Interesse am Ausbau der deutschen Flotte, lud Marconi ein, »nach Berlin zu kommen, um mit seiner Erfindung Versuche zu machen«.[91]

Empfangsstation für drahtlose Telegraphie

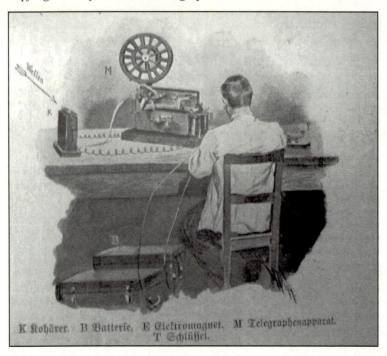

K Kohörer.   B Batterie.   E Elektromagnet.   M Telegraphenapparat.
T Schlüssel.

Der Knallfunkensender, mit dem Marconi zur Erzeugung von Funkwellen arbeitete, erlaubte die Nachrichtenübermittlung nur über Morsezeichen.[92] Dies erklärt vielleicht, warum Erich Rathenau, Ingenieur und Direktor einer Kabelfabrik, die Ansicht vertrat, man lege der

> Telegraphie ohne Draht, nach welchem System sie auch ausgeführt wird, vielleicht doch eine
> allzu große Wichtigkeit bei. Mit dem altbewährten Telegraphen mit Draht wird sie vor der
> Hand nur in den seltensten Fällen konkurriren können und ihre Anwendung dürfte sich auf
> den Küstenwachdienst und andere marine-militärische Zwecke beschränken. Aber auch hier
> ist zu berücksichtigen, daß Depeschen vom Feind ohne Schwierigkeit abgehorcht oder durch
> einen feindlichen Strahlapparat gestört werden kann.[93]

---

91 Ebd. S. 10

92 Bei dem von Marconi für seine ersten Versuche mit der drahtlosen Telegrafie benutzten Righi-Sender handelte sich um eine Weiterentwicklung des Hertz'schen Oszillators durch den italienischen Physiker Augusto Righi.

93 Rathenau 1897, S. 4

Dieser skeptischen Einstellung stehen Stimmen gegenüber, die mit der »Telegraphie ohne Draht« das Anbrechen einer neuen Epoche sehen. Exemplarisch hierfür steht ein Artikel über den »Verkehrsfortschritt«, der im *Neuen Wiener Journal* erschien. Anlass für diesen Artikel war die Meldung, »daß die Versuche, welche zwischen der französischen und englischen Küste dies- und jenseits des Aermelcanals mit der drahtlosen Telegraphie Marconi's gemacht wurden, ausgezeichnete Resultate geliefert haben«.[94] Zwar seien die Versuchen, »welche zwischen Frankreich und England mit der drahtlosen Telegraphie unternommen wurden«, nicht mehr als »ein bescheidener Anfang«, aber das »Tempo, welches gegenwärtig neue Erfindungen nehmen, ist ein betäubend rasches, und wir hoffen, daß auch die Marconi'sche Idee dieses Tempo einschlagen wird«.

> Die praktische Durchführung dieser vollständig fessellosen Verständigung auf weite Entfernung wird abermals einen gewaltigen Fortschritt unserer Zeit bedeuten, den sie der Wissenschaft zu verdanken hat. Thatsächlich ist es in unserer Zeit nicht sowohl der politische Geist, als vielmehr der wissenschaftliche, der sich in Hinsicht auf fortschrittliche Ergebnisse besonders fruchtbar erweist. Als der deutsche Professor Röntgen seine epochale Entdeckung veröffentlichte, da nahm sofort die ganze civilisirte Welt den lebhaftesten Antheil daran, ganz ohne Rücksicht darauf, ob die neue Entdeckung auch von praktischer Verwendbarkeit sein werde oder nicht. Das Wichtigste war, daß der Natur wieder einmal eines ihrer vorher nicht geahnten Geheimnisse durch die Kraft des menschlichen Geistes im Wege wissenschaftlicher Forschung abgerungen war. Das war das erhebende Moment in der neuen Offenbarung und nicht die Rechnung auf ihre Nützlichkeit.
>
> […] Hat schon der sensationelle Fund Professor Röntgen's allmälig praktische Bedeutung erhalten, so ist dies in noch erhöhtem Maße von der Marconi'schen Telegraphie zu erwarten: ihr wohnt eine ganz außerordentliche Bedeutung für den Weltverkehr und für das ganze moderne sociale Leben inne. Ihre Bedeutung für die moderne Cultur wiegt schwerer als eine gewonnene Schlacht oder als ein siegreicher Feldzug überhaupt.[95]

Selbst die Tatsache, dass die drahtlose Telegraphie für den Seekrieg »von größter Bedeutung« sein wird, gibt noch – wie es abschließend im *Neuen Wiener Journal* heißt – zur Hoffnung Anlass, »daß die zukünftigen Kriege gerade durch die gesteigerte Furchtbarkeit der neuen Waffen einfach unmöglich gemacht werden würden«.

---

94 Neues Wiener Journal vom 31.03.1899, S. 1
95 Ebd. S. 1

Die Fortschritte der Kultur und die Hoffnung auf die »Darwin'sche Lehre«

> Es ist erhebend, […], dass das jetzige Jahrhundert mit jenem grossen Ergebniss der Dienstbarmachung der Elektricität für die Zwecke der menschlichen Cultur seinem Schlusse entgegengeht. Der Funke, den Volta's erfinderischer Geist dem zögernden Metall entriss, hat sich in einen Lichtbogen verwandelt, der nicht nur in das Dunkel der Vergangenheit aufhellend zurückstrahlt, sondern auch in das uferlose Meer der Zukunft – eine Leuchte der Wissenschaft – die Pfade weist.
>
> *Reichspostminister von Stephan 1891*[1]

Dieses Bekenntnis zum Fortschritt ist ein Zitat aus einer Rede, die Reichspostminister Heinrich von Stephan zur Eröffnung des *Internationalen Elektroniker-Congresses* hielt. Der Kongress tagte im Rahmen der *Internationalen Elektrotechnischen Ausstellung*, die von Mai bis Oktober 1891 in Frankfurt stattfand.

In der Ausstellung wurden die neuesten Errungenschaften auf dem Gebiet der Elektrotechnik präsentiert. Nur acht Jahre nach der internationalen elektrischen Ausstellung in Wien hätten die »gewaltigen Fortschritte« der Elektrotechnik, so heißt es in einer der Eröffnungsreden, »eine neue Heerschau« notwendig gemacht.[2] Nach der Überwindung von Zeit und Raum durch den elektromagnetischen Telegrafen und das Telefon standen im Mittelpunkt der Frankfurter Ausstellung die Fortschritte auf dem Gebiet der Kraftübertragung. Höhepunkt hierbei war die elektrische Kraftübertragung über 170 km von Lauffen am Neckar auf das Ausstellungsgelände in Frankfurt am Main. Dazu findet sich in der *Frankfurter Zeitung* der folgende Bericht:

> Wenn man […] die tausend Glühlampen an dem Schild mit der Aufschrift ›Lauffener Kraftübertragung‹ so ruhig brennen sieht, fällt es schwer, sich zu vergegenwärtigen, daß sie dem ferneren Neckarfall ihre Leuchtkraft verdanken, und daß durch die drei dünnen Leitungen auf den hohen Stangen eine Arbeitsmenge fließt, die einem stündlichen Verbrauch von 100 Kilogramm Kohle oder mehr entspricht. In der That, es ist wunderbar: derselbe Draht führt bewegte Kraft des stürzenden Wassers mit gleicher Leichtigkeit über Länder und Flüsse, wie die zarten

---

1 Stephan 1891, S. 507
2 Allgemeine Zeitung vom 19.05.1891. Zweites Abendblatt, S. 5

Schwingungen die unser Laut in einem Membran erzeugt. Aber wie kurz nur wird es dauern, bis die Menschheit sich auch darüber nicht mehr wundert und die Wohltaten des neuen ungeheueren Fortschritts als eben so selbstverständlich hinnimmt, wie sie sich in so unglaublich kurzer Zeit an die Zauberkünste des Telephons gewöhnt hat.[3]

Für das Begleitprogramm hatte der Vorstand der *Internationalen elektrotechnischen Ausstellung* mit dem Direktor des Berliner Victoriatheaters einen Vertrag abgeschlossen. In dem »Ausstellungstheater« sollten »zwei ganz neue Pantomimen mit Ballet aufgeführt werden, welche die Entwickelung und den Triumph der Elektricität zum Vorwurf haben.«[4]

Im Mai 1891 fand die Premiere der »Ballett-Pantomime« *Pandora oder Götterfunken* statt.[5] Wie das *Wiesbadener Tagblatt* berichtete, »gipfelt« die Vorführung, »in einer Verherrlichung der Verdienste Volta's und Galvanis, der ersten Entdecker der Electricität«.[6] Diese Schlussszene mit der »Huldigung vor der Siegerin Kultur« wird in der Familienzeitschrift *Die Gartenlaube* in einem ausführlichen Bericht unter der Überschrift *Die Poesie der elektrotechnischen Ausstellung* wie folgt beschrieben:

> Alle die glänzenden Gestalten des Balletts huldigen [der personifizierten Cultur] in den bunten Verschlingungen des Tanzes, man sieht wieder die Elemente, die Metalle, die schwarze Kohle und den hellschimmernden Krystall, dann die Errungenschaften der Kultur wie Bergbau, Telegraphie, Telephonie, Phonographie und Photographie und andere mehr.[7]

Während in der griechischen Mythologie mit der unbedachten Öffnung der Büchse der Pandora das sorglose Leben der Menschen ein Ende findet, verkünden Voltas »Götterfunken« im Ballett den Sieg der Kultur und verbreiten Hoffnung auf eine lichtvolle Zukunft.

Nach den im Textbuch des Festspiels abgedruckten Pressestimmen reagierte das Frankfurter Publikum begeistert auf die Aufführung.[8] Anklang fand das Ballett nicht nur in Frankfurt. Wie man einer Meldung in den in Leipzig erscheinenden *Signalen für die musikalische Welt* entnehmen konnte, wurde die Ballett-Pantomime, welche in Frankfurt »eine große Anziehungskraft ausgeübt hat«,[9] danach allabendlich auch im Parktheater zu Amsterdam »mit vielem Erfolg gegeben«.[10]

---

3   Zitiert nach: Innsbrucker Nachrichten vom 02.09.1891, S. 5 f.

4   Zeitschrift für Elektrotechnik. Organ des Elektrotechnischen Vereins H. III/1891, S. 158

5   Signale für die musikalische Welt H. 38/1891, S. 597

6   zitiert nach Hock 1891, S. 19

7   Peschkau 1891, S. 621 f.

8   Vgl. Hock 1892, S. 17–20

9   In den Meldungen und Berichten, die im Laufe des Jahres 1891 in der Deutschen Bauzeitung über die Internationalen Elektrotechnische Ausstellung veröffentlicht wurden, findet das Festspiel dagegen nur einmal als »eine mäßige Ballet-Vorstellung« Erwähnung. (Deutsche Bauzeitung Nr. 77/1891, S. 470)

10   Signale für die musikalische Welt H. 64/1891, S. 1014

Schlussszene aus dem Ballett »Pandora«

Die in den Zeitungen erwähnte »enthusiastische Zustimmung des Publikums« galt offensichtlich nicht nur den »wunderbaren, raffinierten Beleuchtungseffecten«, sondern auch der Botschaft vom Sieg der Kultur. Eine Einschätzung, die der Reichspostminister Heinrich von Stephan grundsätzlich teilt.

Wie oben bereits zitiert, sprach er davon, dass sich die Funken, die Volta »dem zögernden Metall entriss«, in einen »Lichtbogen« verwandelt hätten, die das »uferlose Meer der Zukunft« erhellten. Mit Blick auf die Frankfurter Ausstellung kommt ein Autor in der Familienzeitschrift *Die Gartenlaube* zu dem Ergebnis, dass das 19. Jahrhundert

> mehr wirkliche und greifbare Errungenschaften aufzuweisen hat als sonst ein anderes. Die
> einseitig spekulativen, d.h. lediglich in der Welt der Gedanken weilenden Geister scheinen in
> den Hintergrund gedrängt und an ihre Stelle sind Männer der That getreten, die muthig Hand
> an die Lösung der neuzeitlichen Fragen und Bedürfnisse legen.[11]

Es melden sich jedoch auch skeptische Stimmen zu Wort. Auch für Heinrich von Stephan ist der Blick auf die Gegenwart nicht völlig ungetrübt. In der eingangs erwähnten Rede vor dem Elektroniker-Congress spricht er davon, dass »die Entdeckungen und Fortschritte auf dem Gebiet der exacten Wissenschaften und der Lebenspraxis« zum Teil »mit Beeinträchtigung der idealen und metaphysischen Gebiete« verbunden seien.[12] Er ging jedoch davon aus, dass die »Beeinträchtigung«, zu denen der Fortschritt führe, »nur als vorübergehend anzusehen« seien.[13]

---

11 J. H. 1891, S. 283
12 Stephan 1891, S. 507
13 Ebd. S. 507

»Götterfunken« verkünden den Sieg der Kultur

Telephonie. Photographie. Phonographie. Telegraphie.
Aus dem Ballet „Pandora".

Sofern sich in den letzten Jahrzehnten des 19. Jahrhunderts Unbehagen am Fortschritt artikulierte, richtete sich dieses Unbehagen vor allem gegen die zunehmende Beschleunigung in allen Lebensbereichen. Man sprach von einem Zeitalter der Nervosität. Die Medien als Taktgeber und Schrittmacher dieses Beschleunigungsprozesses gerieten ins Zentrum der Kritik, dabei vor allem das Medium Zeitung, aber auch die »Telegraphie« und »Telephonie«, also zwei der in der Schlussszene der Ballett-Pantomime gefeierten »Glücksfunken«.

> [...] durch den ins Ungemessene gesteigerten Verkehr, durch die weltumspannenden Drahtnetze des Telegraphen und Telephons haben sich die Verhältnisse in Handel und Wandel total verändert: alles geht in Hast und Aufregung vor sich, die Nacht wird zum Reisen, der Tag für die Geschäfte benützt, selbst die ›Erholungsreisen‹ werden zu Strapazen für das Nervensystem; große politische, industrielle, finanzielle Krisen tragen ihre Aufregung in viel weitere Bevölkerungskreise als früher; ganz allgemein ist die Antheilnahme am politischen Leben geworden: politische, religiöse, sociale Kämpfe, das Parteitreiben, die Wahlagitationen, das ins Masslose gesteigerte Vereinswesen erhitzen die Köpfe und zwingen die Geister zu immer neuen Anstrengungen und rauben die Zeit für Erholung, Schlaf und Ruhe; [...] die moderne Literatur beschäftigt sich vorwiegend mit den bedenklichsten Problemen, die alle Leidenschaften aufwühlen, die Sinnlichkeit und Genusssucht, die Verachtung aller ethischen Grundsätze und aller Ideale fördern; sie bringt pathologische Gestalten, psychopathisch-sexuelle, revolutionäre und andere Probleme vor den Geist des Lesers; unser Ohr wird von einer in großen Dosen verabreichten, aufdringlichen und lärmenden Musik erregt und überreizt, die Theater nehmen alle Sinne mit ihren aufregenden Darstellungen gefangen [...].[14]

---

14 Erb 1893, S. 23 f.

Dieses Zeitbild entwarf der an der Universität Heidelberg lehrende Neurologe Wilhelm Erb in einem Festvortrag, den er am 22. November 1893 zum »Geburtsfeste des höchstseligen Grossherzogs Karl Friedrich« hielt. Die »Hauptquellen der Nervosität«, so Erb, entspringen dem »Fortschritte unserer Cultur«. Da er den Fortschritt grundsätzlich bejaht, plädierte er nicht dafür, »unsere Cultur wieder zurückzuschrauben und zu den einfacheren Lebensformen unserer Väter zurückzukehren«.

Wie andere Zeitgenossen auch befreit sich der Neurologe Erb aus diesem Dilemma, indem er unter Bezug auf die »Darwin'sche Lehre« auf eine evolutionäre Anpassung an die neuen Verhältnisse setzt. Das Nervensystem sei »in umfassender Weise der Gewöhnung und Anpassung, sowohl an gesteigerte Leistungen, wie an Schädlichkeiten fähig«.

Abbildungsverzeichnis[1]

1801

Vorführung der Volta'schen Säule in Paris – Le Petit journal. Supplément du dimanche Nr. 579 vom 22.12.1901, S. 408

Volta'sche Säule – Lemma Galvanische Batterie Artikel, S. 375

1802

Die Korkeiche – Pfennig-Magazin Nr. 158/1836, S. 120

Korkmodell des konstantinischen Bogens in Rom aus der Werkstatt von Carl May und Sohn – Wikimedia Commons – File:AB_Kork_Konstantinbogen.JPG

1803

Blätterdruck – Stein 1885, S. 10

1804

Baumgartners Polizei-Uhr – Magazin aller neuen Erfindungen 1807, Tafel V

1805

Blick auf den Rheinfall und das Schloss Laufen (Louis Bleuler) – Vue de la Chûte du Rhin et du Château de Laufen: Prise près des Forges / Dessiné par Ls. Bleuler ; Gravé par Himely (1820 – 1850) - https://www.e-rara.ch/zuz/content/zoom/16392449

1806

Notensetzer gebaut von Holfeld nach Plänen von Unger – Sulzer 1771, S. 546

1807

Bozzinis Lichtleiter – Magazin aller neuen Erfindungen 1807, Tafel 2

1808

Jacquardgetriebe mit Karten – Brockhaus Bd. 16/1895, Tafel Weberei II

Besuch des Herzogs von d'Aumale in einer Seidenweberei (Seidenbild) – Wikimedia Commons – File:Visite de Mgr le duc d'Aumale à la Croix-Rousse dans l'atelier de M. Carquillat.jpg

1809

Soemmerrings auf Contact-Elektricität beruhender Telegraph – Soemmerring 1811, Tab. V

---

1 Die Abbildungen sind den Mediengeschichten nach Jahreszahlen zugeordnet. Wenn nicht anders angegeben, wurden für die Abbildung vom Verfasser erstellte Reproduktionen benutzt. Soweit sich die Bildüberschriften ganz oder teilweise an die Formulierungen in der jeweiligen Quelle anlehnen, wurde auch die Rechtschreibung übernommen.

1810

Kolorirer bei der Arbeit – A. H. 1891, S. 812

1811

Camera Lucida – Mechanics Magazine Nr. 336/1830, S. 353

1812

Das Conversations-Lexicon 1812 – https://www.e-rara.ch/zut/content/page-view/12396085

Verlagsgebäude in Leipzig um 1868 – Illustrirte Zeitung Nr. 1304/1868, S. 456

1813

Das Orchestrion von Fr. Th. Kaufmann – Illustrirte Zeitung Nr. 413/1851, S. 380

1814

Schnellpresse – Meyers Konversations Lexikon (3. Aufl.): Artikel Schnellpresse
1865 - Feier zur Vollendung der 1000. Schnellpresse in Oberzell – Illustrirte Zeitung
Nr. 1135/1865

1815

Frauenhofer'sches Spektrum – Stein 1885 – 1888, S. 48

Fraunhofer führt sein Spectroskop vor – Ball u.a. 1900, S. 446

1816

Synoptische Wetterkarte – Brandes 1826, S. 45

1817

Isothermenkarte von Alexander von Humboldt – Staatsbibliothek zu Berlin - Preußi-scher Kulturbesitz

1818

Saal einer Steindruckerei – Wieck 1861, S. 92

1819

Die Maschine des endlosen Papieres – Das Pfennig-Magazin Nr. 73/1834, S. 584

Der neue Bütten- und Maschinensaal – Illustrirte Zeitung vom Nr. 536/1853, S. 228

Bild 1820

Bergmehl von Eger – Ehrenberg 1854, Tafel 10

Kieselguhre Franzensbad – Ehrenberg 1854, Tafel 10

1821

Gauss'sche Dreieckskarte – Gauss 1823a

Das Heliotrop von Gauss – Bauernfeind 1862, S. 117

1822

Das Diorama der Gebrüder Gropius in Berlin – Spiker 1833, S. 42

Daguerre – Die Wirkung von Nebel und Schnee durch eine zerstörte gotische Kolon-nade gesehen – Wikipedia Commons File:Daguerre, Louis - The Effect of Fog and
Snow Seen through a Ruined Gothic Colonnade - 1826.jpg

Begleitzettel für Diaoramavorführungen in Berlin – https://digital.library.cor-nell.edu/catalog/ss:638570

1823

Tafel der Quadratzahlen – Babbage 1833, S. 200

Teil der Difference Engine Nr. 1 von Babbage – Frontispiz von Babbage 1864

Seidenbild mit dem Porträt Jacquards (1839) – Wikipedia Commons File:A la mémoire de J.M. Jacquard.jpg

1824

Tabellen für die französische Schnellschrift – o. V. 1821, Planche 45

Lineal mit Papier und Stift für Barbiers Nachtschreibsystem – o. V. 1821, Planche 45

Das Wort »Soutien« nach Barbiers Punktschrift – o. V. 1821, Planche 46

1825

Der große Saal der deutschen Buchhändlerbörse zu Leipzig während der Ostermesse – Illustrirte Zeitung Nr. 568/1854, S. 321

1826

Stroboskopische Scheibe – Das Pfennig Magazin Nr. 281/1848, S. 163

1827

Illustrirte Reise-Literatur – Beilage zur Illustrirten Zeitung Nr. 891/1860, S. 69

1828

Federspaltsaal – Illustrirte Zeitung Nr. 670/1856, S. 30

Das Aufbiegen der Stahlfedern – Herget u.a. 1879, S. 178

Das Spalten der Stahlfeder – Herget u.a. 1879, S. 179

1829

Stereotypen-Ausgaben – Allgemeiner Anzeiger vom 07.03.1833, Sp. 840

Presse zum Trocknen der Matrizen – Isermann 1869, S. 93

1830

An dieser Station verunglückte Mr. Huskisson tödlich – T.T.Bury, Coloured views on the Liverpool and Manchester Railway, London 1831

1832

Preußischer Telegraph mit Wachtzimmer – o. V. 1833, Tafel II

13. Telegrafenstation auf der St. Johanniskirche in Magdeburg – Wikimedia Commons – File:Station-13-pruss-teleg.jpg

1833

Tabelle Declinationsabweichung – Lemma Abweichung (Declination), S. 156

Innenansicht des erdmagnetischen Observatoriums – Gauss/Weber 1837

1834

Perlen deutscher Redezeichenkunst – Klar/Kübler 1893

Brookman & Langdon's Bleistifte – (Augsburger) Allgemeinen Zeitung vom 16.09.1835, S. 1478

1896 – Offene Stellen – Neue Freie Presse vom 15.03.1896, S. 28

1835

Armut und Lebenserwartung – Fränkischer Merkur (Bamberger Zeitung) vom 11.02.1846, S. 2

1836

Pianinos nach Kaps'schem System – Illustrirte Zeitung Nr. 1789/1877, S. 297

Pianinos billigst zu vermiethen – Innsbrucker Nachrichten vom 12.09.1883, S. 3872

1837

Galvanoplastischer Apparat – Wilke 1897, S. 384

Graphitiermaschine – Wilke 1897, S. 385

1838

Geographische Verbreitung und Vertheilung der Raubthiere, Carnivora – Berghaus 1852b, 6. Abtheilung, 2. Karte

1839

Arago stellt der Akademie der Wissenschaften am 10. August 1839 Daguerres Erfindung vor – Figuier 1864, S. 41

Daguerreotypomanie – Wikipedia Commons File:Theodore_Maurisset_(French,_active_about_1839)_-_Daguerreotypomania_-_Google_Art_Project.jpg

1840

Jacob Christians Schäffers Suche nach Rohstoffen für die Papierherstellung – Schaeffer 1765, Titelseite

Holzschleifmaschine – Pliwa 1898, S. 126

Verkauf einer Holzschleiferei – Leipziger Zeitung 21.11.1867, S. 6577

1841

Organe des Hirns nach dem Gall-Combe'schen System – Lindemann 1844, S. 458

Tasterzirkel – Carus 1853, S. 128

Vergleichende Schädelmessungen nach Morton – Carus 1849, S. 19

1842

Der neue Catalog– Aschaffenburger Zeitung vom 31.10.1843, S. 4

Verkauf einer Leibibliothek – Allgemeiner Anzeiger und Nationalzeitung der Deutschen vom 23.07.1842, Sp. 2599

Angebot für Lesecirkel und Leihbibliotheken – Beilage zur Allgemeinen Zeitung vom 31.08.1843, S. 1902

1843

Titelvignette der Illustrirten Zeitung Nr. 1 – Illustrirte Zeitung vom 01.07.1843

Das Holzschneider-Atelier der Illustrirten Zeitung – Illustrirte Zeitung Nr. 1000/1862, S. 164

1844

Zeigertelegraph von Wheatstone – Wilke 1897, S. 425

1845

Anzeige »Der ewige Jude« – Allgemeine Zeitung vom 20.12.1844, S. 2839

Mannichfaltigkeiten. Der ewige Jude – Didaskalia vom 22.06.1844, S. 3

1846

Leverrier berichtet König Louis-Philippe über die Entdeckung des Planeten Neptun – Figuier 1870, S. 717

Die Neue Sternwarte in Berlin – Wikipedia Commons File:Sternwarte_Berlin_Schinkel.jpg

1847

Kymographion – Meyers Großes Konversations-Lexikon Bd. 3/1908 (Blut und Blutbewegung II: Hämodynamische Apparate, S. III)

Blutdruckcurve (Kaninchen) – Langendorff 1891, S. 207

1848

Untersuchungen über tierische Electrisität – Du Bois-Reymond 1860, Tafel V, Fig. 147

1850

Sitzung der Postconferenz in Dresden – Illustrirte Zeitung Nr. 258/1848, S. 387

1851

Prismenstereoskop von Brewster – Helmholtz 1896, S. 341

Besonders geeignet zu Festtagsgeschenken! Stereoskopen – Fremdenblatt vom 13.12.1860 Anzeigenteil

1852

Konstruktion von Maschinenteilen – Redtenbacher 1856, Tafel XIII

1853

Titelvignetter der Leipziger Zeitung – Leipziger Zeitung vom 28.01.1853

1854

Neue Anschlagsäule in Berlin – Illustrirte Zeitung Nr. 624/1855, S. 397

1855

Casellis Pantelegraph – Illustrirte Zeitung Nr. 1134/1865, S 201

Hauptteil des Pantelegraphen – Illustrirte Zeitung Nr. 1134/1865, S. 201

Mit dem Pantelegraph befördertes Telegramm – Illustrirte Zeitung Nr. 1131/1865, S. 143

1856

Theepulver mit Stärkekörperchen des Weizens gestreckt. – Illustrirte Zeitung Nr. 655/1856, S. 69

Falscher Thee aus Blättern einer Pflaumenart – Illustrirte Zeitung Nr. 655/1856, S. 69

Mit Kartoffelstärke verfälschte Schokolade – Illustrirte Zeitung Nr. 659/1856, S. 133

Die Mikroskope von A. Krüß – Illustrirte Zeitung Nr. 893/1860, S. 104

1857

Morse-Schreiber von 1843 – Wilke 1896, S. 436

1858

HMS Agamemnon beim Kabelverlegen – ein Wal schwimmt über das Kabel – Russell 1866, S. 31

Feuerwerk am Rathaus von New York aus Anlass der Verlegung des Transatlantikkabels – The Illustrated London News vom 25.09.1858, S. 298

1859

Mikroskop=Porträts – Illustrirte Zeitung Nr. 1038/1863, S. 356

Eingebrannte Porträts auf Porzellangegenständen – Kladderadatsch Nr. 5/Erstes Beiblatt 1880, S. 50

1860

Der von Koenig konstruierter Phonoautograph von Scott – Marey 1878, S. 643

Aufzeichnungen der Schallkurven der Vokale mit dem Phonoautographen – Schneebeli 1878, S. 81

1861

Graphitbergwerk in Sibirien – Alibert 1865

Bleistiftabrik in Stein – Frühling 1865, S. 149

1862

Darstellung der Verluste der französischen Armee im Rußlandfeldzug 1812–1813 – Wikimedia Commons File:Minard.png.

Auf welchen Wegen Reisende in öffentlichen Fahrzeugen zwischen Dijon und Mulhouse verkehren – 1845 –Minard 1862, Pl. 11

1863

Aufgiessen des Collodiums auf die Glasplatte – Gerlach 1863, S. 49

Eintauchen der Glasplatte in das Silberbad – Gerlach 1863, S. 52

Gerlach's Photomikroskop – Stein 1885 – 1888, S. 172

1864

Invalide mit Leierkasten – Fliegende Blätter Nr. 1112/1866, S.140

1865

Rationalisierungsgewinn durch Einführung der Postkarte – Herrmann 1869, S. 4

Feldpost-Correspondenzkarte aus dem Deutsch-Französischen Krieg 1870/71 – Wikimedia Commons – File:Feldpost-Correspondenzkarte.jpg

1866

Vorderansicht des Meteorographen von Secchi – Reis 1873, S. 532

Aufzeichnung des Barometerstandes – Reis 1873, S. 534

1867

Der neueste Zeitungs-Katalog – Kladderadatsch Nr. 5/1885, S. 55

Zeitungs-Annoncen-Expedition von Rudolf Mosse – Fliegende Blätter Beiblatt Nr. 1985/1883

Erfolg mit Annoncen – Fuldaer Zeitung 04.06.1891 S. 4

1868

Einweihung der Franz-Josef-Brücke in Prag – Illustrirte Zeitung Nr. 1308/1868, S. 64

Marmorstatue des Kaisers Augustus in der Antikensammlung des Vatican zu Rom – Illustrirte Zeitung Nr. 1290/1868, S. 204

1869

Ueber die Beziehungen der Eigenschaften zu den Atomgewichten der Elemente – Mendelejeff 1869, S. 405

Tabelle des Systems der Elemente nach Mendelejeff – Lassar-Cohn 1899, S. 318

1870

Die Anwendung des Telegraphen im Felde – Fix 1869, Schlussbetrachtungen S. 97

1871

Vergrößerung der mit der Taubenpost angekommenen Depeschen – Arndt u.a. 1896, S. 359

1872

Lokales und aus dem Kreise – Schweinfurter Anzeiger vom 21.09.1874, S. 3

Papierstoff-Fabrikation aus Holz auf chemischem Wege – Süddeutsche Post vom 27.09.1873, S. 4

1873

Cermak's physiologisches Privatlaboratorium und Amphitheater zu Leipzig – Illustrirte Zeitung Nr. 1556/1873, S. 305

1874

Berechnung des Abstandes zur Sonne während eines Venusdurchgangs – Stein 1885–1888, S. 116

Der Janssen'sche Photographie-Revolver – Falmmerion 1875, S. 356

Beobachtung des Venusdurchgangs mit dem photographischen Revolver – Flamm-marion 1875, S. 357
1875
Brustbilder – Fritsch 1875, S. 608
Aufnahmen germanischer »Race« – Fritsch 1875, S. 609
1876
Berliner Rohrpostnetz 1876 – Hfs. 1877, S. 69
Hauptzimmer eines Rohrpostamtes – Titelseite der Illustrirten Zeitung Nr. 1752/1877
1877
Die neue Laterna Magica – M. A. 1880, S. 588
Vervollkommneter Projections-Apparat – Illustrirte Zeitung Nr. 1793/1877, S. 360
1878
Der Feuertelegraph – Der Grenzbote vom 13.11.1870, S. 418
1879
Wetterkarte vom 7.11.1881 im Berliner Tageblatt – Abendausgabe vom 18.03.1882, S. 3
Bezug von Wetterkarte und Wetterbericht durch jede Postanstalt – Allgemeine Zeitung vom 25.03.1882, S. 1248
1880
Darstellung des Sturms auf St. Privat im Nationalpanorma in Berlin (1881) – Daheim. Beilage zu Nr. 30/1881
Das Malergerüst im Schlacht-Panorama – Stein 1884, S. 740
Werbung für den Besuch von Schlachtenpanoramen – Allgemeine Zeitung vom 14.03.1897
1881
Vollmacht für Emil Rathenau – Grosse 1917, S. 50
Fernsprecher für Sprechstellen – Grosse 1917, S. 55
1882
Apparat für Mikrophotographie – Stein 1885–1888, S. 182
Tuberkelbacillen – Stein 1885–1888, Tafel III
1883
Das Ansetzen des Ohrmessers – Bertillon 1895a, Tafel 17
Das Gedächtnisbild – Bertillon 1895a, Tafel 80
Wahrscheinlichkeitscurve der männlichen Größe in Frankreich – Bertillon 1895b, S. 87
1884
Hollerith-Lochkarte aus dem Jahre 1895 – Library of Congress http://me-mory.loc.gov/mss/mcc/023/0008.jpg
Locher – S. 1894, S. 184
Zählmaschine – S. 1894, S. 185
1885
Touristen-Apparat in Kabinettform – Die Gartenlaube Nr. 27/1888, 2. Beilage
Kügner's Taschenbuch-Camera – Die Gartenlaube Nr. 34/1888 S. 578
Der photographische Hut – Campo 1885, S. 115

1886

Photographischer Refraktor in parallaktischer Aufstellung im Pariser Observatorium – Prosper & Prosper 1885, S. 25

Theil des Sternbildes der Zwillinge, gesehen mit dem Teleskop – Klein 1886, S. 128

1887

Original-Remington-Standard Nr. 7/1898 – Müller 1900, S. 5

1888

Photographische Momentbilder vom Kaisermanöver bei Homburg – Illustrirte Zeitung Nr. 2124 vom 15.03.1884, S. 225

Lakai senkt die Fahne – Die Gartenlaube Nr. 11/1888, S. 169

Leibgardist senkt die Fahne – Extrabeilage zu Ueber Land und Meer Nr. 24/1888, S. 1

1889

Ludolf Waldmann's gewonnene Prozesse – Ludolf Waldmann's gewonnene Prozesse 1889 (Titelseite)

Manopan – Kladderadatsch Nr. 54/1888 Erstes Beiblatt

Novität – Österreichische Musik- und Theaterzeitung H. 5/188, S. 8

1890

Aufnahme-Grammophon – Prometheus Nr. 14/1890, S. 211

Wiedergabe-Grammophon – Prometheus Nr. 14/1890, S. 211

Vorführung des Grammophons auf der Internationalen Elektrotechnischen Ausstellung in Frankfurt – Illustrirte Zeitung Nr. 2505/1891, S. 23

1891

Im Hörkabinett der Philharmonie zu Berlin – Daheim. Erste Beilage Nr. 17/1884, S. 273

1892

Aufzeichnung der Hufabdrücke auf einer Schreibtrommel – Marey 1878, S. 156

Mareys chronophotographische Flinte – Eder 1886, S. 153

Versuchsperson mit reflektierenden Streifen – Marey 1891, S. 692

Durch Chronophotographie auf helle Linien reduzierte Aufnahme eines Läufers – Marey 1885, S. 34

1893

Wolkenformationen nach Heinrich Wilhelm Brandes (1820) – Brandes 1820, S. 413

1894

Das Schiseophon im Gebrauch. Links das Arbeitszimmer, rechts das Hörzimmer – Wilda 1894, S. 779

1895

Vorführungen der lebenden Photographien – Neues Wiener Tageblatt vom 24.06.1896, S.15

Besichtigung des Kinetographen und Phonographen – Vorwärts 30.10.1896, S. 8

1896

Im lebenden Körper photographiertes Handskelett (nach Prof. Röntgen) – Uhland's Technische Rundschau 1896, S. 9

Photographische Aufnahme einer Hand mittels Roentgenstrahlen – K. 1896, S. 276

1897

Setzregal und Setzkasten – Brockhaus Konversationslexikon Bd. 3/1893, Tafel »Buchdruckerkunst II«

Antiquakasten für deutschen Satz – Waldow S. 91

Linotype-Setzmaschine – Hamann 1899, S. 309

1898

Ansichtskartentausch wünschen einzugehen – Das Blatt der Hausfrau H./1898, S. 80

Gut-Fern-Gruß an alle Sportsgenossinnen – Das Blatt der Hausfrau H./1898, S. 80

1899

Siegelmarke der Deutschen Kolonialgesellschaft – Wikimedia Commons –
File:Siegelmarke Deutsche Kolonialgesellschaft W0205628.jpg

Tiefsee-Kabel vom Jahre 1865 – Kapp 1877, S. 141

Preis für Auffindung wildwachsender Guttaperchapflanzen in deutschen Kolonien –
Deutsche Kolonialzeitung Nr. 31/1900, S. 352

1900

Das Leuchtschiff Borkumriff mit der Einrichtung für drahtlose Telegraphie – Wilke
1901, S. 221

Empfangsstation für drahtlose Telegraphie — Die Gartenlaube H. 24/1899, S. 754

Fortschritt der Kultur

Schlussszene aus dem Ballett »Pandora« – Peschkau 1891, S. 621

»Glücksfunken« verkünden den Sieg der Kultur – Peschkau 1891, S. 6

Literaturverzeichnis

A. II. [1874]: Der Vorübergang der Venus. In: Neues Wiener Tagblatt vom 09.12.1874, S. 1 f.

– [1891]: Bilderbogen-Fabrikation und Chromolithographie in Neu-Ruppin. In: Papier-Zeitung Nr. 32/1891, S. 812–814

Airy, Georg Biddell [1896]: Autobiography of Sir Georg Biddell Airy. Cambridge: University Press

Alibert, Jean-Pierre [1865]: La Mine de Graphite de Sibérie découverte en 1847. Comptes-Rendus des Académies des Sociétes Savantes et des Journaux. Paris: Imprimerie Poitevin

Alker, A. [1844]: Preussens Preßgesetze und der Buchhandel in Preussen nebst Anhang betreffend die Konzessionierung der Buchdrucker, Lithographen u. dgl. und über Leihbibliotheken. Lissa und Gnesen: Druck und Verlag von Ernst Günther

Allgemeine deutsche Real-Encyklopädie für die gebildeten Stände. Conversations-Lexikon [1868]: Zur Charakteristik und Geschichte des Conversations-Lexikons. Bd. 15. Leipzig: F. A. Brockhaus (11., umgearbeitete, verbesserte und vermehrte Auflage), S. V–XXIV

Allgemeine Handlungs-Zeitung vom 05.07.1820: Vervollkommnung der Papierbereitung, 525 f.

Allgemeine musikalische Zeitung vom 22.08.1804, Sp. 791

Allgemeine musikalische Zeitung vom 08.03.1809: München, d. 25sten Febr, Sp. 366

Allgemeine musikalische Zeitung vom 23.02.1814: Concerte, S. 132 f.

Allgemeine musikalische Zeitung vom 22.12.1819: Uebersicht des Zustandes der Musik in England, Sp. 864–873

Allgemeine preußische Staats-Zeitung vom 04.08.1837: Magnetische Beobachtungen, S. 866

Allgemeine Zeitung vom 10.11.1827: Preußen, S. 1255

Allgemeine Zeitung vom 16.12.1832: Preußen, S. 1404

Allgemeine Zeitung vom 07.02.1839. Beilage: Resultate des magnetischen Vereins, S. 285 f.

Allgemeine Zeitung vom 02.06.1839: Zuckertarif und Posttarif in Frankreich, S. 1184 ff.

Allgemeine Zeitung vom 09.07.1880. Beilage: Paris, 5. Juli. Actiengesellschaft für Schlachten-Panoramen, S. 2798

Allgemeine Zeitung vom 29.05.1885: Berlin, 26 Mai. (Brieftauben), S. 2156

Allgemeine Zeitung vom 09.12.1886: Das neueste Element »Germanium«, S. 5029

Allgemeine Zeitung vom 26.12.1889: Braunschweig, 20. Dec. (Brieftauben im Heeresdienst), S. 5497

Allgemeine Zeitung vom 08.04.1890: Ein Concurrent des Edison'schen Phonographen, S. 4

Allgemeine Zeitung vom 19.05.1891. Zweites Abendblatt: Die Eröffnung der internationalen elektrischen Ausstellung in Frankfurt a. M., S. 5

Allgemeine Zeitung vom 07.08.1894. Beilage: Bern, 3. Aug., S. 6 f.

Allgemeine Zeitung vom 02.07.1894: Verschiedenes, S. 3

Allgemeine Zeitung vom 07.04.1895: Das Gesetz, betreffend den Schutz der Brieftauben, S. 6

Allgemeine Zeitung vom 15.01.1896. Beilage: Mittheilungen und Nachrichten, S. 6

Allgemeine Zeitung vom 24.01.1896: Würzburg, 23. Jan., S. 4

Allgemeine Zeitung vom 13.08.1898. Zweites Abendblatt Nr. 222: II. Kraft- und Arbeitsmaschinenausstellung in München, S. 5 f.

Allgemeine Zeitung. Abendblatt vom 01.09.1898: Zur Geschichte der Ansichtspostkarte, S. 1 f.

Allgemeine Zeitung vom 19.10.1899. Zweites Morgenblatt Nr. 290: Der Krieg in Südafrika, S. 5

Allgemeiner Anzeiger der Deutschen vom 17.02.1807: Ueber Dr. Bozzini's Lichtleiter, Sp. 473–475

Allgemeiner Anzeiger der Deutschen vom 25.02.1807: Ueber Dr. Bozzini's Lichtleiter, Sp. 555

Allgemeiner Anzeiger und Nationalzeitung der Deutschen vom 27.11.1833: Maschinenwesen. Soll es Maschinen geben oder nicht?, Sp. 4085 - 4092

Allgemeiner Anzeiger und Nationalzeitung der Deutschen vom 16.11.1835: Die neue Rechenmaschine, Sp. 4073–4079

Allgemeiner Anzeiger und Nationalzeitung der Deutschen vom 23.11.1835: Die neue Rechenmaschine, Sp. 4177–4184

Allgemeiner Anzeiger und Nationalzeitung der Deutschen vom 13.11.1838: Bildungsanstalten. Geographische Kunstschule, Sp. 4071 f.

Allgemeiner Anzeiger und Nationalzeitung der Deutschen vom 23.06.1839: Postwesen. Verbesserung der Briefposten, Spalte 2109–2114

Allgemeines Organ für Handel und Gewerbe vom 22.02.1844. Wöchentliches Beiblatt: Der elektrische Telegraph, S. 101

Almanach der Fortschritte, neuesten Erfindungen und Entdeckungen in Wissenschaften, Künsten, Manufakturen und Handwerken. Bd. 10/1806: XXIII. Polizey-Anstalten, S. 585 f.

Annales de l'industrie nationale et étrangère, ou, Mercure technologique«. Bd. IV/1821: De la formule général d'expéditive française. Et des avantages qu'elle présente pour l'état militaire et la diplomatie, S. 242–259

Arago [1839]: Das Daguerréotype. In: Annalen der Pharmacie, Bd. XXXI; S. 216 – 235. Auf den Seiten 216 bis 228 handelt es sich um eine »Uebersetzung der Hauptstellen des Berichtes, den Arago in der Deputirtenkammer erstattete.«

– [1839]: Rapport de M. Arago sur le Daguerréotype. Lu à la séance de la Chambre des Députés le 3 juillet 1839 et à l'Académie des Sciences. Paris: 1839

– [1854]: Volta. Œuvres complètes de François Arago, secrétaire perpétuel de l'académie des sciences, 1854, 1, S. 187–240

Arbeiter-Zeitung vom 03.12.1899: Die Kabelfrage, S. 4

Archiv für die Artillerie- und Ingenieur-Offiziere des deutschen Reichsheeres, Bd. 78/1875: Geschichte der Kriegs-Telegraphie in Preußen von 1854–1871, S. 97–143, S. 225–265

Arndt, C; Dahlen, H. W.; Ebe, G. u.a. [1896]: Das Buch der Erfindungen Gewerbe und Industrien: Gesamtdarstellung aller Gebiete der gewerblichen und industriellen Arbeit sowie von Weltverkehr und Weltwirtschaft. Leipzig: Verlag und Druck von Otto Spamer (Bd. 1, neunte, durchaus neugestaltete Auflage)

Arnold, Ignaz Ferdinand [1804]: Felloplastik oder die Kunst antike Gebäude in Kork darzustellen. Gotha: Ettingersche Buchhandlung.

Augsburger Anzeigeblatt vom 27.06.1855: Berlin, 26. Juni, S. 397

Augsburger Postzeitung vom 20.06.1832: Berlin, den 14. Jun., S. 3

Augsburger Postzeitung vom 22.11.1832: Berlin, 16. Nov., S. 3

Augsburger Postzeitung vom 14.10.1838: Preußen, S. 2

Babbage, Charles [1833]: Ueber Maschinen- und Fabrikenwesen. Aus dem Englischen übersetzt von Dr. G. Friedenberg mit einer Vorrede von K. F. Klöden. Berlin: Verlag der Stuhrschen Buchhandlung

– [1835]: On the Economy of Machinery and Manufactures. London: Charles Knight, Pall Mall East (4. Aufl.)

– [1864]: Passages from the Life of a Philosopher. London: Longman, Green, Longman, Roberts, & Green

– [1997]: Passagen aus einem Philosophenleben. Berlin: Kadmos-Verlag

Baedeker, Karl [1882]: Italien. Handbuch für Reisende. Erster Theil: Ober-Italien bis Livorno, Florenz und Ravenna, nebst der Insel Corsica und den Reise-Routen durch Frankreich, die Schweiz und Oesterreich. Leipzig: K. Baedeker (10. verbesserte Auflage)

Baily, Francis [1824]: On Mr. Babbage's new machine for calculating and printing mathematical and astronomical tables. In: Astronomische Nachrichten 46/1824, Sp. 409–422

Ball, Harkness u.a. [1900]: Essays in Astronomy. New York: D. Appleton and Company

Barbier, Charles [1809]: Principes d'expéditive française pour écriture aussi vite que la parole et d'écriture coupée. Paris: Imprimerie de Gille Fils. (2. Erweiterte Auflage)

Bauernfeind, Karl Maximilian von [1862]: Elemente der Vermessungskunde. München: J. G. Cotta, (2., verm. u. verb. Auflage)

Bauernzeitung aus Frauendorf Nr. 35/1830: Eine zeitgemäße Lection, S. 274 f.

Bayer, Joseph [1888]: Illustrationen. In: Neue Freie Presse vom 23.03.1888, S. 1 – 3

Bebel, August; Bernstein, Eduard (Hrsg.) [1913]: Der Briefwechsel zwischen Friedrich Engels und Karl Marx 1844 – 1883, Bd. 1. Stuttgart: Verlag von J. H. W. Dietz Nachf. GmbH

Becher, Siegfried [1846]: Die Bevölkerungsverhältnisse der österreichischen Monarchie. In: Journal des Österreichischen Lloyd vom 03.10.1846, S. 647 f.

Beer, Theodor [1895]: Karl Ludwig. In: Wiener Klinische Wochenschrift Nr. 19, S. 354–358

Beetschen, Alfred [1897]: Die Postkartenpest. In: Allgemeine Zeitung vom 28.12. 1897, S. 1 f.

Benjamin Count of Rumford: An Inquiry concerning the chemical Properties that have been attributed to Light. In: Philosophical Transactions of the Royal Society of London Bd. 88/1798, S. 449–468

Berghaus, Heinrich [1852a]: Dr. Heinrich Berghaus' Physikalischer Atlas: oder Sammlung von Karten, auf denen die hauptsächlichsten Erscheinungen der anorganischen und organischen Natur nach ihrer geographischen Verbreitung und Vertheilung bildlich dargestellt sind. Bd. 1. Gotha: Justus Perthes

– [1852b]: Physikalischer Atlas., enthaltend in vier Abtheilungen die Vertheilung der Organismen: 5. Pflanzen-Geographie, 6. Thier-Geographie, 7. Anthropographie, 8. Ethnographie. Bd. 2. Gotha: Justus Perthes (Zweite, grösstenteils umgearbeitete und verbesserte Auflage)

Berliner Politisches Wochenblatt vom 07.07.1832: Betrachtungen über Gewerbe, Zunft- und Innungswesen, Gewerbefreiheit und ihre Wechselwirkung in den Städten. (Vierter Artikel), S. 176

Berliner Tageblatt vom 15.06.1880: Lokalnachrichten. Fernsprechverbindungen für Berlin, S. 4

Berliner Tageblatt vom 24.02.1881: Das Panorama der Schlacht von St. Privat, S. 6 f.

Berliner Tageblatt. Abendblatt vom 07.11.1881: Unsere Wetterkarte, S. 3

Berliner Tageblatt. Erstes Beiblatt vom 03.02.1892: »Hier dürfen keine Zettel angeklebt werden«, S. 92.

Berliner Tageblatt vom 08.04.1892: Der Gesetzentwurf über das Militär-Brieftaubenwesen, S. 1

Berliner Volksblatt vom 20.11.1895. 1. Beilage zum Vorwärts: In der Urania, S. 2

Berlinische Nachrichten von Staats- und gelehrten Sachen vom 14.03.1815: Anzeige des Mechanikus und Optikers Winckler

Berlinische Nachrichten von Staats- und gelehrten Sachen vom 31.07.1819: Schafhausen, vom 19. Juli, S. 1 f.

Bertillon, Alphonse [1883]: La couleur de l'iris. In: Annales de démographie internationale 1883, S. 226-228

– [1895a]: Das anthropometrische Signalement. Bern und Leipzig: Verlag von C. Sturzenegger (2. vermehrte Auflage mit einem Album, autorisierte deutsche Ausgabe von Dr. v. Sury)

– [1895b]: Die gerichtliche Photographie. Halle a. S.: Knapp

Beyer, Friedrich Christian [1910]: Die volkswirtschaftliche und sozialpolitische Bedeutung der Einführung der Setzmaschine im Buchdruckgewerbe. Karlsruhe i. B.: G. Braunsche Hofdruckerei und Verlag

Billwiller, Robert [1879]: Die Einführung der Witterungsprognosen in der Schweiz: Bericht über die bisherigen Resultate. Zürich: [s.n]

Birnbaum, Heinrich [1870]: Populäre Begründung der Spectralanalyse. In: Blätter für literarische Unterhaltung, S. 134–137

Blätter zur Kunde der Literatur des Auslands vom 11.05.1836: Intellektuelle Statistik in Frankreich, im Jahre 1836, S. 97–99

Bozzini, Philipp [1806]: Lichtleiter, eine Erfindung zur Anschauung innerer Theile und Krankheiten. In: Journal der Praktischen Arzneikunde und Wundarzneikunst Bd. 24/1806, S. 107–124

– [1807]: Der Lichtleiter oder Beschreibung einer einfachen Vorrichtung und ihrer Anwendung zur Erleuchtung innerer Höhlen und Zwischenräume des lebenden animalischen Körpers. Weimar: Verlag des Landes-Industrie-Comptoirs

Braille, Louis [1829]: Procédé pour écrire les paroles, la musique et le plain-chant au moyen de points. Paris

Brandes, Heinrich Wilhelm [1817]: Aus einem Schreiben des Professor Brandes, meteorologischen Inhalts. Breslau den 2.12.1816. In: Annalen der Physik H. 1/Bd. 55, S. 112–114

– [1820]: Beiträge zur Witterungskunde. Untersuchungen über den mittleren Gang der Wärme-Aenderungen durchs ganze Jahr; über gleichzeitige Witterungs-Ereignisse in weit von einander entfernten Weltgegenden; über die Formen der Wolken, die Entstehung des Regens und der Stürme; und über andere Gegenstände der Witterungskunde. Leipzig: Johann Ambrosius Barth

– [1826]: Dissertatio physica de repentinis variationibus in pressione atmosphaerae oberservatis. Bd. 1, Lipsiae: Staritz

Brewster, David [1862]: Das Stereoskop; seine Geschichte, Theorie und Construction, nebst seiner Anwendung auf die schönen und nützlichen Künste und für die Zwecke des Jugendunterrichtes. Weimar: B. F. Voigt (2. Vermehrte Auflage)

Bronner, Franz Xaver [1819]: Kurze Geschichte der Steindruckerei von Erfindung derselben bis ans Ende des Jahres 1818. (Nach des Erfinders eigenen Angaben) In: Zschokke, Heinrich (Hrsg.): Ueberlieferungen zur Geschichte unserer Zeit. Jg. 1819, Aarau: Heinrich Remigius Sauerländer, S. 33–55

Brünner Zeitung vom 04.07.1820: Die patentierte Papierfabrik zu Berlin, S. 737–339

Bruns, Peter Johannes [1896]: Zum Hundertjährigen Gedenktag der Erfindung des Steindrucks. In: Archiv für Post und Telegraphie. Beiheft zum Amtsblatt des Reichs-Postamts Nr. 11/1896, S. 365–370

Bukowinaer Rundschau vom 19.08.1890: Kleine Chronik, S. 2

Busch, Gabriel C. u.a. [1806]: Almanach der Fortschritte, neuesten Erfindungen und Entdeckungen in Wissenschaften, Künsten, Manufakturen und Handwerken. Erfurt: Keyser, S. 625 f.

Campo, O. [1887]: Der Photographische Hut (Photo-chapeau) des Herrn J. de Neck. In: Eder, Josef Maria (Hrsg.): Jahrbuch für Photographie und Reproduktionstechnik für das Jahr 1887, S. 113–117

Carus, Carl Gustav [1841]: Grundzüge einer neuen und wissenschaftlich begründeten Cranioskopie. Stuttgart: Balz

– [1849]: Denkschrift zum Hundertjährigen Geburtsfeste Goethe's. Über die ungleiche Befähigung der verschiedenen Menschenstämme für höhere geistige Entwicklung. Leipzig: F. A. Brockhaus

– [1853]: Symbolik der menschlichen Gestalt. Ein Handbuch zur Menschenkenntniß. Leipzig: F. A. Brockhaus

C. B. a. B. [1851]: Gillot's Stahlfederfabrik in Birmingham. In: Grazer Zeitung. Abendblatt vom 30.06.1851, S. 4

Chauvin, von Franz [1884]: Organisation der elektrischen Telegraphie in Deutschland für die Zwecke des Krieges. Berlin: Ernst Siegfried Mittler und Sohn

Commission du Passage de Venus, 63. Séance du 29. Juin 1874. In: Académie des Sciences [1877]: Recueil de Mémoires, Rapports et Documents relative à l'Observation Du Passage de Vénus sur le Soleil. Bd. 1. Teil 1. Paris: Typographie des Firmin-Didot et Cie, S. 354 – 361

Cyon, Elias von [1876]: Methodik der physiologischen Experimente und Vivisectionen. Giessen: J. Ricker'sche Buchhandlung und St. Petersburg: Carl Ricker

Czermak, Johann N. [1873]: Über das physiologische Privat-Laboratorium an der Universität Leipzig: Rede gehalten am 21. December 1872, bei Gelegenheit der Eröffnung seines Amphitheaters. Leipzig: Verlag von Wilhelm Engelmann

D.A.Z. [1844]: Leipzig, 4. Februar. In: Frankfurter Konversationsblatt: Belletristische Beilage zu Nr. 42/1844, S. 166 f.

Das Ausland vom 03.02.1839: Forschungen über den Erdmagnetismus, S. 135

Das Pfennig-Magazin Nr. 73/1834: Die Maschine des endlosen Papiers, S. 581–583

Das Pfennig-Magazin der Gesellschaft zur Verbreitung gemeinnütziger Kenntnisse N. 124/1835: Federmanufactur in England, S. 259

Das Pfennig-Magazin Nr. 158/1836: Gußeisernes Pianoforte, S. 119

Das Pfennig-Magazin für Verbreitung gemeinnütziger Kenntnisse Nr. 158/1836: Die Korkeiche, S. 119 f.

Das Pfennig-Magazin für Verbreitung gemeinnütziger Kenntnisse Nr. 406/1841: Die Galvanoplastik, S. S. 11–14

Das Pfennig-Magazin für Belehrung und Unterhaltung Nr. 281/1848: Die Lehre vom Lichte. (Fortsetzung) III. Dioptrik. – Das Sehen. – Brillen. – Loupen, S. 162–164

Davy, Humphry [1803]: Methode mittelst der Einwirkung des Lichts auf salpetersaures Silber Gemählde auf Glas zu copiren und Schattenrisse zu machen; erfunden von T. Wedgwood. In: Annalen der Physik Bd. 13/1803, S. 113–119

Decher, G. [1856]: Ueber die Anwendung ebener Spiegel zum Telegraphieren. In: Polytechnisches Journal H. 16/1856, S. 269–274

Der bayerische Volksfreund vom 01.06.1836, Sp. 689

Der Friedens- u. Kriegs-Kurier (Nürnberger Friedens- und Kriegs-Kurier) vom 22.03.1826: Miszellen. Der Thaumatrop (Wunderdreher), S. 1

Der Humorist vom 22. 09.1838: Musikalisches, S. 608

Der Kamerad: österreichisch-ungarische Wehr-Zeitung vom 06.08.1871: Die norddeutsche Telegraphie im Kriege, S. 1–3

Der Kunstwart Heft 14/1887–1888: Bildende Künste, S. 193

Der Verkündiger oder Zeitschrift für die Fortschritte und neuesten Beobachtungen, Entdeckungen und Erfindungen in den Künsten und Wissenschaften und für gegenseitige Unterhaltung vom 16.09.1808: National-Industrie in Frankreich, S. 299 f.

Der Zwischen-Akt vom 19.10.1862: Zur Nachahmung, S. 3

Deutsche Allgemeine Zeitung vom 07.03.1856: Wolff's Telegraphisches Bureau, S. 454

Deutsche Allgemeine Zeitung vom 26.03.1857: Handel und Industrie, S. 591

Deutsche Bauzeitung Nr. 98/1876: Rohrpost in Berlin, S. 491

Deutsche Bauzeitung Nr. 19/1881: Bau-Chronik. Hochbauten, S. 115

Deutsche Kolonialzeitung Nr. 20 vom 17.05.1900: Hauptversammlung der Deutschen Kolonialgesellschaft am 1. Juni 1900 in Coblenz, S. 209 f.

Deutsche Kolonialzeitung Nr. 31 vom 02.08.1900: Preisausschreiben, S. 353

Deutsche Musik-Zeitung Nr. 11/1860: Stettin, S. 88

Deutsche Stenographen-Zeitung 1901: Zur Schreibmaschinentechnik, S. 420–422

Deutsche Vierteljahrsschrift H. 1/1840: Vereine, S. 389

Deutsche Vierteljahrs-Schrift H. 3/1858: Geschichte des Postwesens, insbesondere des deutsch-österreichischen Postvereins. In: S. 55–114

Deutsches Postarchiv. Beihefte zum Amtsblatt der Deutschen Reichs-Postverwaltung 1873: Die Pariser Stadttelegraphie, S. 404–406

Deutsches Volksblatt. Abendausgabe vom 02.10.1889: Ein Jubiläum, S. 2

Dg [1845]: Korrespondenz-Nachrichten. Paris. In: Morgenblatt für gebildete Stände vom 26.09.1845, S. 924

Didaskalia. Blätter für Gemüth und Publizität Nr. 358/1839: Literatur, S. 3 f.

Didaskalia. Blätter für Gemüth und Publizität Nr. 173/1851: Hyperloyales, S. 3

Die Gartenlaube H. 5/1876: Der zeichnende Telegraph, S. 92

Die Gartenlaube H. 20/1895: Die illustrierte Postkarte, S. 340

Die Presse vom 25.05.1855: Briefe aus dem Erzgebirge. Das Bild der Verarmung, S. 4 f.

Die Presse vom 15.08.1858: Zur Geschichte der Kabellegung, S. 3

Die Presse vom 03.09.1858: Ausland, S. 2

Die Presse« vom 22.01.1879: Die Witterungs-Telegraphie im Dienste der Landwirthschaft, S. 99

Die Presse vom 11.04.1879: Meteorologen-Congreß, S. 9

Die Presse vom 12.11.1889: Die Hertz'schen Entdeckungen über die Elektricität, S. 2

Die Presse vom 19.03.1890: Ein neues Panorama, S. 10

Die Presse vom 29.11.1891: Internationales statistisches Institut, S. 3

Die Presse vom 05.04.1893: Eine Auszählung der deutschen Sprache, S. 9 f.

Die Presse vom 11.05.1893: Ein Besuch bei Edison, S. 13 f.

Die Presse vom 05.01.1896: Eine sensationelle Entdeckung, S. 1 f.

Direktion der Seewarte [1878]: Aus dem Archiv der Deutschen Seewarte. I. Jahrgang: 1878. No. I. Erster Jahres-Bericht über Organisation und Thätigkeit der Deutschen Seewarte, umfassend den Zeitraum vom 1. Januar 1875 bis Schluss des Jahres 1878. Hamburg 1878: Hammerich & Lesser in Altona

Dr. G. R. [1889]: Das anthropometrische Signalement. In: Juristische Blätter Nr. 29/1889, S. 341–343

Du Bois-Reymond, Emil [1848]: Untersuchungen über tierische Elektricität. Bd. 1, Berlin: Verlag von G. Reimer

– [1860]: Untersuchungen über tierische Elektricität. Bd. 2,2. Abteilung, Berlin: Verlag von G. Reimer

– [1912]: Über tierische Bewegung. Im Verein für wissenschaftliche Vorträge zu Berlin am 22. Februar 1851 gehaltene Rede. In: Reden in zwei Bänden, Band 1, Leipzig: Verlag von Veit & Comp (2. Vervollständigte Auflage, S. 27–50)

Düsseldorfer Volksblatt vom 08.09.1896: Die Berliner Gewerbeausstellung XIV, S. 1 f.

Düweke, Peter [2001]: Kleine Geschichte der Hirnforschung: von Descartes bis Eccles. München: Beck

E. B. [1830]: Schul- und Erziehungswesen. Etwas über Kinder- – besonders Mädchenerziehung. In: Allgemeiner Anzeiger und Nationalzeitung der Deutschen vom 19.05.1830, Sp. 1799 ff

Ed. H. [1877]: Neue Bücher über Musik und Musiker. In: Neue Freie Presse vom 04.12.1877, S. 1 f.

Eder, Josef Maria [1886]: Die Moment-Photographie in ihrer Anwendung auf Kunst und Wissenschaft. Halle a. d. Saale: Wilhelm Knapp

Ehrenberg, Christian Gottfried [1838]: Die Infusionsthierchen als vollkommene Organismen. Ein Blick in das tiefere organische Leben der Natur. Leipzig: Verlag von Leopold Voss

– [1854]: Mikrogeologie: das Erden und Felsen schaffende Wirken des unsichtbar kleinen selbständigen Lebens auf der Erde. Leipzig: L. Voss

Erb, Wilhelm [1893]: Ueber die wachsende Nervosität unserer Zeit. Heidelberg: Universitäts-Buchdruckerei von J. Hörzing

Ergänzungsblätter der Allgemeinen Literatur-Zeitung, Nr. 65/Juni 1825, Sp. 520

Ergänzungsblätter zur Jenaische allgemeine Literatur-Zeitung 1813: Wollastons Camera Lucida, Sp. 101

Falkenhorst, Carl (Pseudonym von St. von Jezewsk) [1888]: Geheimes Photographieren. In: Die Gartenlaube H. 34/1888, S. 578 – 579

F [1883]: Berliner Neubauten. 22. Das Sedan-Panorama am Bahnhof Alexanderplatz. In: Deutsche Bauzeitung Nr. 103/1883, S. 613–616

F. v. F. [1832]: Literatur.»Die Schwester«. In: Wiener Zeitschrift vom 21.08.1832, S. 807 f.

Faraday, M. [1832]: Über optische Täuschungen besonderer Art. In: Zeitschrift für Physik und Mathematik Bd. 10/1832, S. 80–101

Fardely, William [1844]: Der electrische Telegraph, mit besonderer Berücksichtigung seiner practischen Anwendung für den gefahrlosen und zweckgemässen Betrieb der Eisenbahnen; nebst Beifügungen der neuesten Einrichtungen und Verbesserungen, und einer ausführlichen Beschreibung eines electromagnetischen Druckteelegraphen. Mannheim: Verlag von J. Bensheimer

Faulmann, Karl [1868]: Entwicklungsgeschichte des Gabelsberger'schen Systems der Stenografie. Eine Festgabe zur Feier des fünfzigjährigen Bestehens der Gabelsberger'schen Stenografie. Wien: Verlag des Verfassers

Faulmann, Karl [1882]: Illustrite Geschichte der Buchdruckerkunst, mit besonderer Berücksichtigung ihrer technischen Entwicklung bis zur Gegenwart. Wien, Pest, Leipzig: A. Hartlebens Verlag

Faust [1858]: Das häßlichste Frauenzimmer der Welt. In: Der Pfälzer vom 24.01.1858, S. 1

Faye, Hervé [1872]: Rapport sur le rôle de la photographie dans l'observation du passage de vénus. (Extrait des Comptes rendus hebdomadaires des séances de l'académie des sciences, seance du 2. septembre 1872) In: Mémoires de l'Académie des Sciences de l'Institut de France, Tome XLI. Paris: Typographie de Firmin-Didot frères, fils et Cie, S. 227–336

Figuier, Louis [1864]: Les merveilles de la science. Description populaire des inventions modernes. Bd. 3, Paris: Furne, Jouvet et Cie

– [1870]: Les merveilles de la science. Paris: Furne Jouvet & Cie Editeur

Fix, Theodor [1869]: Militär-Telegraphie. Leipzig: J. J. Weber

Flammarion, Camille [1874]: Le Passage de Vénus de 1874. Les anciens passages observés et les futurs. In: La Nature Nr. 79/1874; S. 154–158

– [1875]: Le Passage de Vénus. Résultats des expéditions françaises. In: La Nature Nr. 101/1875, S. 356–358

Flörke, Heinrich Gustav (Hrsg.) [1811]: Beschreibung und Abbildung der Wollastonschen Camera lucida. In: Repertorium des Neuesten und Wissenswürdigsten aus der gesammten Naturkunde. Für gebildete Leser in allen Ständen, Band 2. Berlin: Julius Eduard Hitzig, S. 136–147

Fontane, Theodor [1860]: Berliner Kunst-Ausstellung. III. (Schluß). In: Das Vaterland. Zeitung für die österreichische Monarchie vom 13.10.1860, S. 1

– [1994]: Wanderungen durch die Mark Brandenburg. Erster Teil: Die Grafschaft Ruppin – Hrsg. von Gotthard Erler u. Rudolf Mingau. Aufbau-Verlag. Berlin u. Weimar

Frank, Otto [1895]: Carl Ludwig. In: Münchner Medicinische Wochenschrift. Nr. 21/1895, S. 495–498

Frankfurter Ober-Post-Amts-Zeitung vom 30.09.1846: Deutschland, S. 2675

Fränkischer Kurier vom 23.02.1860: Jahresbericht der Kreis-Gewerbe- und Handels-Kammer von Mittelfranken, S. 1 f.

Fraunhofer, Joseph [1817]: Bestimmung des Brechungs- und Farbenzerstreuungs-Vermögens verschiedener Glasarten in Bezug auf die Vervollkommnung achromatischer Fernröhre. Denkschriften der Königlichen Akademie der Wissenschaften zu München; 5. 1814–1815 (1817)

Fritsch, Gustav [1875]: Praktische Gesichtspunkte für die Verwendung zweier dem Reisenden wichtigen technischen Hülfsmittel: Das Mikroskop und der photographische Apparat. In: Neumayer, Georg [1875]: Anleitung zu Wissenschaftlichen Beobachtungen auf Reisen. Mit besonderer Rücksicht auf die Bedürfnisse der kaiserlichen Marine, Berlin: Verlag von Robert Oppenheim, S. 591–625

– [1888]: Ueber einige neue Apparate zur Geheimphotographie und über photographische Vergrößerungen. In: Eder, Josef Maria (Hrsg.) [1887]: Jahrbuch für Photographie und Reproduktionstechnik für das Jahr 1888, S. 177–193

Frommel, Emil [1867]: Die Kunst auf der Straße. Die Tagespost (Graz) vom 25. Dezember 1867, S. 1 – 3 (Dabei handelt es sich um den Nachdruck eines Kapitels des 1867 in Barmen erschienenen Buches »Von der Kunst im täglichen Leben«)

Frühling [1865]: Die Bleistift-Fabrikation. Zum 200jährigen Jubiläum der Bleistifterfindung im Jahre 1865. In: Illustrirte Welt. Blätter aus Natur und Leben, Wissenschaft und Kunst zur Unterhaltung und Belehrung für die Familie, für Alle und Jeden, S. 147–151

G. [1839]: Ueber Naturkunde überhaupt und den physikalischen Atlas von Berghaus insbesondere. In: Allgemeiner Anzeiger und Nationalzeitung der Deutschen vom 08.12.1839, Sp. 4357–4363

Gabelsberger, Franz Xaver [1834]: Anleitung zur deutschen Redezeichenkunst oder Stenographie. München: im eigenen Verlage des Verfassers

– [1850]: Anleitung zur deutschen Redezeichenkunst oder Stenographie. München: Druck und Verlag Georg Franz2. Auflage nach des Verfassers hinterlassenen Papieren von dem Gabelsberger-Stenographen-Centralverein umgearbeitet.

Gall, Franz Josef [1807]: Dr. F.J. Galls neue Entdeckungen in der Gehirn-, Schedel- und Organenlehre: mit vorzüglicher Benutzung der Blöde'schen Schrift über diese Gegenstände, dargestellt und mit Anmerkungen begleitet nach den Gall'schen

Unterredungen zu Carlsruhe im December 1806. Carlsruhe: C. F. Müllersche Verlagshandlung

Galton, Francis [1892]: Finger Prints. London und New York: Macmillan and Co.

Gauss, Carl Friedrich [1823a]: Auszug aus einem Briefe des Herrn Hofraths und Ritters Gauß. In: Astronomische Nachrichten Nr. 7/1823, Sp. 105 f.

– [1823b]: Auszug aus einem Schreiben des Herrn Hofraths Gauß an den Herausgeber. Göttingen 1822, Nov. 10. In: In: Erste Beilage zu Nr. 24 der astronomischen Nachrichten 1823, Sp. 441–444

– [1903]: Werke. Bd. 9. Göttingen: B. G. Teubner

Gauss, Carl Friedrich; Weber, Wilhelm (Hrsg.) [1837]: Resultate aus den Beobachtungen des magnetischen Vereins im Jahre 1836. Göttingen: Verlag der Dieterichschen Buchhandlung

Geistbeck, Michael [1895]: Der Weltverkehr. Seeschiffahrt und Eisenbahnen, Post und Telegraphie in ihrer Entwicklung. Freiburg im Breisgau: Herdersche Verlagshandlung.

Gelehrte Anzeigen Nr. 200/1837: Besprechung von »Resultate aus den Beobachtungen des magnetischen Vereins 1836«, Sp. 573–578

Gerlach, Joseph von [1863]: Die Photographie als Hülfsmittel mikroskopischer Forschung. Leipzig: Verlag von Wilhelm Engelmann

Gerstenberg, Albert [1892]: Die neuere Entwicklung des deutschen Buchdruckgewerbes in statistischer und sozialer Beziehung. Jena: Verlag von Gustav Fischer

Giehrl, Hermann [1911]: Der Feldherr Napoleon als Organisator.

Goebel, Theodor [1883a]: Friedrich König, der Erfinder der »Schnellpresse«. In: Die Gartenlaube H. 2/1883, S. 30–35

– [1883b]: Friedrich König und die Erfindung der Schnellpresse: ein biographisches Denkmal. Stuttgart: Kröner

Goethe, Johann Wolfgang von [1896]: Witterungslehre. In: Goethes Werke, II. Abteilung, 12. Band, hrsg. im Auftrag der Großherzogin Sophie von Sachen. Weimar: Hermann Böhlaus Nachfolger

– [1998a]: Die Wahlverwandtschaften. In: Goethes Werke, Bd. VI. München: C.H. Beck, S. 242–490

– [1998b]: Italienische Reise; Goethes Werke Bd. XI, München: Verlag C. H. Beck

Göttingische Anzeigen von gelehrten Sachen vom 09.08.1821: Göttingen, S. 1249–1254

Göttingische gelehrte Anzeigen vom 11.12.1824, S. 1982 f.

Göttingische gelehrte Anzeigen vom 09.08.1834, 128. Stück, S. 1265–1274

G. P. [1838]: Die Literatur, ihr Zusammenhang mit dem Leben und ihr Einfluß darauf. Deutsche Vierteljahrschrift H. 4/1838, S. 41–90

Grazer Zeitung vom 16.01.1873: Der Venus-Durchgang des Jahres 1874, S. 1 f.

Grazer Tagblatt vom 27.10.1896: Lebende Photographien, S. 2

Grazer Tagblatt vom 31.12.1896: Ein Riesenwerk, S. 3

Grazer Volksblatt vom 19.12.1896: Telegraphie ohne Drähte, S. 3

Grazer Volksblatt vom 15.07.1897. Beilage: Telegraphie ohne Draht, S. 10

Grosse, Eduard [1892]: Erfinder-Lose. Friedrich Gottlieb und das Holzschliffpapier. In: Die Gartenlaube H. 14/1892, S. 442–444

Grosse, Oskar [1917]: 40 Jahre Fernsprecher. Stephan – Siemens – Rathenau. Berlin: Verlag von Julius Springer

Grützner, P. [1906]: Ludwig. In: Allgemeine deutsche Biographie, Bd. 52, Nachträge bis 1899: Linker – Paul. Leipzig: Verlag von Duncker & Humblot, S. 123–131

G. S. [1884]: Panorama der Schlacht bei Sedan in Berlin. In: Illustrirte Zeitung Nr. 2148 vom 30.08.1884, S. 209 u. 212

Guilbeau, Edgard [1891]: Charles Barbier. In: Le Valentin Haüy: revue française des questions relatives aux aveugles Nr. 10/1891, S. 113–115

H. F. [1869]: Der Leipziger Buchhandel. In: Die Gartenlaube H. 27/1869, S. 422–424

H. J. [1830]: Description oft he Camera Lucida. In: Mechanics' Magazine. Museum, Register, Journal, and Gazette Nr. 336/1830, S. 354–356

H. P. [1873]: Czermak´s physiologisches Privatlaboratorium und Amphitheater zu Leipzig. In: Illustrirte Zeitung Nr. 1556 vom 26.04.1873, S. 307

H. R. [1891]: Das neue unterirdische Telephonnetz in Berlin. In: Zeitschrift für Elektrotechnik. Organ des Elektrotechnischen Vereins H. XII/1891, S. 608–611

Hahn, Adolf [1895]: Stenographier-Maschinen. In: Deutsche Stenographen-Zeitung Nr. 8 vom 15.04.1895, S. 277–279

Hamann, Ludwig [1899]: Der Umgang mit Büchern und die Selbstkultur. Leipzig: Verlag von Ludwig Hamann (2. Auflage)

Hanslick, Eduard [1884]: Ein Brief über die »Clavierseuche«. In: Die Gartenlaube H. 35/1884, S. 572–575

Haushofer, Max [1882]: Lehr- und Handbuch der Statistik. Wien: Wilhelm Braumüller (2., vollständig umgearbeitete Aufl.)

Hausmann, S. [1890]: Die neueste Entwicklung der deutschen Panoramamalerei. In: Kunst für alle H. 17/1890, S. 257–263

Heine, Heinrich [1843]: Musikalische Saison in Paris. In: Allgemeine Zeitung, Beilage 26.03.1843, S. 10–12

Heller, G. [1876]: Der zweite Europäische Blindenlehrer-Kongreß II. In: Freie Pädagogische Blätter Nr. 35/1876, S. 550–553

Helmholtz, Hermann [1855]: Ueber das Sehen des Menschen. Ein populär wissenschaftlicher Vortrag gehalten zu Königsberg in Pr. Zum Besten von Kant's Denkmal. Leipzig: Leopold Voss

– [1896]: Die Gesichtswahrnehmungen. Vorträge und Reden. Bd. 1, Braunschweig: Friedrich Vieweg und Sohn (4. Auflage), S. 329–365

– [1903] Optisches über Malerei (1871 – 1873). In: ders.: Vorträge und Reden - Band 2. Braunschweig: Verlag von Friedrich Vieweg und Sohn, 5. Auflage, S. 97 – 135

Hennicke, F. [1886]: Die Telegraphie in Berlin. In: Nord und Süd. Eine deutsche Monatsschrift, H. 113/1886, S. 186–203

Herget, C. von; Kohl, Fr.; Luckenbacher, Fr.; Schwartze, Th.; Böllner, Julius [1879]: Die mechanische Bearbeitung der Rohstoffe. Das neue Buch der Erfindungen, Gewerbe und Industrien. Bd. 6. Leipzig und Berlin: Verlagsbuchhandlung von Otto Spamer (7. vermehrte und verbesserte Auflage)

Herrmann, Emanuel [1869]: Ueber eine neue Art der Correspondenz mittelst der Post. In: Neue Freie Presse vom 26.01.1869, S. 4

– 1872: Drittes Bild. Die Correspondenz-Karte. In: ders.: Miniaturbilder aus dem Gebiete der Wirthschaft, Halle a. S.: Verlag von Louis Nebert, S. 74–133

Hfs. [1877]: Die Kaiserliche Rohrpost in Berlin. In: Illustrirte Zeitung Nr. 1752 vom 27.01.1877, S. 69 f.

Hock, Wilhelm [um 1892]: Pandora oder Götter-Funken. Ballet-Pantomime in 2 Acten. 2. Auflage Donauwörth: Buchdruckerei L. Auer

Hoegel [1895]: Bertillon's Anthropometrie. In: Juristische Blätter Nr. 30/1895, S. 349 f.

Hoffmann, E. T. A. [1814]: Die Automate. In: Zeitung für die elegante Welt vom 14.04.1814, Sp. 581–584

Hofmann, Carl [1884a]: Das Papier unserer Zeit. In: Oesterreichische Buchhändler-Correspondenz Nr. 33/1884, S. 334 f.

Hofmann, Carl [1884b]: Das Papier unserer Zeit. (Schluß) In: Oesterreichische Buchhändler-Correspondenz Nr. 36/1884, S. 367

Hofmann, Friedrich [1878]: »Hinaus in die Ferne«. In: Die Gartenlaube H. 33/1878, S. 552

Holetschek, J. [1880]: Die Photographie bei Venusdurchgängen. In: Photographische Correspondenz Nr. 201/1880, S. 178–183

Hottinger, J. J.; Stolz, J. J.; Horner, J. (Hrsg.) [1815]: Der Rheinfall in einer Camera obscura. In: Zürcherische Beyträge zur wissenschaftlichen und geselligen Unterhaltung. Bd. 2/Heft 3. Zürich: Ziegler und Söhne, S. 74–79

Humboldt, Alexander von [1829]: Über die Mittel, die Ergründung einiger Phänomene des tellurischen Magnetismus zu erleichtern. Annalen der Physik und Chemie, B. 91. St. 3. J. 1829, S. 319–336

– [1830]: Über die Haupt-Ursachen der Temperatur-Verschiedenheit auf dem Erdkörper. In: Abhandlungen der Königlich Preussischen Akademie der Wissenschaften in Berlin. Aus dem Jahre 1827, S. 295–316.

– [1845]: Kosmos. Entwurf einer physischen Weltbeschreibung. Bd. 1. Stuttgart u. Tübingen: J. G. Cotta'scher Verlag

– [1847]: II. Landschaftmalerei in ihrem Einfluß auf die Belebung des Naturstudiums – Graphische Darstellung der Physiognomik der Gewächse – Charakteristik ihrer Gestaltung unter verschiedenen Zonen. In: Kosmos. Entwurf einer physischen Weltbeschreibung. Bd. 2. Stuttgart u. Tübingen: J. G. Cotta'scher Verlag, S. 76–94

– [1847]: Kosmos. Entwurf einer physischen Weltbeschreibung. Bd. 2. Stuttgart u. Tübingen: J. G. Cotta'scher Verlag

– [1849]: Ansichten der Natur mit wissenschaftlichen Erläuterungen. Bd. 1, Stuttgart und Tübingen: J. G. Gotta'scher Verlag (3. Verbesserte und vermehrte Auflage)

Humboldt, Alexandre de [1825]: De quelques Phénomènes physiques et géologiques qu'offrent les Cordillères des Andes de Quito et la Partie occidentale de l'Himalaya. (Lu à l'Academie des Sciences, séances des 7 et 14 mars 1825) In: Annales des sciences naturelles Bd. 4, S. 225–253

Humboldt, A. v.; Lichtenstein, H. [1829]: Amtlicher Bericht über die Versammlung Deutscher Naturforscher und Ärzte in Heidelberg im September 1828. Berlin: T. Trautwein

Huschke, Emil [1842]: Cranioskopie. In: Neue Jenaische Allgemeine Literatur-Zeitung vom 09.06.1842, S. 569–572

Illustrirte Zeitung Nr. 1 vom 01.07.1843: Was wir wollen, S. 1–2

Illustrirte Zeitung Nr. 2 vom 08.07.1843: Unser Wochenbericht. Vorwort, S. 18

Illustrirte Zeitung Nr. 45 vom 04.05.1844: Die Buchhändlermesse in Leipzig, S. 294–296

Illustrirte Zeitung Nr. 50 vom 08.06.1844: Capitän James Ross und seine Entdeckungen, S. 374–376

Illustrirte Zeitung Nr. 258 vom 10.06.1848: Postwesen. Die deutsche Postreform. I. Das alte System, S. 387 f.

Illustrirte Zeitung Nr. 409 vom 03.05.1851: Ausstellungsgegenstände, S. 285 f.

Illustrirte Zeitung Nr. 413 vom 31.05.1851: Das Orchestrion von Fr. Th. Kaufmann, S. 379 f.

Illustrirte Zeitung Beilage Nr. 9 und 10 vom 12.07.1851: Industriefest in Birmingham, S. 35

Illustrirte Zeitung Nr. 470 vom 03.07.1852: Die politische Lage Europas, S. 1 f.

Illustrirte Zeitung Nr. 494 vom 18.12.1852: Das neue dioptrische oder verbesserte Stereoskop, S. 395 f.

Illustrirte Zeitung Nr. 536 vom 8.10.1853: Die neue Flin'sche Papierfabrik bei Freiburg im Breisgau, S. 227–230

Illustrirte Zeitung Nr. 568 vom 20.05.1854: Der deutsche Buchhandel und seine Bedeutung, S. 321–323

Illustrirte Zeitung Nr. 624 vom 16.06.1855: Die neuen Anschlagsäulen in Berlin, S. 397

Illustrirte Zeitung Nr. 652 vom 01.01.1856: Die Verfälschung der Nahrungsmittel, S. 14–16

Illustrirte Zeitung Nr. 655 vom 19.01.1856: Die Verfälschung der Nahrungsmittel. II. Thee, S. 67–70

Illustrirte Zeitung Nr. 1000 vom 30.08.1862: Nummer Tausend, S. 145–146, S. 163–165

Illustrirte Zeitung Nr. 1128 vom 11.02.1865: Hermann Berghaus' neue Weltkarte, S. 91

Illustrirte Zeitung Nr. 1131 vom 04.03.1865: Casseli's autographisches Telegraphensystem, S. 143

Illustrirte Zeitung Nr. 1134 vom 25.03.1865: Der Casseli'sche Pantelegraph, S. 201 f.

Illustrirte Zeitung Nr. 1212 vom 22.09.1866: Das patriotische Flottenfest in Treptow bei Berlin am 5. August, S. 183

Illustrirte Zeitung Nr. 1279 vom 06.1868: An der Schwelle des 50. Bandes unserer Zeitung, S. 5–6

Illustrirte Zeitung Nr. 1305 vom 04.07.1868: Die Illustration als Hebel der Volksbildung, S. 3–4

Illustrirte Zeitung Nr. 1346 vom 17.04.1869: Die neuesten Errungenschaften der Astronomie. II. Die Spectralanalyse, 281–283

Illustrirte Zeitung Nr. 1406 vom 11.06.1870: Presse und Buchhandel, S. 455

Illustrirte Zeitung Nr. 1415 vom 13.08.1870: Deutschlands Verkehrsanstalten im Dienste des Kriegs. II. Feldeisenbahnen und Feldtelegraphen, S. 123

Illustrirte Zeitung Nr. 1592 vom 03.01.1874. Beilage: Der Venusdurchgang 1874, S. 19 f.

Illustrirte Zeitung Nr. 1660 vom 24.04.1875: Die deutsche Expedition zur Beobachtung des Venusdurchgangs in Tschi-su, S. 307 f.

Illustrirte Zeitung Nr. 1669 vom 26.06.1875: Cellulose aus Holz, S. 498

Illustrirte Zeitung Nr. 1748 vom 30.12.1876: Verkehrswesen, S. 569

Illustrirte Zeitung Nr. 2124 vom 15.03.1884: Photographische Momentbilder, S. 225 f.

Intelligenzblatt der Königlich Bayerischen Stadt Nördlingen vom 04.06.1839: Unterstützung und Erhaltung der Sehkraft durch Augengläser, S. 219 f.

Intelligenz-Blatt des Teutschen Patrioten, September 1803, XI. Nachricht von einer Erfindung des Hrn. Wedgwood, S. XXXVIII

Isermann, A. [1869]: Anleitung zur Stereotypen-Giesserei in Gyps- und Papiermatrizen. Leipzig: Druck und Verlag von Alexander Waldow (Separat-Abdruck aus dem »Archiv für Buchdruckerkunst«)

J. Fr. H. [1837]: Nachschrift. In: Allgemeiner Anzeiger und Nationalzeitung der Deutschen vom 17.07. 1837, Spalte 2429 f.

J. H. [1891]: Das Zeitalter der Elektricität. In: Die Gartenlaube H. 17/1891, S. 283-286

Jacobi, Moritz Hermann von [1840]: Die Galvanoplastik oder Das Verfahren cohärentes Kupfer in Platten oder nach sonst gegebenen Formen, unmittelbar aus Kupferauflösungen, auf galvanischem Wege zu produciren. St. Petersburg: Eggers et Co. (in Commission bei F. A. Herbig in Berlin)

Janssen, Jules [1873]: Méthode pour obtenir photographiquement les circonstances physiques des contacts avec les temps correspondants. In: Mémoires de l'Académie des Sciences de l'Institut de France, Tome XLI. Paris: Typographie de Firmin Didot frères, fils et Cie, S. 295–297

Johann Samuel Traugott Gehler's Physikalisches Wörterbuch [1828]: Vierter Band. Zweite Abtheilung. Leipzig: E. B. Schwickert, S. 1459

John, Vinzen [1898]: Quetelet bei Goethe. In: Paasche, H. [Hrsg.]: Festgabe für Johannes Conrad. Zur Feier des 25-jährigen Bestehens des staatswissenschaftlichen Seminars zu Halle a. S. Jena: Verlag von Gustav Fischer, S. 311–334

Journal des Luxus und der Moden, Jg. 17, März 1802: IV. Künste. 1. Ruinen von Paulinzelle, durch Phelloplastik dargestellt, S. 159 f.

Journal des Österreichischen Lloyd vom 15.02.1849: Correspondenz. Berlin, 10. Februar, S. 8

Juristische Blätter XI. Jg./1882: Wochenschau. Wien, 01.09.1882, S. 431

K. [1895a]: Der eiserne College und der bleierne Redacteur. I (New York, October 1894) In: Österreichisch-Ungarische Buchdrucker-Zeitung vom 31.01.1895, S. 54–56

– [1895b]: Der eiserne College und der bleierne Redacteur. II (New York, October 1894). In. Österreichisch-Ungarische Buchdrucker-Zeitung vom 07.02.1895, S. 66–67

K. [1896]: Photographieren nach Röntgen. In: Die Gartenlaube Beilage Nr. 16/1896, S. 276

Kaeding, F. W. [1898]: Häufigkeitswörterbuch der deutschen Sprache. Festgestellt durch einen Arbeitsausschuß der deutschen Stenographiesysteme. Steglitz bei Berlin: Selbstverlag des Herausgebers

Kapp, Ernst [1877]: Grundlinien einer Philosophie der Technik: zur Entstehungsgeschichte der Cultur aus neuen Gesichtspunkten. Braunschweig: Georg Westermann

Karmarsch, Karl [1839]: Ueber das industrielle Maschinenwesen der neuesten Zeit. In: Deutsche Vierteljahrsschrift H. 3/1839, S. 1–46

Karmarsch, Karl/ Heeren, Friedrich [1843]: Technisches Wörterbuch oder Handbuch der Gewerbskunde. Bd. 2. Prag: Verlag von Gottlieb Haase Söhne

Klar, Maximilian; Kübler, Franz [1893]: Perlen deutscher Redezeichenkunst. Denkworte von Meistern und Gönnern der Gabelsberger-Schule. Reichenberg: Verlag Schöpfer'sche Buchhandlung

Klaußmann, Anton Oskar [1891]: Die Internationale Elektrotechnische Ausstellung in Frankfurt am Main. In: Illustrirte Zeitung Nr. 2505 vom 04.07.1891, S. 23–24

Klein [1886]: Die Photographie des Himmels. In: Nr. 7/1886, S. 128f.

Knies, Karl [1857]: Der Telegraph als Verkehrsmittel. Mit Erörterungen über den Nachrichtenverkehr überhaupt. Tübingen: Verlag der H. Laupp'schen Buchhandlung

Koch, Robert [1877]: Verfahren zur Untersuchung, zum Konservieren und Photographieren der Bakterien. In: Gesammelte Werke von Robert Koch hrsg. von J. Schwalbe Bd. 1 Leipzig: Verlag von Georg Thieme 1912, S. 27–50

– [1881]: Zur Untersuchung von pathogenen Organismen, in: Mittheilungen aus dem Kaiserlichen Gesundheitsamte Bd. 1, S. 1–48

Kohl, Friedrich [1873]: Geschichte der Jacquard-Maschine und der sich ihr anschliessenden Abänderungen und Verbesserungen. Nebst der Biographie Jacquard's. Berlin: Nicolaische Verlags-Buchhandlung

Koller, Theodor (Hrsg.) [1898]: Neuer Apparat zur Demonstration der Telegraphie ohne Draht nach Marconi. In: Neueste Erfindungen und Erfahrungen auf den Gebieten der praktischen Technik, Elektrotechnik, der Gewerbe, Industrie Bd. XXV. Wien, Pest und Leipzig: A. Hartleben's Verlag, S. 150–154

König, Emil [1869]: Berlins Post- und Telegraphen-Verkehr. In: Die Gartenlaube H. 25/1869, S. 398–400

König, Herbert [1861]: Das hundertjährige Jubiläum der Bleistiftfabrik von Faber. In: Die Gartenlaube H. 43/1861, S. 676–678

Kornfeld, B. M. [1847]: Der neue Planet. Eine Betrachtung zur Beachtung. In: Die Gegenwart. Politisch-literarisches Tagblatt vom 08.03.1847, S. 255

Krieg, Otto [1861]: Ueber die in der Papierfabrikation zur Anwendung gekommenen Surrogate für die Lumpen. In: Kunst- und Gewerbe-Blatt hrsg. von dem polytechnischen Verein für das Königreich Bayern H. VI, Sp. 369–378

Krieschek, Eduard [1862]: Das Wesen der Spectral-Analysen. In: Allgemeine Wiener medizinische Zeitung vom 28.10.1862, S. 377 f.

Krünitz, Johann Georg [1806]: Notensetzer. In: Ökonomisch-technologische Encyclopädie oder allgemeines System der Staats-, Stadt-, Haus- und Landwirtschaft und der Kunst-Geschichte in alphabetischer Ordnung. Berlin: Joachim Pauli, S. 692 f.

Kruschwitz, P. [1874]: Die Mission der Correspondenzkarte. In: Postarchiv. Beiheft zum Amtsblatt der Deutschen Reichs-Postverwaltung Nr. 9/1874, S. 257–260

Kupf(f)er, (Adolph Theodor) [1840]: Wissenschaftliche Nachrichten. In: Wiener Zeitung vom 20.07.1840, S. 1379

L. L. [1873]: Das Konversations-Lexikon: In: Magazin für die Literatur im Auslande vom 13.12.1873, S. 738 f.

Lassar-Cohn [1899]: Entwicklung der Chemie. In: Das Buch der Erfindungen in Gewerbe und Industrien. Leipzig: Verlag und Druck von Otto Spamer (9. durchaus neugestaltete Auflage, Bd. VII.), 294–643

Langendorff, Oskar [1891]: Physiologische Graphik. Ein Leitfaden der in der Physiologie gebräuchlichen Registrirmethoden. Leipzig und Wien: Franz Deuticke

Lavater, Johann Caspar [1776]: Physiognomische Fragmente, zur Beförderung der Menschenkenntniß und Menschenliebe. Zweyter Versuch. Leipzig u. Winterthur: Weidmann Erben und Reich, und Heinrich Steiner und Compagnie

Lehmann, F. W. [1835]: Beschreibung der Telegraphenanstalt zu Magdeburg. In: Allgemeiner Anzeiger und Nationalzeitung der Deutschen vom 11.05.1835, Sp. 1661–1665

Leipziger Zeitung vom 28.01.1853: Telegraphie, S. 466

Leipziger Zeitung vom 11.05.1854: Leipzig, 8.Mai, S. 2308

Leipziger Zeitung vom 13.07.1854. Wissenschaftliche Beilage: Reisehandbücher, S. 119 f.

Leitmeritzer Zeitung vom 14.03.1891: Das »Schiseophon«, S. 287

Lemma Abweichung (Declination) [1840], In: Meyer's Conversations-Lexicon. Das große Conversations-Lexicon für die gebildeten Stände. Bd. 1, Hildburghausen, Amsterdam, Paris und Philadelphia: Verlag des Bibliographischen Instituts, S. 155 f.

Lemma Börsenverein der Deutschen Buchhändler zu Leipzig [1892]: Brockhaus' Konversations-Lexikon. Bd. 3, Leipzig, Berlin und Wien: F. A. Brockhaus (14. vollständig neubearbeitete Aufl.), S. 329 f.

Lemma Brailleschrift [1892]: Brockhaus' Konversations-Lexikon. Bd. 3, Leipzig, Berlin und Wien: F. A. Brockhaus (14. Vollständig neubearbeitete Aufl.), S. 407

Lemma Camera lucida [1833]: Allgemeine deutsche Real-Encyklopädie für die gebildeten Stände. (Conversationslexikon). Bd. 2, Leipzig: F. A. Brockhaus (8. Originalauflage), S. 403 f.

Lemma Galvanismus [1852]: Real-Encyklopädie für die gebildeten Stände. Bd. 6, Leipzig: F. A. Brockhaus (10., verbesserte und vermehrte Aufl.), S. 493–496

Lemma Galvanische Batterie [1876]: Meyers Konversations-Lexikon. Bd. 7, Leipzig: Verlag des Bibliographischen Instituts (3. gänzlich umgearbeitete Aufl.), S. 375 – 380

Lemma Gradmessungen [1844]: Allgemeine deutsche Real-Encyklopädie für die gebildeten Stände. Conversations-Lexikon. Bd. 6, Leipzig: F. A. Brockhaus (9. Aufl.), S. 316

Lemma Guttapercha [1877]: Conversations-Lexikon. Allgemeine deutsche Real-Encyclopädie. Bd. 7, Leipzig: F. A. Brockhaus (12. umgearbeitete, verbesserte und vermehrte Aufl.), S. 840

Lemma Jacquard (Joseph Marie) [1853]: Allgemeine deutsche Real-Encyclopädie für die gebildeten Stände. Conversations-Lexikon. Bd. 8, Leipzig: F. A. Brockhaus (10., verbesserte und vermehrte Aufl.), S. 390

Lemma Kriminalanthropologie [1894]: In: Brockhaus' Konversations-Lexikon. Bd. 10, Leipzig, Berlin und Wien: F. A. Brockhaus (14. vollständig neubearbeitete Aufl.), S. 740

Lemma Kymographion [1908]: Meyers Großes Konversations-Lexikon, Bd. 3, Leipzig und Wien: Bibliographisches Institut, (6. Aufl.), Tafel ›Blut und Blutbewegung II‹, S. III

Lemma Lectüre [1831]: Allgemeine deutsche Real-Encyklodädie für die gebildeten Stände. Bd. 6, Reutlingen: Fleischhauer und Spohn (neue, wörtlich nach dem zweiten durchgesehenen Abdruck der Leipziger siebenten Original-Ausgabe abgedruckte Aufl.), S. 494 f.

Lemma Leierorgel [1866]: Allgemeine deutsche Real-Encyklopädie für die gebildeten Stände. Conversations-Lexikon. Bd. 9, Leipzig: Brockhaus (11. umgearbeitete, verbesserte und vermehrte Aufl.), S. 351

Lemma Magnet [1846]: Allgemeine deutsche Real-Encyclopädie für die gebildeten Stände. Conversations-Lexikon. Bd. 9, Leipzig: F. A. Brockhaus (9. Originalauflage), S. 233 f.

Lemma Magnetische Vereine [1846]: Allgemeine deutsche Real-Encyclopädie für die gebildeten Stände. Conversations-Lexikon. Bd. 9, Leipzig: F. A. Brockhaus (9. Originalaufl.), S. 234

Lemma Materialprüfung [1896]: Meyers Konversations-Lexikon. Bd. 11, Leipzig und Wien: Bibliographisches Institut (5. Aufl.), 1042 ff.

Lemma Materialprüfungsmaschinen [1908]: Brockhaus Konversations-Lexikon. Bd. 11, Leipzig: F. A. Brockhaus (Neue revidierte Jubiläums-Ausgabe), S. 657 f.

Lemma Phelloplastik [1877]: Meyers Konversations-Lexikon, Bd. 12, Leipzig: Verlag des Bibliographischen Instituts, (3. Aufl.), S. 864

Lemma Pianoforte [1846]: Allgemeine deutsche Real-Encyklopädie für die gebildeten Stände. Conversations-Lexikon. Band 11, Leipzig: Brockhaus (9. Aufl.), S. 224

Lemma Schnellpresse [1836]: Allgemeine deutsche Real-Encyklopädie für die gebildeten Stände. Bd. 9, Leipzig: F. A. Brockhaus (8. Originalaufl.), S. 825 f.

Lemma Secchi [1879]: Conversations-Lexikon. Allgemeine deutsche Real-Encyklopädie. Bd. 13, Leipzig: F. A. Brockhaus 1879 (12. umgearbeitete, verbesserte und vermehrte Aufl.), S.519

Lemma Stenographie [1852]: Das große Conversations-Lexikon für die gebildeten Stände. Zweite Abtheilung: O bis Z. – Bd. 10, Hildburghausen: Verlag des Bibliographischen Instituts, S. 266–277

Lemma Trianguliren [1847]: Allgemeine deutsche Real-Encyklopädie für die gebildeten Stände. Conversations-Lexikon. Bd. 14, Leipzig: F. A. Brockhaus (9. Aufl.), S. 380

Lenin [1967]: Staat und Revolution. Ausgewählte Werke, Bd. 2, Berlin: Dietz Verlag

Lentner, Ferdinand [1886]: Die Polizeigeschäftsordnung als Bestandtheil der Justizpflege. In: Juristische Blätter Nr. 41/ 1886, S. 485-487

Lesefrüchte, belehrenden und unterhaltenden Inhalts Nr. 6/2. Bd. 1834: Miszellen. Liverpooler-Eisenbahn, S. 94–96

Lindemann, H. S. [1844]: Die Lehre vom Menschen oder die Anthropologie: ein Handbuch für Gebildete aller Stände. Zürich: Verlag von Meyer und Zeller

Literarische Zeitung H. 7/1838: Resultate aus den Beobachtungen des magnetischen Vereins im J. 1836, Sp. 133 f.

Literaturblatt (Morgenblatt für gebildete Stände) vom 16.02.1859: Industrie, S. 55 f.

Lorck, Carl B. 1882: Etwas über die Holzschneidekunst. In: Die Gartenlaube, Heft 42/1882, S. 704–706

Ludwig, Carl [1856]: Lehrbuch der Physiologie des Menschen. Bd. 2, Leipzig und Heidelberg: C. F. Winter'sche Verlagsbuchhandlung

M. A. [1880]: Die Laterna magica in verbesserter Auflage. In: Daheim Nr. 37/1880, S. 587 f.

M. f. d. L. d. A. [1860]: Meteorologische Telegraphie. In: Temesvarer Zeitung vom 07.11.1860, S. 1849

M. S. [1874]: Adolphe Quetelet. In: Illustrirte Zeitung vom 11.04.1874, S. 271–274

Mach, Ernst [1866]: Über wissenschaftliche Anwendungen der Photographie und Stereoskopie. (Vorgelegt in der Sitzung am 11. Mai 1866) In: LIV. Bde. Sitzb. d.k. Akad. d. Wissensch. II. Abth. Juni-Heft. Jahrg. 1866

Mädler, [1860]: Nachtrag zu dem Aufsatze über »Telegraphie und Naturwissenschaft. In: Baltische Monatsschrift Bd. 2, H. 2, S. 144–148

Magazin aller neuen Erfindungen, Entdeckungen und Verbesserungen, für Fabrikanten, Manufakturisten, Künstler, Handwerker und Oekonomen, Bd. 7, 5. Stück [1807]: Des Herrn Polizeydirektors Baumgartners Polizey-Uhr, S. 272–289

Magazin der neuesten Erfindungen, Entdeckungen und Verbesserungen. Neue Folge Nr. 17/1824: Eine Maschine zum Lesen und Schreiben für Blinde, S. 3

Marey, Étienne-Jules [1873]: La Machine Animale. Locomotion terrestre et aérienne. Paris: Librairie Germer Baillière.

– [1878]: La méthode graphique dans les sciences expérimentales et particulièrement en physiologie et en médecine, Paris: G. Masson

– [1882]: Le Fusil photographique. In La Nature. Revue des Sciences, Nr. 464/1882, S. 326–330

– [1885]: La méthode graphique dans les sciences expérimentales et particulièrement en physiologie et en médecine. Deuxième tirage augmenté d'un supplément sur le développement de la méthode graphique par la photographie. Paris: G. Masson

– [1891]: La chronophotographie: nouvelle méthode pour analyser le mouvement dans les sciences pures et naturelles. In: Revue générale des sciences pures et appliquées Nr. 2/1891, S. 689–719

– [1892]: La photographie du mouvement. Les méthodes chronophotographiques sur plaques fixes et pellicules mobiles: Technique des procédés et description des apparaeils; Résultats scientifiques; Exemples d'application. Paris: Georges Carré, Éditeur

– [1893]: Die Chronophotographie. Aus dem Französischen übersetzt von A. von Heydebreck. Berlin: Mayer & Müller

– [1894]: La station physiologique de Paris (1). In: La nature: revue des sciences et de leurs applications aux arts et à l'industrie, Jg. XXXI, S. 802–808

– [1899]: Préface. In: Trutat, Eugène & Marey, Etienne-Jules (Hrsg.): Photographie animée – avec une préface de J. Marey. Paris: Gauthier-Villars

Marx, Karl [1965]: Das Kapital. Kritik der politischen Ökonomie. Bd. 1. Berlin: Dietz Verlag (nach der vierten, von Friedrich Engels durchgesehenen und herausgegebenen Auflage), Hamburg 18909

Mayr, Georg von [1890]: Vorläufige Ergebnisse der neuesten Volkszählungen im Deutschen Reich, Oesterreich-Ungarn und den Vereinigten Staaten von Amerika. In: Allgemeines Statistisches Archiv. Bd. 1/1890, S. 673–683

McClenachan, C. T. [1863]: Detailed Report of the Proceedings had in commemoration of the successful laying of the Atlantic Cable, by order of the Common Council of the City of New York, New York

Medizinisch-chirurgische Zeitung vom 01.09.1806: Dem Verdienste seine Kronen!, S. 317–320

Megede, A. zur [1890]: Leitfaden für Herstellung von technischen Zeichnungen jeder Art. Berlin: Polytechnische Buchhandlung (Dritte durchgesehene und vermehrte Auflage)

Mendelejeff, Dmitri Iwanowitsch [1869]: Ueber die Beziehungen der Eigenschaften zu den Atomgewichten der Elemente. In: Zeitschrift für Chemie 1869, S. 405 f.

Meyers Konversations-Lexikon [1878]: Bd. 13. Leipzig: Verlag des Bibliographischen Instituts (3. Auflage)

Minard, Charles-Joseph [1862]: Des tableaux graphiques et des cartes figuratives. Paris: Thunot

Mittermaier [1836]: Neueste juristische Literatur des Auslandes. Sur l'homme et le développement de ses facultés ou essai de physique sociale, par Quetelet. Paris 1835. In: Kritische Zeitschrift für Rechtswissenschaft und Gesetzgebung des Auslandes, Bd. 8, S. 320–323

Morgenblatt für gebildete Stände vom 27.09.1820: Korrespondenz-Nachrichten. Genf, den 10. September, S. 932

Morgenblatt für gebildete Stände vom 10.08.1810: Korrespondenz-Nachrichten, S. 764

Morgenblatt für gebildete Stände, Kunstblatt vom 03.02.1823: Kunstnachrichten aus Paris, S. 37 f.

Morgenblatt für gebildete Stände vom 20.10.1823: Nachrichten aus Paris. Malerey, S. 333 f.

Morgenblatt für gebildete Stände. Kunst-Blatt vom 01.06.1826: Malerey. Diorama, S. 174

Morgenblatt für gebildete Stände vom 21.02.1839: Nachrichten vom Januar. Technisches. Paris, 8. Jan., S. 62–64

Morgenblatt für gebildete Stände vom 20.07.1839: Auszug aus dem Commissionsbericht über Daguerres Erfindung, den Arago in der französischen Deputiertenkammer abgestattet, S. 691 f.

Morgenblatt für gebildete Stände vom 02.04.1865: Cäsarismus. – Zugreifpoesie- und Kunst, S. 331–334

Morgen-Post vom 22.08.1858: Der Telegraph und die Möwe, S. 3

Morgen-Post vom 27.08.1858: Der atlantische Telegraf in Thätigkeit, S. 1

Morgen-Post vom 17.09.1858: Der transatlantische Telegraph, S. 2

Mr. [1822]: Paris, den 28. Julius 1822. In: Morgenblatt für gebildete Stände vom 12.10.1822, S. 291 f.

Müller von Halle, Karl [1890]: Die 300jährige Wiederkehr der Erfindung des Mikroskops. (Linzer) Tages-Post vom 9.05.1890, S. 1 f.

Müller, Friedrich [1900]: Schreibmaschinen und Schriften-Vervielfältigung. Berlin: Verlag der Papier-Zeitung

Müller, Wilhelm [1887]: Die außerordentliche Hauptversammlung zu Frankfurt am Main zur Beschlussfassung vorgelegten neuen Satzungen und der Vorgeschichte. In: Oesterreichische Buchhändler-Correspondenz Nr. 39/1887, S. 496 ff.

Münchner politische Zeitung vom 13.07.1843: Vermischte Nachrichten, S. 914 f.

Muyden, G. van [1885]: Der photographische Hut. In: Die Gartenlaube Heft 46/1885, S. 771

Neue Freie Presse vom 02.08.1887: Eine pneumatische Post zwischen England und Frankreich, S. 6

Neue Freie Presse vom 13.05.1884: Papierconsum, S. 2

Neue Zeitschrift für Musik Nr. 6/1890: Vermischtes, S. 70

Neue Zeitschrift für Musik Nr. 18/1890: Phonograph, Graphophon und Grammophon, S. 210

Neues Wiener Journal vom 31.03.1899: Ein neuer Verkehrsfortschritt. Drahtlose Telegraphie zwischen Frankreich und England, S. 1

Neues Wiener Tagblatt vom 03.03.1900: Drahtlose Telegraphie in Bremen, S. 4

Neumann, Franz Xaver [1874]: Quetelet. In: Neue Freie Presse vom 27.02.1874, S. 1–3

Neumann-Spallart, von L. X.: Rückblicke auf die Pariser Weltausstellung. In: Deutsche Rundschau, Bd. October – December 1878, S. 247–277

N. F. P. [1881]: Petersburg. In: Rundschau für die Interessen der Pharmacie, Chemie und verwandter Fächer. I. Semester 1881, S. 32

Nordböhmischer Gebirgsbote Nr. 12/1858: Die Leipziger Ostermesse, S. 89 f.

Nürnberger Friedens- und Kriegs-Kurier vom Montag, dem 3.12.1832: Mannichfaltiges, S. 4

Oesterreichische Badezeitung vom 09.06.1878: Reichenhall, S. 99

Oesterreichische Eisenbahn-Zeitung vom 25.04.1880: Lichtpausen, 252 f.

Oesterreichische Eisenbahn-Zeitung vom 20.02.1881: Das Telephon in Berlin, S. 109

Oesterreichische Gartenlaube. Nr. 37/1878 Beilage: Die internationale Ausstellung für die gesammte Papier-Industrie in Berlin, S. I

Oesterreichischen Buchdrucker-Zeitung Nr. 46 vom 16.12.1873. Beilage: Anleitung zur Papier-Stereotypie mit Apparaten aus der mechanischen Werkstätte von J. H. Rust & Co

Oesterreichischer Beobachter vom 27.04.1833: Wissenschaftliche Nachrichten, S. 530

Oesterreichischer Soldatenfreund 24.12.1853: Preußen, S. 821

Oesterreichisches Bürgerblatt für Verstand, Herz und gute Laune vom 09.09.1822: Der Heliotrop. S. 4

Officieller Katalog der Internationalen Elektrotechnischen Ausstellung in Frankfurt am Main 1891, Verlag von Haasenstein & Vogler A.-G, 2. Aufl. bearbeitet von A. Askenasy – ausgegeben am 26.08.1891

Oldenberg, Friedrich [1859]: Ein Streifzug in die Bilderwelt. Hamburg: Agentur des Rauhen Hauses

Österreichische Badezeitung vom 23.07.1876: Scioptikon, S. 172

Österreichisches Morgenblatt vom 12.05.1841: Jacquard, der Erfinder des Webstuhls, S. 238 f.

Österreichisch-Ungarische Buchdrucker-Zeitung Nr. 24/1900: Die Bedeutung der Buchdruckerkunst für die Cultur, S. 294–296

Oswald, Joh. [1867]: Fabrikation, Wahl und Gebrauch der Stahlfedern. In: Evangelische Volksschule. Praktisch-theoretisch pädagogische Zeitschrift für das evangelische Volksschulwesen Bd. 11/1867, S. 242–247

o. V. [1807]: D. Philipp Bozzini's Lichtleiter oder Beschreibung einer einfachen Vorrichtung zur Erleuchtung innerer Höhlen des thierischen Körpers.In: Magazin aller neuen Erfindungen, Entdeckungen und Verbesserungen, für Fabrikanten, Manufakturisten, Künstler, Handwerker und Oekonomen, Bd. 7, 5. Stück, S. 263–272

o. V. [1821]: De la formule général d'expéditive française. Et des avantages qu'elle présente pour l'état militaire et la diplomatie. In: Annales de l'industrie nationale et étrangère, ou, Mercure technologique«. Bd. IV, 1821, S. 242–259

o. V. [1833]: Beschreibung der vorhandenen Telegraphen, mit besonderer Berücksichtigung des preußischen, nebst einem Vorschlage zur Verbesserung derselben. Quedlinburg: L. Hanewald's Verlagsbuchhandlung

o. V. [1863]: Illustrirter Katalog der Londoner Industrie-Ausstellung von 1862. Leipzig: F. A. Brockhaus

o. V. [1873]: Die Bleistift-Fabrik von A. W. Faber zu Stein bei Nürnberg. Eine historische Skizze. Nürnberg. Eine historische Skizze. Bei Gelegenheit der Weltausstellung in Wien 1873 den Gönnern und Geschäftsfreunden von dem Besitzer der Fabrik gewidmet. Nürnberg: U. E. Sebald

o. V. [1880]: »Virivus unitis!« Eine naturwissenschaftliche Reflexion. In: Prager Tagblatt vom 26.08.1880: S. 7 f.

P. A. [1826]: Paris, den 5. April 1826. In: Morgenblatt für gebildete Stände vom 01.06.1826, S. 173–175

Payer, Josef [1863]: Ueber Phonographie oder Tonschreibkunst. In: Klagenfurter Zeitung vom 23.12. 1863, S. 1173 f.

– [1864]: Ueber Tonschreibekunst oder Phono- oder Vibrographie. In: Carinthia. Zeitschrift für Vaterlandskunde, Belehrung und Unterhaltung, Nr. 3/1864, S.134–140, Nr. 4/1864, S. 168–173

Pecht, Friedrich [1888]: Geschichte der Münchener Kunst im neunzehnten Jahrhundert. München: Verlagsanstalt für Kunst und Wissenschaft

Peschkau, Emil [1891]: Die Poesie der elektrotechnischen Ausstellung. In: Die Gartenlaube H. 37/1891, S. 619–622

Petzval, Joseph [1843]: Bericht über die Ergebnisse einiger dioptrischer Untersuchungen. Pest: Verlag von Conrad Adolph Hartleben

Pick, Hermann [1860]: Das Luftmeer. Aus der Reihe der Montags-Vorträge, abgehalten am 27. Februar und 5. März d. J. im Gebäude der kaiserl. Akademie. In: Wiener Zeitung vom 14.03.1860, S. 1101–1103

Pick, H. [1862]: Ueber das Stereoskop. Vortrag gehalten am 10. März im Gebäude der kaiserl. Akademie. In: Wiener Zeitung vom 19.04.1862, S. 90–93

Pisko, Franz Josef [1869]: Das Stereoskop. In: Neue Freie Presse vom 29.07.1869, S. 4

Pliwa, Ernst [1898]: Das Buch der Erfindungen Gewerbe und Industrien. Band 8: Verarbeitung der Faserstoffe (Holz-, Papier- und Textilindustrie). Leipzig: Verlag und Druck von Otto Spamer (Neunte, durchaus neugestaltete Aufl.)

Polis, Peter [1908]: Die meteorologische Organisation der Vereinigten Staaten. In: Geographische Zeitschrift, H. 12/1908, S. 658–666

Polytechnisches Centralblatt Lieferung 21/1857: Das Tele-Spektroskop, Sp. 1449 f.

Polytechnisches Journal Bd. 8/1822: Eine Methode, harte und weiche Bleistifte für Zeichner zu verfertigen, S. 254

Polytechnischen Journal Bd. 21/1826 Nr. CXIV./Miszelle 3: Schnellpressen der HHrn. Bauer und König in Oberzell bei Würzburg, S. 474–476

Polytechnisches Journal Bd. 67/1838: Ueber Steinheil's elektro-magnetischen Telegraphen mit betreffenden historischen Notizen, S. 388–391

Polytechnisches Journal Bd. 71/1839: Nachträgliches über Daguerre's Erfindung die Bilder der Camera obscura zu fixiren, S. 253–254

Polytechnisches Journal Bd. 74/1839: Jacobi's Verfahren Kupferplatten mittelst Galvanismus erhaben und vertieft zu graviren, S. 317–318

Polytechnisches Journal Bd. 204/1872: Ein wichtiger Fortschritt in der Papierfabrication (Cellulosepapier), S. 341–342

Polytechnisches Journal Bd. 287/1893: Verwendung von Schreibmaschinen im Telegraphendienste, S. 216

Poppe, Johann Heinrich Moritz [1815]: Polizeiuhr. In: Noth- und Hülfs-Lexikon zur Behütung des menschlichen Lebens vor allen erdenklichen Unglücksfällen und zur Rettung aus den Gefahren zu Lande und zu Wasser. Dritter und Supplementband. Nürnberg: Johann Leonhard Schrag, S. 104–109

Populäre österreichische Gesundheitszeitung vom 29.04.1839: Beiträge zur Statistik des Menschengeschlechts, S. 281–283

Populäre österreichische Gesundheits-Zeitung zur Warnung für Nichtkranke und zum Troste für Leidende. Nr. 24/1834: Die Blindenanstalt zu Paris, S. 95 f.

Pribram, Richard [1891]: Ueber die Entwicklung der Chemie als Wissenschaft. Rede gehalten am 4. October 1891 bei Uebernahme des Rectorates an der k. k. Franz-Josefs-Universität. In: Bukowinaer Nachrichten vom 8.10.1891, S. 2 f.

Prometheus. Zeitschrift für Technik, Wissenschaft und Industrie Nr. 14 u. Nr. 15/1890: Grammophon, Phonograph und ihre Zukunft, S. 209–213 u. 227–230

Prometheus. Zeitschrift für Technik, Wissenschaft und Industrie Nr. 93/1891: Ueber telephonische Musikübertragung, S. 646 f.

Prosper, Paul & Prosper, Henry [1885]: La Photographie astronomique à l'oberservatoire de Paris. In: La Nature Nr. 653/1885, S. 23–26

Quételet, Adolphe [1838]: Ueber den Menschen und die Entwicklung seiner Fähigkeiten oder Versuch einer Physik der Gesellschaft. Stuttgart: E. Schweizerbart's Verlagshandlung

R. [1865]: Der Leierkasten als Volkserzieher. In: Die Gartenlaube Nr. 42/1865, S. 672

Raab, R. [1890]: Das Grammophon, eine neue Schallwiederholungsmaschine. In: Neue Illustrirte Zeitung Nr. 19/1890, S. 438–440

Rathenau, Erich [1897]: Neuere Ergebnisse der Elektrotechnik. (Schluß). In: Rosenheimer Anzeiger vom 18.12.1897, S. 3 f.

Real-Encyclopädie für die gebildeten Stände. (Conversations-Lexicon) [1820], Bd. 10. Leipzig: F. A. Brockhaus (5. Original-Aufl.)

Realis [1838]: Blicke in die Tiefen und Höhen der Natur. In: Besondere Beilage zu Nr. 73 des Oesterreichischen Zuschauers vom 18.06.1838, S. 737–744

Redtenbacher, Ferdinand Jacob [1852]: Principien der Mechanik und des Maschinenbaues. Mannheim: Verlagsbuchhandlung von Friedrich Bassermann

– [1856]: Resultate für den Maschinenbau. Mannheim: Verlag der Friedrich Bassermann' Verlagshandlung

Regensburger Zeitung vom 15.03.1836: Vermischte Nachrichten, S. 3 f.

Reis, Paul [1873a]: Neues aus der Meteorologie. Teil I – Teil III. Ziele der Meteorologie. In: Illustrirte Deutsche Monatshefte Bd. 33/1873, S. 393–400

– [1873b]: Neues aus der Meteorologie. Teil II. In: Illustrirte Deutsche Monatshefte Bd. 33/1873, S. 523–529

– [1873c]: Neues aus der Meteorologie. Teil III Der Meteorograph. In: Illustrirte Deutsche Monatshefte Bd. 33/1873, S. 529–543

Röll, Victor (Hrsg.) [1895]: Encyklopädie des gesamten Eisenbahnwesens in alphabetischer Anordnung. Bd. 7, Wien: Druck und Verlag von Carl Gerold's Sohn

Röntgen, Wilhelm Conrad [1896]: Eine neue Art der Strahlen. Vorläufige Mittheilung, Sonderabbdruck aus den Sitzungsberichten der Würzburger Physik.-medic. Gesellschaft. Würzburg: Verlag und Druck der Stahel'schen K. B. Hof- und Universitäts-Buch- und Kunsthandlung

Rosenheimer Anzeiger vom 09.01.1898: Rosenheim, 8. Jan. Ansichtspostkarten, S. 2

Rosenheimer Anzeiger vom 17.04.1898: Rosenheim, 16. April. (Ansichtspostkarten-Verkehr), S. 2

Rosenheimer Anzeiger vom 13.09.1898: Rosenheim, 12. Sept. (Ansichtskarten), S. 5

Rosenheimer Anzeigen vom 19.11.1898: Ueber das Sammeln von Ansichtskarten, S. 3 f.

Rudel, Albin Der Papierverbrauch auf der Erde. In: Internationale Ausstellungs-Zeitung vom 16.09.1873, S. 1 f.

Ruprecht, W. [1887]: Vom deutschen Buchhandel. In: Die Grenzboten Bd. 4/1887, S. 469–480

Russell, W. H. [1866]: The atlantic telegraph: dedicated by special permission to His Royal Highness Albert Edward Prince of Wales. London: Day & Son

S. [1861]: Das Jubelfest der Deutschen Buchhändlerbörse. In: Illustrirte Zeitung Nr. 931 vom 04.05.1861, S. 326

S. [1894]: Die statistischen Maschinen von Hollerith. In: Prometheus Nr. 272/1894, S. 183–186

Sandern, G. [1893]: Die Krankheit unserer Zeit. In: Der Bazar Nr. 20/1893, S. 202

Sartorius von Waltershausen, W. [1857]: Karl Friedrich Gauß. In: Leipziger Zeitung vom 23.04.1857, S. 133–135

Satzungen des Börsenvereins der Deutschen Buchhändler zu Leipzig. Angenommen in der außerordentlichen Hauptversammlung zu Frankfurt a. M. am 25. September 1887. In: Börsenblatt für den Deutschen Buchhandel und die mit ihm verwandten Geschäftszweige Nr. 264/1887 S. 5818–5823

Schacht, Hermann [1853]: Die Prüfung der im Handel vorkommenden Gewebe durch das Mikroskop und durch chemische Reagentien. Berlin: Verlag von G. W. F. Müller

Schaeffer, Jacob Christian [1765]: Muster und Versuche ohne alle Lumpen oder doch mit einem geringen Zusatze derselben Papier zu machen. Bd. 1, Regensburg

Schasler, Max [1866]: Die Schule der Holzschneidekunst. Geschichte, Technik und Aesthetik der Holzschneidekunst. Leipzig: Verlagsbuchhandlung J. J. Weber

sch–e [1862]: Einige sociale Probleme im Lichte der neueren Bevölkerungsstatistik. In: Deutsche Vierteljahrs-Schrift H. 2/1862, S. 271–347

Schellen, H. [1870]: Die Spectralanalyse in ihrer Anwendung auf die Stoffe der Erde und die Natur der Himmelskörper. Braunschweig: Druck und Verlag von Georg Westermann

Schmidt, K.E.F. (1893): Ueber Wolkenaufnahmen. In: Eder, Josef Maria (Hrsg.): Jahrbuch für Photographie und Reproductionstechnik für das Jahr 1893, Halle a. S.: Wilhelm Knapp, S. 209 f.

Schneebeli, Heinrich [1878]: Expériences avec le phonautographe. In: Archives des sciences physiques et naturelles Nr. 4/1878, S. 78–83

Schwartz, Th. [1886]: Die Photographie und die Himmelskunde. In: Daheim Nr. 22/1886, S. 351

Schwartze, Theodor [1883]: Telephon, Mikrophon und Radiophon. Mit besonderer Berücksichtigung ihrer Anwendung in der Praxis. Wien, Pest, Leipzig: A. Hartleben's Verlag

Schwarzkopf, Joachim von [1795]: Ueber Zeitungen. Ein Beytrag zur Staatswissenschaft. Frankfurt am Main: Varrentrapp und Wenner

Secchi, Pietro A. [1857]: Secchi, über ein neues Barometer. In: Dingler's Polytechnischem Journal Band 144, Nr. XXXIV/1857, S. 125–129

– [1867]: Ueber die Durchsichtigkeit des Stabeisens im rothglühenden Zustande. In: Polytechnisches Journal Band 184/1867, S. 493 f.

Senefelder, Alois [1818]: Vollständiges Lehrbuch der Steindruckerey enthaltend eine richtige und deutliche Anweisung zu den verschiedenen Manipulations-Arten derselben in allen ihren Zweigen und Manieren. München: Karl Thienemann
[1821]: Vollständiges Lehrbuch der Steindruckerey enthaltend eine richtige und deutliche Anweisung zu den verschiedenen Manipulations-Arten derselben in allen ihren Zweigen und Manieren. München: Zweyte wohlfeilere Ausgabe

Signale für die musikalische Welt H. 38/1891: Frankfurt a. M., 4. Juli, S. 597

Soemmerring, Samuel Thomas von [1811]: Über einen elektrischen Telegraphen. In: Denkschriften der Königlichen Akademie der Wissenschaften zu München für die Jahre 1809 und 1810. Erste Abtheilung. München: auf Kosten der Akademie, S. 401–414

Soemmerring, Wilhelm [1863]: Der elektrische Telegraph als deutsche Erfindung Samuel Thomas von Soemmerring's aus dessen Tagebüchern nachgewiesen. Frankfurt a. M. – Boselli'sche Buchhandlung

Sonntagsblätter vom 03.11.1844: Litterarische Streiflichter. Der Feuilleton-Roman, S. 1037 f.

Spamer, Otto (Hrsg.) [1854]: Illustrirte Volks- und Familien-Bibliothek zur Verbreitung nützlicher Kenntnisse. Bd. 1: Buch der Erfindungen. Leipzig: Verlag von Otto Spamer

Spiker, Samuel Heinrich [1833]: Berlin und seine Umgebungen im neunzehnten Jahrhundert. Eine Sammlung in Stahl gestochener Ansichten. Berlin: Verlag von George Gropius

Stampfer, Simon [1833]: Stroboscopische Scheiben oder optische Zauberscheiben. Deren Theorie und wissenschaftliche Anwendung, erklärt von dem Erfinder. Wien und Leipzig: Trentschensky & Vieweg

Stein, Philipp [1884]: Das Leipziger Schlacht-Panorama. Die Schlacht bei Mars la Tour. In: Die Gartenlaube H. 45/1884, S. 738–740

Stein, Sigmund Theodor [1885 – 1888]: Das Licht im Dienste wissenschaftlicher Forschung: Handbuch der Anwendung des Lichtes, der Photographie und der optischen Projektionskunst in der Natur- und Heilkunde, in den graphischen Künsten und dem Baufache, im Kriegswesen und bei der Gerichtspflege. Halle a. S.: Knapp

Stenographische Berichte über die Verhandlungen des Deutschen Reichstags. 24. Sitzung am 28. März 1878

Stenographische Berichte über die Verhandlungen des Reichstags. 19. Sitzung am 20 Januar 1896

Stephan, Heinrich [1859]: Geschichte der Preußischen Post von ihrem Ursprunge bis auf die Gegenwart. Berlin: Verlag der Königlichen Geheimen Ober-Hofdruckerei

– [1891]: Rede auf dem Elektrotechniker-Congress während der Internationalen elektrotechnischen Ausstellung in Frankfurt a. M. In: Zeitschrift für Elektrotechnik. Organ des Elektrotechnischen Vereins H. X/1891, S. 507–509

Sterne, Carus [1879]: Die Wetter-Prophezeiung einst und jetzt. In: Die Gartenlaube: 1. Die Astrometeorologie H. 27, S. 452 – 455; 2. Sturmgesetze und Sturmwarnungen H. 32, S. 535 – 538; 3. Karten-Wahrsagung H. 35, S. 584 – 586

Stinde, Julius: Ein Konzert per Telephon. Im Hörkabinett der Philharmonie zu Berlin. In: Erste Daheim-Beilage Nr. 17/1884, S. 273 f.

Stübler, Hans [1900]: Die Ansichtskarte im Dienste des geographischen Unterrichts. In: Zeitschrift für Schulgeographie, S. 357 – 359

Sulzer, Johann Georg [1771]: Description d'un instrument fait pour noter les pièces de musique, à mesure qu'on les exécute sur les clavecins. Nouveaux Mémoires de l'academie royale des sciences et des belles lettres 1771. Berlin: Voss, S. 538–546

Supf, Karl: Zur Kabel- und Guttaperchafrage. In: Deutsche Kolonialzeitung Nr. 22/1900, S. 236 f.

Tagespost (Graz) vom 26.11.1862: Dessort's Stereoskopen, S. 4

Talbot, Romain [1876]: Das Scioptikon – vervollkommnete Laterna Magica für den Unterricht. Leipzig: Breitkopf und Härtel (3. Auflage)

The Gentleman's Magazin September 1822: Application of machinery to the calculating and printing of mathematical tables, S. 260 f.

The Illustrated London News vom 25.09.1858: Of the atlantic telegraph cable, S. 296

The New York Herald vom 06.08.1858: Dispatch from our own correspondent, S. 1

Thienemann, Karl [1818]: Schreiben des Subconrectors Ehrenfried Mäuschen, an den Herrn Magister Schnabel. In: EOS. Zeitschrift aus Baiern, zur Erheiterung und Belehrung. Nr. 50/1818, S. 203 f.

Tiedemann, F.; Gmelin, L. [1829]: Amtlicher Bericht über die Versammlung Deutscher Naturforscher und Ärzte in Heidelberg im September 1829. Heidelberg: Universitäts-Buchhandlung von C. F. Winter

Trömel, Max 1894: Belege über die Gemeinnützigkeit der Stenographie und die Vortrefflichkeit des Gabelberger'schen Systems. Urteile hervorragender Männer aus verschiedenen Ständen, Dresden: Wilhelm Reuter's Stenographie-Verlag

Uhde, A.: Die physikalischen Grundlagen und die wesentlichen Einrichtungen der elektromagnetischen Telegraphen. In: Westermann's Illustrirte Deutsche Monatshefte, Bd. 2/1857, S. 290 – 309

Uhland's Technische Rundschau. Gruppe VII. Papierindustrie und graphische Gewerbe. Gesundheitspflege u. Rettungswesen. Instrumente u. Apparate Nr. 1/1896: Photographie. Professor Röntgen's Entdeckung. Photographie mit X-Strahlen, S. 9 f.

Uhland's Verkehrszeitung und Industrielle Rundschau Nr. 52/1896: Fünfzehn Rohrpoststationen, S. 310

Utzschneider. Joseph v. [1826]: Kurzer Umriß der Lebens-Geschichte des Herrn Dr. Joseph von Fraunhofer. In: Polytechnisches Journal Jahrgang Band 21/1826, Nr. XXXII, S. 161–181

Valentiner, Wilhelm [1887]: Der gestirnte Himmel. Eine gemeinverständliche Astronomie. Stuttgart: Verlag von Ferdinand Enke

Veredarius (Pseudonym für Ferdinand Hennicke) [1894]: Das Buch von der Weltpost. Berlin: Verlag Herm. J. Meidinger, (3., durchgesehene Auflage)

Veredarius, O. [1885]: Das Buch von der Weltpost, Entwicklung und Wirken der Post und Telegraphie im Weltverkehr. Berlin: Hermann J. Meidinger

Virchow, Rudolf [1870]: Über das Rückenmark. Vortrag, gehalten im Hörsaal zu Stettin am 20. Februar 1870. Sammlung gemeinverständlicher wissenschaftlicher Vorträge, hrsg. von Rud. Virchow und Fr. v. Holtzendorff. V. Serie. Heft 97 – 120. Berlin: C. G. Lüderitz'sche Buchhandlung 1870 und 1871

Vogel, E. [1890]: Grammophon, Phonograph und ihre Zukunft. In: Prometheus. Illustrirte Zeitschrift über die Fortschritte der angewandten Naturwissenschaften, Bd.1 H. 14/1890 S. 209–213 und H. 15/1890 S. 227–230

Vogel, Hermann Wilhelm [1863]: Die Photographie auf der Londoner Weltausstellung 1862. Braunschweig: Verlag von H. Neuhoff & Comp

Vogel, Hermann Wilhelm [1878]: Die gegenwärtigen Leistungen der Photographie, in: Deutsche Rundschau Bd. 15 /1878, S. 414– 439

Volkmer, Ottomar [1885]: Die Verwerthung der Elektrolyse in den graphischen Künsten. In: Photographische Correspondenz Nr. 293/1885, S. 45–58

Volkswirthschaftliche und Handels-Beilage zur Allgemeinen Zeitung Nr. 183 vom 04.07.1897: Von der Sächsisch-Thüringischen Industrie- und Gewerbe-Ausstellung. III. Das Buchgewerbe, S. 1

Völter, Heinrich [1856]: Beschreibung des Verfahrens Holz in eine breiartige, insbesondere zur Papierbereitung dienliche Masse zu verwandeln Masse zu verwandeln. In: Kunst- und Gewerbe-Blatt hrsg. von dem polytechnischen Verein für das Königreich Bayern H. XI und XII/1856, Sp. 670–674

– [1865]: Ueber die Darstellung von Papierstoff aus Holz. In: Kunst- und Gewerbe-Blatt des polytechnischen Vereins für das Königreich Bayern. H. VIII u. IX/1865, Sp. 494–504

Vorwärts. Organ der Gewerkschaft Druck und Papier vom 15.06.1877: Neue Erfindungen, S. 1 f.

Vorwärts. Zeitschrift für Buchdrucker- und verwandte Interessen. Wien, den 17.01.1873: Die Walter-Presse., S. 1 f.

Wagner, Wolf-Rüdiger [2004]: Robert Koch, die Begründung der Bakteriologie und die Anforderungen an Medienkompetenz. In: Ludwigsburger Beiträge zur Medienpädagogik Ausgabe 6/2004

– Bildungsziel Medialitätsbewusstsein: Einladung zum Perspektivwechsel in der Medienbildung. München: Kopaed

– [2016]: Medialitätsbewusstsein als Ziel von Medienbildung. In: Mitteilungen der Gesellschaft für Didaktik in der Mathematik H. 100/2016, S. 24 – 30

– [2019]: Effi Briest und ihr Wunsch nach einem japanischen Bettschirm. Ein Blick auf die Medien- und Kommunikationskultur in der 2. Hälfte des 19. Jahrhunderts . München: kopaed

Waldow, Alexander [1874]: Die Buchdruckerkunst in ihrem technischen und kaufmännischen Betriebe. 1: Vom Satz. Leipzig : Waldow

– [1877]: Die Buchdruckerkunst in ihrem technischen und kaufmännischen Betriebe. Bd. 2, Vom Druck. Leipzig: Druck und Verlag von Alexander Waldow

W. C. [1867]: Deutsche Buchhändler. 6. Heinrich Brockhaus. In: Illustrirte Zeitung Nr. 1271 vom 09.11.1867, S. 307–310

Waldmann, Ludolf [1889]: Lösung einer hochwichtigen sozialen Frage. Von höchstem Interesse für ganze musikalische Welt! Berlin: L. Waldmann's Verlag

Wallmann, Fr. [1837]: Der Telegraph. In: Allgemeiner Anzeiger und Nationalzeitung der Deutschen vom 17.07.1837, Sp. 2427–2429

W. v. B. [1880]: Die Deutsche Seewarte (Teil 1). In: Allgemeine Zeitung vom 09.05.1880, S. 1897 ff.

– [1881]: Wetterkarten und Wetterprognosen. In: Beilage zur Allgemeinen Zeitung Nr. 111 vom 21.04.1881, 1617–1619

Weber, C. v. [1870]: Militär-Telegraphie. In: Illustrirte Zeitung Nr. 1412 vom 23.07.1870, S. 71 f.

Weber, Rud. [1874]: Die Papier-Industrie. Braunschweig: Druck und Verlag von Friedrich Vieweg und Sohn

Weiß, Julius [1887]: Die Remington-Schreibmaschine und ihre praktische Bedeutung. Vortrag, gehalten von Herrn Julius Weiß im Wiener kaufmännischen Verein, vor der Plenarversammlung am 29. December 1886. In: Kaufmännische Zeitschrift vom 01.011887, S. 3 f.

Weyde, Joh. Franz; Weickert, A. [1889]: Die Anfertigung der Zeichnungen für Maschinenfabriken. Anweisung, technische Zeichnungen für das Constructionsbureau und für die Werkstätten der Maschinenfabriken zweckmäßig, sachgemäß und den Anforderungen der Praxis entsprechend herzustellen, zu vervielfältigen, zu behandeln, auszustatten und zu registriren. Berlin: Polytechnische Buchhandlung

Wieck, Friedrich Georg [1861]: Das Buch der Erfindungen, Gewerbe und Industrien, Bd. 1, Leipzig: Otto Spamer (vierte sehr vermehrte Aufl.)

Wiener Abendpost vom 20.10.1883: Se. Majestät der Kaiser in der elektrischen Ausstellung, S. 3

Wiener Montags-Post vom 4. November 1895: Der wundervolle Edison'sche Kinetoskop, S. 5

Wiener Zeitung vom 15.07.1841: Daguerreotypie, S. 1457 f.

Wiener Zeitung vom 18.07.1865: Auszug aus dem Sitzungsprotokoll der k. k. statistischen Centralkommission vom 7. Juli 1865, S. 173

Wiener Zeitung vom 21.09.1891: Internationales statistisches Institut, S. 3

Wilbrand, J. B. [1828]: Nachricht von einer naturhistorischen Reise durch die Schweiz, und durch Oberitalien. In: Ergänzungsblätter zur Flora oder botanischen Zeitung Bd. 1/1828, S. 1–46

Wilda [1894]: Ein neuer Apparat für Materialuntersuchung. In: Prometheus Nr. 257/1894, S. 777 f.

Wilke, Arthur [1893]: Die Elektrizität, ihre Erzeugung und ihre Anwendung in Industrie und Gewerbe. Das Buch der Erfindungen, Bd. 9 Erg. Bd. Leipzig und Berlin: Otto Spamer

– [1897]: Die Elektrizität, ihre Erzeugung und ihre Anwendung in Industrie und Gewerbe. Das Buch der Erfindungen Bd. 3, Leipzig: Otto Spamer (9. durchaus neugestaltete Aufl.)

– [1901]: Die ersten deutschen Stationen für drahtlose Telegraphie. In: Prometheus Nr. 586/1901, S. 221

Wirth, Max [1878]: Neue Erfindungen und Kulturfortschritt. I. Der Bruder des Telegraphen. In: Über Land und Meer Nr. 12/1878, S. 263–266

W. O. [1869]: Technisches. Die verwandten Fächer der Buchdruckerkunst. VII. Galvanoplastik. In: Vorwärts. Zeitschrift für Buchdrucker und verwandte Berufe vom 21. Oktober 1869, S. 2 f.

Wochenschrift des Gewerbe-Vereins der Stadt Bamberg vom 10.09.1876: Wie aus Holz Zeitungspapier gemacht wird, S. 90–92

Wochenschrift des Gewerbe-Vereins der Stadt Bamberg vom 17.09.1876: Wie aus Holz Zeitungspapier gemacht wird (Schluß), S. 93–95

Würzbürger Intelligenzblatt vom 11.06.1805: Anzeigen, S. 458

Wuttke, Heinrich [1875]: Die deutschen Zeitschriften und die Entstehung der öffentlichen Meinung. Ein Beitrag zur Geschichte des Zeitungswesens. Leipzig: Verlag Joh. Wilh. Krüger (2. Bis auf die Gegenwart fortgeführte Auflage)

Z. [1867]: Naturwissenschaftliches von der Pariser Ausstellung. II. P. Secchi's Meteorograph. In: Neue Freie Presse. Abendblatt vom 4.07.1867, S. 4

Zapp, I. [1880]: Die Papierstoffe aus Holz. In: Wiener Landwirtschaftliche Zeitung vom 30.06.1880, S403 f.

Zeitschrift für Elektrotechnik Nr. 16 vom 15.04.1900: Einführung der drahtlosen Telegraphie, S. 192

Zeitschrift für Elektrotechnik. Organ des Elektrotechnischen Vereins H. III/1891: Internationale elektrotechnische Ausstellung in Frankfurt a. M. 1891, S. 158

Zeitschrift für Elektrotechnik. Organ des Elektrotechnischen Vereins H. XVII/1895: Das Schiseophon, S. 488

Zeitschrift für Instrumentenbau Bd. 9 1888/89: Ein Drehorgelspieler-Congreß, S. 276

Zeitung für die elegante Welt vom 05.03.1813: Ueber das Panharmonikon von Mälzel, Sp. 364–367

Zeitung für die elegante Welt. Beilagen: Intelligenzblatt Nr. 238 vom 05.12.1822: Korrespondenz und Notizen. Aus Paris, im November, Sp. 1903 f.

Zeitung für die elegante Welt vom 06.12.1827: Korrespondenz und Notizen. Aus Berlin, den 18. Novbr., Spalte 1911

Zeitung für die elegante Welt vom 11.03.1836: Dampf und Eisen. Eine abermalige Interjection, S. 201 f.

Znaimer Wochenblatt vom 06.05.1866: Deutsche Journalistik S. 200 f.

Znaimer Wochenblatt vom 06.06.1894: Depeschirte Photographien,

Inhaltsverzeichnis

Mediengeschichten 1821-1830

Mediengeschichten 1831-1840

Mediengeschichten 1841-1850

Mediengeschichten 1851 – 1860

Mediengeschichten 1861 – 1870

Mediengeschichten 1871 – 1880

Mediengeschichten 1881 – 1890

Mediengeschichten 1891 – 1900

Medienwissenschaft

Tanja Köhler (Hg.)
Fake News, Framing, Fact-Checking:
Nachrichten im digitalen Zeitalter
Ein Handbuch

2020, 568 S., kart., 41 SW-Abbildungen
39,00 € (DE), 978-3-8376-5025-9
E-Book:
PDF: 38,99 € (DE), ISBN 978-3-8394-5025-3

Geert Lovink
Digitaler Nihilismus
Thesen zur dunklen Seite der Plattformen

2019, 242 S., kart.
24,99 € (DE), 978-3-8376-4975-8
E-Book:
PDF: 21,99 € (DE), ISBN 978-3-8394-4975-2
EPUB: 21,99 € (DE), ISBN 978-3-7328-4975-8

Mozilla Foundation
Internet Health Report 2019

2019, 118 p., pb., ill.
19,99 € (DE), 978-3-8376-4946-8
E-Book: available as free open access publication
PDF: ISBN 978-3-8394-4946-2

Leseproben, weitere Informationen und Bestellmöglichkeiten
finden Sie unter www.transcript-verlag.de

Medienwissenschaft

Ziko van Dijk
Wikis und die Wikipedia verstehen
Eine Einführung

März 2021, 340 S., kart.,
Dispersionsbindung, 13 SW-Abbildungen
35,00 € (DE), 978-3-8376-5645-9
E-Book: kostenlos erhältlich als Open-Access-Publikation
PDF: ISBN 978-3-8394-5645-3
EPUB: ISBN 978-3-7328-5645-9

Gesellschaft für Medienwissenschaft (Hg.)
Zeitschrift für Medienwissenschaft 24
Jg. 13, Heft 1/2021: Medien der Sorge

April 2021, 168 S., kart.
24,99 € (DE), 978-3-8376-5399-1
E-Book: kostenlos erhältlich als Open-Access-Publikation
PDF: ISBN 978-3-8394-5399-5
EPUB: ISBN 978-3-7328-5399-1

Cindy Kohtala, Yana Boeva, Peter Troxler (eds.)
Digital Culture & Society (DCS)
Vol. 6, Issue 1/2020 –
Alternative Histories in DIY Cultures and Maker Utopias

February 2021, 214 p., pb., ill.
29,99 € (DE), 978-3-8376-4955-0
E-Book:
PDF: 29,99 € (DE), ISBN 978-3-8394-4955-4

**Leseproben, weitere Informationen und Bestellmöglichkeiten
finden Sie unter www.transcript-verlag.de**